浙江省高职院校"十四五"重点立项建设教材
浙江特殊教育职业学院出版基金资助

# 师范生劳动教育实务

主　编：张　帆　林海燕
副主编：许则人　汤　纯　陈嘉怡　余　洁　陆　奕

电子工业出版社
Publishing House of Electronics Industry
北京·BEIJING

## 内 容 简 介

本教材以习近平总书记关于劳动教育的重要论述为指导，紧扣师范院校育人要求，落实立德树人根本任务，引导师范生树立正确的劳动观，涵养师德，具备先进性、适用性和鲜明的时代性。在内容编排上，本教材设置了劳动认知与劳动实践两大模块、八个专题。模块一分"劳动教育概述""师范生劳动思想文化教育""师范生劳动法律法规教育"三个专题（第一章至第三章），模块二分"师范生劳动生活教育""师范生劳动技能教育""师范生劳动服务教育""师范生见习与实习实践""师范生创新创业教育"五个专题（第四章至第八章）。两个模块八个专题依据"掌握劳动教育基本知识和基础理论—形成热爱劳动的情感和价值认同—锻炼劳动能力推动创新创业"思路展开，帮助师范生打牢基础、催生动力、投入行动，实现学思用贯通、知信行统一。

在编写体例上，每个专题均设置核心问题、思维导图、导论、知识链接、典型案例、学习探究与思考等内容，由浅入深，引导师范生循序渐进学习。每章内容之后均设置"劳动教育主题实践"板块，提供项目化的主题实践任务，设计劳动实践活动自评表，关注劳动实践成效。

本教材是浙江省高职院校"十四五"首批重点教材，编写团队由两位教授领衔，联合经验丰富的一线教师集体编写。教材政治导向鲜明、知识体系完备、实践价值突出，为师范专业人才培养提供服务，可供本科师范院校和高职院校师范专业使用，也可供在职教师进修培训参考。

未经许可，不得以任何方式复制或抄袭本书之部分或全部内容。
版权所有，侵权必究。

**图书在版编目（CIP）数据**

师范生劳动教育实务 / 张帆，林海燕主编. -- 北京：电子工业出版社，2024. 6. -- ISBN 978-7-121-48175-8
Ⅰ. G40-015
中国国家版本馆 CIP 数据核字第 20246XB005 号

责任编辑：王　花　　文字编辑：杜　皎
印　　刷：涿州市京南印刷厂
装　　订：涿州市京南印刷厂
出版发行：电子工业出版社
　　　　　北京市海淀区万寿路 173 信箱　邮编 100036
开　　本：787×1092　1/16　印张：16.5　字数：419.2 千字
版　　次：2024 年 6 月第 1 版
印　　次：2024 年 6 月第 1 次印刷
定　　价：49.00 元

凡所购买电子工业出版社图书有缺损问题，请向购买书店调换。若书店售缺，请与本社发行部联系，联系及邮购电话：（010）88254888，88258888。
质量投诉请发邮件至 zlts@phei.com.cn，盗版侵权举报请发邮件至 dbqq@phei.com.cn。
本书咨询联系方式：（010）88254609，hzh@phei.com.cn。

# 目 录

## 第一章　劳动教育概述
第一节　劳动与劳动教育 …………………………………………… 2
第二节　马克思主义劳动观及中国化探索 ………………………… 9
第三节　新时代师范生劳动教育使命 ……………………………… 19
劳动教育主题实践 …………………………………………………… 30

## 第二章　师范生劳动思想文化教育
第一节　师范生劳动精神教育 ……………………………………… 33
第二节　师范生工匠精神教育 ……………………………………… 44
第三节　师范生劳模精神教育 ……………………………………… 54
劳动教育主题实践 …………………………………………………… 63

## 第三章　师范生劳动法律法规教育
第一节　《中华人民共和国教育法》解读 ………………………… 66
第二节　《中华人民共和国教师法》解读 ………………………… 72
第三节　《中华人民共和国未成年人保护法》解读 ……………… 80
劳动教育主题实践 …………………………………………………… 88

## 第四章　师范生劳动生活教育
第一节　师范生日常生活劳动 ……………………………………… 91
第二节　师范生个人形象塑造 ……………………………………… 97
第三节　师范生寝室文化建设 ……………………………………… 106
第四节　师范生校园文化建设 ……………………………………… 112
劳动教育主题实践 …………………………………………………… 119

## 第五章　师范生劳动技能教育
第一节　师范生知识素养与劳动技能 ……………………………… 122
第二节　师范生信息素养与劳动技能 ……………………………… 128
第三节　师范生艺术素养与劳动技能 ……………………………… 134
第四节　师范生管理素养与劳动技能 ……………………………… 139
第五节　师范生跨领域劳动教育课程设计 ………………………… 145
劳动教育主题实践 …………………………………………………… 154

## 第六章　师范生劳动服务教育

　　第一节　师范生勤工助学……………………………………………………157
　　第二节　师范生志愿服务……………………………………………………169
　　第三节　师范生社区公益服务………………………………………………181
　　第四节　师范生暑期社会实践与"三下乡"服务……………………………188
　　第五节　师范生与"大学生村官"……………………………………………197
　　劳动教育主题实践……………………………………………………………204

## 第七章　师范生见习与实习实践

　　第一节　师范生教育见习……………………………………………………207
　　第二节　师范生教育实习……………………………………………………212
　　第三节　师范生教育研习……………………………………………………218
　　劳动教育主题实践……………………………………………………………222

## 第八章　师范生创新创业教育

　　第一节　师范生职业生涯规划………………………………………………226
　　第二节　师范生创新创业大赛………………………………………………233
　　第三节　师范生专利设计与申请……………………………………………237
　　第四节　师范生就业创业指导………………………………………………241
　　劳动教育主题实践……………………………………………………………252

## 参考文献……………………………………………………………………………254

# 第一章　劳动教育概述

### 核心问题

★劳动和劳动教育的内涵、劳动的分类、劳动教育的特征。
★马克思主义劳动观的主要内容、马克思主义劳动观在中国的实践过程。
★新时代师范生劳动价值观的塑造要求和劳动素养培育的具体路径。

### 思维导图

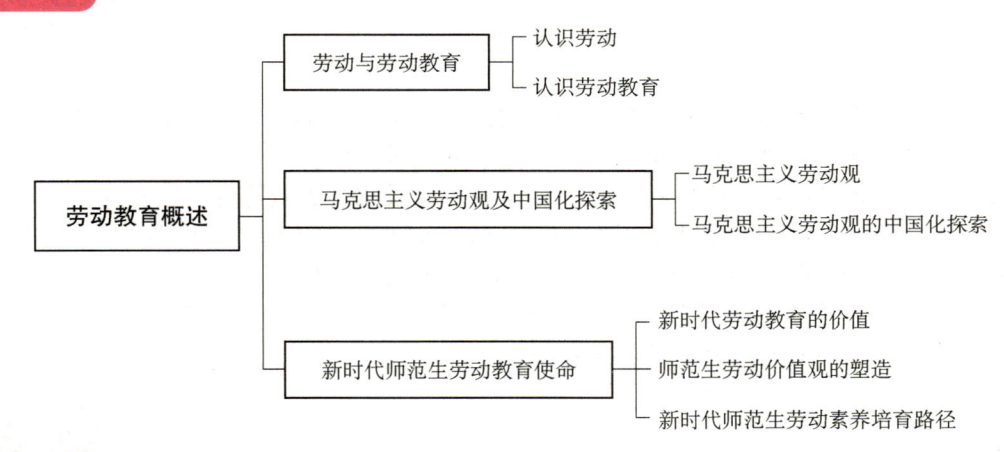

```
                        ┌── 劳动与劳动教育 ──┬── 认识劳动
                        │                    └── 认识劳动教育
                        │
                        │                              ┌── 马克思主义劳动观
劳动教育概述 ───────────┼── 马克思主义劳动观及中国化探索 ┤
                        │                              └── 马克思主义劳动观的中国化探索
                        │
                        │                              ┌── 新时代劳动教育的价值
                        └── 新时代师范生劳动教育使命 ──┼── 师范生劳动价值观的塑造
                                                       └── 新时代师范生劳动素养培育路径
```

### 导　　论

　　"劳动是世界上一切欢乐和一切美好事情的源泉。"这是高尔基对劳动的经典诠释。劳动创造了历史，创造了人类文明。劳动是一种过程，是一种状态，是向着理想不懈追求的过程。工人在机床前操作是劳动，农民在烈日下锄草是劳动，战士不间断地巡逻是劳动，老师四季如一地教导学生是劳动，学生不断地苦读是劳动……处在劳动之中的人，总是心无旁骛地朝着既定的目标前进，他们有成功的信心、有战斗的勇气、有坚守的毅力，懂得劳动的真谛并享受劳动带来的愉悦。

　　劳动是人的存在方式和本质活动。通过劳动，人类改变现实世界，书写自身历史，创造灿烂文明。马克思主义认为，劳动作为一种有意识的生命活动，是人"维持肉体生存的需要的手段"的感性活动，是与出于动物本能被动适应自然活动的根本区别所在。"劳动是整个人类生活的第一个基本条件……以致我们在某种意义上不得不说：劳动创造了人本身"，"任何一个民族，如果停止劳动，不用说一年，就是几个星期，也要灭亡，这是每一个小孩都知道的"。

　　中国共产党是马克思主义的坚定信仰者，也是中华优秀传统文化的传承者和弘扬者。在革命、建设和改革进程中，中国共产党把马克思主义劳动观与中华优秀传统文化融会贯通，形成了独具特色的劳动理论，并在实践中坚持教育与生产劳动相结合，将劳动教育发展成为中国特色社会主义教育制度的重要内容。

人类从蛮荒走向文明的历程证明：劳动创造了人本身，劳动创造了智慧，劳动创造了一切。人类文明浩荡千年，劳动光辉闪耀古今。新时代的到来赋予劳动更丰富的内涵。作为新征程路上的师范大学生，要深刻认识劳动及劳动教育的内涵，通过劳动教育不断提升自身专业技能，加强自身专业素质，做到以身示范；同时还要具备劳动教育指导能力、有效实施劳动教育的能力，为成为一名光荣的人民教师做准备。

# 第一节　劳动与劳动教育

## 一、认识劳动

### （一）劳动的含义

微课：中国传统文化中的劳动教育

从人类历史看，不论在古代中国还是古代西方社会，劳动都会使人感到疲惫、感到劳累，从事劳动的人都是地位卑下的人，劳动者意味着被奴役。在词源学意义上，德语"劳动"（arbeit）一词主要表示体力活动的辛劳、痛苦、艰难、累赘等特征。在中古高地德语中，劳动从来没有与创作活动相提并论，劳动仅表示辛劳。在创造了"机器"一词的斯拉夫语中，劳动同样意味着奴役和劳役。在拉丁语中，"劳动"（labor）也指体力劳动：描绘的是一幅人在重负之下趔趄而行的图像。法语中的"劳动"（travail）一词具有同样的背景，它与"栅栏"一词有关，是指用来围拦牛马的器械。

**知识链接：**

"劳动"二字的繁体字

1-1-1

随着社会的发展，劳动的内涵在不断丰富，不断发生变化。处在不同发展阶段的社会，劳动的对象、工具、方式、环境和效果都在变化，"劳动"一词也被赋予更丰富、更深刻的内涵。在《中国大百科全书（哲学卷）》中，劳动被定义为"是人类特有的基本的社会实践活动，也是人类通过有目的的活动改造自然对象并在这一活动中改造人自身的过程"。所谓劳动，是指人们运用一定的生产工具，作用于劳动对象，创造物质财富和精神财富的有目的的活动。劳动是人类的本质活动，恩格斯在《劳动在从猿到人转变过程中的作用》一文中指出，"其实劳动和自然界一起才是财富的源泉，自然界为劳动提供材料，劳动把材料变成财富。但是，劳动还远远不止于此，它是整个人类生活的第一个基本条件，而且达到这样的程度，以致我们在某种意义上不得不说，劳动创造了人本身。"在经济学中，劳动是指人类在财富生产过程中提供的有价值的服务或贡献。所有的劳动，其共同的特征是劳动者都要付出时间、精力、知识或技能。换言之，劳动是人们为了创造使用价值以满足物质和精神需要而进行的体力、脑力及时间的付出。

劳动在从猿到人转变过程中起到重要作用

### （二）劳动的分类

从政治学和经济学范畴出发，人们用不同的标准、从不同的角度对劳动进行了分类。

#### 1. 具体劳动和抽象劳动

马克思在剖析商品的价值和使用价值的时候指出：生产商品的劳动有两个方面，即生产使用价值的具体劳动和生产价值的抽象劳动。具体劳动也称作有用劳动，是指在一定的具体形式下进行的劳动。具体劳动包括人们的劳动目的、劳动工具、劳动对象、操作方法和劳动结果五个要素。由于劳动的目的、使用的工具、加工的物质对象和采用的方法不同，人们生产出具有不同使用价值的物品。例如，木匠制造家具的具体劳动，是用斧子、锯、刨、凿等劳动工具对木材等劳动对象进行加工，结果生产出桌、椅、柜、床等产品。而农民种地的具体劳动则是用拖拉机、收割机、犁、耙等劳动工具，进行翻地、播种、收割等活动，从而收获农产品。

生产商品的劳动尽管具体形式千差万别，但都是人类劳动力的耗费，这是无差别的。不论是种地，还是织布，都是人类劳动力的支出，即人的大脑、肌肉、神经、手等的生产耗费。从这个意义上说，种地和织布的劳动，不过是耗费人类劳动力的两种不同的形式。这种抽去了具体形式的一般人类劳动，就是抽象劳动，它形成商品的价值。

当然，不论什么社会，也不管从事什么样的劳动，只要是劳动，总需要人类付出脑力和体力。单就这方面看，似乎抽象劳动是一个永恒范畴，适用于一切时代。但是，作为价值实体的抽象劳动决不单纯是一个生理概念，而是一个经济范畴。当人们的经济联系通过劳动产品的相互交换来实现的时候，耗费在这些劳动产品上的人类的脑力和体力，才能当作形成价值的一般人类劳动而被社会"抽象"出来。它是一种社会关系，是商品经济特有的。

#### 2. 技术性劳动与非技术性劳动

将技术作为劳动的分类标准，我们遇到的首要难题是对技术本身的界定问题，即什么是技术。对于技术的含义，众说纷纭，在社会经济发展不同时期，人们所下的定义也不相同。我们认为，从广义上说，技术是人类在利用和改造自然的劳动过程中积累和体现出来的知识、经验和技能，也包含人类在劳动中创造的工具、机器和设备等。

然而，在实际社会活动中，人们运用"技术"标准对劳动进行分类，往往更多的是出于一种社会对技术的"公认"的理解，没有过多的理由可以解释。例如，在我国，车工、钳工、木工等工种被列为技术工种，而清洁工、门卫等工种被列为非技术工种。社会民众常将需要使用复杂工具完成的工作和需要较高的文化知识进行的工作视为技术性劳动，而将以体力劳动为主的工作视为非技术性劳动。

人们在运用技术标准时，还习惯将技术分为"硬技术"和"软技术"。人们通常将物质技术手段，即劳动资料，称为硬技术；而将与物质技术手段相适应的操作、控制和运用的方法、技巧和技术管理组合形式称为"软技术"。"硬技术"和"软技术"是不能绝对分开的，其区分标准也是相对的。

### 3. 简单劳动和复杂劳动

从价值分析的角度出发，劳动可以分为简单劳动和复杂劳动。获得人类需要的各种劳动在技术复杂程度上是不同的。

简单劳动是指不必经过特别训练、每个正常的劳动者都能从事的劳动。一些看似平常、细小的日常行为都是简单劳动的具体体现，如洗漱、吃饭、穿衣、整理内务、为家人倒水、打扫卫生、做饭、洗碗等。这些劳动构成了我们的日常生活，也是人生教育的起点。它们发生在每个家庭中，对人的成长发展有着最为直接且深远的影响。

复杂劳动是需要经过专门训练、具有一定技术专长的劳动者才能从事的劳动，如修理机器、驾驶汽车、开发软件等。复杂劳动包含比较多的技巧和知识的运用，是加倍的简单劳动。马克思指出："比社会平均劳动较高级、较复杂的劳动，是这样一种劳动力表现，这种劳动力比普通劳动力需要较高的教育费用，它的生产要花费较多的劳动时间，因此它具有较高的价值。"在不同的时期，随着科技的进步，复杂劳动有可能向简单劳动转化。

### 4. 脑力劳动和体力劳动

人类在劳动中，不仅有体能消耗，而且有脑力支出。这就是说，在劳动中脑力劳动和体力劳动是共有的。但是，对于某项或某类具体劳动来说，在从计划到完成的过程中，其脑力活动的复杂程度及体力消耗的强度常常是不均衡的。按照劳动的呈现方式，人们可以把劳动分为体力劳动和脑力劳动。在习惯上，人们将脑力活动占优势的活动称为脑力劳动，而将体力活动占优势的活动称为体力劳动。古人所讲的"劳心"与"劳力"就是指脑力劳动与体力劳动。

脑力劳动和体力劳动的分工是人类社会发展到一定阶段时出现的。在生产力十分低下的原始社会，人们从事的劳动以体力劳动为主。随着生产力水平的提高，从事脑力劳动的人从体力劳动中分离出来，有一部分人开始从事生产管理。而随着社会进步，机器大工业把科学技术融入生产过程，特别是随着信息技术和人工智能的发展，脑力劳动已经成为生产过程和社会生活的重要组成部分，对促进生产力发展发挥着越来越大的作用。

### 5. 生产劳动与非生产劳动

按照劳动的自然形态，劳动可以分为生产劳动与非生产劳动。生产劳动是指利用生产资料，进行物质资料的生产，创造出新的使用价值的劳动，如工业劳动创造工业产品、农业劳动创造农副产品、建筑劳动创造各类建筑物等。非生产劳动是指不进行物质资料生产、不创造新的使用价值的劳动，如科学家发现科学真理、工程师发明先进技术、教师培养人才、医生治病救人、文艺工作者为人民带来精神食粮等。按照划分生产劳动和非生产劳动的标准，社会的各个部门可以划分为物质生产部门和非物质生产部门两大类。农业、工业、建筑业是为了满足社会需要的物质生产部门，是生产部门。文化、教育、科学、体育、卫生、政法等部门不是物质生产领域的部门，不创造物质产品和提供纯收入，是非生产部门。

值得一提的是，上述几种分类之间不是截然对立的，相互之间具有交叉包含关系。例如，具体劳动既包括技术劳动，又包括非技术劳动；技术劳动与复杂劳动之间有交叉；而复杂劳动又是由许多简单劳动组成的，两者之间没有截然分明的界限。从事脑力劳动的人可能会以非生产劳动为主，但也不排除生产劳动。依据其他的分类标准，还可以将劳动分为必要劳动和剩余劳动、物质生产劳动和精神生产劳动、私人劳动和社会劳动等。

---

**标准链接：**

《国民经济行业分类》（GB/T 4754—2017）

1-1-2

## 二、认识劳动教育

### （一）劳动教育的内涵

劳动教育是国民教育体系的重要内容，是学生成长的必要途径，具有树德、增智、强体、育美的综合育人价值。《辞海》中对劳动教育的定义是："劳动教育是德育内容之一，是对学生进行热爱劳动和劳动人民、珍惜劳动成果、树立正确的劳动观点和劳动态度、通过日常生活培养劳动习惯和技能的教育活动。"该定义强调了劳动的德育属性，把劳动教育看成是德育的重要组成部分。

《教育大辞典》对劳动教育的定义是："劳动、生产、技术和劳动素养方面的教育，旨在培养学生正确的劳动观点、劳动态度、劳动习惯，使学生获得工农业生产基本知识和技能。"教育家陶行知指出，"劳动教育的目的，在谋手脑相长，以增进自立之能力，获得事物之真知及了解劳动者之甘苦""中国教育之通病是教用脑的人不用手，不教用手的人用脑，所以一无所能"。教育家苏霍姆林斯基也认为，"劳动教育是对年轻一代参加社会生产的实际训练，同时也是德育、智育、美育的重要因素"。上述观点均强调把劳动作为学生参加社会生产实践的形式，凸显了劳动的实践属性。

2020年，教育部发布《大中小学劳动教育指导纲要（试行）》，该纲要指出：劳动是创造物质财富和精神财富的过程，是人类特有的基本社会实践活动。劳动教育是发挥劳动的育人功能，对学生进行热爱劳动、热爱劳动人民的教育活动。当前实施劳动教育的重点是在系统的文化知识学习之外，有目的、有计划地组织学生参加日常生活劳动、生产劳动和服务性劳动，让学生动手实践、出力流汗，接受锻炼、磨炼意志，培养学生正确劳动价值观和良好劳动品质。该纲要不仅点明了劳动教育的定义和分类，还强调了劳动教育与文化知识学习具有同等重要的地位。

日常生活劳动教育立足个人生活事务处理，结合开展新时代校园爱国卫生运动，注重生活能力和良好卫生习惯培养，树立自立自强意识。生产劳动教育要让学生在工农业生产过程中直接经历物质财富的创造过程，体验从简单劳动、原始劳动向复杂劳动、创造性劳动的发展过程，学会使用工具，掌握相关技术，感受劳动创造价值，增强产品质量意识，体会平凡劳动中的伟大。服务性劳动教育让学生利用知识、技能等为他人和社会提供服务，在服务性岗位上见习实习，树立服务意识，实践服务技能；在公益劳动、志愿服务中强化社会责任感。

综上所述，劳动教育是根据新时代劳动发展趋势而组织的对学生的劳动思想教育、劳动技能养成和劳动实践锻炼教育，劳动教育与其他"四育"既是相融合的，具有树德、增智、强体、育美的综合育人价值，又有其独立的价值属性。劳动教育以促进学生形成正确的劳动观、养成积极的劳动态度、热爱劳动和劳动人民的情感为价值追求，以形成劳动习惯、掌握一定的劳动知识与技能，有能力开展创造性劳动为目的，是学生成长的必要途径。

**文件链接：**

《大中小学劳动教育指导纲要（试行）》

### （二）劳动教育的特征

#### 1. 鲜明的思想性

思想性是劳动教育的灵魂，它注重强调劳动是一切财富、价值的源泉，劳动者是国家的主人，一切劳动和劳动者都应该得到鼓励和尊重，反对一切不劳而获、崇尚暴富、贪图享乐的错误思想。当前，社会上对什么是劳动教育有不同的理解，忽视劳动的现象主要表现为轻视体力劳动，尤其看不起普通劳动者。有不少青少年不爱劳动，不会劳动，不珍惜劳动成果，轻视普通劳动者。针对这一现象，2020年印发的《中共中央 国务院关于全面加强新时代大中小学劳动教育的意见》指出，"通过劳动教育，使学生能够理解和形成马克思主义劳动观，牢固树立劳动最光荣、劳动最崇高、劳动最伟大、劳动最美丽的观念；体会劳动创造美好生活，体认劳动不分贵贱，热爱劳动，尊重普通劳动者，培养勤俭、奋斗、创新、奉献的劳动精神；具备满足生存发展需要的基本劳动能力，形成良好劳动习惯"。

现阶段增强劳动教育的思想性需要注意以下几个方面：一是坚定不移地贯彻马克思主义劳动观，为劳动教育的思想性提供理论指南；二是劳动教育者的高尚道德情操是实现劳动教育思想性的前提；三是深入劳动生活、了解人民群众为劳动教育的思想性提供现实根源。增强劳动教育的思想性就是要始终弘扬社会主义核心价值观，倡导通过诚实劳动创造美好生活、实现人生梦想，反对一切不劳而获、崇尚暴富、贪图享乐的错误思想。[①]

**文件链接：**

《中共中央 国务院关于全面加强新时代大中小学劳动教育的意见》

#### 2. 突出的社会性

从本质上讲，劳动教育的目标是充分发展人的社会性，培养德智体美劳全面发展的人。

---

① 李岁月《科学阐释新时代劳动教育的内涵和特征》，原载光明网，2020年11月18日。

劳动教育的社会性要求学生走向社会，认识社会，到社会中参加劳动，强化社会责任和担当。劳动教育就是培养社会人，人生的价值也是由人的社会性决定的。实施劳动教育的重点在于将正确的劳动价值观、良好的劳动品质、高超的劳动技能有目的、有计划地传递给学生：一方面，使受教育者将劳动精神、工匠精神、劳模精神内化于心，在思想上形成劳动认同，成为自觉践行社会主义核心价值观的社会成员；另一方面，培养受教育者的劳动批判精神和开拓创新能力，体会社会主义社会平等、和谐的新型劳动关系，推动社会改革和进步。劳动教育社会化程度越高，个人劳动素质和能力就越强，对社会的贡献就越大。①

### 3. 显著的实践性

劳动教育的实践性表现为以动手实践为主要方式，引导学生在认识世界的基础上，学会建设世界，塑造自己，实现树德、增智、强体、育美的目的。实践活动不仅包括最基本的物质生产实践，还包括社会政治实践、科学实验、艺术活动、虚拟实践等。以实践活动为主要方式引导学生，让学生在认识世界的基础上，在建设世界、改造世界的过程中塑造自我。②

从形式上看，劳动教育的实践性表现为一般社会实践与具体劳动实践相结合；劳动教育的实践性通过树德、增智、强体、育美的综合育人功能表现出来。劳动教育强调让学生面向真实的生活世界和职业世界，在现实生活中获得积极的价值体验，而不是停留在课堂上"听"劳动，停留在网络或电视上"看"劳动，不是一种停留在表面或形式上的外部灌输，而是要实实在在地去劳动，切身感受劳动和劳动者的不易，去体会"自己动手，丰衣足食"的快乐。我国近现代民主主义教育家黄炎培在推动"学做结合"方面是先驱者，他积极推动中国教育的近代化转型，创建并发展了中国最早的职业教育思想体系，并建立了中华职业教育社和中华职业学校，对劳动教育思想进行了积极的实践和探索。他力主"打破平面教育，而为立体的教育"，推动职业教育和劳动教育。他认为，"办职业教育，万不可专靠想，专靠说，专靠写，必须切切实实'做'"。他将该思想充分运用于实践中，中华职业教育社和中华职业学校都是实践该思想的载体，都高度注重培养和训练学生的动手能力。

**典型案例**

**黄炎培：我国杰出的职业教育思想家和实践家③**

作为中国近现代职业教育的引领者和开创者，黄炎培先生一生扎根职业教育、奉献职业教育，其职业教育思想为中国职业教育事业发展奠定了坚实的富有民族特色的理论基础。回望100多年前黄炎培先生的所言所行，对于今天现代职业教育高质量发展，仍然具有十分重要的借鉴和指导意义。很多人将其视为职业教育理论家、启蒙思想家和实践家。启蒙的可贵，在于从无到有、开化民智、指明方向。

---

① 李岁月《科学阐释新时代劳动教育的内涵和特征》，原载光明网，2020年11月18日。
② 李岁月《科学阐释新时代劳动教育的内涵和特征》，原载光明网，2020年11月18日。
③ 彭振宇《黄炎培：我国杰出的职业教育思想家和实践家》，原载《人民政协报》，2022年5月11日，有删减。

### 1. 促使"职业教育"概念在中华大地扎根

黄炎培所生活的社会环境，政治腐败、经济凋敝、社会动荡。洋务运动时期，私塾教育和科举制度行将崩溃，新兴实务学堂逐步兴起。在这样一种背景下，黄炎培先生追求进步，与当时很多仁人志士一起，积极投身火热的社会变革，深度思考并探索救国之道。

1904—1917年，黄炎培先生通过广泛的国内外考察，意识到传统学校教育和科举制度与社会生产生活脱节的弊端，逐渐形成了自己基于平民教育思想的职业教育理论体系，提出了"职业教育救国"的主张，致力于推广其"大职业教育主义"观点，立志实现"使无业者有业，使有业者乐业"的职业教育理想。1917年5月6日，黄炎培联合当时社会各界名流精英48人发起成立中华职业教育社。同年10月，创办《教育与职业》杂志，该杂志是我国历史上最早致力于宣传研究职业教育的专业期刊。1918年，又创办中华职业学校。开创了我国职业教育领域的诸多第一：职业补习教育、女子职业教育、职业指导与生涯教育、远程职业教育、农村职业教育、特殊职业教育等。

**黄炎培像**

### 2. 建立了具有民族特色的职业教育理论体系

一是理论体系健全，内涵十分丰富。对于职业教育的宗旨，黄炎培先生用非常简明的语言指出职业教育就是"使无业者有业，使有业者乐业"的教育，体现了鲜明的就业导向。关于职业教育目的，他提出"一为个性之发展；二为谋生之准备；三为服务社会之准备；四为增进世界、国家生产力之准备"的主张，把职业教育与个人、社会、国家、世界的关系阐述得非常清楚。在职业教育具体实践上，他认为：在办学方面，要分区立系，要指定一业，要划定一区。在教学方面，要手脑并用，双手万能，做学合一。在职业教育实践途径上，他认为要用"三化"来举办职业教育，即"用科学解决职业教育问题——科学化，用职业教育解决平民问题——平民化，职业教育机关唯一的生命——社会化"。

二是与中国实际相结合，具有鲜明的民族特色。黄炎培虽然深受美国哲学家杜威的影响，但并没有机械照搬照抄美国人的做法，而是根据我国社会实际对其教育思想进行本土化改造；始终坚持面向我国社会实际，根据社会发展的不同阶段，不断调整完善职业教育实践策略，提出具有鲜明民族特色的职业教育主张。黄炎培提出了很多现在看来仍然非常富有现实指导意义的观点。他主张职业教育"须绝对地因地制宜、因材施教；须向职业社会里去设施；打通学校、职业、社会之间的壁垒。宜从平民社会入手"。他对那种关起门来办职业教育、坐

**上海中华职业教育社旧址**

在象牙塔里办职业教育的办学方式给予了坚决批评和反对。

三是思想具有先进性与超前性。黄炎培对于中国社会、中国教育、中国人思想的研究和观察超越了同时代很多人。例如，针对"贵士贱工"的社会观念，他提出"劳工神圣，尊重劳工"的观念；针对当时学校教育与社会实践脱节、自我封闭的现象，他提出应当开放办学、深入社会实际办学，提出著名的"三化"主张，即职业教育科学化、平民化、社会化；针对同时代很多人热衷于追逐名利的情况，他立誓献身职业教育。

### 3. 开创了具有现代意义的职业教育办学实践

1918年，黄炎培创办了我国历史上第一个以"职业"命名、具有现代意义的职业学校——中华职业学校。据不完全统计，黄炎培一生共出版发表专著20余种、各类文章500余篇、教育论著160多万字、日记700多万字。他直接创建改建扩建学校24所、职业补习教育机构49所、职业指导机构25处、兴办农村改革事业30余项、教育论著（译）120多种，数以万计的民众和后学者因此受益。通过这些丰富的理论研究和办学实践，黄炎培不断践行、检验自己的职业教育思想，不断务实推进职业教育理论体系的完善。

在建设具有中国特色的职业教育民族理论体系中，只有深入挖掘、加强研究，才能为中国职业教育健康高质量发展奠定宝贵的民族职业教育文化理论自信基础。

---

**学习探究与思考**

1. 认真阅读2020年印发的《中共中央 国务院关于全面加强新时代大中小学劳动教育的意见》，从构建劳动教育体系的重要意义、指导思想、基本原则、主要内容四个方面谈一谈自己对劳动教育的理解。

2. 有人说，劳动教育就是动动手、出出汗。有些学校将劳动教育等同于体力劳动锻炼，让学生学会种菜、烧饭、扫地，校园草坪变菜地，楼顶变"开心农场"，举办美食节，将其作为劳动教育的展示窗口。对此，你怎么看？

3. 有专家指出，职业教育与劳动教育有天然的密切联系，学校应充分利用劳动教育之机，有效推进中小学的职业指导与职业陶冶。对小学生进行的劳动启蒙教育可以将其与职业陶冶有机结合，实现劳动教育与职业教育的双丰收。请阅读关于我国职业教育思想家和实践家黄炎培的介绍，展开小组讨论，谈一谈黄炎培职业教育思想给新时代劳动教育怎样的启示。

---

## 第二节　马克思主义劳动观及中国化探索

马克思主义劳动观是马克思主义理论的重要组成部分。马克思、恩格斯、列宁等思想家关于劳动的基本观点构成马克思主义劳动观的基本内容，中国共产党通过理论和实践创新进一步丰富和发展了马克思主义劳动观，充分体现了马克思主义与时俱进的理论品质。中国特色社会主义进入新时代，我们更需要弘扬劳动光荣、劳动崇高、劳动伟大、劳动

视频：马克思主义如何理解劳动

至上的劳动观念，为中华民族伟大复兴提供精神动力和智力支持。

# 一、马克思主义劳动观

马克思、恩格斯在对人的本质、资本主义社会劳动异化及人的解放等问题进行深刻思考的基础上，形成了丰富的有关劳动价值的观点。马克思主义劳动观主要包括以下几个方面的内容。

## （一）劳动本质论

首先，劳动创造了人本身。马克思曾指出："历史破天荒第一次被安置在它的真正基础上。一个很明显而以前完全被人忽略的事实，即人们首先必须吃、喝、住、穿，就是说首先必须劳动，然后才能争取统治，从事政治、宗教和哲学等，——这一很明显的事实在历史上应有的权威此时终于被承认了。"劳动在人成为人的过程中起了决定性作用。一个现实的人，他首先要面对的是如何解决其吃穿住行等基本问题。基本的生存需要得到满足之后，他才会产生新的更高的需要。马克思指出："劳动首先是人和自然之间的过程，是人以自身的活动为中介，调整和控制人和自然之间的物质变换的过程。"恩格斯在《劳动在从猿到人转变过程中的作用》一文中通过阐述早期人类的手、口、脑等的进化问题，科学地说明人与动物的区别在于创造工具、使用工具并由此获得物质生产资料。

其次，劳动的社会性从根本上决定了人的社会性本质。人不可能单独地进行劳动操作，而是需要与其他人配合，要相互合作和依赖，这就是我们所说的人的劳动必须在社会关系中进行。人本身的生存和发展不断推动人与自然、人与人之间的矛盾的解决。人类在绵延不断的实践活动中，在不断改造外部世界的同时，也在不断改造自我，不断向自由的、全面的人发展。

最后，人们在物质生产过程中形成了一定的生产关系和其他各种社会关系，这就使得人在其现实性上成为一切社会关系的总和。马克思指出："人的本质是一切社会关系的总和。"在庞大而复杂的社会关系体系中，生产关系是最基础的一种关系，人类社会的其他社会关系，诸如政治关系和思想关系都是在此基础上形成的。

## （二）劳动价值论

在马克思看来，劳动是一切历史的基本条件，有了人类的劳动，有了满足人类生存必需的前提，才产生了生活和历史。他强调了一个简单事实："任何一个民族，如果停止劳动，不用说一年，就是几个星期，也要灭亡，这是每一个小孩都知道的。"马克思从唯物主义立场出发，充分肯定了劳动对于整个人类历史的重要意义。他在《1844年经济学哲学手稿》中进一步指出："正是在改造对象世界中，人才真正地证明自己是类存在物。这种生产是人的能动的类生活。通过这种生产，自然界才表现为他的作品和他的现实。因此，劳动的对象是人的类生活的对象化：人不仅像在意识中那样理智地复现自己，而且能动地、现实地复现自己，从而在他所创造的世界中直观自身。"马克思从劳动与人类、劳动与社会发展、劳动与人类自己的发展方面对劳动价值的重要性做出了经典论述。

马克思还从"劳动是唯一的价值源泉"入手，批判了资本主义制度下劳动的异化和资本家榨取剩余价值的罪恶，并由此得出了资本主义必然灭亡、社会主义必然胜利的历史结论。正如卢卡奇所说："对马克思来说，劳动与其说是一个经济学概念，不如说是一个哲学概念。"

马克思的劳动价值论包括商品二因素、劳动二重性、价值形式、货币论、价值规律和劳动本质等内容。劳动价值论在唯物史观的指导下创立，又验证和丰富了唯物史观的科学原理。马克思的劳动价值论不仅揭示了劳动的基本定义，分析了劳动的基本结构，概括了劳动的各种形式，还从物质资料的生产出发，从商品着手，剖析了生产劳动的二重性——具体劳动和抽象劳动，从而揭示了劳动与价值的关系及剩余价值的来源，为以后继续分析人类社会的劳动和劳动关系提供了科学的理论基础。马克思的劳动价值论揭示了资本主义社会产生、发展和最终灭亡的规律；利用分析资本主义社会得出的劳动理论和发展的规律，探索人类劳动的本质及劳动在人类历史中的地位和作用，为马克思主义劳动观打下了坚实基础。

### （三）劳动异化论

马克思在《1844年经济学哲学手稿》中对人与劳动的异化有深刻的分析，指出资本主义社会的劳动呈现多方面异化状态，包括劳动者与劳动产品之间的异化、劳动者与劳动活动之间的异化、劳动者与人的类本质之间的异化和人与人本身的异化。劳动者与劳动产品之间的异化是指在资本主义社会中，社会的生产资料被人数较少的资本家占有，直接从事生产的劳动者要将劳动成果交给资本家，资本家以工资的形式给劳动者仅够维持生存的小部分，劳动者对劳动成果没有所有权和支配权，这时的"劳动产品，作为异己的东西，作为不依赖于生产者的独立力量，是同劳动对立的"。劳动者与劳动活动之间的异化是说劳动本应该是一种人的自由自觉的活动，是人本质力量的体现，在劳动的过程中人们是能够感受到快乐和幸福的，是不该受到他人强迫的自发的活动。但是，在资本主义生产的压迫下，劳动对于劳动者来说，则是一种不得不出卖劳动力来换取生活所需的强制的不幸的行为。马克思认为，正因为人是类存在物，所以人的活动才是自由自觉的，但资本主义社会中生产资料私有制下的异化劳动将这种关系颠倒了。在异化劳动中，正因为人是类存在物，所以把本应自由自觉的劳动变成了仅用来谋生的手段。人与人本身的异化是前三个异化的最终结果。一个人从其他人异化出去，以及他们中的每个人都从人的本质异化出去。因而，在异化劳动的条件下，每个人都按照他本身作为劳动者所处的那种地位和角度来观察别人。强迫性分工最终使得精神生活和物质生活、享受和劳动、生产和消费由不同的人来分担。在这种旧式分工下，人们终身被束缚在一种职业里，与劳动只能固定地结合在一起。劳动者必须做着既定的工作，自由自在的劳动和发展根本无法谈及。

### （四）劳动解放论

马克思认为，人类解放的本质就是能够自由自觉地进行劳动，这才是真正的劳动解放。人具有自然属性和社会属性，因此，劳动解放包含自然和社会两个层面。从自然层面来看，劳动解放是指人作为主体的劳动能力的提高，能够不断克服自然条件的限制，生产力不断发展。劳动创造具有人的本质的全部丰富性的人，创造具有深刻感受力的、丰富的、全面的人。从社会层面来看，劳动解放是指劳动克服、消除消极因素，消灭异化劳动，实现充分地体现人的自主性和创造性的自主自由的劳动，并且彻底消灭私有制——劳动异化的根源。恩格斯指出："在社会主义社会中，劳动将和教育相结合，从而保证多方面的技术训练和科学教育的实践基础。"他认为，只有通过社会主义革命和运动，才能消灭私有制和异化劳动，破除生产资料被少数人占有的状况，从而使社会全体成员共同平等地参与社会劳动，同时能够平等地分享劳动果实。只有这样才能极大地调动劳动者的生产积极性和创造性，促进生产力的发展，使人类劳动得到解放，进而实现人的自由全面发展。

## 二、马克思主义劳动观的中国化探索

马克思主义劳动观强调把教育同物质生产结合起来，这是我们开展劳动教育的理论基础和行动指南。从新中国成立初期对社会主义劳动发展规律的初探，到改革开放以来对中国特色社会主义劳动思想的发展，再到新时代的创新，马克思主义劳动观的中国化取得了丰硕的理论成果和实践成就。

### （一）新中国成立初期的探索

中国共产党诞生以来，以毛泽东为主要代表的中国共产党人，结合中国革命和建设实际，形成了相关劳动思想，创造性地继承和发展了马克思主义劳动教育理论，为马克思主义劳动观的中国化做出了重要贡献。

新中国成立后，百废待兴，以毛泽东为代表的共产党人充分意识到劳动的重要性，强调把马克思主义劳动观与中国社会主义建设实际相结合，全社会倡导劳动光荣、劳动者光荣的主旋律。毛泽东对劳动的重视从农业生产拓展到工业、手工业和商业等社会生产的各个领域。毛泽东称赞劳动模范是全中华民族的模范人物，是推动各方面人民事业胜利前进的骨干，号召全国人民学习"石油工人干劲大，天大困难也不怕"的大庆精神。

同时，毛泽东还高度重视脑力劳动者的作用。1958年9月，《中共中央、国务院关于教育工作的指示》明确强调将"教育与生产劳动相结合"作为我国教育方针的重要组成内容。这一时期的劳动教育在提升劳动者的社会地位，以及增强学校教育的实践性、提高学生的生产劳动技能、促进社会发展等方面，取得了重要的社会效益。毛泽东倡导的教育与社会实践相结合的"教劳结合"思想，对于克服教育实践中存在的轻视和鄙视劳动的思想，促进学生身心全面发展，起到了重要的指导作用，是新时代开展劳动教育的思想指南。

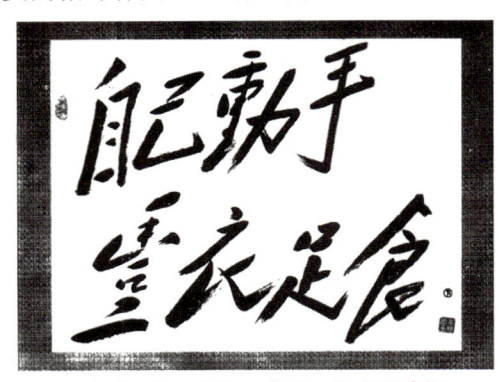

毛泽东题词"自己动手，丰衣足食"

在集体主义信念的指引下，广大人民群众以"为人民服务"为宗旨，积极投身劳动大潮。尊崇劳模、向劳动英雄学习，成为中小学生劳动宣传教育的重要内容。

**故事链接：**

"三代铁人"血汗铸就"石油魂"

1-2-1

## （二）改革开放以来的发展

党的十一届三中全会以来，以邓小平为主要代表的中国共产党人，总结新中国成立以来的经验教训，坚持一切从实际出发，实事求是，围绕建设社会主义现代化国家进一步发展了马克思主义劳动观。解放生产力、发展生产力、充分调动劳动者的积极性，倡导体面劳动，构建和谐劳动关系、理顺收入分配，让全体劳动者共享发展成果成为中国共产党人的核心劳动观。

首先，突出生产力在社会主义中的重要地位，鼓励劳动致富，实现共同富裕。强调通过解放发展生产力来满足人们日益增长的物质与精神需要，实现劳动者的自由与发展，进而巩固社会主义制度。在改革开放初期，邓小平主张坚持按劳分配原则，同时提倡"先富"带动"后富"，他指出"我们提倡按劳分配，对有特别贡献的人和单位给予精神奖励和物质奖励，也提倡一部分人和一部分地方由于多劳多得，先富裕起来"，以此充分调动劳动者积极性。其次，面对我国科技发展水平相对落后的现实情况，邓小平提出尊重知识、尊重人才，强调脑力劳动者是广大劳动人民的一部分，调动他们的积极性，对科学事业、教育事业的迅速发展和实现"四个现代化"起着重要作用。进入改革开放新时期，邓小平从国家战略和宏观角度，提出了教育与国家经济建设和劳动计划相结合的重要思想，对于我们深化劳动教育理论，以及在新时代开展劳动教育具有重大的指导意义。党的十一届三中全会以后，劳动教育被表述为全面发展教育的组成部分，德、智、体、美、劳互相配合、相互渗透。

党的十三届四中全会以来，以江泽民为主要代表的中国共产党人，在建设中国特色社会主义的实践中，丰富和发展了马克思主义劳动观。一方面，深化和拓展了劳动的内涵和外延，党的十六大报告提出"尊重劳动、尊重知识、尊重人才、尊重创造"四个尊重方针，要求将其作为党和国家的一项重大方针在全社会认真贯彻，并进一步提出要保护和尊重一切对人民和社会有益的劳动。四个尊重方针是一个有机的联系整体，尊重劳动居于四个尊重方针的基础地位，尊重知识、尊重人才突出了对脑力劳动者的重视。四个尊重方针是对我国改革开放和现代化建设实践的深刻总结和升华，是对马克思主义劳动观和劳动价值理论的发展和深化，体现了马克思主义理论的与时俱进、开拓创新。另一方面，重视劳动教育。江泽民提出教育与社会实践相结合，丰富和发展了马克思主义的劳动教育思想。1999年的全国教育工作会议提出要"坚持教育与社会实践相结合"的方针，从"教育与生产劳动相结合"发展到"教育与生产劳动和社会实践相结合"，更贴近时代潮流和现实情况，更为恰当，更为科学。因为社会实践不仅包括生产劳动，而且包括政治活动、科学研究活动、生活实践、教育实践等，涉及体力劳动与脑力劳动，范围更加广泛。

党的十六大以来，以胡锦涛为主要代表的中国共产党人，根据我国新的发展要求，深化马克思主义劳动观，提出了与科学发展观相适应的劳动理论体系。2006年3月4日，胡锦涛在参加全国政协十届四次会议民盟、民进界委员联组讨论时提出，要引导广大干部群众特别是青少年树立以"八荣八耻"为主要内容的社会主义荣辱观。我国能取得改革开放及社会主义现代化建设的显著成就，是广大劳动群众团结一心、辛勤劳动的结果，而针对当时好逸恶劳、享乐主义、拜金主义等不良风气的盛行，把"以辛勤劳动为荣，以好逸恶劳为耻"列入社会主义荣辱观，目的就是要使劳动光荣、劳动神圣成为劳动人民共同的道德认识。2010年4月，胡锦涛在全国劳动模范和先进工作者表彰会上重申"劳动最光荣、劳动者最伟大"，提出要坚持以人为本，"让广大劳动群众实现体面劳动"，切实发展和谐劳动关系，让各阶层的劳动者拥有体面劳动的获得感。2010年10月，胡锦涛在第五届亚太经合组织会议上强调指出，要提高劳动者素质和能力，使经济发展真正走上主要依靠科技进步、劳动者素质提高、管理创新的轨道，这是实现人的全面发展的必然要求，也是推动经济社会发展的重要保证。他指出：第一，转变经济发展方式，推动经济结构优化升级，促进经济社会协调发展，对劳动者素质提出了更高要求。第二，应该引导广大劳动者提高思想道德素质和科学文化素质，提高劳动能力和劳动水平，努力掌握新知识、新技能、新本领，成为适应新形势下经济社会发展要求的高素质劳动者。第三，要建立健全面向全体劳动者的职业技能培训制度，形成有利于劳动者学习成才的引导机制、培训机制、评价机制、激励机制，全面提高劳动者职业素质和技能水平。第四，要充分发挥教育在提高劳动者素质和能力中的重要作用，按照建设学习型社会和实施终身教育的要求，优先发展教育，提高教育现代化水平，坚持教育的公益性和普惠性，保障公民依法享有受教育的权利，努力培养造就高素质劳动者、专门人才和拔尖创新人才。胡锦涛从社会需要、劳动者能力培养、职业技能培训制度建设和机制完善等多个角度强调了劳动教育的重要性，对加强劳动教育提出了系统明确的要求，进一步深化了马克思主义劳动教育理论。

**阅读链接：**

胡锦涛在APEC人力资源开发部长级会议上的致辞

1-2-2

### （三）新时代的创新

中国特色社会主义进入新时代以来，习近平总书记多次围绕劳动、劳动者进行深刻阐述，推进了马克思主义劳动观的中国化、时代化、大众化。党的二十大报告也提出了一系列与劳动密切相关的重要论断。习近平新时代中国特色社会主义思想包含崇尚劳动的劳动价值观、扎根实践的劳动教育观、和谐为本的劳动权益观、追求创新的劳动素质观等丰富内涵，成为推动党和人民事业发展的强大思想武器和具体行动指南。

1. 崇尚劳动的劳动价值观

劳动是成功的必由之路、创造价值的源泉。习近平总书记十分重视劳动、尊崇劳动，尤其强调要尊重劳动者。2012年11月15日，习近平总书记同采访十八大的中外记者见面时指出："人民对美好生活的向往，就是我们的奋斗目标。""人世间的一切幸福都需要靠辛勤的劳动来创造。我们的责任，就是要团结带领全党全国各族人民，继续解放思想，坚持改革开放，不断解放和发展社会生产力，努力解决群众的生产生活困难，坚定不移走共同富裕的道路。"2015年4月28日，他在庆祝"五一"国际劳动节暨表彰全国劳动模范和先进工作者大会上讲道："我们的根扎在劳动人民之中。在我们社会主义国家，一切劳动，无论是体力劳动还是脑力劳动，都值得尊重和鼓励；一切创造，无论是个人创造还是集体创造，也都值得尊重和鼓励。全社会都要贯彻尊重劳动、尊重知识、尊重人才、尊重创造的重大方针，全社会都要以辛勤劳动为荣、以好逸恶劳为耻，任何时候任何人都不能看不起普通劳动者，都不能贪图不劳而获的生活。"党的二十大报告强调指出，要"全面贯彻党的教育方针，落实立德树人根本任务，培养德智体美劳全面发展的社会主义建设者和接班人"，要"深入实施人才强国战略。培养造就大批德才兼备的高素质人才，是国家和民族长远发展大计"。

习近平总书记新时代的劳动价值观可以概括为三个方面：价值认同——劳动"四最"；价值要求——坚持"三依靠"；价值构建——增加和谐因素。他强调全社会要树立劳动"四最"理念，即"劳动最光荣、劳动最崇高、劳动最伟大、劳动最美丽"劳动观；要紧紧依靠人民群众的辛勤劳动、诚实劳动、创造性劳动来创造美好生活、实现美好梦想、铸就美好未来；要努力构建共同的价值，增加和谐因素、大局意识，妥善处理个人利益与集体利益的关系，维护和谐劳动关系。

**2. 扎根实践的劳动教育观**

习近平总书记强调"扎根中国大地办教育，同生产劳动和社会实践相结合"，明确指出教育与劳动实践相结合的重要性。劳动实践是实现教育强国目标、推进教育现代化建设、培养高素质劳动者的内在要求。习近平总书记说："我是崇尚行动的，实践高于认识的地方正在于它是行动。"实践出真知，劳动长才干。"学到的东西，不能停留在书本上，不能只装在脑袋里，而应该落实到行动上，做到知行合一、以知促行、以行求知。"他鼓励青年要多实践，强调"每一项事业，不论大小，都是靠脚踏实地、一点一滴干出来的"，并告诫青年，青春是用来奋斗的。在劳动教育中，加强劳动实践有益于青年学生受教育、长才干、做贡献。例如，引导学生参加志愿服务实践活动，可以帮助学生践行社会主义核心价值观、增强社会责任感；参与劳动实践，可以让学生更加珍惜劳动成果，树立节约光荣、浪费可耻的劳动观念；参与劳动实践，学生会懂得"天下大事，必作于细"的真谛，用不懈的劳动创造精彩人生，脚踏实地地为民族复兴赋能。

**知识链接：**

新中国成立以来涉及劳动教育的重要文件

1-2-3

**3. 和谐为本的劳动权益观**

劳动者权益问题一直是习近平总书记关注的焦点。早在2011年，习近平总书记在出席全国构建和谐劳动关系先进表彰暨经验交流会时指出："构建和谐劳动关系，是建设社会主义和谐社会的重要基础，是增强党的执政基础、巩固党的执政地位的必然要求，是坚持中国特色社会主义道路、贯彻中国特色社会主义理论体系、完善中国特色社会主义制度的重要组成部分，其经济、政治、社会意义十分重大而深远。""构建和谐劳动关系，要坚持以人为本，把解决广大职工最关心最直接最现实的利益问题，切实维护他们的经济权益、政治权益、文化权益、社会权益，作为根本出发点和落脚点……"尤其自党的十八大以来，以习近平同志为核心的党中央就一直将保护劳动者权益，提高劳动者的待遇和福利作为重点的工作内容之一，党的二十大报告指出："我们要实现好、维护好、发展好最广大人民根本利益，紧紧抓住人民最关心最直接最现实的利益问题，坚持尽力而为、量力而行，深入群众、深入基层，采取更多惠民生、暖民心举措，着力解决好人民群众急难愁盼问题，健全基本公共服务体系，提高公共服务水平，增强均衡性和可及性，扎实推进共同富裕"，要"推进城乡精神文明建设融合发展，在全社会弘扬劳动精神、奋斗精神、奉献精神、创造精神、勤俭节约精神，培育时代新风新貌"。习近平总书记一系列重要论述强调了构建社会主义和谐劳动关系的重要性，充分调动了广大劳动者的积极性、主动性，引领人民群众向建成社会主义现代化强国迈进。

### 4. 追求创新的劳动素质观

在习近平劳动思想中，"实干"和"创造"是相辅相成的。习近平总书记尊重和赞赏一切体力和脑力劳动者，也尊重和鼓励一切个人和集体创造。"实干兴邦"的苦干实干精神和"创造伟大"的敢创爱创精神，是新时代劳动者不可或缺的重要品质，是实现中华民族伟大复兴壮举的强大精神支柱。习近平总书记多次在讲话中提到要重视劳动教育，提高劳动者素质，努力发展创新性劳动、创造性劳动，建设高素质劳动大军。他在多个场合针对"高素质劳动者""创造性劳动""创新性发展""创造性人才"做了重要讲话。在2015年庆祝"五一"国际劳动节暨表彰全国劳动模范和先进工作者大会上，习近平总书记27次提到了"创造"，他谈到要"让劳动光荣、创造伟大成为铿锵的时代强音""要教育孩子们从小热爱劳动、热爱创造，通过劳动和创造播种希望、收获果实""把蕴藏于工人阶级和广大劳动群众中的无穷创造活力焕发出来""我们要始终高度重视提高劳动者素质，培养宏大的高素质劳动者大军""劳动者的知识和才能积累越多，创造能力就越大。提高包括广大劳动者在内的全民族文明素质，是民族发展的长远大计""要实施职工素质建设工程，推动建设宏大的知识型、技术型、创新型劳动者大军"。党的二十大报告强调指出，要"坚持尊重劳动、尊重知识、尊重人才、尊重创造，实施更加积极、更加开放、更加有效的人才政策，引导广大人才爱党报国、敬业奉献、服务人民。完善人才战略布局，坚持各方面人才一起抓，建设规模宏大、结构合理、素质优良的人才队伍。"为此，我们一定要深入实施科教兴国战略、人才强国战略、创新驱动发展战略，把提高职工队伍整体素质作为一项战略任务抓紧抓好，帮助职工学习新知识、掌握新技能、增长新本领，拓展广大职工和劳动者成长成才空间，引导广大职工和劳动者树立终身学习理念，不断提高思想道德素质和科学文化素质。"实干"与"创造"，在习近平劳动观中是相辅相成的。习近平总书记强调，一切劳动，无论是体力劳动还是脑力劳动，都值得尊重和鼓励；一切创造，无论是个人创造还是集体创造，也都值得尊重和鼓励。

**知识链接：**

"德、智、体、美、劳"五育并重方针的提出

1-2-4

> 典型案例

## 陶行知：捧着一颗心来，不带半根草去[1]

1891年10月18日，陶行知生于安徽歙县的一个清苦农家。他从童年时代起就对民间的疾苦有深切的感受，曾经写下了"我是一个中国人，要为中国作出一些贡献来"的座右铭。1917年，陶行知婉拒了导师杜威留美任教的邀请，舍弃国外优越的生活工作条件和出人头地的个人前程回到祖国。当时正值国内发起了以民主和科学为旗帜的新文化运动。陶行知满怀热情地在这场运动中奔走呼号，积极提倡新教育，改革旧教育。

陶行知抱着人生"为一大事来，做一大事去"的志愿，以主要精力从事平民教育。在这期间，他深切感到中国教育改造的根本问题在农村。他说："中国以农立国，住在乡村的人占全国人口85%。平民教育是到民间去的运动，就是到乡下去的运动。"陶行知号召人们加入这个运动，"一心一意地为中国乡村开创一个新生命"。

陶行知像

陶行知历任南京高等师范学校教授、教务主任，东南大学教育科主任等职，但为了实现"要使全国人民都有受教育的机会"的理想，他辞去了这些官职，谢绝了出任武昌高等师范学校校长、金陵大学校长、武汉大学校长、省教育厅厅长之聘，放弃了城市的优越生活，举家还乡，全身心投入了人民的教育事业。他立下宏愿，要排除各种困难，筹措一百万元基金，征集一百万位同志，倡建一百万所学校，改造一百万个乡村。1926年，陶行知与东南大学教授赵叔愚等人一起筹建乡村师范学校，将校址选在南京远郊偏僻荒凉的晓庄（原名小庄），由陶行知亲自担任校长。这就是后来驰名中外的晓庄师范。

在晓庄师范，陶行知脱去西装，穿上草鞋，和师生同劳动、同生活，共同探索中国教育的新路。为了办好晓庄师范，他把多年积蓄的1000银元献了出来，把计划安葬母亲的500银元人寿保险费捐了出来，把当参政员的每月300元的车马费拿了出来，自己则过着俭朴清贫的生活。也是在晓庄师范，陶行知把杜威的教育理论加以改造，形成了他的"生活教育"理论。其要点是："生活即教育""社会即学校""教学做合一""在做中学"。根据生活教育理论，晓庄师范学生在老师的指导下自己开荒，自己建茅屋，做什么事，就读什么书，还走出校门参加村里的农协会和打倒土豪劣绅的斗争。这样就把学校教育与社会生活及生产劳动结合在一起。其目的是要培养学生的实际才干和创新能力，把学生培养成有农夫的身手、有科学的头脑、有改造社会精神的乡村教师。

---

[1] 原载教师教育网，有删减。转引自南京大学校史博物馆媒体报道，标题《陶行知：捧着一颗心来，不带半根草去》，2020年11月12日。

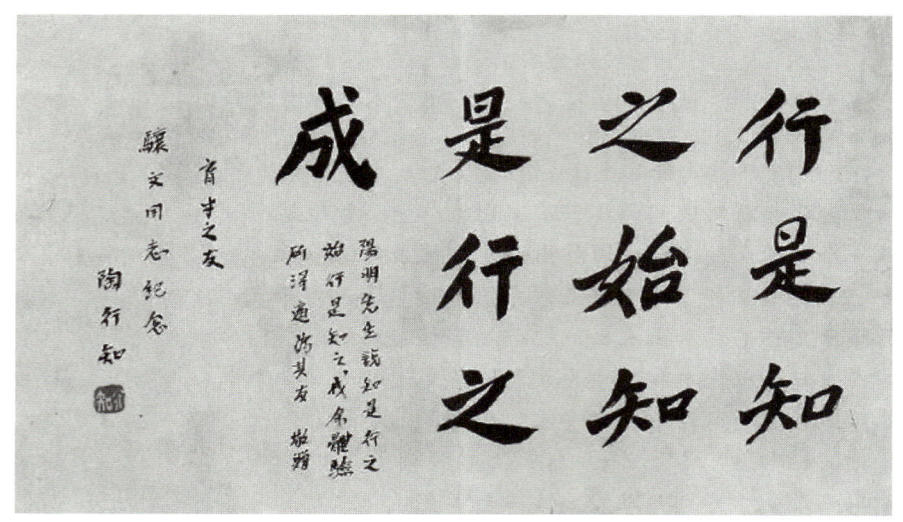

行是知之始，知是行之成

1932年，陶行知通过总结晓庄师范的经验，在上海创办了上海工学团。上海工学团是一个社会教育组织，它既是学校，又是工厂，也是一个小社会。它制定了"工以养生，学以明生，团以保生"的宗旨，招收当地农民子弟入团。团员上午学习文化知识，下午参加生产劳动。晚上，团员请当地农友到工学团办的茶园里谈论天下大事，还由团员讲故事，当小先生。

"一二·九"运动爆发后，陶行知以饱满的爱国热情参与发起成立了上海文化界救国会、国难教育社，还与宋庆龄、邹韬奋等著名人士发起成立了全国各界救国联合会。抗战开始后，陶行知发现许多有特殊才能的孩子因为陷于贫困和屈辱的境地而得不到培养的机会。在周恩来和许多共产党员的支持下，他在1939年7月创办了育才学校。这所学校设在重庆附近，学生都是择优选拔的有特殊才能的优秀儿童。学校根据学生的兴趣和条件，聘请大批专家学者担任教师，对学生因材施教。

在争民主、反独裁斗争中，陶行知数次被反动政府通缉，被国民党特务殴打。1946年4月，陶行知来到上海，继续奋不顾身地进行争取和平民主的斗争，并为在上海创办社会大学和育才学校的迁址问题多方奔波。不久，著名民主战士李公朴、闻一多被国民党特务暗杀的消息传来，陶行知异常激愤，到处演讲，发出了"和平最急，民主第一"的呼号。后来，陶行知听说国民党特务已经把他列为下一个暗杀对象，他无所畏惧，做好了"我等着第三枪"的准备，仍然一次次发出正义的呐喊，提出"为民主死了一个，就要加紧号召一万个人来顶

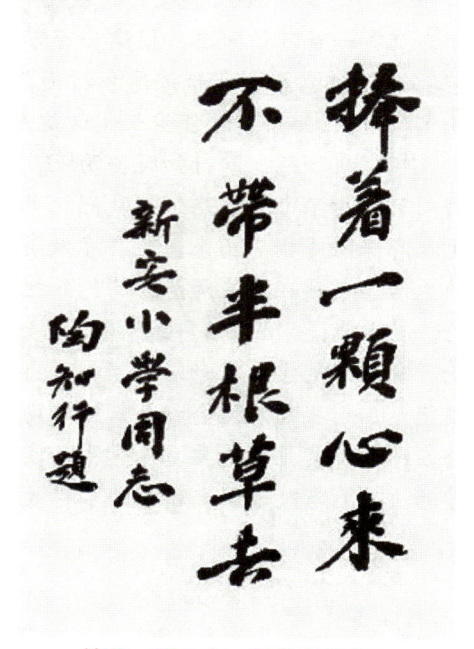

捧着一颗心来，不带半根草去

补",始终站在民主运动的最前列。1946年7月25日,陶行知因为劳累过度和受刺激过深,突发脑溢血不幸逝世。

> **学习探究与思考**
>
> 1. 你如何理解马克思的劳动本质观和劳动价值观？试着进行阐述，然后结合自己在现实中的观察和体会加以解释。
> 2. 简述新中国成立以来对劳动教育认识的发展。
> 3. 为什么说习近平新时代中国特色社会主义思想是对马克思主义劳动观的创新与发展？

## 第三节　新时代师范生劳动教育使命

当代大学生是全面建设社会主义现代化国家、实现民族复兴伟业的主力军。劳动教育是师范生的必修课，是中国特色社会主义教育制度的重要内容，直接影响着社会主义建设者和接班人的劳动精神面貌、劳动价值取向和劳动技能水平。当前，我国正处于实现"两个一百年"奋斗目标的战略机遇期和历史交汇期，劳动教育被赋予新的时代内涵和历史使命，在高校人才培养和社会主义现代化建设中具有重要而深远的意义。劳动教育与高校立德树人根本任务相辅相成，塑造劳动精神、确定价值取向，培育师范生德行养成，对师范生劳动素质养成至关重要；劳动教育是德智体美劳教育体系的重要组成部分，在人的全面发展中意义重大。师范生作为高等教育特殊群体，必须自身具备相应的劳动品质与劳动能力，能够做到以身示范；作为未来的人民教师，师范生还肩负着培养一代又一代矢志奋斗的建设者和接班人的重任，要具备劳动教育指导能力，帮助学生形成相应的劳动品质、素养与能力。因此，将任务真正落地，培养师范生的劳动能力和有效实施劳动教育的能力，成为一名称职的未来人民教师，这是新时代师范生劳动教育的使命。

视频：教育家于漪论劳动教育

### 一、新时代劳动教育的价值[①]

#### （一）以劳动教育涵养奋斗精神

奋斗者是最为富足的人，也是最懂得幸福、最享受幸福的人。立足新时代，不断取得新时代中国特色社会主义新胜利，实现中华民族伟大复兴的中国梦，离不开前赴后继、艰苦卓绝的接续奋斗。开展劳动教育的核心和根本，在于教育引导大学生在劳动实践过程中去认知、学习，用身体丈量世界，明白"劳动创造美好"的真实价值，在做好每件小事的过程中培育和践行艰苦奋斗精神；奠定大学生崇尚劳动、尊重劳动的态度，确立辛勤劳动、诚实劳动、创造性劳动的理念；形成劳动最光荣、最崇高、最伟大、最美丽的价值取向，磨砺青年学生奋斗的意志品格。

---

[①] 选自李宏宇《新时代高校劳动教育的价值指向》，原载光明网理论频道，2021年5月4日。

## （二）以劳动教育实现全面发展

当代大学生主体是"00后"，在德、智、体、美、劳五个方面，中小学期间对智力教育的重视可能远超劳动教育，劳动教育在家庭教育中往往被轻视、被弱化。劳动教育具有树德、增智、强体、育美的综合育人价值。劳动可以培养青年学生的责任心、意志力，青年学生在劳动实践中经受困难、挫折甚至挑战，可以带来战胜困难、解决问题、收获成果的喜悦，增强自信心。劳动是创造的基础，在劳动过程中需要运用各种知识，学生可以把在课堂上学到的书本知识和实际联系起来，增强对书本知识的理解，同时促进脑力劳动和体力劳动的结合。实施劳动教育，可以促使更多的青年学生走出教室、走出宿舍、走到户外，让身心得到充分的锻炼与舒展，进而促进体质健康发展。学校通过劳动理论教育、志愿服务、社会实践等一体化劳动教育，促进学生全面发展。总之，有效开展劳动教育不仅能够锻炼青年学生的体魄，还能够丰富、充实青年学生的精神生活，提高他们的道德品质和审美情操，培养他们具有积极的劳动情感，全面提高他们的身心素质。

## （三）以劳动教育锻造时代新人

加强劳动教育，是培养担当民族复兴大任时代新人的内在需要。从宏观角度来看，全面建成小康社会，进而建成富强民主文明和谐美丽的社会主义现代化国家，在根本上要靠劳动、靠劳动者创造，是劳动托起了中国梦。当今时代是创新的时代，创新不是凭空想象的，而是在艰苦的劳动中创造出来的。因此，培养青年学生树立劳动光荣的理念，十分迫切而必要。近年来，一些青年大学生中出现了不珍惜劳动成果、不想劳动、不会劳动的现象，劳动的独特育人价值在一定程度上被忽视。为此，要着力构建具有综合性、实践性、开放性、针对性的劳动教育资源矩阵，统筹贯穿学校、家庭与社会的劳动教育力量，将劳动教育与德智体美教育相融合，推动建立课程完善、资源丰富、模式多样、机制健全的劳动教育体系，让青年学生接受扎实有效的劳动教育，努力成长为担当民族复兴大任的时代新人。

## （四）以劳动教育创造美好未来

人民创造历史，劳动开创未来。今天的青年学生就是未来中国的主人翁，当代大学生的劳动情怀强不强、劳动技能高不高、劳动实践多不多，直接关乎国家的未来。劳动是推动人类社会进步的根本力量，人世间的美好梦想只有通过诚实劳动才能实现；发展中的各种难题只有通过诚实劳动才能破解；生命里的一切辉煌只有通过诚实劳动才能铸就。正因为劳动创造，我们才有今天的成就，才能迎来广阔的未来。在民族复兴的新时代征程中，要通过劳动教育让青年学生积极涵养劳动精神，争做奋斗者，成为德智体美劳全面发展的社会主义建设者和接班人，为民族复兴提供澎湃动力。

**知识链接：**

发挥好劳动教育独特的育人价值

1-3-1

## 二、师范生劳动价值观的塑造

### （一）劳动最光荣，做新时代的"大先生"

自古以来，人民教师都有做"大先生"的传统。2016年12月7日，习近平总书记在全国高校思想政治工作会议的讲话中强调，教师不能只做传授书本知识的教书匠，要成为塑造学生品格、品行、品位的"大先生"。2022年4月25日，习近平总书记在中国人民大学考察时强调，老师应该有言为士则、行为世范的自觉，不断提高自身道德修养，以模范行为影响和带动学生，做学生为学、为事、为人的大先生，成为被社会尊重的楷模，成为世人效仿的榜样。要有信念，心中有国家和民族；要想让孩子成为大写的人，自己先得"大"起来，要有"捧着一颗心来，不带半根草去"的奉献精神；要想让孩子成为有用的人，自己先得有本领，正所谓"要给学生一碗水，教师要有一潭水"；要想让孩子成为温暖的人，自己就不能冰冷，教育是爱的艺术，没有爱就没有教育；要培育德智体美劳全面发展的接班人，自己就要率先垂范，以身作则，做劳动实践的"大先生"。

### （二）劳动最崇高，做新时代的"引路人"

夸美纽斯说过，教师是太阳底下最光辉的事业。苏联老一辈革命家加里宁说，教师是人类灵魂的工程师。对于教师的美誉，可以说不胜枚举。作为人类文明传播者的教师担负着培养一代又一代有理想、有道德、有文化、有纪律的公民的使命，祖国和人民对教师也提出了要求，要求每个教师都要树立起献身教育，教书育人的信念和决心。教师要成为"引路人"，就要把自己培养成有理想信念、有道德情操、有扎实学识、有仁爱之心的"四有"教师。作为未来的人民教师，师范生今后要做的是传播知识、传播思想、传播真理的工作，塑造灵魂、塑造人的工作。师范生要懂得劳动最崇高的道理，坚持劳动最崇高的观点，树立远大理想，志存高远，以服务祖国和教育事业为目标，遵守教师职业道德规范，在服务教育事业的过程中实现人生价值；要专注于自己的学业，认真学习劳动技能，不断提高自身的学习能力和专业水平，把自己培养成学生劳动教育的"引路人"。

### （三）劳动最伟大，做新时代的"排头兵"

教书育人的工作既伟大崇高，又平凡琐碎；既是为祖国和人民谋幸福的伟大事业，又需要付出艰苦的劳动。这个职业没有令人羡慕的财富和权力，没有显赫一时的声名和荣誉，也没有悠闲自在的舒适和安逸。师范生作为未来的人民教师，必须具有对社会主义教育事业的热爱和忠诚，具有将自己的知识、才华、青春乃至生命奉献给这一事业的信念和决心。人们把教师比喻成"园丁""蜡烛""铺路石"，歌颂的就是这种献身精神。作为未来的人民教师，师范生要认清劳动的意义和本质，尊重劳动、尊崇劳动，以勤奋劳动为荣，以好逸恶劳为耻，吃苦在前，享乐在后，珍惜自己和他人的劳动成果，躬身实践，知行合一，把教师专业技能训练和劳动实践结合起来，在劳动中锤炼本领，争做新时代劳动实践的"排头兵"。

### （四）劳动最美丽，做新时代的"追梦者"

"劳动最美丽"可用"劳动美"加以概括。"劳动美"是指劳动主体在对象化的劳动实践活动中，通过改变、改造劳动客体而产生的满足主体需要的获得感，以及在此基础上对劳动过程和结果形成积极的自我感受、自我评价和心理愉悦，并被社会关注、接受、肯定和认同，赋予其积极、普遍的社会意义，进而升华为人类劳动活动追求的重要实践形式。"劳动最美丽"作为人类劳动与美相结合的基本实践形式，是人类劳动本质的重要体现。劳动者正是通过人类的劳动实践活动，使劳动与美实现了有机统一与高度结合。[①]师范生在劳动实践中，要努力从劳动中创造快乐、体会快乐、感受快乐，以积极的精神状态从事教书育人工作，在工作中激发自身的创造力，探寻教师职业的意义。要积极向劳动楷模、师德标兵、最美教师学习，将他们作为"劳动最美丽"的典型代表，从他们身上汲取力量，让教师这一职业彰显时代价值，在职业生涯中体验教书育人的获得感和成就感。

**案例链接：**
华东师范大学积极推进新时代大学生劳动教育

1-3-2

## 三、新时代师范生劳动素养培育路径

师范教育是面向学校的教育，职业属性很强。作为高等教育体系中的重要组成部分，师范生劳动教育，不仅要帮助师范生端正劳动观念、锻炼劳动技能，还要以职业发展为导向，为师范生搭建劳动实践平台，培育师范生面向教育领域的教师职业精神和职业技能，包括教师应具备的敬业精神、实干精神、担当精神、创新精神，以及教育教学、学生管理、班级管理各方面的技能。

### （一）在课程学习中提升劳动素养

#### 1. 开设劳动教育课程

劳动教育在新中国成立初期获得独立地位。1955年以后，随着《小学教学计划及说明》《关于制发1956—1957学年度中学授课时数表的通知》等文件的发布，中小学开始开设劳动教育课程，劳动教育课成为一门独立的课程。此后虽有起伏，但直到20世纪末，劳动教育课一直保持着独立地位。2001年，基础教育新课程改革启动，其中的一个明显变化是不再独立开设劳动教育课。在小学、初中阶段，劳动技术教育作为综合实践活动课程的一个组成部分，在高中则代之以通用技术课程。这是自1955年以来劳动教育课程第一次被取消单独设置。2020年，《中共中央 国务院关于全面加强新时代大中小学劳动教育的意见》（以下简称《意见》）和教育部印发的《大中小学劳动教育指导纲要（试行）》指出，职业院校和普通高等学校必须各开设不少于16学时和32学时的劳动教育必修课，课程不仅要强化劳动精神、劳模精神、工匠精神专题教育，而且要普及与学生职业发展密切相关的通用劳动科学知识，并经历

---

① 刘一《深刻把握"劳动最美丽"的时代意蕴》，原载中国社会科学网，2020年4月30日。

必要的实践体验。师范生要学习《中华人民共和国教育法》《中华人民共和国教师法》《中华人民共和国未成年人保护法》，掌握相关法律法规，做遵纪守法的合格教师；在此基础上接受劳动技能教育、劳动生活教育、劳动服务教育、见习实习实践和创新创业教育；要具备结合学科、专业特点，在教学设计中有机融入劳动教育内容的能力。师范生劳动教育要让师范生接受系统的劳动教育学习，对"劳动""劳动教育"形成理性认识和深刻认同，接受完整的劳动教育实践锻炼。

**学生见习活动**

### 2. 显性与隐性课程协同育人

劳动教育注重课程思政与思政课程结合、显性与隐性课程协同的育人模式。一方面，通过课程思政建设挖掘各类课程中蕴含的劳动教育元素，把劳动教育有机融入专业教育，打造隐性劳动教育与显性劳动教育课程协同育人的模式。要注重挖掘专业课程的劳动教育元素，结合专业特色释放劳动教育的潜力，发挥示范课程的引领作用，以点带面推动师范生劳动融合课程的建设，使师范生深入理解劳动对于社会发展的普遍意义，并由衷认可劳动最光荣、劳动最崇高、劳动最伟大、劳动最美丽的道理。另一方面，充分利用思想政治理论课的学理性优势，系统阐释马克思主义劳动观，将马克思主义劳动观和习近平总书记关于劳动教育的重要论述纳入师范生思政课，让师范生充分认识马克思主义劳动观的基本观点。

### 3. 构建劳动教育课程体系

理论性与实践性相统一是劳动教育的本质要求，构建具有综合性、实践性、开放性的劳动教育课程体系，让师范生既重视劳动教育内容的学习，又在自身劳动实践中不断提升对劳动价值的理解和认同，通过实践巩固对劳动的认知。首先，合理安排日常生活劳动、生产劳动和服务性劳动内容，发挥好各类劳动教育内容的育人作用。例如，在日常生活劳动中培养独立生活能力，传承勤俭节约的家风，在服务性劳动中强化师范生的社会责任和奉献精神，在生产劳动中锻炼师范生吃苦耐劳、精益求精、创新进取的品质。其次，结合专业特色设置劳动融合课程，赋予其他专业课程劳动教育的重任，推动劳动教育课程全面覆盖，构建劳动育人的大格局。将劳动教育与专业课程、选修课程深度融通，在专业课程和选修课程中适时、适度融入专业劳动知识与技能、劳动纪律、劳动法、职业道德等内容，引导师范生自觉劳动、辛勤劳动，学会诚实劳动、科学劳动和创造性劳动。最后，还应结合师范教育学科特色，丰富劳动实践课程的形式，让师范生在亲历本学科相关劳动过程中实现知识获取、价值塑造和能力养成的有效统一。

**文件链接：**

青海师范大学关于加强新时代劳动教育的实施细则

1-3-3

## （二）在生活体验中提升劳动素养

《意见》提出，"实施劳动教育重点是在系统的文化知识学习之外，有目的、有计划地组织学生参加日常生活劳动、生产劳动和服务性劳动，让学生动手实践、出力流汗，接受锻炼、磨炼意志"。《意见》明确了劳动教育要以课堂之外的体力劳动为主，要有助于学生强身健体、吃苦耐劳、注重协作，为其全面发展、健康工作、幸福生活打下坚实的基础。从内容上看，日常生活劳动、生产劳动和服务性劳动是劳动实践的主体，要让师范生在参加三类劳动的过程中培养正确劳动观念，弘扬积极劳动精神，掌握基本劳动技能，形成良好劳动品质。从实施方式上看，劳动教育尤其强调让学生"动"起来，在出力流汗中成长，这与智力教育有着较大的差异。这就意味着师范院校实施劳动教育不能只是在讲台上"讲"劳动、在黑板上"写"劳动，简单说教，而是要给师范生提供真正的劳动机会，让学生在教育实践中、在见习实习岗位上经历劳动过程，感受教书育人的工作特点，思考不同职业岗位上的人如何通过劳动推动社会的进步和发展。

师范生生活实践教育应当包括教师礼仪修养和师范生职业形象塑造、师范生寝室文化建设、师范生校内勤工助学、师范生校园文化建设几方面的内容。以校园文化建设为例，师范院校要积极创建崇尚劳动的校园文化，开展校园技能文化节、劳动文化节、劳动活动周等校园活动，同时开设与劳动有关的兴趣小组、学生社团、俱乐部等活动，引导师范生用自己的专业特长和实践技能参加各类劳动实践活动，在劳动参与中培养自己的劳动实践技能、劳动习惯。例如，"家常菜"美食社团涵盖家常菜肴、面食和点心制作等烹饪基本理论知识讲解和刀工、烹饪手法等基本技能的培养，是集理论教学和实践活动为一体的兴趣小组。"劳动与生活"社团涵盖生活空间整理与收纳、室内景观植物培育养护、园艺插花几个部分的理论知识讲解和实操训练，侧重文化知识学习之外的生活实践教育。

**师范生手语小分队参加社会实践活动**

## （三）在专业实践中提升劳动素养

辛勤劳动、诚实劳动、创造性劳动是新时代对劳动的基本要求。在人才培养中，专业教育的各关键点，如日常学习、考试、实习、教案设计、公开课活动、毕业论文写作等环节，均需要融入劳动教育。师范生要在专业学习过程中，通过辛勤劳动，使劳动潜能转化为劳动价值，使自己可以胜任教师这一职业，适应未来教育工作的需求。在专业学习过程中，要提倡诚实劳动，做到诚信作业、诚信考试、诚信实习和诚信写作。在日常专业学习过程中，还要特别注重对劳动教育情怀的培育。例如，在始业教育过程中，带领新生走访参观附近的中小学、幼儿园，让学生感受校园氛围，与儿童互动交流，激发从教意识，坚定理想信念，明确努力方向；面向新生开展劳动教育讲座，鼓励师范生知校爱校，深刻领会劳动、劳动精神和劳动教育的内涵。带领师范生从事劳动教育研究，申请劳动教育课题、开设劳动教育讲坛，邀请优秀校友做专题汇报，汲取榜样的力量，使师范生真正热爱劳动、尊重劳动。离校时，鼓励师范生用干劲、闯劲、钻劲在各自的工作岗位上不懈努力。

例如，将劳动教育融入师范生专业学习，学习内容应包括学科素养与劳动技能、信息素养与劳动技能、艺术素养与劳动技能、班级管理与劳动技能、活动组织与劳动技能、劳动生活教育教学设计和跨领域劳动课程教学设计等。以信息素养与劳动技能为例，师范生要掌握微课制作技术，具备用慕课、在线课堂、翻转课堂等形式执教的能力，要具备创设教育教学情境的能力，能调动教学对象的积极性，有效实施信息化教学；要会利用信息技术开展启发式、探究式、讨论式、参与式教学，评价着眼发展性、差异性和多元性，让每位学生都获得学习成就感；要建立以学习者为中心的教学模式，倡导学生协作学习、教师协同教学，提高信息化教学水平；要实现从课堂主宰向学生的合作者、指导者、组织者的转变，实现从课程实施者向课程创造者、开发者角色的转变。

## （四）在劳动服务中提升劳动素养

要拓展志愿服务项目，锤炼师范生的砥砺担当精神。担当是新时代职业者的基本素质，开展志愿服务是培养担当精神的有效劳动教育方式。组织师范生在省市重大活动中担任志愿者、去边远山区支教、到社区服务居民等多种形式的志愿服务，让师范生体会到肩负的社会责任，培育其公共服务意识和奉献精神。实践证明，志愿服务工作对于提升师范生社会责任认知、情感、能力、行为有明显成效。通过志愿服务，师范生不仅可以激发自身的使命责任，肩负起新时代赋予的重责；还可以提升思想境界，树立正确的择业观，主动到艰苦地区和农村工作，把自己奉献给国家最需要的地方，端正工作态度，踏实敬业、认真负责，在平凡岗位上勤勉尽职，体现自身的劳动价值。

具体而言，将劳动教育融入师范生服务性实践应当包括以下内容：师范生勤工助学劳动、师范生志愿服务、师范生社区公益服务、师范生暑期社会实践与"三下乡"服务、师范生与"大学生村官"等项目。以师范生勤工助学为例，勤工助学是学生资助工作的重要组成部分，是提高学生综合素质和资助家庭经济困难学生的有效途径，也是实现全员育人、全过程育人、全方位育人的有效平台。师范院校应坚持公开、公平、公正原则设置勤工助学岗位，优先录用家庭经济困难学生，让部分家庭经济困难学生通过辛勤劳动、诚实劳动缓解经济压力，锻炼综合能力和素质，发挥勤工助学"资助育人"的实效。

再以师范生社区公益服务为例，师范院校应坚持因地制宜的原则，通过校地合作为师范生搭建劳动教育活动平台。所谓校地合作，就是师范院校与所在区域的地方政府、社会组织及城乡社区等社会主体之间建立合作关系，充分挖掘可利用资源，搭建活动平台，采取多种形式推动师范生劳动教育顺利开展。地方政府可以利用自身资源协调开放劳动实践场所，为师范生参与劳动实践提供便利。工会、共青团、妇联等群团组织及各类公益基金会、社会福利组织应尽力动员相关力量，联合敬老院、福利院、火车站、医院等搭建服务平台，鼓励师范生进行服务性劳动。城乡社区可将田间地头与家庭作为开展劳动教育的有效载体，倡导师范生参与农事活动或家务活动等日常生活性劳动。

### （五）在见习实习中提升劳动素养

《意见》要求劳动教育应"注意手脑并用、安全适度，强化实践体验，让学生亲历劳动过程，提升育人实效性"。实施劳动教育，要引导师范生既多读有字之书，又多读无字之书，既增长知识见识，又积累人生经验，把读万卷书与行万里路有机结合起来。师范院校要通过与社区、幼儿园、中小学等合作，鼓励师范生参与社会实践，提高实习实训成效，锤炼实干精神。实干是新时代职业者的时代风尚。大道至简，实干为要。师范院校的实习实训是一种真实的教师职业劳动体验，是真刀真枪的教师职业劳动过程。师范院校要加强与当地学校的紧密合作，成立教师发展学校，密切合作关系，同时要不断完善实习实训项目，做到依托学科专业，和师范生的专业特长契合，规范实习实训管理要求，修订见习实习手册，严格按照教育教学工作规范和师范认证标准完善见习实习管理；避免实习实训形式化、劳动教育被虚化，要以成果为导向，明确教育教学工作任务清单，重视考核和反馈，培养师范生一步一个脚印、踏踏实实干好工作的意识。

学生社团举办的活动

具体而言，劳动教育融入师范生见习实习环节包括以下内容：师范生教育见习、师范生教育实习、师范生教育研习、师范生教学设计、师范生公开课。下面以面向特殊教育师范生实习为例进行说明。第一，师范生在校内接受特殊儿童多媒体感觉统合训练、特殊儿童康复实训等实践训练。第二，通过校外实习基地和实践平台，如康复医院、语训中心、康复机构、融合幼儿园等接受校外实践锻炼。师范院校应加强校园合作、校院合作，与其他机构合作，为师范生提供学习保障。第三，推进校内、校际实训资源共通共享，在专用教室、多功能实验室、科技馆、展览馆、体验馆等进行各类劳动实践活动，实现劳动教育场地的互补。共享共用教学器材、教学模型、教学仪器、实验仪器等各类教学设施，实现合作双方的共赢，助推劳动教育的开展。第四，校企合作建设产教融合教育基地。校企协作育人是解决人才培养供给侧和产业需求侧结构性矛盾的重要途径，康复机构能够为特殊教育师范生提供真实的应用场景和实训环境，通过与康复机构共建订单班、卓越班，完善奖学金激励制度等，让学生深入康复教学一线，在实践中加深学生对专业知识的理解，加快教育康复技能的提升。

### （六）在创新创业中提升劳动素养

《意见》充分强调了劳动教育的"时代特征"，提出要"适应科技发展和产业变革，针对劳动新形态，注重新兴技术支撑和社会服务新变化"。新时代劳动形态已发生了重大变化，不仅包括传统的简单劳动，还包括新兴的、复杂的创造性劳动，以人工智能、大数据、云计算、区块链等为代表的科学技术日新月异，各种新事物、新知识、新技术层出不穷，这些都为新时代劳动注入新的内涵。实施劳动教育，应与时代发展同向同行、同频共振。师范院校要将创新创业实践作为劳动教育的一种重要模式，注重培养学生的科学精神，引导学生在干中学、在学中干，善于发现问题，敏于探索新知，提高创造性劳动能力，实现智慧劳动、创造性劳动。

具体而言，劳动教育融入师范生创新创业活动包括以下内容：师范生职业规划、师范生创新创业大赛指导、师范生专利设计与申请、师范生就业指导、师范生创业指导。要强化师范生创新创业实践，激发其创新精神。首先，要结合教育领域产业新业态、劳动新形态，鼓励师范生在劳动中融入创新、创意、创业等元素，使其有能力、有兴趣完成每项工作，体会实干的获得感和成就感。其次，要强调师范生劳动实践的方向性和目的性，组织师范生在自己擅长的专业学科中参与创新创业实践和科技创新竞赛等活动。在实践和活动过程中，引导师范生运用批判性思维和创造性思维，在专业领域创新中发现问题和提出问题，精心设计创新创业方案，重视对新知识、新技术、新工艺、新方法的应用，创造性地解决实际问题。再次，要创造条件让师范生参与创新创业实践的全过程。以教具开发为例，从教具构思、教具设计到教具试用与改进，从市场推广到成果落地，让师范生通过全流程的身心参与，手脑并用，唤醒内心深处的创新意识，激发创造潜能，提升创新能力，为职业发展奠定基础。

> 典型案例

**蔡元培：学界泰斗，人世楷模**[①]

蔡元培故居

蔡元培（1868—1940），字鹤卿、孑民，号孑农，绍兴山阴（今绍兴市越城区）人。

蔡元培的教育思想是中国传统文化的精华与西方现代文明相结合的产物，对中国教育界、思想界产生了深远的影响。中国传统文化对于理想人格的追求和西方现代文明对于自由、民主、平等、人权的追求，在蔡元培那里得到了完美的统一。或者说，蔡元培给中国传统文化对于理想人格的追求注入了新的、富于时代特征的内涵，这对于古老的中华文明向现代形态的转化，有着积极的意义和贡献。蔡元培的教育思想可以概括为以下三个方面。

### 1. 提倡完全人格教育

教育的根本问题是要培养什么样的人的问题，因为它决定我们用什么去培养和怎么去培养人。在这一问题上，蔡元培鲜明地提出了自己的主张——造就具有完全人格的个人。"人格"是一个内涵复杂的概念。不同的学术领域对人格的定义、人格的描述、人格的区分、人格的内涵及人格的评判标准不同。完全人格教育是蔡元培教育思想的重要组成部分，"完全人格"是他要培养社会新人的目标。蔡元培为实现对国民进行完全人格教育，提出了五育并重、和谐发展的教育方针，一方面是适应民主共和政体对教育目标提出的客观要求，另一方面是他留学西欧，受到资产阶级教育思想的影响，接受现代文明的结果。

在中国近代教育思想发展史上，蔡元培是第一位提出国民教育、实利主义教育、公民道德教育、世界观教育和美感教育"皆今日之教育所不可偏废"的教育思想家。五育并举是蔡元培教育思想的一个显著特点，也是他对于中国近代教育理论的重大贡献。蔡元培五育并举的思想，是以公民道德教育为中心的德智美诸育和谐发展的思想，这在中国近代教育史上是

---

[①] 转引自国学网，原标题《蔡元培》，2013年4月12日，有删减。

首创，它适应了辛亥革命后资产阶级改革封建教育的需要，顺应了当时中国社会变革和世界发展的潮流。

为了切实落实五育并举的教育方针，蔡元培提出"以美育代宗教"。他之所以要提倡"以美育代宗教"，理由是：美育是自由的，而宗教是强制的；美育是进步的，而宗教是保守的；美育是普及的，而宗教是有界的。宗教毕竟是有局限的，摆脱不了宗派的狭隘性，它与自由、民主、博爱、平等、人权等现代社会的核心价值是冲突的。

### 2. 力倡"尚自然、展个性"

教育是人们寻求解放、从狭隘走向广阔的过程。个性、独特性和多样性既是教育的重要资源，又是教育追求的目标。蔡元培力倡"尚自然、展个性"的教育理念，这与他倡导培养具有完全人格的民主社会建设者的目标是一致的。具有完全人格的个体需要靠力倡"尚自然、展个性"的教育来造就。

"尚自然、展个性"是蔡元培针对封建教育无视学生的特点，违反自然，压抑、禁锢、束缚个性而提出的教育主张。蔡元培认为教育要顺应受教育者身心发展的实际，指出"守成法"与"尚自然"、"求划一"与"展个性"是新旧教育的分水岭。为此，他提倡对教育科学的实验研究要摈弃注入式教学方法，强调启发式教学，特别是学生自动、自学、自己研究的方法。

所有个人的独特主体性的正常健康发展或自由发展，会给人类集体的发展与人类整体的发展，提供最丰富生动的动力和源泉，在每个人的这种发展的交互作用中，每个人的人生将会获得应有的意义和价值。当自由的权利成为每个个体的实际权利（特别是思想的自由），自由才不会是空洞的概念。一个社会只有以个人为本位、为目的，为每个个体的自由全面发展尽可能地提供最佳条件，这个社会才能在整体上大踏步地前进。

### 3. 主张教育独立，推行"思想自由、兼容并包"的办学原则

蔡元培的一个非常重要的主张是教育独立，要求把教育事业完全交给教育家办理。这一思想是当时在教育界盛行的教育独立思潮中最具有积极意义的主张。这一主张对于弘扬教育的内在价值无疑具有深远的历史意义。

大学教育思想在蔡元培整个教育思想体系中占有非常突出的地位。其主要思想为以下几点。

（1）大学的性质是研究高深学问的学府。
（2）大学办学原则是思想自由、兼容并包。
（3）大学学科的设置应沟通文理、废科设系。
（4）实行教授治校。

蔡元培主张思想学术自由，对反对封建专制主义，造就个性丰富、具有完全人格的民主社会的建设者有着十分重要的价值。他在执掌北京大学时，提出了"思想自由、兼容并包"的办学原则，认为大学是研究高深学问的地方，允许各种学术派别自由发展，允许有不同学术观点的人在大学任教，是思想自由的普遍原则，也是大学的特色所在。

今天，我们重温蔡元培先生蕴含现代教育思想精髓的教育主张，对于我们切实推进素质教育，提高整个民族的创新能力，都有十分重要的价值。

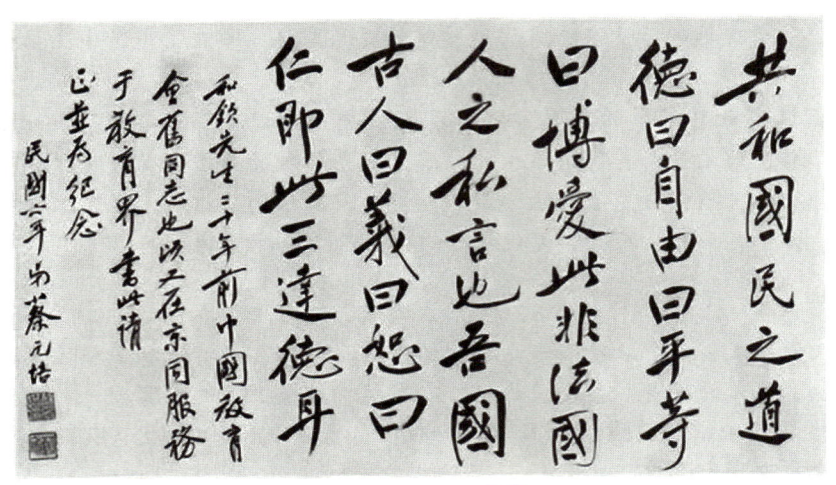

蔡元培谈国民之道德

**学习探究与思考**

1. "通过劳动教育培育师范生劳动能力和有效实施劳动教育的能力，这是新时代师范生劳动教育使命。"请你谈一谈对这句话的理解。
2. 对师范生劳动价值观的塑造包括哪几个方面的内容？
3. 请结合具体例子，谈一谈师范生应该如何培育和提升自身的创造性劳动能力？

# 劳动教育主题实践

### 实践活动一

中国近现代教育家非常重视劳动教育。蔡元培倡导即工即学与工学结合，推崇劳工神圣的思想；陶行知强调在做中教、在做中学，教、学、做合一，劳动教育是其生活教育理论的重要组成部分；吴玉章从培养新民主主义和社会主义事业接班人的角度思考劳动教育，提出了劳动与知识学习相互促进的辩证观点；晏阳初强调劳动教育的功能是担负民族再造的使命，劳动教育的重点是实施生计教育。他们的劳动教育思想对当代教育具有启发意义。请选择其中一位教育家，去图书馆查阅其教育论著，研读、摘录其关于劳动教育的经典论述，以"教育家_____劳动教育思想及当代启示"为题撰写一篇小论文，字数在1500字左右。

### 实践活动二

你所在的师范院校（师范专业）开设劳动教育课程了吗？你觉得学院目前的劳动教育对师范生成长成才有哪些帮助，是否需要改进？作为一名师范生，你希望参加哪些形式的劳动教育？通过劳动教育，你希望取得怎样的预期效果？

为了深入了解当代师范生的劳动教育观念和劳动教育需求，帮助所在学院做好劳动教育实践规划，更好地实施劳动教育，请你和小组同学一起讨论并设计一份_____师范院校（师范专业）师范生劳动教育调查问卷，通过问卷星等工具发放给同学，请他们作答。问卷回收后，结合数据分析写一份师范生劳动教育需求调研报告，通过班主任提交给本校教学管理部门。

根据表 1-1 的评价项目，对劳动实践活动进行自评，并提出自我反思及改进建议。

表 1-1　第一章劳动实践活动自评表

| 评价项目 | 具体内容 | 表现程度 |
| --- | --- | --- |
| 情感态度 | 形成正确的劳动价值观，理解劳动对于人在世界中存在的意义，劳动对于人类社会进步的价值意蕴 | ☆☆☆☆☆ |
| | 热爱劳动、尊重劳动，把诚实劳动、勤勉劳动观念根植心中 | ☆☆☆☆☆ |
| | 正确认识梦想和劳动的辩证关系，端正学习态度，激发学习热情和创新精神，继承艰苦奋斗、勤俭节约的优良传统 | ☆☆☆☆☆ |
| 合作交流 | 能主动与同学配合，合作完成任务 | ☆☆☆☆☆ |
| | 能认真倾听同学的观点和意见，对自己的想法加以改进 | ☆☆☆☆☆ |
| | 当同学在任务实施中遇到困难时，能主动帮助同学 | ☆☆☆☆☆ |
| 学习技能 | 能用多种渠道搜集、处理信息，掌握文献综述的一般方法 | ☆☆☆☆☆ |
| | 能掌握问卷设计基本要求，熟练使用问卷星等线上工具制作问卷 | ☆☆☆☆☆ |
| | 能掌握描述统计和简单的推论统计方法，如绘制频数分布表、直方图等 | ☆☆☆☆☆ |
| 实践活动 | 能按时完成劳动实践任务 | ☆☆☆☆☆ |
| | 能根据任务需要灵活调整、改进自己的方案 | ☆☆☆☆☆ |
| | 主体性得到充分发挥，有学习获得感和成就感 | ☆☆☆☆☆ |
| 成果展示 | 小论文和调查报告字迹清楚，排版整齐美观，无错别字，语句通顺 | ☆☆☆☆☆ |
| | 小论文逻辑严密、思路清晰、有说服力、有新意 | ☆☆☆☆☆ |
| | 调研报告数据准确、有应用价值，能为教学部门提供可行性建议 | ☆☆☆☆☆ |
| 自我反思及改进建议 | | |
| 自评 | 优秀（　　）　良好（　　）　合格（　　）　不合格（　　） | |

# 第二章　师范生劳动思想文化教育

**核心问题**

★劳动精神、工匠精神、劳模精神的时代内涵、价值及养成意义。
★劳动精神、工匠精神、劳模精神之间的区别和内在联系。
★师范生劳动精神、工匠精神、劳模精神的具体要求及养成路径。

**思维导图**

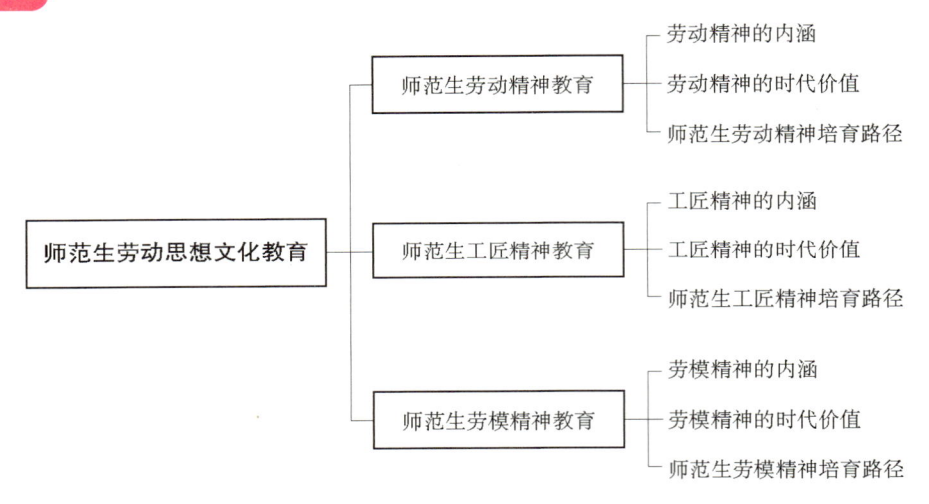

师范生劳动思想文化教育
- 师范生劳动精神教育
  - 劳动精神的内涵
  - 劳动精神的时代价值
  - 师范生劳动精神培育路径
- 师范生工匠精神教育
  - 工匠精神的内涵
  - 工匠精神的时代价值
  - 师范生工匠精神培育路径
- 师范生劳模精神教育
  - 劳模精神的内涵
  - 劳模精神的时代价值
  - 师范生劳模精神培育路径

**导　论**

烈日炎炎，农民在田野间劳作，汗珠砸在泥土上，一株株秧苗结出沉甸甸的粮食；天寒地冻，外卖小哥骑着电动自行车在大街小巷穿梭，头盔染上了白霜，保温箱里的饭菜还是热气腾腾的；冬去春来，老师始终站在三尺讲台，陪着孩子们慢慢长大；花开花落，科技工作者一直守在实验室，验证一个个奇思妙想……日复一日，年复一年，在中华大地上，千千万万劳动者，耕耘着，创造着，用汗水和心血浇灌劳动的果实，实现人生的价值。

马克思把劳动比喻为整个社会都在围绕旋转的"太阳"，将劳动视作创造价值的唯一源泉。凭借一双勤劳的双手，人类的祖先打磨几块冷石，生起一团热火，告别茹毛饮

劳动者用汗水实现人生价值

血，迈向新的生活。凭借一双勤劳的双手，中华民族的先民们"烁金以为刃，凝土以为器，作车以行路，作舟以行水"，用汗水与智慧开启了灿烂的中华文明。凭借一双勤劳的双手，中国人民在中国共产党的领导下，自力更生、发愤图强、解放思想、锐意进取，取得了革命、建设、改革的伟大成就，全面建成了小康社会，共同创造着幸福生活。

2020年11月24日，习近平总书记在全国劳动模范和先进工作者表彰大会上指出，在长期实践中，我们培育形成了"崇尚劳动、热爱劳动、辛勤劳动、诚实劳动的劳动精神"，"执着专注、精益求精、一丝不苟、追求卓越"的工匠精神，"爱岗敬业、争创一流、艰苦奋斗、勇于创新、淡泊名利、甘于奉献"的劳模精神。劳动精神、劳模精神、工匠精神"是鼓舞全党全国各族人民风雨无阻、勇敢前进的强大精神动力"。

中华民族是勤于劳动、善于创造的民族。正是因为劳动创造，我们拥有了历史的辉煌；也正是因为劳动创造，我们拥有了今天的成就。如今，踏上新征程的我们，仍然需要大力弘扬劳动精神，继续奋斗，勇往直前，为实现第二个百年奋斗目标而不懈努力。

# 第一节　师范生劳动精神教育

劳动精神、工匠精神、劳模精神属于精神文化范畴，在一般意义上属于人类精神文化存在，是中国人民在漫长的物质生产劳动中逐渐形成的精神财富。习近平总书记指出，劳动精神、工匠精神、劳模精神是以爱国主义为核心的民族精神和以改革创新为核心的时代精神的生动体现，劳动精神、工匠精神、劳模精神内含中华优秀传统文化精髓，是中国特色社会主义先进文化的重要组成部分。师范大学生在校期间应该理解和掌握劳动精神、劳模精神和工匠精神，并通过志愿服务、见习实习、社会调研、创新创业、劳动体验等实践活动，持续提高自身的劳动素养，把自己真正塑造成新时代具有坚定职业理想、优良教风的人民教师，成为合格的中国特色社会主义事业建设者和接班人。

## 一、劳动精神的内涵

党的十八大以来，习近平总书记多次发表有关劳动精神的重要讲话。2014年4月30日，习近平总书记在乌鲁木齐接见劳动模范和先进工作者、先进人物代表座谈时第一次提出劳动精神，即"我们要在全社会大力弘扬劳动光荣、知识崇高、人才宝贵、创造伟大的时代新风，促使全体社会成员弘扬劳动精神"。

2013年4月28日，习近平总书记来到全国总工会机关，同全国劳动模范代表座谈并发表重要讲话，他强调："必须坚持崇尚劳动、造福劳动者。劳动是财富的源泉，也是幸福的源泉。人世间的美好梦想，只有通过诚实劳动才能实现；发展中的各种难题，只有通过诚实劳动才能破解；生命里的一切辉煌，只有通过诚实劳动才能铸就。劳动创造了中华民族，造就了中华民族的辉煌历史，也必将创造出中华民族的光明未来。'一勤天下无难事。'必须牢固树立劳动最光荣、劳动最崇高、劳动最伟大、劳动最美丽的观念，让全体人民进一步焕发劳动热情、释放创造潜能，通过劳动创造更加美好的生活。全社会都要贯彻尊重劳动、尊重知识、尊重人才、尊重创造的重大方针，维护和发展劳动者的利益，保障劳动者的权利。要坚持社会公平正义，排除阻碍劳动者参与发展、分享发展成果的障碍，努力让劳动者实现体面劳动、全面发展。全社会都要热爱劳动，以辛勤劳动为荣，以好逸恶劳为耻。"2020年11月24日，习近平总书记在全国劳动模范和先进工作者表彰大会上的讲话指出："在长期实践中，我们培育形成了……崇尚劳动、热爱劳动、辛勤劳动、诚实劳动的劳动精神……"[①] 习近平总书记关于劳动和劳动精神的系列重要讲话是我们学习劳动精神的重要依据，是正确理解劳动精神的根本遵循。

**视频链接：**

勤于创造 勇于奋斗 铸就新的历史伟业——习近平总书记在全国劳动模范和先进工作者表彰大会上的重要讲话引发强烈反响

2-1-1

### （一）崇尚劳动

"崇尚"一词在《现代汉语词典》中的解释是"尊重、推崇"的意思，崇尚劳动是"尊重劳动、推崇劳动"的意思，其意在说明劳动分工无贵贱，劳动最光荣，劳动最崇高，劳动人民最伟大。

漫步历史长河，中华民族历来把尊重劳动、崇尚劳动视为传统美德。勤劳勇敢的中华民族历来有尊重劳动、重视劳动教育的优良传统。上古时期有盘古开天辟地、精卫填海、燧人氏钻木取火、嫘祖教人养蚕制衣、神农教人耒耜耕作、有巢教民构木为巢、杜康酿酒等神话传说，这些神话故事不仅反映了华夏先祖认识自然、与自然抗争共存的历史，还从中折射出古代先民崇尚劳动的思想光辉。《淮南子》记载："往古之时，四极废，九州裂。天不兼覆，地不周载。火爁焱而不灭，水浩洋而不息，猛兽食颛民，鸷鸟攫老弱。于是女娲炼五色石以补苍天，断鳌足以立四极，杀黑龙以济冀州，积芦灰以止淫水。苍天补，四极正，淫水涸，冀州平，狡虫死，颛民生。"书中记载女娲补天的过程不过寥寥几句，但从她凭借一己之力炼五色石、斩断巨鳌的腿、诛杀黑龙可以看出其补天过程的艰辛困难。虽然困难，她依然为天下苍生完成了补天的壮举。女娲与自然的抗争过程也是上古人类与自然抗争的劳动实践过程，对女娲的敬仰和崇拜其实就是对劳动精神的颂扬。

春秋战国时期，墨家更是尊重劳动和劳动者的思想家代表。墨子出身工匠，木工技艺高超，兼通百工，熟知当时各种手工业技艺，亲手制造木鸢、车辖（车轴两端的销钉）与各种守城器械。1939年4月，毛泽东在抗日军政大学生产运动总结大会讲话说："马克思主义千条万条，中心的一条就是不劳动者不得食。""不劳动者不得食"就是墨子信条"赖其力者生，不赖其力者不生"（《墨子·非乐上》）的现代表述。西周时期设立"耕藉礼"，每年春耕之前，由国家的最高统治者（一般是皇帝）率领群臣、农夫等在藉田内行亲耕礼，皇帝亲自扶犁耕田，以身示范，劝农勤耕。这项制度自西周相沿至清代，历代相沿。两汉时期的统治者重农抑商，采取"与民休息，无为而治"的政策，减轻劳动者负担，关注劳动者权益，为国家稳固奠定了基础；唐宋时期，更加尊重劳动和劳动者，"昼出耕田夜绩麻"生动展现了劳动场面，"粒粒皆辛苦"饱含着珍惜劳动成果的思想。"晨兴理荒秽，带月荷锄归""忧劳可以兴国，逸豫可以亡身，自然之理也"等许多关于劳动的诗歌、典故都隐含着崇尚劳

---

① 引自《习近平总书记谈劳动》，原载求是网，2022年5月1日。

动、热爱劳动，以劳动为荣、以懒惰为耻的朴素道理。

新中国成立以后，在各个不同的历史时期，党和国家始终把劳动和劳动者摆在突出位置。2015年4月28日，习近平总书记在庆祝"五一"国际劳动节暨表彰全国劳动模范和先进工作者大会上指出"历史赋予工人阶级和广大劳动群众伟大而艰巨的使命，时代召唤工人阶级和广大劳动群众谱写壮丽而崭新的篇章。我国工人阶级和广大劳动群众一定要以国家主人翁姿态，积极投身经济社会发展的火热实践，为共同创造我们的幸福生活和美好未来作出新的贡献。"[1] 2016年4月26日，习近平总书记在知识分子、劳动模范、青年代表座谈会上的讲话强调："我们要在全社会大力弘扬劳动精神，提倡通过诚实劳动来实现人生的梦想、改变自己的命运，反对一切不劳而获、投机取巧、贪图享乐的思想。"[2]

## （二）热爱劳动

热爱劳动就是培养正确的劳动态度和积极的劳动心理，自觉自愿、积极主动劳动和对劳动成果的珍视。热爱劳动是中华民族的优秀传统，绵延至今。习近平总书记强调，推动全社会热爱劳动、投身劳动、爱岗敬业，为改革开放和社会主义现代化建设贡献智慧和力量。热爱劳动是我们应有的品德和行为，也是辛勤劳动、诚实劳动的前提和保障。一个人只有发自内心地热爱劳动，才愿意在实践中找到自己的人生定位和人生价值。我国第一部诗歌总集《诗经》记载"夙兴夜寐，洒扫庭内，维民之章"，启示我们要把劳动当成一种习惯，否则"一屋不扫，何以扫天下"。

可是，在现实生活中，有一些学生不理解劳动，不愿意劳动，不屑于参加劳动。有人认为："我们学习这么忙，劳动太费时间了！"也有人说："科技进步这么快，劳动的事，以后可以交给人工智能啊！"还有人说："劳动这么苦这么累，干吗非得自己干？花点钱让别人去做好了！"此外，一些不尊重劳动者、不爱惜劳动成果的现象也时有发生。从社会来讲，一夜暴富、不劳而获的思想有所蔓延，体力劳动被日益矮化。只求丰厚的回报，不讲辛勤的付出，轻视、鄙视乃至厌恶劳动的现象时有发生。作为一名师范生，我们到底应该如何来看待劳动？

对劳动的积极心理态度是创造众多社会奇迹的劳动者共有的品质。通过劳动播种希望、收获果实，人们才会热爱劳动。回顾过去，在中国共产党领导下，一代代热爱劳动的劳动者，以信念为峰，不惧登攀；以实践为刃，开拓前行。漫漫人生路，唯有热爱劳动的劳动态度不变；悠悠岁月情，唯有热爱劳动的心中之火不减。只有热爱劳动，懂得劳动创造美好、劳动创造幸福，人们才喜欢劳动、愿意劳动。正是基于对劳动的热爱，劳动者才能实现由"要我劳动"到"我要劳动"的转变，这是对马克思"劳动已经不仅仅是谋生的手段，而且本身成了生活的第一需要"理论的生命生活实践的升华，体现了劳动本身与人们幸福追求的一致性和耦合度。如今，热爱劳动的种子已在全体中国人民心中播撒。《中共中央 国务院关于全面加强新时代大中小学劳动教育的意见》和《大中小学劳动教育指导纲要（试行）》，对劳动教育教什么、怎么教、如何评等提出了具体要求。师范生不仅要加强自身劳动精神教育，发自内心地崇尚劳动、热爱劳动，还要学习上述文件的精神，教育青少年在劳动教育过程中坚守热爱劳动的思想观念，继承和发扬热爱劳动的传统美德。

尊重劳动、尊重知识、尊重人才、尊重创造，是一个社会的文明标志。把广大中小学生

---

[1] 引自《习近平总书记谈劳动》，原载求是网，2022年5月1日。

[2] 同上。

培养成德智体美劳全面发展的建设者和接班人，是教育应该长期坚持的目标。对师范生来说，在校期间要树立热爱劳动、劳动光荣的观念，形成良好的劳动习惯和积极的劳动态度，自己的事自己做，他人的事帮着做，公益的事争着做。要懂得生活靠劳动创造，人生也靠劳动创造，人世间的一切成就、一切幸福都源于劳动和创造。劳动和创造播种希望、收获果实，劳动和创造也磨炼意志、提高自己。热爱劳动是人类最高程度的文明。

全社会要树立劳动光荣的观念

如果对劳动不能形成由内而外的热爱，劳动就会异化为外在的束缚和枷锁，人在劳动中就感觉不到幸福。总之，无论身处什么岗位，都不能失去劳动的热情和奋斗的激情。唯有热爱劳动，才能在全面建设社会主义现代化国家新征程中创造新的时代辉煌、铸就新的历史伟业。

### （三）辛勤劳动

《山海经》中写道："夸父与日逐走，入日。渴欲得饮，饮于河渭，河渭不足，北饮大泽。未至，道渴而死。"夸父因奔跑追逐太阳至渴死，这种为了理想信念而吃苦耐劳的精神打动了后世无数人。我国古人把"习劳"作为必备品德和第一要义。在古代，无论是贵族子弟，还是平民百姓，童蒙初学就把学习洒扫作为劳动第一课。朱熹《童蒙须知》中列有"洒扫涓洁"一章。曾国藩在《诫子书》中说："若农夫织妇终岁勤动，以成数石之粟、数尺之布，而富贵之家终岁逸乐，不营一业，而食必珍馐，衣必锦绣，酣豢高眠，一呼百诺，此天下最不平之事，鬼神所不许也！其能久乎？古之圣君贤相，盖无时不以勤劳自励。"

古代关于"勤"的格言名句不胜枚举，《左传》记载："民生在勤，勤则不匮。"意思是民众的生活在于勤劳，勤劳就不会出现物资匮乏。"勤能补拙是良训，一分辛苦一分才""克勤于邦，克俭于家""业精于勤荒于嬉，行成于思毁于随""黑发不知勤学早，白首方悔读书迟"，这些格言都在警示后人，做任何事都要"勤"字当头，万事勤为先。

辛勤劳动是对劳动过程及劳动强度的充分肯定，描述的是劳动者勤劳而肯于吃苦的劳动状态，表明要充分遵循劳动的客观规律及相应的劳动强度。习近平总书记指出，"社会主义是干出来的，新时代是奋斗出来的"。当前，中国人民更加深刻认识到新中国来之不易、美好生活来之不易。一百年来，一代又一代中国共产党人不忘初心、牢记使命、前赴后继、奋力拼搏，带领各族人民用勤劳的双手艰苦卓绝地创造了一个又一个伟大奇迹，锤炼出辛勤劳动、艰苦奋斗的能力、风骨和品质。只有辛勤劳动，懂得人间万事出艰辛，艰难困苦玉汝于成，人们才愿意努力刻苦、付出牺牲。"宝剑锋从磨砺出，梅花香自苦寒来。"无论体力劳动还是脑力劳动，都是一个艰苦奋斗的过程：体力劳动要付出辛劳和汗水，脑力劳动也要付出心血和智慧。所谓"一勤天下无难事""天道酬勤"，只有勤于奋斗、乐于奉献，撸起袖子加油干，不断锤炼本领、淬炼能力，追求卓越、争创一流，才能开创辉煌事业，彰显精彩人生。

**阅读链接：**

曾国藩家书：教子勤俭为主

2-1-2

### （四）诚实劳动

墨子说："言不信者，行不果。"那么，何为"信"呢？《说文解字》云："诚，信也。""信，诚也。""人言为信。"程颐认为"以实之谓信"。上述解释基本含义都是诚实无欺，信守诺言，言行相符，表里如一，这是做人的基本要求。

"诚"与"信"作为伦理规范和道德标准，在起初是分开使用的。孟子说："诚者，天之道也。思诚者，人之道也。"《中庸》中也说："诚者，天之道也。诚之者，人之道也。""信"的基本含义是指遵守承诺，言行一致，真实可信。西汉时期的《逸周书》中写道："父子之间观其孝慈，兄弟之间观其友和，君臣之间观其忠愚，乡党之间观其信诚。"这里的"信诚"实际上表达的就是"诚信"的意思。就是说，在一般意义上，诚信是指诚实不欺，讲求信用，强调人与人之间应该真诚相待。

诚信是中华民族优秀品格的标志，也是"立人之道"和"立政之本"的基本准则。2000多年前的大圣人孔子把"信"摆到关系国家兴亡的位置，将诚信作为治国之宝。有一次，孔子的弟子子贡向孔子请教治国之道，孔子讲了"足食""足兵""民信"三条。子贡问如果这三条中能做到两条，先去掉哪一条，孔子说"去兵"；又问可以再去掉哪一条，孔子说"去食"。

诚信是做人的基本原则

**故事链接：**

古代诚信小故事

2-1-3

## 二、劳动精神的时代价值

### （一）实现中华民族伟大复兴中国梦的需要

党的十八大落幕不久，习近平总书记在 2012 年 11 月 29 日参观"复兴之路"展览时首次提到"中国梦"。此后，中国梦成为习近平总书记系列重要讲话中的重要内容。中国梦是习近平治国理政思想乃至习近平新时代中国特色社会主义思想的重要组成部分。习近平总书记在党的十九大报告中提出中华民族伟大复兴的中国梦从过去的站起来、富起来，到新时代的强起来。实现中华民族的伟大复兴离不开全体中国人的努力，更离不开劳动精神对广大劳动者的激励和引领。习近平总书记特别强调："梦想属于每一个

以劳动托起中国梦

人，广大劳动群众要敢想敢干、敢于追梦。说到底，实现中华民族伟大复兴的中国梦，要靠各行各业人们的辛勤劳动。"崇尚劳动、劳动光荣，是实现中华民族伟大复兴中国梦的基本前提。新时代是实现中华民族伟大复兴的时代，必须大力弘扬劳动精神，以劳动托起中国梦，靠劳动成就复兴梦。

**视频链接：**

全面、系统地梳理中国近现代历史的系列节目——《复兴之路》

2-1-4

## （二）全面建设社会主义现代化国家的需要

"社会主义是干出来的"，实干是最质朴的社会主义现代化建设方法论。社会主义现代化事业从蓝图绘就到具体实施，是一项极其宏大的社会系统工程，需要几代人、十几代人乃至几十代人接力奋斗。回溯历史，从千疮百孔、一穷二白到建立独立完整的工业体系，从面临"开除球籍"的危险到跻身世界第二大经济体，从"唤起工农千百万、同心干"到"空谈误国、实干兴邦"，新中国树起了一座座"干"字丰碑。"干"的实践本质就是劳动，"劳动"的通俗表达就是"干"。社会主义现代化建设的新成就正是通过持续的劳动创造出来的历史性新面貌。实践表明，劳工神圣、劳动光荣、实干兴邦，是社会主义现代化事业的精神标识；聪明才智、辛勤汗水、刻苦耐劳，是中国式现代化道路的力量基石。新时代是全面建设社会主义现代化国家的新时代，发展经济、改善民生、创新科技等都迫切需要弘扬劳动精神，为中国式现代化新道路厚植精神底色，凝聚精神力量。

## （三）培养社会主义合格建设者和可靠接班人的需要

劳动可以树德，可以增智，可以强体，可以育美。马克思曾指出，教育和生产劳动相结合是"造就全面发展的人的唯一方法"。列宁也认为，"没有年轻一代的教育和生产劳动的结合，未来社会的理想是不能想象的"。新中国成立后，"教育与生产劳动相结合"一直是我国的重要教育方针，对教育事业发展、人才素质培养发挥了十分积极的作用。但是，现在一些青少年中出现了不珍惜劳动成果、不想劳动、不会劳动的现象。对此，习近平总书记指出："要在学生中弘扬劳动精神，教育引导学生崇尚劳动、尊重劳动，懂得劳动最光荣、劳动最崇高、劳动最伟大、劳动最美丽的道理，长大后能够辛勤劳动、诚实劳动、创造性劳动。"弘扬劳动精神、加强劳动教育是强国富民的大事，因为它直接决定社会主义建设者和接班人的劳动精神面貌、劳动价值取向和劳动技能水平。新时代的中国青年要成大才、担大任，就必须培育和弘扬伟大劳动精神。

# 三、师范生劳动精神培育路径

## （一）崇尚劳动，坚定教书育人的使命感

教师是人类历史上最古老的职业，太阳底下最崇高的职业就是教师。古语有云："国将

兴，必贵师而重傅。"《尚书》中记载："天佑下民，作之君，作之师，惟其克相上帝，宠绥四方。"说的是上天佑助天下的民众，为百姓选立君主、师长，为民立君以安民，为民立师以教民。而为君为师者，应当协助上天安抚、安定天下百姓。教师作为一种神圣的职业，在人类文明的初期就登上了历史舞台，与君主相提并论，具有同样的重要性。人们把教师誉为"辛勤的园丁""智慧的天使""人类灵魂的工程师"……现在世界上许多国家都有教师节，体现了社会对教育的重视和对教师的尊敬。

教师从事的是教书育人的工作。师范生立志从事教育工作，一定要自觉肩负起为党育人、为国育才的责任担当，坚定教书育人的理想信念；要努力增强责任感、使命感、荣誉感和幸福感，规范职业行为，明确师德底线，努力成为有理想信念、有道德情操、有扎实学识、有仁爱之心的好教师。师范生要明白教师的工作是神圣的，也是艰苦的，教书育人需要付出时间、精力乃至自己全部的心血。这种付出以强烈的使命感为基础，以强烈的责任心为前提。一个热爱教育事业的人，应该把自己的一生奉献给教育事业，勤勤恳恳，无怨无悔。

邮票中的新中国女教师形象

### （二）热爱劳动，发自内心热爱教育事业

热爱教育事业，热爱教师职业，热爱学生、诲人不倦是教师职业道德的基本准则。教师爱岗敬业，必须通过热爱学生来体现，教师职业道德的实现也必须围绕热爱学生、更好地为学生服务来展开。所以，热爱学生是教师职业道德的核心和精髓，是教师最宝贵的职业情感。教师对学生的爱，会把智慧和光明送进学生的心灵，不仅能启迪学生的智慧，还能照亮学生人生的道路，使一批批受教育者成为对国家有用的人才。

教师对学生的爱，与一般的人与人之间的爱有所不同。它不是基于亲缘关系，也不是出于教师的个人需求，而是来源于人民教师对教育事业的深刻理解和高度的责任感，来源于他们对教育对象的正确认识、满腔热情和无限期望。因此，我们说"师爱"是一种充满科学精神的、普遍的、持久而深厚的爱。教师对学生的爱并不是一种无目的的情感享受，而是为了更好地完成祖国和人民赋予的教书育人的神圣使命。所以，热爱学生的情感，一定要同诲人不倦的精神紧密地结合起来。热爱和教育实际上是统一于育人过程中的两个不同侧面，两者本来就是辩证统一的。离开热爱，教育固然难以取得成功；然而，离开教育，热爱也就成了一朵不结果实的花。

2022年教师节前夕，湖南日报社采访了六位优秀教师，听他们讲述从教故事。长沙师范学院附属幼儿园总园长罗晓红在接受记者采访时说："我热爱教师纯粹的'职业幸福感'。1985年是我当老师的第一年，正好是国家的第一个教师节，从教经历和教师节同龄，现在想来真是奇妙的缘分。当过18年班主任，带过7届毕业生，不同性格的孩子带给我不一样的印象与收获，孩子们的纯真和对我无条件的信任与喜爱，让我感受到了这份职业的阳光和快乐，领会到'用生命影响生命'的工作趣味。"作为一名幼儿教师，罗晓红充满了成就感和幸福感。记者问长沙市开福区清水塘江湾小学校长李芳，如果不当教师，会选择什么行业，李芳坚定地表示："我从未想过要离开教师这个岗位，因为从我孩童时代开始，就想当一名教师，我只想一辈子做好这个事情。"谈起第一次走上讲台的心情，李芳记忆犹新。"我小时候最喜欢玩的游戏就是'小老师'游戏，用我家的门当黑板，院子里坐着一排小朋友，我就在门前讲。当我真的成为老师时，我非常兴奋，终于能把小时候的游戏变成现实了。"李芳说。①

教育风格可以不同，但爱是永恒的主题。即将走上三尺讲台的师范生，今后每天需要面对的是一张张鲜活的脸，是一个个不可复制的灵魂。师者，传道授业解惑。若心中无爱，何以谈教育？亚米契斯在《爱的教育》中写道："教育之没有情感，没有爱，如同池塘没有水一样。没有情感，没有爱，也就没有教育。"

教师节体现了全社会对教师的尊重

**人物故事：**

浙江"特教园丁"风采｜汤秀峰：看着孩子们成长 就是幸福的味道

2-1-5

### （三）辛勤劳动，对教育事业勤勉尽责

人们常把教师比作辛勤的园丁，歌颂的就是教师们勤勤恳恳、无私奉献、先人后己的精神。师范生要树立忠诚履责意识，把党的教育事业作为人生的不懈追求，在日常学习中忠于职守、勤勉尽责，在干事创业中贡献社会、奉献自我。对教育事业勤勉尽责，具体来说要从以下几个方面入手：一是要勇于担责，践行教书育人使命，认认真真、扎扎实实、尽心尽力教书育人，这是教师对待自己的职业、对教育事业的基本操守。二是面对难题敢于创新，把练就过硬的专业本领作为永远的追求，把全部心思和精力用在教育教学工作中，不仅要积极参与教学改革实验，还要主动探究面对不同学生群体、不同学习需求学生的教学方法。三是要把勤奋学习作为永远的习惯，要始终保持强烈的求知欲望和浓厚的兴趣，把学习作为教师职业的天职，作为一种精神追求、一种生活方式。四是要注重学习方法，既要认真学习教育教学理论，又要积极进行课堂教学实践；要熟读教育教学理论原著，做到学思用贯通，知信行统一。五是要做到学以致用，要注重理论联系实际，在学中干、在干中学，努力把学习成效转化为推动教学改革的成果。

**人物故事：**

浙江"特教园丁"风采｜姚郑芳：扎根特教 用心培育 静待花开

2-1-6

---

① 华生在线《有热爱、有感动，听6位优秀教师讲述他们的从教故事》，2022年9月11日。

### （四）诚实劳动，踏踏实实站好三尺讲台

诚信是一种现代社会无法或缺的个人无形资产。诚信约束不仅来自外界，还来自我们的自律心态和自身的道德力量。而这种力量来自我们日常的修炼。抗日将领冯玉祥曾说："对人以诚信，人不欺我；对事以诚信，事无不成。"

在山西平遥，每间票号旧址至今仍悬挂着"以诚取信，以信取利"的字幅。数百年来，晋商一直恪守以精诚为本的信条行商天下。在山西很多地方，流传着很多关于明清晋商以诚信为本的故事。相传山西的茶商之所以能在与俄罗斯人的贸易中立于不败之地，就是因为诚信。起初山西茶商从武夷山贩茶，一路运送到俄罗斯，货物运到后，先不忙着销售，而是对货物进行谨慎的检查，在保证不燥、不潮、不霉的情况下才会开盘出售。当太平天国运动使他们无法去武夷山购茶时，他们改从湖北购茶，并采用新的加工工艺，使新茶在色、味方面都与武夷山茶基本一致。当俄罗斯商人坚信新茶是武夷山茶时，山西茶商并没有趁机以武夷山茶的名义贩卖新茶，而是如实告知俄罗斯商人茶叶的实际产地和加工情况，使俄罗斯商人被晋商的诚信折服，并建立起长期的合作关系。诚信成为晋商走遍全国乃至走向世界的通行证。

经商如是，从教亦如是。教书育人是一项神圣的事业，容不得半点虚假、放松和马虎。教师既要有真才实学、传道授业，又要脚踏实地、真抓实干。诚实劳动体现在日常教学过程中，体现在对待学生的一言一行中，体现在教导学生的点滴细节之中。只有踏踏实实、脚踏实地付出，才能浇灌出最美的花朵，托举起祖国明天的希望。

2013年，当记者采访时任北京市盲人学校校长的刘丽波时，她动情地讲述起了该校付雪松老师的从教故事。20年前踏入北京市盲人学校的大门时，付雪松并不知道自己的教育生涯将会如此与众不同。面对一群失去了光明的孩子，她常常被孩子们顽强的学习精神感动。为了让他们走出校园时能成为一个对社会有用的人，她在这所特殊的学校里默默奉献、耕耘，成为盲孩子的引路人。二十年来，付雪松一直担负盲人学校小学语文教学和班主任工作。"身教胜于言教"是她坚持的信条。她要求自己时时有一双发现的眼、一颗赞美的心，激励每一个盲孩子不断进步。

为了帮助学生熟悉学校环境，能安全地独立在校园生活，付雪松牺牲了节假日，牺牲了休息时间，甚至顾不上自己年幼儿子的哭喊，时刻陪伴在那些刚进校门的学生身边，带领他们熟悉学校的每一个场所，教室、厕所、饮水间、食堂、宿舍……付雪松就是学生的眼睛，带领他们用心感受校园的一草一木；她就是学生的盲杖，牵着学生的手，用脚步无数遍丈量校园里的每一寸土地。她一遍遍地讲解，一遍遍不厌其烦地反复练习，一日日汗流浃背地辛劳，直到孩子熟悉了校园里的每一条路、每一扇门。后天因病致盲的孩子到盲人学校来上学，他们比先天失明的孩子多了一份心事。付雪松会细心地观察他们的表现，及时发现问题，经常与孩子谈心，争取家长配合，抚平孩子心灵的创伤。婉君六岁时因脑瘤压迫视神经而失明，十二岁到盲人学校上学。她每天都是闷闷不乐的样子。她觉得自己是一个废人，什么事情都做不了。付雪松鼓励她参加学校的盲人门球队。她喜欢唱歌，付雪松就让她负责班里的文艺活动；她手巧，付雪松就请她教同学们编珠。渐渐地，她的脸上有了笑容，学习也有了进步。在盲人学校，学生们使用的是盲文课本。盲文课本上全是

密密麻麻突起的犹如小米粒大小的点点。只有教会孩子摸读盲文，他们才可能进行文化知识的学习，才能改变自己的命运。为了更好地辅导学生，上课的时候，付雪松要弯着腰，用大手握着小手，一个点一个点地辅导孩子学习扎盲文；盲笔又短又尖，孩子们又看不见，经常一不小心就扎到了付雪松的手上。但是，付雪松忍着疼痛，蹲在学生课桌前，观察孩子手指尖触摸的点位、握笔的姿势。每日批改盲文作业，密密麻麻的点字让付雪松的视力不断下降，镜片的度数不断增加。

付雪松几十年如一日勤勤恳恳工作的事迹，让大家深深感受到教书育人是一项细致的工作，需要为人师者付出爱心、耐心与细心。苏霍姆林斯基说："教育是一种最为精细的精神活动。"这种精细体现在教书育人的点滴细节之中，教育学生、关爱学生，把满腔的热血献给学生，把勤劳和智慧融入三尺讲台。

### 典型案例

## 丽江华坪女子高级中学校长——张桂梅

"我会不怕一切艰难险阻，以百倍的热情去完成我的人生诺言，为山里的孩子和百姓们服务，为山里的教育事业贡献自己的一切！一切！"

为山里的教育事业贡献自己一切的张桂梅

### 1．"万一我没有了，你怎么过？"

2021年，在《朗读者》第三季中，张桂梅谈了很多关于家庭的事情，这也让我们看到了我们并不熟悉的张桂梅：一个涂口红、爱打扮、喜欢跳舞的妻子张桂梅；一个被父母宠成"老疙瘩"的女儿张桂梅；"在亲情上犯下了不可饶恕错误"的妹妹张桂梅……妻子张桂梅。张桂梅的爱情源自一次相亲。17岁那年，她跟随三姐来到云南中甸林业局支边几年后，经人介绍认识了一位白族青年。对方姓董，是恢复高考第一年考上的大学生。两人一见倾心，1990年，相爱的他们结婚了。婚后，张桂梅跟随丈夫回到他的老家大理喜洲。丈夫在喜洲一中担任校长，张桂梅是学校的老师。那时的张桂梅每天享受着小家庭的温馨、丈夫的温柔体贴。丈夫多才多艺，她自己也能歌善舞、爱打扮、涂口红，经常穿红色的衣裙、紫色的皮鞋。

有一件事让张桂梅永远难忘。有一次，学校放假前开联欢晚会。老师们热情地起哄："董校长，你拉一个二胡；张老师，你唱一个！"那一天，丈夫用二胡伴奏，张桂梅唱起了《毛主席来到咱农庄》："麦苗儿青、菜花儿黄，毛主席来到咱们农庄。千家万户齐欢笑，好像那春雷响四方……"在《朗读者》节目中，当64岁的张桂梅哼唱起这首曾与丈夫合作的歌时，她嘴角微微上扬，眼睛里闪烁着明亮的光。张桂梅仿佛又回到了那一段琴瑟和鸣的爱情时光中。她喃喃地说："那是我们唯一一次，也是最后一次……"

在这次演出结束后不久，张桂梅与丈夫迎来了命运的沉重打击。她说："他老是说自己觉得难受，我说那咱们上医院去。结果一检查，胃癌晚期。"丈夫几乎陷入绝望，他对张桂梅说："万一我没有了，你怎么过？"提起人生最痛的记忆，张桂梅眼角闪烁着泪光说："我俩就在黑暗中坐在那儿哭到了天亮。查房医生来了一看，他一头白发，连胡子都是白的了，我才知道什么叫'一夜白发'。"为了救丈夫，张桂梅变卖了全部家产，借遍了亲戚朋友，花了20余万元，还是没能留住丈夫。丈夫就埋在学校后面的大山上。在安葬丈夫那天，张桂梅几度崩溃。她说："买个骨灰盒把他装了，我紧紧地把他抱在怀里，就那么抱了七八个小时，我一动不动。我觉得我很无能，确实很无能……"

2."孩子，你跟我走吧，在我那睡，在我那吃。自己下好决心，把书读出来……"

万念俱灰的张桂梅怀着自我放逐的心情离开了伤心之地大理，来到丽江市华坪县中心学校任教。初到华坪，她就被这里的深度贫穷震惊了，班上的孩子，很多人慢慢就不见了。有个女孩对她说："老师，我想读书，妈妈不让我读。"她问为什么，孩子说家里想让她嫁人。一个学生家长来交书费，凌晨两点钟起床，整整走了10小时，他递过一塑料袋钱，最大面值才5角……张桂梅捧着这一塑料袋书费，心里有说不出的难受。她不再纠结于个人情感，把心思转移到了学生身上。为了把失学的女生带回学校，张桂梅挨家挨户上门劝说，不知跑了多少里山路，流干了多少眼泪。张桂梅每到一户，都掏心窝子地与学生沟通："孩子，你跟我走吧，在我那睡，在我那吃。自己下好决心，把书读出来……"张桂梅每一次家访都哭得泪流满面。当时的情况是，有的人舍得贷款供儿子读书，而女儿才只有十几岁，就直接嫁出去了……

3."我们六个党员，把阵地给丢了，我们算什么党员？"

2002年，一个迫切的念头在张桂梅心头油然而起——办一所不收费的女子高中！当时，张桂梅已经45岁了，却像"发了疯似的"想要建学校。后来的故事我们都知道了，张桂梅"乞讨"了整整5年只筹到1万元。2008年9月1日，围墙没有、食堂没有、厕所没有，啥都没有，就孤零零一栋教学楼的华坪女中迎来了第一批女生和包含张桂梅在内的17位教职工。张桂梅坚定地要求：三年后她们要全部考上大学而且要努力上一本二本大学。很多老师们说："校长，我们尽力就好了！"张桂梅听了立马黑了脸："不行，她们只是混个高中毕业证，办女高就失去了意义。"条件差、待遇低、管理严苛，半年时间9位老师离职。眼看学校已经办不下去了，张桂梅在整理老师档案，准备把学校移交给政府时，突然发现留下的8位老师有6个党员。她离开凳子，一屁股坐在了地上，顿时哭得泪流满面："在抗日战争时期，只要阵地上有一个党员，都不会让阵地丢失。我们6个党员把阵地给丢了，我们算什么党员？"张桂梅重新振作起来，她对老师们说："我们重新宣誓！"来不及买党旗，他们就在学校二楼画了一面党旗，把誓词写在上面。在重温入党誓词时，张桂梅说一句，老师们说一句，当说到"为共产主义事业奋斗终身"的时候，还没说完，大家再也说不下去了。张桂梅哭了，后边的声音也全是哭声……

在6个党员激动的泪水中，张桂梅找到了办好女高的思路。从那天开始，她带着老师和学生们一起学党章、看电影《焦裕禄》，讲革命英雄故事，唱歌曲《英雄赞歌》《红梅赞》。

从那天之后，张桂梅、老师们、学生们全都拼了！无论有课没课，老师全天都得在校，每天跟学生们在一起。整整三年过去了，到了放榜那一天，老师和孩子们看着成绩抱在一起哇哇大哭。华坪女高第一届参加高考的96名学生全部考上大学！

### 4. 妈妈"张桂梅"："我希望她们把我忘掉"

在华坪女高成立的13年里，女生宿舍里有一张床铺属于张桂梅。她像妈妈一样和女学生吃在一起，住在一起。每天早上5点多，宿舍楼就会响起她的声音："起床咯，姑娘！"每天忙到快凌晨1点，她才拖着疲惫的身躯和衣躺下入睡。

2018年的高考前夕，张桂梅在学校里晕倒了。她醒来后，对来看望她的县领导说："请你帮我这个忙，能不能把我的丧葬费提前预支给我。我走了以后就火化，骨灰扔到金沙江里。这些钱要都用在孩子们的身上我才放心。"从送别第一届学生开始，张桂梅不让孩子们来看她。她希望孩子们不要想着她，应该把她忘掉。她一个人躲在楼上，从玻璃往外看，看着孩子心里有一种说不清的滋味："希望多看她们一眼，又希望她们能远走高飞。"有两个女孩子到西藏当兵，当她们告诉张校长这个消息的时候，张桂梅因为舍不得而掉泪。反倒是孩子们安慰她："您告诉过我们，祖国哪里需要我们，就上哪里去。"听到孩子们的话，张桂梅瞬间哭成了泪人。张桂梅送出大山的女孩们早已经长大成人，她们开始学着张妈妈的样子努力地工作，回报社会。周云丽从云南师范大学毕业后，毅然决然回到人生的起点，成为华坪女高的一位老师；陈法羽考上警校，现在是永胜县的一名人民警察；苏敏现在是一名医生；周云翠现在是一名小学教师。看看眼前这一张张青春自信的面孔，谁还能想到十多年前，她们曾经都是可能辍学的山区女孩。张桂梅所有的努力、所有的愿望就是希望她们有出息，能够成为对社会有价值的人。她说："看到她们现在这么好，我就想，不管我付出的是什么，都值得。"

---

**学习探究与思考**

1. 劳动精神的内涵与时代价值是什么？作为师范生，我们应该怎样和日常学习生活结合去践行劳动精神？

2. 小组合作，围绕"崇尚劳动""热爱劳动""辛勤劳动""诚实劳动"主题，从历史故事、人物典故、成语、格言警句、家风家训等方面搜集、整理相关素材，撰写学习心得，加深对中华传统文化中劳动精神的本质及内涵的理解。

3. 有同学说："劳动就是体力劳动，就是苦脏累、工资待遇低。除了家务活、寝室卫生，劳动离我很遥远。"也有同学说："我爸在工厂工作了半辈子，十分辛苦，他不愿让我进工厂工作，说赚的钱还没有早市卖菜的阿姨多。只有学习不好的人才干体力活，有出息的人都干脑力活，父母让我好好学习，别的什么也不用管。"还有同学说："我妈说，只要我学习好，以后可以赚钱让别人替我洗衣做饭，不用自己劳动。"请结合本节所学习理论对上述观点进行评价。

---

## 第二节 师范生工匠精神教育

工匠精神是宝贵的精神财富，是新时代的精神指引，是中国传统文化精神谱系的重要组成部分。当今世界，综合国力的竞争归根到底是人才的竞争、劳动者素质的竞争。这些年来，中国制造、中国创造、中国建造共同发力，不断改变着中国的面貌。从"嫦娥"奔月到"祝融"探火，从"北斗"组网到"奋斗者"深潜，从港珠澳大桥飞架三地到北京大兴国际机场凤凰展翅……这些科技成就、大国重器、超级工程都离不开大国工匠执着专注、精益求精的实干，印刻着能工巧匠一丝不苟、追求卓越的身影。2020年，习近平总书记在全国劳动模范和先进工作者表彰大会上精辟概括了工匠精神的深刻内涵——执着专注、精益求精、一丝不苟、追求卓越。

## 一、工匠精神的内涵

党的十八大以来，习近平总书记多次发表有关工匠精神的重要讲话。2016年4月26日，习近平总书记在知识分子、劳动模范、青年代表座谈会上的讲话中指出："广大劳动群众要立足本职岗位诚实劳动。无论从事什么劳动，都要干一行、爱一行、钻一行。在工厂车间，就要弘扬'工匠精神'，精心打磨每一个零部件，生产优质的产品。在田间地头，就要精心耕作，努力赢得丰收。在商场店铺，就要笑迎天客，童叟无欺，提供优质的服务。只要踏实劳动、勤勉劳动，在平凡岗位上也能干出不平凡的业绩。"2019年8月20日，习近平总书记在甘肃省张掖市山丹县考察山丹培黎学校时的讲话中指出："实体经济是我国经济的重要支撑，做强实体经济需要大量技能型人才，需要大力弘扬工匠精神，发展职业教育前景广阔、大有可为。" 2022年4月27日，习近平总书记在致首届大国工匠创新交流大会的贺信中指出："技术工人队伍是支撑中国制造、中国创造的重要力量。我国工人阶级和广大劳动群众要大力弘扬劳模精神、劳动精神、工匠精神，适应当今世界科技革命和产业变革的需要，勤学苦练、深入钻研，勇于创新、敢为人先，不断提高技术技能水平，为推动高质量发展、实施制造强国战略、全面建设社会主义现代化国家贡献智慧和力量。"习近平总书记关于工匠精神的系列重要讲话是我们学习工匠精神的重要依据，是正确理解工匠精神的根本遵循。

视频：工匠精神与教育工作的逻辑关联

### （一）执着专注

工匠精神是中国人自古以来孜孜以求的。我国古代曾是世界上最大的原创国、匠品出口国及匠人之国。我国的丝绸、瓷器、茶叶、漆器、金银器、壁纸等产品曾是世界各国王公贵族和富裕阶层的宠儿。早在西周时期，我国就已设立了"百工制度"，古代的"中国制造"远近闻名。韩非子《五蠹》一文提到了最早造房子的有巢氏、最早钻燧取火的燧人氏。"上古之世，人民少而禽兽众，人民不胜禽兽虫蛇。有圣人作，构木为巢以避群害，而民悦之，使王天下，号曰有巢氏。民食果蓏蚌蛤，腥臊恶臭而伤害腹胃，民多疾病。有圣人作，钻燧取火以化腥臊，而民说之，使王天下，号之曰燧人氏。"这就是最早的"匠人治国"的案例。工匠，可以简单理解为从事手工劳动的一技之长者。在我国历史上，他们大多数择一事，终一生，用毕生的技术和经验创造出数不尽的物质遗产。

执着专注是工匠的本分。许多优秀工匠短则十几年、长则几十年专注于一项技艺或一个岗位，经过持续不断的磨炼，才最终获得卓越的成就。在非物质文化遗产保护与传承领域，有不少手工艺人一直致力于非物质文化遗产传承，他们来自茶艺、女红、制笔、造纸等不同专业领域。他们注重人才培育、聚焦技能创新，在传承民族技艺中不断彰显文化自信、弘扬工匠精神。走进杭州市马塍路一号的浙江省残疾人之家非物质文化遗产文化馆，这里陈列着湖笔、东阳木雕、青田石雕、乐清细纹刻纸、嘉兴硪石灯彩、嘉兴纸凉伞、台州稻草画、嵊州竹编、湖州提线木偶等众多的非物质文化遗产工艺精品，创作这些精品的都是残疾人工匠，这些残疾人工匠对自己从事的职业倾注了毕生的心血，择一事而终一生。

**残疾人工匠创造的工艺精品**

## （二）精益求精

精益求精是工匠的追求。精益求精是大国工匠共有的精神气质，正是因为追求完美，他们才能不断超越自我。我国古代匠人历来有追求"精确"的传统。《诗经》就把对骨器、象牙、玉石的加工形象地描述为"如切如磋""如琢如磨"。对此，孔子在《论语》中十分肯定，朱熹解读为"治之已精，而益求其精也"。《庄子》中的"庖丁解牛，技进乎道"、《尚书》中的"惟精惟一，允执厥中"和贾岛关于"推敲"的斟酌，都体现了古代中国人的精益求精精神。"差之毫厘，谬以千里"的说法也是例证。欧阳修在《归田录》中记载，汴京开宝寺塔"在京师诸塔中最高，而制度甚精，都料匠预浩所造也"。都料匠就是工匠总管。预浩把塔建好后，塔却"望之不正而势倾西北"，成了斜塔。大家都奇怪这是怎么回事，预浩解开了谜团："京师地平无山，而多西北风，吹之不百年，当正也。"

相传鲁班是生活在春秋末、战国初的一位木匠，他出身于世代工匠家庭。鲁班从小就参加了许多土木建筑工程劳动，逐渐掌握了生产劳动技能，积累了丰富的经验，被尊奉为木匠的祖师。木工师傅用的手工工具，如钻、刨子、曲尺、画线用的墨斗，据说都是鲁班发明的。鲁班的名字已经成为古代劳动人民智慧的象征。

《庄子》记载，庖丁给梁惠王宰牛，"手之所触，肩之所倚，足之所履，膝之所踦，砉然向然，奏刀騞然，莫不中音"。意思是其手所接触的地方，肩膀所依靠的地方，脚所踩的地方，膝盖所顶的地方，哗哗作响；进刀时没有不合音律的。梁惠王问庖丁："你解牛的技术为何高超到这种程度啊？"庖丁回答说："要依照牛生理上的天然结构，砍入牛体筋骨的隙缝中。每当碰到筋骨交错的地方，我便提高警惕，动作慢下来，动起刀来非常轻。騞的一声，牛的骨和肉就一下子解开了。"

**鲁班木匠祖师**

做任何事，只有做到心到、神到、手到，才能达到出神入化的境界。而工匠精神的核心便是树立敬业的精神，对所做事情、所造产品精益求精。中国特色社会主义进入新时代，工匠精神的时代价值更加凸显。

## （三）一丝不苟

一丝不苟，是工匠的作风。"炮制虽繁必不敢省人工，品味虽贵必不敢减物力"，同仁堂楹联说的正是这个道理。"物勒工名，以考其诚。工有不当，必行其罪，以穷以情。"这是《吕氏春秋》中的一段话，意思是说，当时的工匠需要在负责制作的产品上刻下名字，这样如果产品有质量问题，就会被治罪。这在某种程度上体现出古代工匠律令的严格，但也反映出当时的手工制作标准非常规范，工匠的技术十分过硬。

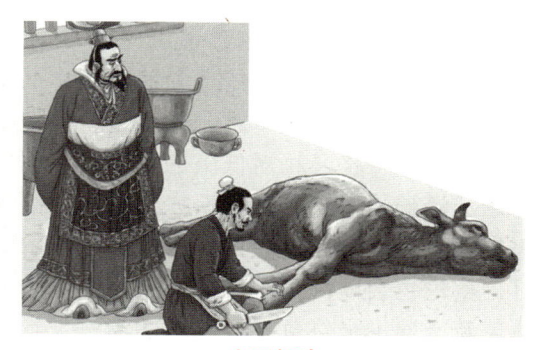

庖丁解牛

就像古代的房屋结构，做工精致，卯榫严丝合缝一样，我国古代的各种工匠都非常严谨，追求精准。相传我国古代车轮的发明者奚仲是夏朝人，他发明车辊辘，帮助大禹治水，解决了运输材料的问题。为了表彰奚仲，大禹把薛地封给他，并让奚仲担任车服大夫，也就是车正。古代有"车正""陶正""木正"……一个"正"字体现了古代工匠的严谨，无论设计什么都要严格遵守规范，不能随意马虎，这背后是严谨的守正精神、规矩意识与一丝不苟的做事态度。

奚仲造车

古代工匠从细处着眼，在小处见大，一丝不苟，体现的是对工作的尊重。当今世界，品牌竞争日益激烈，一丝不苟更是一个国家注重品牌、塑造品牌的现实行动。品牌离不开品质，品质的提升离不开各行各业劳动者一丝不苟地努力。一丝不苟认真细致的工作态度，对产品的质量乃至一个行业的发展都意义非凡。细节和精度决定了产品最终的成败，1%的疏忽大意就可能导致100%的失败，只有把每一道工序、每一个步骤、每一个环节认认真真、扎扎实实做好、做实、做到位，才能让产品和项目趋于完美。

顾秋亮是"蛟龙号"载人潜水器装配钳工技师，在48年的工作生涯里不断追求极致，仅凭双手和观察，就能判断0.2丝的误差，相当于一根头发丝的五十分之一，成为深海载人潜水器领域唯一能实现这个精度的工匠。全国五一劳动奖章获得者刘云清，中专毕业后成为一名普通的机床维修工。每当行走在车间机器群组之间时，他总能从轰鸣声中感知哪一台机器可能"生病"，而且几乎一下子就能判断出"病因"。他成功研制出新型龙门式全浮动数控珩磨机，其磨削精度细到头发丝的二十分之一到三十分之一，各项性能远超国外同类设备，而制造成本仅为进口设备的四分之一，填补了国内空白。这些追求极致的劳动者将精益求精内化于心、外化于行，书写出中国制造的辉煌篇章。

## （四）追求卓越

追求卓越是工匠的使命。很多时候，工艺制作并不是完全从零开始的，人们往往注意到完成"从0到1"重大突破的人，而忽略那些不断改良革新、超越自我的人。大家熟悉造纸术的发明者蔡伦，在蔡伦之前，我国古人已经有了缣帛和简牍两种书写材料，但缣帛比较贵重，而简牍比较笨重，均不适合大规模使用。有没有一种既轻便，价格又相对低廉的书写材料呢？蔡伦在洛河地区开始了漫长的考察，实地研究造纸材料的加工、面筛及制浆等技术。他走访当地的村民，向他们请教。即便到了休息日，蔡伦也会闭门谢客，潜心钻研。经过无数次实验、不断地革新，蔡伦最终解决了材料的漂洗、纸张受力等问题。恰恰是由于不断革新，蔡伦才实现造纸技术的突破，造出更为白净、结实的书写用纸，这种纸被称为蔡侯纸。纸在3世纪传入越南，在7世纪传入日本，在8世纪传入阿拉伯地区，在17世纪传入美国，蔡侯纸的发明促进了世界文化的传播。活字印刷术发明者毕昇与蔡伦有些许相似，在毕昇发明活字印刷术之前，已经有雕版印刷术，但雕版使用不方便。毕昇的活字技术的革新，让印刷效率大大提升。

蔡伦造纸

工匠们一生追求卓越，是为了在行业保持顶尖水平。无论是在传统农耕社会，还是现代工业时代，扎实的专业知识、精湛的专业技艺都是工匠安身立命之本，不断超越自我、勇攀行业顶峰是工匠的毕生职业追求。千千万万个追求卓越的中国工匠在各个岗位上勇攀高峰，推动中国在高铁、桥梁建设等领域迈进世界前列。央视大型纪录片《大国重器》中讲到，追求卓越需要创新驱动，创新是引领发展的第一动力，是建设现代化经济体系，推动经济高质量发展的战略支撑。"蓝鲸一号"、"天眼"、国产大飞机、国产航母，一个个大国重器精彩亮相，让国人自豪、世界赞叹。信息化、工业化不断融合，以机器人技术为代表的智能装备产业蓬勃兴起。作为高新技术最为集中、产业溢出效应最强的领域，空天技术水平是一个国家科技实力的重要标志，也是一个国家经济实力、国防实力、综合国力的重要体现。我国迈向航空航天强国，已发动引擎，全速前进。这对新时代工匠的创新能力和创新水平提出了更高的要求。新时代工匠只有在创新中才能实现追求卓越的目标，创新是中华民族屹立于世界民族之林的根本，是国家文明发展的不竭动力。

**知识链接：**

大国重器
2-2-1

大国工匠
2-2-2

我在故宫修文物
2-2-3

## 二、工匠精神的时代价值

党的十九大报告指出，我国经济已由高速增长阶段转向高质量发展阶段，正处在转变发展方式、优化经济结构、转换增长动力的攻关期。大力弘扬工匠精神恰逢其时。

### （一）弘扬工匠精神有益于改善社会风气

新中国成立后，特别是改革开放以来，为了尽快摆脱落后面貌，我国一直不遗余力地开展"速度追赶"，但在实现体量大增的同时，也在一定程度上造成了社会心态的浮躁。浮躁意味着浅尝辄止、急功近利，对于一个人、一个国家和社会的长远发展都非常不利。弘扬工匠精神，有助于引导各行各业调整心态、端正态度，实现对事业热爱、对工作尽心、对社会负责。如果每个人都践行工匠精神、敬业精神，就能够不断提升个人技能、提高产品质量、夯实发展基础，进而促成认真诚信、务实创新的社会氛围。

### （二）弘扬工匠精神有助于打造中国品牌

中国质量已实现历史性重大发展，但总体上档次不够高、适用性不够强，特别是品牌价值和文化内涵与国际先进水平相比差距较大。工匠精神的核心要义是精益求精，终极目标就是打造品牌。弘扬工匠精神，在设计研发、生产加工、营销服务各个环节追求卓越，就能够更好地提品质、增品种、创品牌，推动中国产品向中国品牌转变。国内产品和服务质量提高了，就可以满足广大消费者个性化、多样化的需求，减少消费外溢和扩大内需，反过来又能促进质量进一步提升，进而增强中国制造在国际市场的竞争力和美誉度。

### （三）弘扬工匠精神有助于塑造民族精神

中华民族勤劳、勇敢、智慧，团结忍耐、奋发图强的民族精神令世界瞩目。但是，几千年的封建制度和安土重迁的农耕文化，也造成一定程度的封闭、守旧，开放性、精准性、创新性显得不足。工匠精神包含精工细作，也意味着开拓进取。一个具备工匠精神的企业和团队，必然拥有坚定的心态、严谨的态度和执着的追求，也就具备了做优做大做强的基础。一个拥有工匠精神的国家和民族，成为国家和民族振兴的希望和后劲所在。第二次世界大战后，遭受重创的德国和日本能够迅速崛起，很重要的原因就是有一大批具备工匠精神的产业工人。在全面建设社会主义现代化国家新征程上，践行工匠精神将助力我国攻坚克难、砥砺前行，促进"中国巨轮"行稳致远。

## 三、师范生工匠精神培育路径

### （一）执着专注，为教育事业奉献一生

要说世界上哪一个职业能获得众多的赞誉，恐怕没有一个职业可以与教师相比。作为一名师范生，我们从跨入校园的第一天起，就要问自己一个问题："我为什么当老师？"无论是名人还是普通人，当他们回顾一生的时候，总会记得在成长道路上帮助过自

**杰出的无产阶级教育家徐特立**

己、给自己影响最深的老师。1937年，毛泽东为庆祝自己的老师徐特立 60 岁生日，给他写了一封信。当时，毛泽东已经确立在党内的领导地位，他在信里尊称徐特立为"徐老同志"，信开头的第一句话就是"你是我二十年前的先生，你现在仍然是我的先生，你将来必定还是我的先生"。

徐特立在 1877 年出生在湖南长沙一个贫苦农民家庭。他自小立志苦读，心系国家。青年时期，徐特立抱着"创造有利于国家民族的事业"的奋斗目标，积极探索实践自己教育救国的理想。徐特立在教育救国的道路上艰辛跋涉，教育和培养了一大批优秀人才，毛泽东、何叔衡、蔡和森、蔡畅、李维汉、许光达、田汉等革命者都是他的学生。1919年，五四运动爆发后，青年学生的爱国行动让徐特立深受感动，他感到"国家有前途、有办法了"。为了找寻救国之道，1919年9月，已经42岁的徐特立在"英文只能拼音，法文一字不识"的情况下，毅然前往法国勤工俭学。在留法期间，他还前往德国、比利时考察教育，在 1924 年 7 月回到祖国。在担任自然科学院院长时，徐特立已经60多岁了，但仍然勤奋不辍。每天处理完学校的日常事务后，他要走20多公里的山路回到住处继续工作，第二天一早起来又走山路返回学校。在他到校时，很多师生还没有起床。即使遇到阴雨天，徐特立打着赤脚也会按时到学校，从不迟到。认真工作、从未言苦，成为学生对徐特立老院长最深刻的记忆。新中国成立后，徐特立长期担任中宣部副部长，是中共第七届、第八届中央委员。他为中国教育事业做了大量工作，实践了"尽瘁此心血"的誓言。中共中央评价他是"杰出的无产阶级教育家""伟大的共产主义战士"。

我国近现代教育家王国维、李大钊、蔡元培、吴玉章、陶行知、吴大猷、萧友梅、竺可桢、徐特立……当代教育家魏书生、李吉林、钱梦龙、李镇西、张思明、张化万、杨瑞清、李希贵……在这一串串的名字背后，是一个个执着专注，为教育事业奉献青春、奋斗一生的身影。教师强则教育强，教育强则国强，高质量的教育必须依靠人民教师。苏格拉底说："世界上最快乐的事，莫过于为理想而奋斗。"收获从耕耘开始，梦想在这里出发。从跨入师范院校大门的第一天起，每位同学就应该树立为教育事业奉献一生的理想信念。

### （二）精益求精，对待教学尽心竭力

**精益求精**

*精益求精是教师追求的目标*

即将正式走上讲台的师范生，每一次见习、实习都是很好的实践锻炼机会，都是难得的教学实践体验。备课时，要仔细研读教材及相关参考书，求证每个难点及疑问，精心准备教学内容，仔细演算例题与习题；无论是多么熟悉的内容，每次上课前，都要重新备课，修改教案，做到心中有数，常教常新。课堂讲授时，要做到概念准确、条理清晰、内容丰富、重点突出，既照顾到教材，又不拘泥于教材，不照本宣科。要将日常生活、劳动实践、科学研究的例子引入课堂教学中，以激发学生的学习兴趣并掌握对理论的应用方法。课后，要及时解答学生疑问，耐心细致，直到学生真正弄懂弄通为止。

人们常说，"要给学生一碗水，教师必须有一桶水"。师范生在实习过程中要更注重对自身教学技能的培养，不断试讲打磨、发现问题、自我反思、加深记忆，积极向带教老师取经。为了不断提高自身的课堂驾驭能力，要积极参加学校组织的各类教学技能比赛，注重自身的技能提升。浙江大学动物科学学院郑火青教授针对打造一门有学科特色的大学金课，总结了自己的经验：在教学态度上精益求精，在内容上教研融合，在方法上师生互动，最终实现教学相长的效果。根据"两性一度"的金课标准和20分钟的课程展示要求，郑火青教授及其团队对教学过程进行了精心设计，起承转合，环环相扣，对每个细节都进行细抠。备赛过程让他深刻地体会到用心的教学态度是优质教学的前提。只有在课前精心备课，做到精益求精，才可能取得良好的教学效果。在教学内容上，在立足传授知识点的同时，更要重视知识、能力、素质的融合，培养学生解决复杂问题的综合能力和高级思维。一方面，教学要接地气，将知识点与生产实际或现实生活中的问题相结合，进行知识应用和知识点的融合。这种接地气的教学能让学生体验到知识的用处，自然就更乐于学习。另一方面，通过结合产业最新发展趋势或研究进展，使教学内容具有前沿性和时代性。短暂的课堂教学时间或许不能使学生完全掌握这些最新的内容，但足以把学生带到前沿高地，使学生有更广阔的视野。在教学方法上，师生互动不仅有活跃课堂氛围、促进学生思考、检验阶段性教学效果等多方面的作用，还有助于改进教学。以精益求精的态度对待教学，对教师来讲必然会有很大的收获，自然就能实现教学相长。

### （三）一丝不苟，对待学生爱严相济

爱如泉水，清澈而甘醇。教书育人最重要的是用心，用心走进学生的世界，才能与学生进行有效的沟通。在新冠疫情期间，不少高校班主任和辅导员跟学生走得更近了。除了每天检查宿舍，除了督促学生整理内务，更重要的是看看学生有没有生活上的不便，关注学生的喜怒哀乐。以浙江特殊教育职业学院为例，针对新冠疫情期间有部分学生想家、心理产生焦虑等问题，该院团委开展了律动操、叠军被比赛、校园歌手大赛、书画比赛、辩论赛、羽毛球比赛、寝室文化大赛等校园文化活动，有效缓解了学生们的心理焦虑，同时塑造了班风、学风，增强了班级凝聚力。该院辅导员每天奔波于寝室、教室、办公室，一天24小时和学生同吃同住，除日常管理自己负责的班级学生外，还负责统计汇总报送学院的全员健康检测学生信息表、校外学生活动轨迹统计表、缺课学生追踪信息、身体状况异常学生信息等，工作繁杂、责任重大，容不得半点马虎，时时刻刻不能放松。正是因为有了辅导员和班主任老师一丝不苟的辛勤付出，该院的数据报送工作始终精准高效，更重要的是保障了全院师生的健康安全。

在学习上，该院班主任、任课老师对学生严格要求，做到课堂纪律要求严、实训操作要求严、平时作业要求严、考试要求严。其实，严厉也是一种关爱。对学生严格要求有助于学生养成良好的学习习惯，有助于学生的成长成才。从教师的职业道德方面来说，如果放任学生不努力学习，甚至扰乱教学秩序，那么实际上是教师的失职行为。古语"教不严，师之惰"说的就是这个意思。当然，教师对学生的"严"也要讲究分寸，要做到严而有度、严而在理、严而有礼、严而有法、严而有别。

### （四）追求卓越，努力成为一名卓越教师

《国民经济和社会发展第十四个五年规划和2035年远景目标纲要》提出了"创新驱动发展战略"和"建设高质量教育体系"战略任务。习近平总书记强调"发展是第一要务，人才是第一资源，创新是第一动力"。落实国家创新驱动发展战略，关键在于培养造就创新型人才，而创新型人才培养的根本在基础教育，关键在于培养造就数以百万计的骨干教师、数以

十万计的卓越教师。高质量教育体系建设的出发点在教师，发力点在教师，希望点还在教师。2014年，教育部发布了《教育部关于实施卓越教师培养计划的意见》，要求"各地各校要以实施卓越教师培养计划为抓手，整体推动教师教育改革创新，充分发挥示范引领作用，全面提高教师培养质量"；2018年，教育部印发《教育部关于实施卓越教师培养计划2.0的意见》，明确指出要培养"教育情怀深厚、专业基础扎实、勇于创新教学、善于综合育人和具有终身学习发展能力的高素质专业化创新型教师"，对卓越型教师提出了更为具体的要求。

师范生在校期间要争取德智体美劳全面发展，主动适应教育改革与发展需求，掌握"会备课，会上课，会当班主任，会研究"的教师专业技能，把自己培养成具有"新理念、新知识、新技能"的能胜任教育教学的卓越师资。具体来说，师范生成为卓越教师大致要经过三个阶段：一是专业认同与模仿阶段，旨在培养"乐教"与"懂教"素养。乐教是将专业意向与职业理想、职业情操有机结合起来，重点开展爱教爱生的职业倾向教育，形成良好的职业情感。懂教是掌握教育教学工作的基础知识和基本方法，了解教育改革与发展的实际状况，加强教育教学基本理论、基本技能的培养与训练，形成良好的教师素养。二是专业技能内化阶段，通过模拟教学，组织开展听课、评课、课件制作、板书设计、教学设计、微格教学等活动和教育见习，具备"会教"素养，重点强化"学习、反思和实践"三位一体的培养与训练。三是专业成熟创新阶段，旨在锤炼自身"善教"素养，固化教育教学技能和教育教学研究技能，形成组织教学、开展教育活动和教研活动的能力，具备初步的教育教学创新精神和终身学习能力、应变开拓能力，具备良好的教师发展潜力。

"工匠精神不仅存在于制造业，还存在于服务业，不仅物质生产领域需要，精神生产领域也需要，体现为整个社会物质和精神的生产者、服务者职业精神的崇高境界。"中国人民大学马克思主义学院教授刘建军说。如今，工匠精神的时代内涵早已超越工匠群体，延伸到更广泛的行业和群体。让我们在全社会大力弘扬工匠精神，走技能成才、技能报国之路，为全面建设社会主义现代化国家提供有力的人才支撑！

**典型案例**

## 为孩子们点亮心中明灯

开设公开课近2000节、培养三代特级教师、著述数百万字……如今已91岁高龄的上海市杨浦高级中学名誉校长、"人民教育家"于漪，依然以奋斗姿态站在教育改革和教师培养最前沿，践行"让生命与使命同行"的铮铮誓言。

### 1. 语文教育是工具性与人文性的统一

在她教过的学生中，有人在毕业十几年、几十年后，还能整段背出她当时在课堂上讲过的话、写在黑板上的板书；在她带过或教过的老师里，有人为了"抢"到前排座位听她上课，竟不惜专门配眼镜，冒充近视眼……

于漪的语文课就是有这样的魔力。"流利动听，如诗一般，没有废话，入耳入心。"于漪的学生、原上海市闸北区第二中心小学校长葛起裕说。

"人民教育家"于漪

1978年初，报告文学《哥德巴赫猜想》发表，兴奋的于漪找到学校数学老师，告诉对方："这是了不起的成就，我们唱个'双簧'，你给学生讲陈景润的科学贡献，我讲陈景润为科学献身的精神。"

这正是于漪"教文育人"思想的体现。在她看来，语文不仅是教孩子理解和运用语言文字，而且是在建设他们的精神家园，塑造其灵魂。20世纪90年代初，于漪撰文《改革弊端，弘扬人文》，提出"工具性与人文性的统一是语文学科的基本特点"。该观点后来被写入全国语文课程标准，深刻改变了语文教学的模式。

"每天早上走一刻钟的路，就在脑子里过电影，这堂课怎么讲，怎么开头，怎么铺展开来，怎样形成高潮，怎样结尾"——这是于漪对课堂教学的艺术追求；"怎样与学生共建一幢立意高远的精神大厦，启蒙学生独立思考、得体表达，成长为有智慧的人"——这是于漪对语文教育的精神追求。

### 2. 教师要为学生点亮心中明灯

到了耄耋之年，于漪研究起了周杰伦和《还珠格格》。因为她发现，孩子们都被他们"圈粉"了，而自己喜欢的一些比较资深的歌手却很难引起学生共鸣。有学生直言："周杰伦的歌就是学不像，好就好在学不像。"

这让做了一辈子教师的于漪心头一震。"我们想的和学生想的距离有多大啊！"她认为，一位好老师要有能力走进学生的生活世界和心灵世界。"教育绝不能高高在上，一定要'目中有人'。"

走进学生的内心，是为了点亮一盏明灯。"教师的工作应该是'双重奏'，不仅自己的人生要奏响中国特色教育的交响曲，还要引领学生走一条正确健康的人生路。"

在新教师培训中，于漪多次引用英国小说《月亮与六便士》来阐明观点：心中要有月亮，也就是理想信念，去真正敬畏专业、尊重孩子，还要有学识，如此才能看透"六个便士"，看透物质的诱惑。"满地都是便士，作为教师，必须抬头看见月亮。"

走进学生的内心，还必须"一辈子学做教师"。"庸医杀人不用刀，教师教学出了错，就像庸医一样，是在误人子弟。"于漪告诉青年教师，最重要的是在实践中不断攀登，这种攀登不只是教育技巧，更是人生态度、情感世界。

教师这个职业，寄托着于漪一生的追求与热爱。"我甘愿做一块铺路石，让中青年教师'踏'过去。"她说。

### 3. "一身正气"站在教改最前沿

于漪家里有一本她专用的挂历，挂历上几乎每个日子都画上了圈，不少格子里还不止一个圈。她用"来不及"形容自己的工作，因为还有太多事情值得她"较真"。

当教育功利化现象愈演愈烈，家长忙于带孩子参加各种各样的校外补习班，学校只盯着升学率的时候，她呼吁："教育不能只'育分'，更要教学生学会做人。要教在今天，想在明天。"

当看到小学生写下"祝你成为富婆""祝你成为百万富翁""祝你成为总裁"这些"毕业赠言"时，于漪感到忧心。"'学生为谁而学、教师为谁而教'这个问题很少有人追问，教育工作者应该在学生的学习动机和动力方面多下点功夫。"

于漪还认为，中国教育必须有自己的话语权。她多次撰文表示，任何国家的教育，特别是基础教育，必须传承本民族的优秀文化，弘扬民族精神，培养为本民族、本国建设服务的人才。眼光向内，不是排斥国外，而是立足本国，以我为主。

从教近 70 年，于漪从未离开讲台。她臂膀单薄，却一身正气，始终挺着中国教师的脊梁。"当我把生命和国家命运、人民幸福联系在一起的时候，我就觉得我永远是有力量的，我仍然跟年轻人一样，仍然有壮志豪情！"于漪说。

> **学习探究与思考**
>
> 1. 工匠精神的内涵与时代价值是什么？师范生应该怎样和日常学习生活结合去践行工匠精神？
>
> 2. 观看《大国工匠》《大国重器》《我在故宫修文物》等纪录片，围绕"执着专注""精益求精""一丝不苟""追求卓越"等主题撰写学习心得，小组讨论，理解"创新是一个民族进步的灵魂，是一个国家兴旺发达的不竭动力"这句话的深刻含义。
>
> 3. 有同学说："工匠精神主要是指制造业的技术工人需要具备的精神，我今后要从事的是教育事业，工匠精神离我很遥远。退一步说，如果把老师比作工匠，那老师不就成了'教书匠'了吗？"也有同学说："'三百六十行，行行出状元。'每个人不管处在什么岗位，只要大力传承弘扬工匠精神，就能在劳动中体现价值、展现风采、感受快乐。"还有同学说："语文特级教师于漪，每晚学习到深夜，备课时把讲课要说的每句话都写下来，然后像改作文一样修改，之后再背下来、口语化，最终成为'人民教育家'，这难道不是工匠精神的体现吗？"请对上述观点进行评价。

## 第三节　师范生劳模精神教育

习近平总书记始终关心劳模和劳模工作，多次在重要会议、重要场合围绕崇尚劳动、热爱劳动，充分发挥劳模示范引领作用等发表讲话，勉励劳模和广大劳动者，礼赞劳动创造，讴歌劳动精神。2016年，习近平总书记在知识分子、劳动模范、青年代表座谈会上指出，"劳动模范是劳动群众的杰出代表，是最美的劳动者。劳动模范身上体现的'爱岗敬业、争创一流、艰苦奋斗、勇于创新、淡泊名利、甘于奉献'的劳模精神，是伟大时代精神的生动体现。我们要在全社会大力宣传劳动模范的先进事迹，号召全社会向他们学习、向他们致敬"。2020 年 11 月 24 日，习近平总书记在全国劳动模范和先进工作者表彰大会上指出，"在长期实践中，我们培育形成了爱岗敬业、争创一流、艰苦奋斗、勇于创新、淡泊名利、甘于奉献的劳模精神……"，"劳模精神、劳动精神、工匠精神是以爱国主义为核心的民族精神和以改革创新为核心的时代精神的生动体现，是鼓舞全党全国各族人民风雨无阻、勇敢前进的强大精神动力"，要激励全党全国各族人民弘扬劳模精神，使劳模精神在新时代不断发扬光大。

视频：三种精神内涵及关系

新中国成立 70 多年来，在劳模精神的引领和鼓舞下，我国工人阶级和广大劳动者在社会主义革命、建设、改革的伟大事业中用勤劳和汗水、智慧和创造，营造了劳动光荣、知识崇高、人才宝贵、创造良好的社会风尚，谱写了气壮山河的壮丽篇章。在新时代，重温劳模精神的丰富内涵，继续大力弘扬劳模精神，必将激励全党全国各族人民鼓足干劲，奋勇拼搏，乘风破浪，开拓进取，为全面建设社会主义现代化国家、实现第二个百年奋斗目标而继续奋斗。

## 一、劳模精神的内涵

### （一）爱岗敬业、争创一流

爱岗敬业重在"爱"和"敬"。"爱"是对岗位和职业的热爱之情，"敬"是对岗位和职业的尊重之心，"热爱"与"尊敬"相互促进，是成就事业重要的推动力，是奋斗路上战胜困难的强大原动力，更是执着于事业追求的必要支撑力。争创一流重在"争"和"一流"，强调的是肯学肯干肯钻研，练就一身真本领，掌握一手好技术，力争做出一流贡献。广大劳动者只有做到爱岗敬业、争创一流，才能成长成才，才能在劳动中成就不一样的事业，锻造不一样的情怀，实现不一样的人生。

新中国成立初期，百废待兴。广大工人阶级和劳动者以坚如磐石的信念、只争朝夕的劲头、坚韧不拔的毅力，不畏艰难困苦，创造了一个又一个人间奇迹。太行山区农民李顺达带领老西沟的乡亲们在自然条件恶劣、物质条件落后的情况下，肩扛手挑，用锹耙犁锄，夜以继日地战天斗地，变不可能为可能，用难以想象的付出将老西沟这个"谁见也发愁"的穷山沟、苦山沟，变成了农林果牧共同发展的富裕沟、幸福沟。多次受到毛泽东主席接见的鞍钢工人孟泰为恢复生产，带领广大工人建成了著名的"孟泰仓库"，成为新中国企业修旧利废的起点。他还坚持技术攻关，先后解决技术难题十几项，并成功自制大型轧辊，谱写了一曲爱岗敬业、争创一流的赞歌。

改革开放，特别是党的十八大以来，广大劳动者一代又一代接力拼搏，创造了一个又一个劳动奇迹，用一个又一个动人的故事汇集成全民族的奋斗诗篇。高铁建设者巨晓林凭借对岗位的尊重和热爱，凭借坚定的信念和意志，用一天天地坚持、一步步地跨越，实现了从连图纸都看不懂的农民工到中国顶尖高铁施工建设专家的转变。练就"一钩准""一钩净""二次停钩""无声响操作"等集装箱装卸技术的许振超，造就了名扬海内外的"振超效率""振超速度"。

从这些劳模身上，我们看到了真正的爱岗敬业与孜孜不倦的职业追求，看到了真正的争创一流与持之以恒勇攀高峰的精神力量。正是一代又一代劳动者、一位又一位劳动模范，用他们对事业的尊重与热爱、坚守与奉献、拼搏与进取，干一行、爱一行、钻一行，在中华人民共和国70多年的历史中，在祖国大地上种下了一粒粒平凡却坚韧的种子，写下了绚丽的人生篇章，助力国家的复兴与时代的进步。

### （二）艰苦奋斗、勇于创新

艰苦奋斗是中华民族的优良传统，也是劳模精神的重要内涵，即在劳动实践中拥有不畏艰难、锐意进取的钢铁意志，展现坚韧不拔、顽强拼搏的精神风貌，保持艰苦朴素、勤劳节俭的生产生活作风。勇于创新是劳模精神的核心要义之一，就是在看待问题上不墨守成规，敢于打破固有思维束缚，积极探索劳动过程中的新规律和新方法，灵活运用知识和经验，推动劳动技术和工艺的创新创造。伟大见于奋斗，奇迹源于创造，新中国70多年发展的里程碑上记录着一大批艰苦奋斗、勇于创新的劳动模范和他们的伟大事迹。

高喊"有条件要上，没有条件创造条件也要上"的"铁人"王进喜为甩掉我国"贫油落后"的帽子，把北风当电扇，把大雪当炒面，用身体当搅拌机，用血肉之躯同钢铁和困难搏斗,向人类的生命极限挑战,充分展示了在困难多、条件差、环境恶劣的情况下,劳动者坚如磐石的信念、不畏困苦的斗志、只争朝夕的劲头、坚韧不拔的毅力。正是在这种以苦为乐、不向困难低头精神的带动下,广大劳动者克服了常人无法想象的困难,创造了一个又一个辉煌的业绩。"当代毕昇"王选把"高科技应做到'顶天立地'"作为一生奋斗的信条。"顶天"即不断追求技术上的新突破,"立地"即把技术大量推广应用,使我国传统出版印刷行业得到彻底改造,"告别铅与火,迎来光与电"。多次当选全国劳动模范的包起帆被称为"改革开放中的中国工人创新先锋",有着40多年港口生产管理工作经验。哪里不安全、哪里效率低、哪里成本高,他和同事们就在哪里动脑筋、想办法、搞创新。小到一个零部件的制造、一个施工方法的改良,大到一个港口系统、一个国际标准的设计,他们都事无巨细、艰苦钻研。据不完全统计,40多年来,包起帆与同事们共同完成了130多项技术创新项目,其中3项获得国家发明奖,3项获得国家科技进步奖,36项获得巴黎、日内瓦、匹兹堡、布鲁塞尔、纽伦堡等国际发明展览会金奖,授权国家和国际专利达50项。

"铁人"王进喜

2013年4月,习近平总书记在同全国劳动模范代表座谈时指出:"幸福不会从天而降,梦想不会自动成真。实现我们的奋斗目标,开创我们的美好未来,必须紧紧依靠人民、始终为了人民,必须依靠辛勤劳动、诚实劳动、创造性劳动。"一批批拥有看家本领的高素质劳动者或专业领域的高级知识分子走上劳模领奖台,他们不仅具备艰苦奋斗、吃苦耐劳的优良传统,而且善于开拓、勇于创新,用知识技术和创造性劳动推动生产发展和技术进步,也创造了日益美好的生活。

## (三)淡泊名利、甘于奉献

无论是在革命战争年代还是和平建设时期,"淡泊名利、甘于奉献"始终是一代代劳模们的本色和追求。他们不辞辛苦、甘愿付出,不求索取、不为名利,彰显了报效祖国、服务人民的崇高追求和高尚品质。

被誉为"中国的保尔·柯察金"的特等劳动模范吴运铎自参加革命之日起,就把献身党的事业作为毕生追求,刻苦钻研,勤奋工作,以铮铮铁骨书写了兵工发展史上的一段传奇,一颗"把一切献给党"的赤子之心,永远闪耀着灿烂的光辉。"宁肯一人臭,换来万户香"的时传祥用行动诠释了什么是奉献。隐姓埋名30年的黄旭华,为研究核潜艇,将自己的人生"深潜"在了祖国的大海,殚精竭虑,默默奉献。秉持"正直、爱国、为人民做事"信条的水利水电专家张光斗,为我国的江河治理和水资源开发利用栉风沐雨,刻苦钻研,建立了卓越功绩。甘愿辞去"政委"职务从事平凡工作的杨怀远,挑起扁担为旅客服务,这一挑就是38年,热情服务过千千万万名旅客。这些劳动模范没有惊

特等劳动模范吴运铎像

天动地的豪言壮语，只有敦厚质朴的笑容；他们只问耕耘，不计得失，在超越小我中成就大我，以实际行动诠释了中国人民的伟大创造精神、伟大奋斗精神、伟大团结精神、伟大梦想精神。正如"新时期的铁人"王启民所说："获得国家勋章、国家荣誉称号的每个人都有共同的特点，就是忠诚、执着、朴实。追求'短、平、快'，当不了英雄；想着'名、利、奖'，造不出伟大。"

"爱岗敬业、争创一流，艰苦奋斗、勇于创新，淡泊名利、甘于奉献"的劳模精神是一个有机整体，集中彰显了刻苦勤勉、兢兢业业、敦本务实、埋头苦干的实干精神，持之以恒、孜孜不倦、锲而不舍、牢记使命的坚守精神，淡泊名利、甘于奉献、不图回报、不计得失的无私精神，是中华优秀传统文化、革命文化和社会主义先进文化以及社会主义核心价值观的集中体现。中华民族是勤于劳动、善于创造的民族。正是因为劳动创造，我们拥有了历史的辉煌；也正是因为劳动创造，我们拥有了今天的成就。习近平总书记指出，立足新发展阶段，贯彻新发展理念，构建新发展格局，推动高质量发展，在危机中育先机、于变局中开新局，必须紧紧依靠工人阶级和广大劳动群众。劳动模范是民族的精英、人民的楷模，是共和国的功臣。在新的起点上，我们要继续大力弘扬爱岗敬业、争创一流、艰苦奋斗、勇于创新、淡泊名利、甘于奉献的劳模精神，用劳动模范和先进工作者的崇高精神和高尚品格鞭策自己，辛勤劳动、诚实劳动、创造性劳动，努力在全面建设社会主义现代化国家新征程上创造新的时代辉煌，铸就新的历史伟业。

**文件链接：**

《教育部关于实施卓越教师培养计划 2.0 的意见》

2-3-1

## 二、劳模精神的时代价值

### （一）劳模精神凝聚建功新时代的磅礴伟力

2018年"五一"国际劳动节之际，习近平总书记在给中国劳动关系学院劳模本科班学员回信中提出，希望"用你们的干劲、闯劲、钻劲鼓舞更多的人，激励广大劳动群众争做新时代的奋斗者"。劳动模范是"干出新时代"的"排头兵"，是践行"实干兴邦"的楷模。激励广大劳动群众争做新时代的奋斗者，就是要让实干担当在新时代蔚然成风，让改革创新在新时代焕发活力，让精益求精在新时代落地生根。只要我们持之以恒地弘扬劳模精神，充分调动起广大劳动人民的积极性、主动性和创造性，就一定能最大限度地聚合起人们饱满的奋斗热情，从而为建功新时代、实现中国梦凝聚起磅礴的中国力量。

### （二）劳模精神引领新时代劳动者队伍建设

推进劳动者队伍建设，是以习近平同志为核心的党中央着眼于巩固党的执政基础、实施制造强国战略、全面提高劳动者素质做出的重大决策部署。在抗击新冠疫情全民战争中，广大劳动者，尤其大批劳动模范，积极奋战在疫情防控的各条战线上，以艰苦卓绝的劳动创造了中国速度，谱写了一曲曲抗疫赞歌，充分体现了劳动者在非常时期的非常担当，彰显了中国特色社会主义制度的显著优势。在新时代，应充分发挥劳动模范和工匠人才的示范带动和价值引领作用，培养造就更多的劳动模范、大国工匠，努力打造一支有理想守信念、懂技术会创新、敢担当讲奉献的宏大劳动者队伍，建设知识型、技能型、创新型劳动者大军。

### （三）劳模精神昭示新时代劳动教育的价值取向

习近平总书记强调，广大劳动群众要坚定信心、保持干劲，弘扬劳动精神，克服艰难险阻，在平凡岗位上续写不平凡的故事，用自己的辛勤劳动为经济社会发展贡献更多力量。这既是对广大学生涵养深厚劳动情怀的谆谆嘱托，更是对未来劳动者用奋斗成就梦想的殷切期待，昭示着新时代劳动教育的价值取向。劳动模范是每个时代劳动精神的典型化身，是引导广大学生培育践行社会主义核心价值观的宝贵财富和有效载体。应充分发挥劳动模范的先进事迹和优秀品质的感召作用，让青少年有机会近距离接触劳动模范、聆听劳模故事、感受劳模精神，在实践中体悟劳模精神，在磨炼意志和增长才干中感受劳动的乐趣和收获，从而培育辛勤劳动、诚实劳动、创造性劳动的精神气质。

**知识链接：**

劳模精神的理论基础和文化根源

2-3-2

## 三、师范生劳模精神培育路径

### （一）爱岗敬业、争创一流，做一名敢为人先的教师

敢为人先，就要把"敢"字放在首位，激发敢闯敢试的勇气。"敢"就是敢于尝试、敢于突破、敢于探索。作为未来的人民教师，我们要吸收新的理念，敢于进行教学改革尝试，勇于改进日常教学和学生管理中的方法；我们要虚心求教，向经验丰富的教师学习，也要敢于放下思想包袱，放开手脚，敢想敢干；我们要勇于面对矛盾和问题，冲破固化思维方式的束缚，积极寻找解决矛盾和问题的钥匙；我们要敢于探索，面对教学改革中产生的困难，积极探索新的方法和模式，做到勇立潮头搏大浪，敢为人师竞风流。

敢为人先，就要在"为"字上做文章，展现担当作为的本领。"为"就是勇于作为、乐于作为、善于作为。习近平总书记指出，广大党员干部要在知行合一中主动担当作为。清代学者彭端淑在《为学》中写道："天下事有难易乎？为之，则难者亦易矣；不为，则易者亦难矣。"作为新时代的师范生，我们要勇于作为，在科学研究、教学实践中攻坚克难。以勇毅笃行的决心、百折不挠的韧劲大胆实践。我们要乐于作为，热爱学生、关心学生，洞察学生学情，了解学生的喜怒哀乐，让学生有学习获得感和幸福感；要善于作为，在学习实践中增长才干、展现

本领，一步一个脚印，于实处用力，在知行合一上下功夫，将一张蓝图绘到底。

敢为人先，就要以"先"字为突破口，达成争先创优的目标。"先"就是身先士卒、先行先试、争先创优。"百舸争流，奋楫者先。"因循守旧没有出路，畏缩不前错失良机。中国特色社会主义进入新时代以来，人民群众接受高质量教育的愿望越来越强烈，每一轮教育改革都会引发广泛关注，成为公众热议的焦点话题。要在教育改革中闯出一条成功之路、发展之路，就要先行先试，在实践中求真知，在探索中找规律，不断形成新经验、贡献新方案。作为新时代的师范生，我们要勇攀高峰、迎难而上，用"先"的思想武装头脑，用"先"的标杆衡量自己的业绩和成果；在实践中推动教学改革创新、科研成果创新、社会服务创新，在创新中传承中华文化；在平凡的岗位上创造新业绩、新成果，以在改革上的"敢为人先"，推动新时代教育事业高质量发展，走在世界前列。

### （二）艰苦奋斗、勇于创新，做一名奋发有为的教师

艰苦奋斗、勇于创新要求师范生弘扬自强不息、勤劳勇敢的中华民族优良传统，不畏艰辛、坚韧不拔，在奋发图强中有所作为。

首先，要坚持终身学习理念，坚持不懈地学习新知识、掌握新技能，干一行、爱一行、专一行、精一行，练就过硬本领。要保持强大的学习力和饱满的学习热情，有"铁杵磨成针"的耐心和"咬定青山不放松"的韧劲，长年累月地专注于自己的领域和专业，孜孜不倦地学习。卢梭的《爱弥儿》、苏霍姆林斯基的《给教师的一百条建议》、杜威的《民主主义与教育》、夸美纽斯的《大教育论》、魏书生的《班主任工作漫谈》，还有《叶圣陶教育文集》《陈鹤琴教育论著选》，对于这些耳熟能详的教育学经典著作，师范生在走上教师岗位之后还应常读常新。

其次，敢于自我挑战，想在前面、干在实处，做到胜不骄、败不馁。对于刚走上工作岗位的新教师而言，上公开课、示范课是最快速的自身成长助推器。一位从教五年的骨干英语教师深有感触地说："刚走上工作岗位的第一年，我上了九堂公开课。每一节公开课都是令人失眠、头秃、睡不着的，但就在这个过程中，我快速成长起来了，第二年就有幸参加了全市组织的教学大比武并获得了金奖。"

最后，要及时更新专业知识，跟踪本学科领域的最新进展情况，实现专业基础知识和前沿知识的完美结合，在实践中大胆探索、消化、应用，勇于创新。在校期间要积极参加"挑战杯"职业学校创新创业大赛、"互联网+"大学生创新创业大赛、大学生科技创新活动计划暨新苗人才计划等项目，在项目策划、团队组建和任务执行中提高自身的创新精神和团队合作意识。走上教师岗位后，要争取把最新研究成果转化为教学内容，吸引和带动部分学生参与教师课题研究，提高学生的研发能力。要学会指导学生参加各类奥林匹克竞赛，把政府、行业和生产企业的一些真实或仿真项目引入课程，带领学生在生产实践中培养创新思维，增强学生的创业能力。

### （三）淡泊名利、甘于奉献，做一名宁静致远的教师

一名人民教师，其本职工作就是教书育人，要发扬奉献精神，淡泊名利，把教育工作作

为崇高的事业铭刻于心。师范生应该摆正自己的心态，树立正确的名利观，提高自己的素质，乐于奉献，为学生做出表率。

淡泊名利者，并非没有功名利禄之心，但他们在追求和获取的态度上不是急功近利、损人利己、损公肥私，而是顺势而为、公平竞争、取之有道、得而无愧。因此，他们活得坦然，活得真实，活得自在。他们谦恭礼让、仁厚大度、博学睿智、诚实守信，对事业讲忠、对父母讲孝、对家人讲情、对朋友讲义的品德风范和人生的态度，是极具人格魅力的。他们为人做事都恪守道德底线和法律底线。危害国家和人民利益的事情不做，拒绝损公肥私、害人害己、不学无术、沽名钓誉的行为。这是一种高尚的、脱离了低级趣味的、有益于社会和人民的人生态度。

教师的职业是平凡而辛劳的，教师的生活是清贫而忙碌的。但是，教师们的脸上却依然挂着晨曦般的笑容。那是因为选择教师这份职业，就意味着愿化作一片绿叶，默默地去成就果实的辉煌。为帮助更多山区女孩走出大山，改变命运，张桂梅老师拼了命，她把几乎全部精力放在为之奋斗的理想上。一个疾病缠身的弱女子拿命去换山区女孩的前途与命运。张桂梅老师几乎没有什么论文，也没有争取什么重大项目，更没有什么显赫的头衔，只有对学生的一片赤诚，20多项荣誉只是对其艰辛付出的肯定。无疑，张桂梅做到了"淡泊名利的坚守"。还有长期驻扎在云贵地区支教的陆倩芳老师。陆倩芳教学的小山村位于云贵地区的一座大山中，三十年前，她不知道绕了多少路才走到这里。这里气候不好，土质也很差，农民即便种下粮食，也要看天吃饭。陆倩芳并没有想这么多，只记得那一年上完一堂课的时候，有位小姑娘说："老师，你会一直在这里教我们吗？我好想再学一首诗哦！"陆倩芳选择留了下来，连自己也没有想到，这一留就是三十年。每当送走一批学生，陆倩芳就自然进入迎接下一批孩子的状态中，三十年从未间断。陆倩芳说："支教其实就是一场没有硝烟的战争，我只能加倍努力投入其中，才有可能帮助孩子们得到一点希望，让他们有机会飞出大山，开阔眼界，让他们有权利选择自己的人生。""甘为春蚕吐丝尽，愿化红烛照人寰"，这句话就是无数张桂梅、陆倩芳的写照。

**人物故事：**

朴素的穆老师

2-3-3

### 典型案例

**人生就像种子，要做一粒好种子**[①]

1. 幸亏我醒悟得早，如果死守权威，也许至今还一事无成

问：您是怎么理解创新的？

---

① 引自中央纪委监察部网站，原题《著名科学家袁隆平："把中国人的饭碗牢牢端在自己手中"》，2018年1月23日，有删减。

袁隆平：创新对于任何一个国家和民族来说都很重要，对于我们这个国家来说尤其如此。1994年，美国观察研究所所长莱斯特·布朗曾向中国和世界发问：谁来养活中国？说中国人养活不了自己，并且还会使世界挨饿。考虑到人口增长、土地、水资源、粮食产量等因素，他发出的警告并不是没有道理的。但是，他没有考虑到创新的要素，对科技进步提高农业生产力的巨大潜力估计不足，而恰恰农业科技进步是支持粮食增产的第一生产力。如今，依靠科技创新，中国不仅没有像布朗预言的那样成为世界粮食安全的巨大威胁，还为拯救全人类的饥饿做出越来越大的贡献。

杂交水稻之父袁隆平　　　　　　　　　　袁隆平的座右铭

要创新，就得不断突破。尊重权威但不能迷信权威，应该多读书，但不能迷信书本，如果迷信权威、迷信书本，创新就没有了空间。在"无性杂交"还属于经典权威的时候，我就决定跳出来，开始进行水稻的有性杂交试验。幸亏我醒悟得早，如果死守权威，也许至今还一事无成。现在年轻人有什么新想法，我也不以权威自居，认为你这个有前途，你就提出来，就支持你。要支持新生事物。尽管它可能有问题，但我们要爱护，不能一棍子打死。

2."我就是这样的人，就是要挑战自己，能有更多的突破，永远不会停下前进的脚步"

问：习近平总书记指出，我们要坚定"四个自信"，即道路自信、理论自信、制度自信、文化自信。对于中国这些年发展取得的成绩，您怎么看？

袁隆平：必须要自信。就水稻来讲，我国水稻生产技术是远远领先全世界的。日本是一个科技比较发达的国家，水稻产量也很高，它全国水稻的面积是2400多万亩，相当于我国杂交稻生产面积的1/10。日本水稻平均每公顷产量为6.8吨，而我国的杂交水稻平均每公顷产量是7.6吨，每公顷比日本高0.8吨，这是平均。

有一位印度的专家到我们的超级稻田参观，他很高兴，很激动。我问他，你感觉怎么样，激动不激动，他说我是加倍激动，流连忘返，不肯走了。当时是在海南岛看的，还没上一千公斤，他已经非常激动了。

水稻只是一个例子。这些年中国其他方面的发展也是了不起的。1953年，我去安江农校时，在路上颠簸了两天两夜，客车是烧木炭的，从点火到启动差不多要一个小时，慢吞吞的，时不时就抛锚了，司机和司炉累得吭哧吭哧，坐车的人也苦不堪言。现在好了，大路都修通了，还有了高铁，到哪儿都很快。中华民族是很了不起的民族，中国人勤劳勇敢，智慧，脑瓜子灵。我们现在有一个坚强的领导，不折腾不干扰，路走得对。我们有自信会越来越好，我们也一定要坚持下去。

### 3. 要居安思危，把中国人的饭碗牢牢端在自己手中

**问**：您曾将成功的原因归纳为八个字、四个词：知识、汗水、灵感、机遇。在您看来，这四个要素之间的关系是怎样的？在走向成功的道路上，您最大的启示或感悟是什么？

**袁隆平**：搞科学研究跟搞艺术创作一样，灵感很重要，并且是来去无踪的。还有机遇，法国著名微生物学家巴斯德有一句名言，叫作"机会宠爱有心人"。我们中国有一句名言，就是韩愈的《马说》："世有伯乐，然后有千里马。"它后面一句话是："千里马常有，而伯乐不常有。"世界上宝贝很多，没有伯乐你不知道，宝贝在你面前你不识别。知识是基础，你是文盲，现在要搞发明创造很难。再一个，汗水，我们是应用科学，研究水稻要实干、要下田、要流汗。四个要素是实现梦想的秘诀，缺一不可。成才，还有一个要素，也是最基本的要素，就是身体要好。身体不健康，心有余而力不足，无论你搞什么研究都支撑不下来。我现在还在第一线，经常都要下田。身体不好，怎么行！

### 4. 只要能解决老百姓的吃饭问题，个人的荣辱得失又算得了什么。搞科研的人要有使命感，有胸襟

**问**：您将全部的精力倾注在杂交水稻事业上，一做就是五六十年。有人说，搞科学研究就要有这种"板凳坐得十年冷"的品质。对此您有什么体会？在您看来，做科学研究还应当具备什么样的品质？

**袁隆平**：搞科学就得坚持，只要大方向是对的，那就坚持下去，累肯定会累，但前途有希望，我们是在希望的田野上，那就苦中有乐。不要怕有曲折和困难，失败里面有宝贝。当年，那株"鹤立鸡群"的稻子种下去后没长出像样的稻子，别人看到乱七八糟的稻子都忙着伤心，我就反过来想，这不就是杂种一代吗？三系还没成功的时候，稻子光长高不结实，别人嘲笑我说人不吃草，吃草的话你的杂交水稻就有用。我就觉得，通过杂交，水稻变高，这不是说明杂交确实有优势吗？两系法也一样，别人不干了，我还一直认真思考这个东西。科学技术就像接力赛跑，你追我赶，形势逼人，压力很大。搞科研如同跳高，跳过一个高度，又有新的高度在等你。要是不跳，早晚要落在后头，即使跳不过，也可为后人积累经验。只要能解决老百姓的吃饭问题，个人的荣辱得失又算得了什么。搞科研的人要有使命感，有胸襟。

### 5. 成功没有捷径。我不在家，就在试验田；不在试验田，就在去试验田的路上

**问**：30多年前您曾说过："解决中国人的吃饭问题是我的毕生追求"，这个目标已经基本实现了。那么，现在您心中的中国梦是什么？实现得怎么样？

**袁隆平**：2013年4月28日，在全国劳动模范代表座谈会上，我就汇报过我的中国梦。我有两个梦，一个是禾下乘凉梦，另一个是杂交水稻覆盖全球梦。

第一个是真正做的梦。禾，就是水稻的意思。我是真正做了梦，梦见我们这个超级稻的试验田里，高产稻长得比高粱还高。稻穗有扫把那么长，差不多有两尺长，一般都是八寸长。那个籽粒有花生米那么大，我好高兴。我们现在为了实现这个禾下乘凉梦，正在攻关。

第二个梦，杂交稻覆盖全球梦。现在全世界有一亿六千万公顷的稻田，其中杂交稻只占百分之十几，主要是在中国。我们是1700万公顷，在国外有600多万公顷杂交稻。如果全世界有一半稻田种上了杂交稻，每公顷增产2吨的粮食，可以增产多少呢？一亿六千万吨粮食，每年可以多养活5亿人口。

实现这两个梦是我终生的追求。但是就像习近平总书记说的一句话：幸福不会从天而降，梦想不会自动成真。实现我们的奋斗目标，开创我们的美好未来，必须紧紧依靠人民、始终为了人民，必须依靠辛勤劳动、诚实劳动、创造性劳动。

**学习探究与思考**

1. 劳模精神的内涵及时代价值是什么？作为一名师范生，应该怎样和日常学习生活结合去践行劳模精神？

2. 如果能在时光隧道里穿梭，你就会看到共和国成立以来劳动模范的面孔一直在变。开始是掏粪者时传祥，是铁人王进喜；接着是数学家陈景润，是科学家彭加木；后来是产业工人许振超，是篮球明星姚明；再往后是研究发动机的孔祥俊，是搞生物科技的潘峰……从"铁人"到创造者，从建设家园到实现现代化，劳模的形象在变，一代又一代的劳动者留下自己的奋斗足迹。其实，在我们身边也有这样一些爱岗敬业、勇于创新、淡泊名利的人，请以"我身边的劳动模范"为主题，搜集、整理身边人物的故事，发掘他们身上的劳模精神。

3. 中国劳动关系学院教授乔东指出："劳动精神是成为人的精神，工匠精神是成为更加优秀的人的精神，劳模精神则是成为影响别人的人的精神，三者构成了逐步递进的逻辑关系。劳模精神和劳动精神是部分和整体的关系；劳模精神和工匠精神是外力和内力的关系；劳动精神和工匠精神则是共性和个性的关系。"请结合本章所学，谈一谈你对三个概念内在关系的理解。

# 劳动教育主题实践

**实践活动一**

劳动模范、大国工匠用精湛的技艺回馈社会。每位师范生都应该积极行动起来，切实感受榜样的力量，自觉历练善于钻研、勇于创新的精神。请你选择一样常用的教具、玩具或辅具，和小组同学一起合作，从便利性、实用性或审美性等角度提出你的改进思路和设计方案，在老师的指导下争取申请实用新型专利或外观设计专利，在创新实践中充分发挥聪明才智。

**实践活动二**

师范生是未来的人民教师。作为未来的人民教师，一方面必须自身具备相应的劳动品质、素质与能力，能够做到以身示范，另一方面需要帮助学生形成这些劳动品质、素质与能力，即具备有效实施劳动教育的能力。新华实验学校近期要组织一次以"劳动最美丽"为主题的校园垂直农业体验站实践活动，假设你是该校一位班主任，请你为本班同学录制一节微课。通过你设计的微课，让学生清楚地了解本次实践活动的意义，以及人工光植物工厂搭建、植物墙养护管理、生态桌椅安装等实践活动具体要求。

根据表2-1的评价项目，对劳动实践活动进行自评，并提出自我反思及改进建议。

### 表2-1　第二章劳动实践活动自评表

| 评价项目 | 具体内容 | 表现程度 |
| --- | --- | --- |
| 情感态度 | 坚定劳动最光荣、劳动最崇高、劳动最伟大、劳动最美丽的观念 | ☆☆☆☆☆ |
| | 尊重普通劳动者，珍视劳动成果 | ☆☆☆☆☆ |
| | 领会劳动是一切幸福的源泉的道理 | ☆☆☆☆☆ |
| 合作交流 | 能主动与同学配合，合作完成任务 | ☆☆☆☆☆ |
| | 能认真倾听同学的观点和意见，对自己的想法加以改进 | ☆☆☆☆☆ |
| | 当同学在任务实施中遇到困难时，能主动帮助同学 | ☆☆☆☆☆ |
| 学习技能 | 能用多种渠道收集、处理信息 | ☆☆☆☆☆ |
| | 根据任务需要，能主动学习、掌握新技能 | ☆☆☆☆☆ |
| | 设计方案构思新颖 | ☆☆☆☆☆ |
| 实践活动 | 能把所学专业技能应用于劳动实践任务 | ☆☆☆☆☆ |
| | 能根据任务需要灵活调整、改进自己的方案 | ☆☆☆☆☆ |
| | 获得真实的劳动实践体验，主体性得到充分发挥，有劳动成就感 | ☆☆☆☆☆ |
| 成果展示 | 能按时完成劳动实践任务，完成成果制作 | ☆☆☆☆☆ |
| | 成果符合任务要求，构思新颖、有创意 | ☆☆☆☆☆ |
| | 成果具有应用价值，能直接应用于教学 | ☆☆☆☆☆ |
| 自我反思及改进建议 | | |
| 自评 | 优秀（　　）　　良好（　　）　　合格（　　）　　不合格（　　） | |

# 第三章　师范生劳动法律法规教育

### 核心问题

★了解《教育法》的立法依据、立法目的和重要地位，知晓其适用范围和立法特点，掌握《教育法》的基本内容。

★了解《教师法》的适用范围，掌握《教师法》的基本内容：教师的权利与义务、资格和任用、聘任与考核、培养与培训、保障和待遇、奖惩与申诉、对教师违法行为的处理等内容。

★了解《未成年人保护法》的适用范围，知晓《未成年人保护法》《未成年人学校保护规定》中的相关规定。

### 思维导图

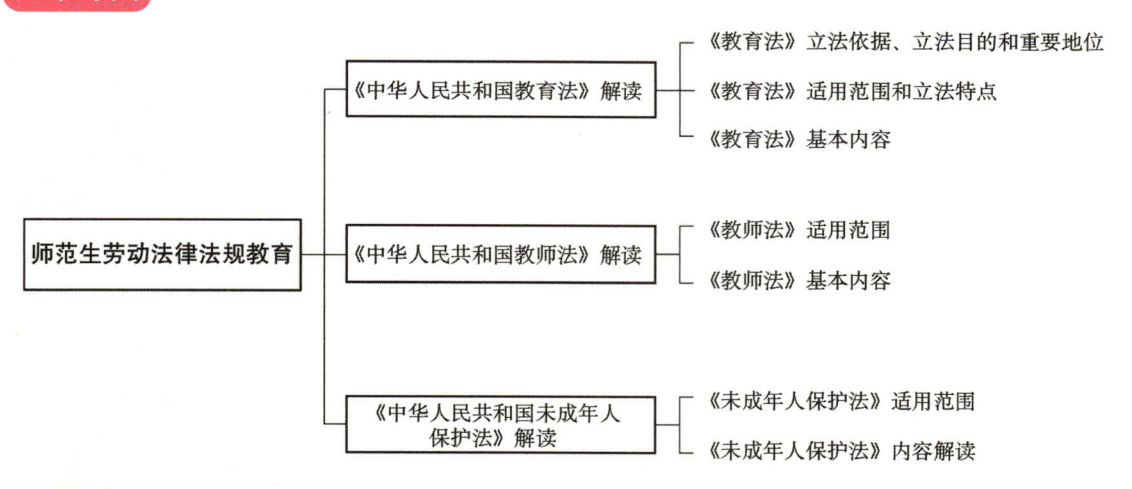

```
                               ┌─《中华人民共和国教育法》解读 ─┬─《教育法》立法依据、立法目的和重要地位
                               │                              ├─《教育法》适用范围和立法特点
                               │                              └─《教育法》基本内容
师范生劳动法律法规教育 ────────┼─《中华人民共和国教师法》解读 ─┬─《教师法》适用范围
                               │                              └─《教师法》基本内容
                               │
                               └─《中华人民共和国未成年人    ─┬─《未成年人保护法》适用范围
                                    保护法》解读              └─《未成年人保护法》内容解读
```

### 导　论

教师法律素养是教师职业道德建设的前提和基础，是现代社会对教师职业素养的基本要求。教师职业法律法规是师范生从事教育工作必须了解、掌握的内容，是教师职业素养的重要组成部分。2021年4月，为贯彻落实党的十九届五中全会精神和《中共中央 国务院关于全面深化新时代教师队伍建设改革的意见》，教育部研究制定了《学前教育专业师范生教师职业能力标准（试行）》《小学教育专业师范生教师职业能力标准（试行）》《中等职业教育专业师范生教师职业能力标准（试行）》《特殊教育专业师范生教师职业能力标准（试行）》。该系列标准着眼新时代教师培养目标，围绕有理想信念、有道德情操、有扎实学识、有仁爱之心的好老师培养，突出师德风第一标准，把"具有依法执教意识，遵守宪法、民法典、教育法、教师法、未成年人保护法等法律法规，在教育实践中能履行应尽义务，自觉维护学生与自身的合法权益"列为师德首要准则，作为师范生遵守师德规范、具备师德践行能力的评价依据。

本章重点对《教育法》《教师法》《未成年人保护法》进行解读，引导师范生学习在未来职业生涯中必须掌握的相关法律法规和教育政策，做到知法、懂法、守法、依法执教。通过本章学习，要求师范生了解《教育法》的立法宗旨和适用范围，理解教育性质与方针教育的基本原则和教育管理制度；掌握《教师法》规定的教师的权利和义务，了解对教师的资格条件、认定办法、职务制度、聘任制度等的规定。同时，作为即将步入职场的人民教师，师范生应该知晓《未成年人保护法》，规范教师行为，保护学生权益，履行保护职责。

## 第一节　《中华人民共和国教育法》解读

《中华人民共和国教育法》（以下简称《教育法》），于1995年3月18日由第八届全国人民代表大会第三次会议通过，1995年9月1日起施行，并根据2009年8月第十一届全国人大常务委员会、2015年12月第十二届全国人民代表大会常务委员会和2021年4月第十三届全国人民代表大会常务委员会会议先后做了三次修正。它的颁行标志着我国进入全面依法治教的新时期，对我国教育事业的改革和发展，以及物质文明、精神文明建设具有巨大和深远的意义，是我国教育史上的一座丰碑。

视频：违反教育法案例及分析

**法律原文：**

《中华人民共和国教育法》

3-1-1

### 一、《教育法》立法依据、立法目的和重要地位

#### （一）立法依据

《教育法》以我国宪法为立法依据，宪法规定了我国发展教育事业的基本原则，以及公民接受教育的权利与义务。例如，《中华人民共和国宪法》第十九条规定："国家发展社会主义的教育事业，提高全国人民的科学文化水平。国家举办各种学校，普及初等义务教育，发展中等教育、职业教育和高等教育，并且发展学前教育。国家发展各种教育设施，扫除文盲，对工人、农民、国家工作人员和其他劳动者进行政治、文化、科学、技术、业务的教育，鼓励自学成才。国家鼓励集体经济组织、国家企业事业组织和其他社会力量依照法律规定举办各种教育事业。"《中华人民共和国宪法》第四十六条规定："中华人民共和

*《教育法》的颁行是我国教育史上的一座丰碑*

国公民有受教育的权利和义务。国家培养青年、少年、儿童在品德、智力、体质等方面全面发展。"我国宪法中的上述条款为《教育法》的制定提供了立法依据。

### （二）立法目的

《教育法》第一章总则第一条指出，《教育法》的立法目的是"发展教育事业，提高全民族的素质，促进社会主义物质文明和精神文明建设"。它为我国的教育指明了发展方向：我国的教育是社会主义性质的教育，教育的目的是提高全民族的素质，使受教育者成为德智体美劳全面发展的人，为我国的物质文明和精神文明建设做出贡献。

### （三）重要地位

《教育法》是教育的根本大法，在我国法律体系中占有重要的地位。它是我国最高权力机关——全国人民代表大会审议通过的基本法，是国家全面调整各类教育关系，规范我国教育工作的基本法律，在我国教育法律体系中处于"母法"地位，具有最高的法律权威。其他单行教育法律都只是调整和规范某一方面的教育关系，或某一项教育工作的，都是"子法"。这些单行教育法律的制定和实施，都要以《教育法》为依据，不得与《教育法》确立的原则和规范相违背。目前，我国已经建立起教育法律法规总框架，形成协调一致、层次有序、完整统一的教育法律法规体系。在这个体系中，《教育法》是统帅，起着统领作用。

## 二、《教育法》适用范围和立法特点

### （一）适用范围

《教育法》第二条规定："在中华人民共和国境内的各级各类教育，适用本法。"这项规定明确说明《教育法》适用的地域范围是中华人民共和国国内，从适用的社会范围来讲，仅限于具有法人地位的各级各类学校和其他教育机构，以及其中从事教育工作和受教育的人，包括教师、学生、管理人员、教辅人员和其他专业技术人员等。对于军事学校教育、宗教学校教育和境外组织、个人在中国境内办学和合作办学，《教育法》分别在第八十四条和八十五条做了另行规定。

### （二）《教育法》的立法特点

#### 1. 全面性和针对性相结合

《教育法》作为教育的基本法，要为其他法律法规提供依据，这就要求《教育法》的内容要尽可能全面。《教育法》把应当纳入法律调整范围的重要事项，如教育的性质、地位、方针、基本原则等，做了全面的规定，充分体现了教育基本法全面性的特点。《教育法》在全面规范和调整各类教育关系的同时，又抓住了现阶段教育改革和发展中的突出问题，做了有针对性的规定。全面性和针对性相结合，既体现了基本法的要求，又体现了《教育法》的现实性。

#### 2. 规范性和导向性相结合

《教育法》从确立到后期的修订，特别是改革开放以来我国教育改革和发展的成熟经验，通过法律规范形式固定下来，如教育管理体制中的分级管理、分工负责，学校法人地位及自主权，以财政拨款为主的多渠道筹措教育经费等，巩固了教育改革和发展的成果。同时，《教育法》也把符合改革和发展方向，但有待进一步实践和探索的问题，如终身教育体系的建立和完善、运用金融和信贷手段支持教育事业发展等，做出了导向性的规定，通过法律手段来保障和推进教育改革和发展。

### 3. 原则性和可操作性相结合

《教育法》作为教育的根本大法，只能对关系到我国教育改革与发展全局的重大问题，如教育的性质、方针、教育活动的原则等做出原则性的规定，而不可能对具体问题做出规定。《教育法》在突出原则性的同时，重视实施上的可操作性，特别是在法律责任部分明确了违反《教育法》的法律责任、处罚形式、执法机关等，加强了《教育法》的可操作性，以保证《教育法》的顺利实施。

## 三、《教育法》基本内容

《教育法》涉及面广，内容丰富，对教育的全局性重大问题，包括我国教育的性质和方针、教育基本制度、各类教育关系主体的法律地位和权利义务、教育与社会的关系、教育投入、对外教育与合作、法律责任等都做了全面的规定。

### （一）《教育法》明确了教育在我国社会主义现代化事业中的重要地位

《教育法》第四条指出："教育是社会主义现代化建设的基础，对提高人民综合素质、促进人的全面发展、增强中华民族创新创造活力、实现中华民族伟大复兴具有决定性意义，国家保障教育事业优先发展。全社会应当关心和支持教育事业的发展。全社会应当尊重教师。"教育是立国之本。教育与政治、经济、文化等方面有着极为紧密和深刻的本质联系，对国家或民族的生存和发展的全局具有关键性影响。从工业革命以来世界大国的兴替看，人才是任何一个大国崛起的根本性因素。国家竞争归根到底是人才的竞争，国家发展归根到底是人的全面发展。而对人才的培养需要通过教育来实现。习近平总书记指出，"教育是提高人民综合素质、促进人的全面发展的重要途径，是民族振兴、社会进步的重要基石"；"建设教育强国是中华民族伟大复兴的基础工程"。2014年教师节的前一天，在同北京师范大学师生代表座谈时，习近平总书记用了近三分之二的篇幅，与大家交流"怎样才能成为好老师"，提出了"有理想信念、有道德情操、有扎实知识、有仁爱之心"的标准。2018年5月，在北京大学同师生座谈时，习近平总书记又谈到好老师的话题，提出要"以德立身、以德立学、以德施教"。2021年4月，习近平总书记来到清华大学，强调教师要成为大先生，做学生为学、为事、为人的示范，促进学生成长为全面发展的人。习近平总书记反复谈及这个话题，恰恰说明了他对"大先生"的期待。教书育人是一份崇高的职业，作为一名师范生和未来的人民教师，我们要坚定为党育人、为国育才的神圣使命，努力成长为"四有"好老师，肩负起培养担当民族复兴大任的时代新人的重任。

**知识链接：**

做"四有"好老师

3-1-2

## （二）《教育法》规定了我国教育的性质与方针

《教育法》第三条规定："国家坚持中国共产党的领导，坚持以马克思列宁主义、毛泽东思想、邓小平理论、'三个代表'重要思想、科学发展观、习近平新时代中国特色社会主义思想为指导，遵循宪法确定的基本原则，发展社会主义的教育事业。"这就确立了我国教育的社会主义性质。《教育法》第五条规定了我国的教育方针："教育必须为社会主义现代化建设服务、为人民服务，必须与生产劳动和社会实践相结合，培养德智体美劳全面发展的社会主义建设者和接班人。"教育方针是国家教育政策的总概括，是教育发展的总方向。教育方针进一步规定了我国教育的社会主义性质。《教育法》规定了我国教育的目的：培养德智体美劳全面发展的社会主义事业的建设者和接班人，规定了实现教育目的的途径是教育与生产劳动相结合。2021年修订后的《教育法》充实了教育"培养什么人"的内容，将劳动纳入教育方针，把劳动教育纳入人才培养全过程，贯通大中小学各学段，与德育、智育、体育、美育相融合。从"德智体美"到"德智体美劳"五育并举的教育方针，不仅体现了马克思主义关于"人的全面发展"理论的丰富内涵，也是党中央在当代中国教育实践中对于"培养什么人、怎样培养人、为谁培养人"这一根本问题的深刻阐发。围绕"立德树人"的根本任务，与时俱进地推进"人的全面发展"理论的发展，是新时代赋予教育工作者的使命和责任。

## （三）《教育法》规定了我国教育的管理体制

《教育法》在总则中，对我国教育管理体制做出了法律规定：国务院和地方各级人民政府根据分级管理、分工负责的原则，领导和管理教育工作。《教育法》第十四、十五、十六条对我国现阶段教育工作的分级管理、分工负责体制做了如下划分：一是中等及中等以下教育在国务院领导下，由地方人民政府管理；二是高等教育由国务院和省、自治区、直辖市人民政府管理；三是全国教育工作由国务院教育行政部门，即教育部主管，并对全国教育事业实行统筹规划和协调管理。

## （四）《教育法》规定了我国教育的基本制度

《教育法》第二章对我国教育的基本制度做出法律规定。

### 1. 学校教育制度

《教育法》第十七条规定："国家实行学前教育、初等教育、中等教育、高等教育的学校教育制度。"学校教育制度简称学制，它规定各级各类学校的性质、任务、入学条件、修业年限，以及它们之间的衔接和关系。我国现行学制分为学前教育、初等教育、中等教育、高等教育四个等级。我国已初步建立起普通教育和职业教育两种教育，全日制学校、半工半读学校和业余学校三类学校，政府、企事业组织、社会团体、个人多种形式办学的学制系统。国家现在正在采取切实措施改革教育体制，建立更为完善的学制系统。

### 2. 义务教育制度

《教育法》第十九条规定："国家实行九年制义务教育制度。各级人民政府采取各种措施保障适龄儿童、少年就学。适龄儿童、少年的父母或者其他监护人以及有关社会组织和个人有义务使适龄儿童、少年接受并完成规定年限的义务教育。"义务教育制度的实施，大大促进了我国基础教育的发展，提高了全民文化素质，为各民族专门人才的培养奠定了良好的基础。

### 3. 职业教育和成人教育制度

《教育法》第二十条规定："国家实行职业教育制度和继续教育制度。各级人民政府、有关行政部门和行业组织以及企业事业组织应当采取措施，发展并保障公民接受职业学校教育或者各种形式的职业培训。国家鼓励发展多种形式的继续教育，使公民接受适当形式的政治、经济、文化、科学、技术、业务等方面的教育，促进不同类型学习成果的互认和衔接，推动全民终身学习。"职业教育和成人教育制度是学校教育的继续、补充和延伸，是终身教育的重要组成部分。

### 4. 国家教育考试制度

考试是教育的重要环节。《教育法》第二十一条规定："国家实行国家教育考试制度。"国家教育考试制度是由国家授权或批准的，由实施教育考试机构承办的一种考试制度。国务院教育行政部门确定考试种类，并制订相应的考试规则或条例。

### 5. 学业证书制度和学位制度

《教育法》第二十二条、第二十三条规定，国家实行学业证书制度和学位制度。学业证书是指学校及其他教育机构颁发的，证明学生完成学业情况的凭证。它是用人单位衡量持有者知识水平和能力的依据。学业证书有毕业证书、结业证书、肄业证书。国家承认学历证书持有者的学历，用人单位按照国家规定给予相应的工资福利待遇。学位制度是国家或高等学校以学术水平为衡量标准，通过授予一定称号来表明专门人才知识能力等级的制度。我国的学位分为学士、硕士、博士三个等级。

### 6. 扫除文盲制度

扫除文盲是一项群众性的工作，党和政府动员各方面力量参与这项工作。《教育法》第二十四条设定了四类法律义务主体：一是各级人民政府；二是基层群众性自治组织；三是企业、事业组织；四是特定公民。扫除文盲是全社会的一项重要任务，是提高全民族素质的一个方面，它直接影响着社会主义现代化建设，需要常抓不懈。

### 7. 教育督导制度和评估制度

《教育法》第二十五条规定："国家实行教育督导制度和学校及其他教育机构教育评估制度。"教育督导制度是指教育督导部门依据国家教育方针、政策、法规对下级人民政府及其教育部门的教育工作进行监督、指导的制度。通过监督、检查、评估、指导等活动，保证国家教育方针、政策法规的贯彻执行和教育目标的实现。

## （五）《教育法》规定了教师和受教育者的权利和义务

《教育法》第四章和第五章规定了教师和受教育者的权利和义务。

### 1. 教师的权利与义务

《教育法》第三十三条至第三十五条明确规定，教师享有法律规定的权利，履行法律规定的义务，教师应忠诚于人民的教育事业。同时，国家保护教师的合法权益，改善教师的工作条件和生活条件，提高教师的地位。教师的工资报酬、福利待遇，依照法律法规的规定办理。国家实行教师资格、职务、聘任制度，通过考核、奖励、培养和培训，提高教师素质，加强教师队伍建设。当前，我国正从教育大国迈向教育强国，对于广大师范生来说，这既提出了更高的要求，也提供了新的发展机遇。在成长成才的过程中，师范生要坚定教育情怀，坚守教育责任，对国家的相关政策有更加正确的认识能力、科学的分析能力、高效的执行能力，要善于将各项育人要求落实到课堂教学、课外活动等育人实践中去。

**知识链接：**

《教育法》第八条规定："教育活动必须符合国家和社会公共利益。国家实行教育与宗教相分离。任何组织和个人不得利用宗教进行妨碍国家教育制度的活动。"

3-1-3

**2.受教育者的权利与义务**

切实保护受教育者的合法权益，是《教育法》的立法宗旨之一。师范生在校学习期间是受教育者，与其他受教育者一样，享有国家赋予的受教育者权利，同时也应履行好受教育者的义务。《教育法》第三十七条至第四十五条对受教育者的权利与义务做出明确规定，受教育者享有的权利为：在入学、升学、就业等方面依法享有平等权利；参加教育教学活动的权利；获得奖学金、助学金、贷学金的权利；获得公正评价和证书的权利；提出申诉和依法起诉的权利；法律法规规定的其他权利。受教育者履行的义务为：遵守法律法规的义务；遵守学生行为规范，尊敬师长，养成良好的思想品德和行为习惯的义务；努力学习，完成规定的学习任务的义务；遵守所在学校或者其他教育机构的管理制度的义务。

## （六）《教育法》规定了违反教育法规的法律责任

法律责任的规定在整部《教育法》中处于非常重要的地位。教育法律责任的认定，通俗地说，就是认定哪些是违反《教育法》的行为和由谁来追究这些违法行为的法律责任。《教育法》第九章第七十一条至第八十三条对教育活动中的违法行为规定了相应的法律责任。《教育法》针对教育实践中经常发生的、普遍存在的、直接影响《教育法》实施的问题，做了法律责任规定，主要有：克扣、挪用教育经费的法律责任；乱收费、乱招生的法律责任；在招生考试中做出作弊行为的法律责任；乱发学业证书的法律责任；入学资格被顶替，权利受到侵害的法律责任；考生舞弊要承担的法律责任；扰乱学校教学制度，侵占校产行为的法律责任；造成人员伤亡和重大财产损失的法律责任；等等。凡违反《教育法》者，根据情节轻重，对其主管人、责任人依法追究法律责任。此外，《教育法》还规定了教育的社会责任、教育的投入渠道和保障机制，教育对外交流与合作的基本原则和主要方式等内容。

以上是对《教育法》的基本内容所做的解读。《教育法》的颁布与实施，已经并将继续对我国教育事业的改革与发展发挥强有力的指导与规范作用。

**典型案例**

### 被冒名顶替改变了人生道路的女孩

2004年，20岁的山东女孩陈春秀满怀信心地参加了高考，然而在高考后却没能等到高考录取通知书。以为自己落榜的陈春秀，在心灰意冷下独自一人去了几百公里外的烟台打工。为了维持基本的生活，她找了一份在食品厂包吃包住的工作。因为长期接触冷冻生鲜，她的双手冻出红疮，一到冬天还出现一道道皲裂的血红色口子。后来，她又陆陆续续换过很多工作。她在电子厂加工镀膜镜片，因为每天接触有刺激性的化学药水，嗓子变得沙哑。她还在拉面馆当过服务员，经常加班到凌晨，因为性格太老实，没少受同事欺负。直到结了婚，她才回到了家乡山东冠县。

2020年，她参加完成人高考后，在网上查询考试成绩，却意外在学信网上查到自己在山东理工大学的就读学籍和学历。家庭地址和身份信息都是她的。然而，照片上的人却是另外一个陌生的女孩。这时的她才明白，原来当年自己是考上大学的，但被别人冒名顶替了。整整16年，她都一直在为没上过大学而遗憾。为此，她还在结婚后重拾课本，参加成人高考，就是为了打开心结，实现读书梦。

**案例分析：**

扫描二维码，阅读关于此案的分析。

3-1-4

**学习探究与思考**

1. 2021年新修订的《教育法》在总则中指出："教育必须为社会主义现代化建设服务、为人民服务，必须与生产劳动和社会实践相结合，培养德智体美劳全面发展的社会主义建设者和接班人。"如何看待五育并举中"劳育"和其他四育的关系？请谈一谈你的理解。

2. 习近平总书记曾说过，一个人遇到好老师是人生的幸运，一个学校拥有好老师是学校的光荣，一个民族源源不断涌现出一批又一批好老师则是民族的希望。请谈一谈你对这句话的理解。

# 第二节　《中华人民共和国教师法》解读

　　《中华人民共和国教师法》（以下简称《教师法》）是我国教育史上第一部关于教师的法律。《教师法》从1986年开始起草，后经过8年酝酿、修改，于1993年10月31日经第八届全国人民代表大会常务委员会第四次会议通过，1994年1月1日起施行。《教师法》是在总结新中国成立40多年特别是改革开放15年来教师队伍建设的成功经验和广泛听取意见的基础上制定、颁行的。《教师法》的制定和颁布，体现了党和国家对人民教师的重视，对于提高教师的地位，保障教师的合法权益，造就一支具有良好的思想品德和业务素质的教师队伍，促进我国社会主义教育事业的发展，有着重要的意义。

视频：《教师法》违法案例分析

　　2021年11月，教育部发布公告，就《中华人民共和国教师法（修订草案）（征求意见稿）》[简称《教师法（修订草案）（征求意见稿）》]面向社会公开征求意见。《教师法（修订草案)(征求意见稿)》比现行《教师法》多出14条，其他多处内容也大幅扩充，通过"赋权强责"，为教师发展提供更为坚实的法治保障。

## 一、《教师法》适用范围

《教师法》总则第二条规定适用范围："本法适用于在各级各类学校和其他教育机构中专门从事教育教学工作的教师。"这里所指的"各级各类学校"是指实施学前教育、普通初中教育、普通高中教育、职业教育、普通高等教育，以及特殊教育、成人教育的学校。这里所指的"其他教育机构"是特指与中小学的教育、教学工作紧密联系的少年宫、地方中小学教研室、电化教育馆等教育机构。这里所指的"教师"是指在学校中传递人类文化科学知识和技能、进行思想品德教育，使受教育者符合社会主义社会需要的专业人员。

《教师法》的制定和颁布，体现了党和国家对人民教师的重视

**法律原文：**

《中华人民共和国教师法》

3-2-1

## 二、《教师法》基本内容

《教师法》共九章，对教师权利和义务、资格和准入、聘任和考核、培养和培训、保障和待遇、奖惩和申诉、法律责任等予以明确。

### （一）教师的权利与义务

《教师法》在第二章中明确规定了教师的权利和义务。教师的权利与义务是基于教师特定的职业性质而产生和存在的。因此，它具有在教育活动中产生并由教育法律规范规定的特征，教师的权利和义务是统一的。

#### 1. 教师的权利

教师的权利是指教师依照《教师法》的规定享有的权利，表现为教师可以自主做出一定的行为，或要求他人做出相应的行为，在必要的时候可请求国家以强制力保障其权利的实现。《教师法》对教师权利的规定表现在以下六个方面。

（1）教育教学权。

教师有进行教育教学活动、开展教育教学改革和实验的教育教学权，这是教师为履行教育教学职责必须具备的基本权利。它主要指教师可以依据其所在学校的培养目标组织课堂教学；按照课程计划、课程标准的要求确定其教学内容和进度，并不断完善教学内容；针对不同的教育教学对象，在教育教学的形式、方法、具体内容等方面进行改革、实验和完善。

（2）科学研究权。

教师有从事科学研究、学术交流、参加专业的学术团体，在学术活动中发表意见的科学研究权，这是教师作为专业技术人员享有的一项基本权利。教师在完成规定的教育教学任务的前提下，有权进行科学研究、技术开发、技术咨询、撰写学术论文或者著书立说，依法成立或参加学术团体，发表自己的观点，进行课程和教学资源研发、科研成果转化，并获得相应权益。

（3）指导评价权。

教师有指导学生的学习和发展、评定学生的品行和学业成绩的指导评价权，这是教师在教育教学活动中居于主导地位的基本权利。教师有权依据学生的身心发展状况和特点因材施教，针对学生的特长、就业、升学等方面的发展给予指导；教师有权对学生的思想政治、品德、学习、劳动等方面给予客观、公正和恰如其分的评价；教师有权运用正确的指导思想、科学的方式，促使学生的个性和能力得到充分发展。

（4）获取报酬权。

教师有权按时获取工资报酬，享受国家规定的福利待遇及寒暑假期的带薪休假，这是教师的基本物质保障权利，是宪法赋予公民的劳动权和劳动者有休息权利的具体化。它主要包括教师有权要求所在学校及其主管部门根据国家法律及教师聘用合同的规定，按时足额地支付工资报酬；教师有权享受国家规定的医疗、住房、退休等各种福利待遇和优惠，以及寒暑假期的带薪休假等权利。

（5）民主管理权。

教师有向学校教育教学、管理工作和教育行政部门的工作提出意见和建议，通过教职工代表大会或者其他形式，参与学校的民主管理的权利。这是教师参与教育民主管理的权利，是宪法赋予公民的民主权利在教育领域的具体适用。保证教师此项权利的行使，能够调动教师对教育教学工作的主动性和积极性，加强对学校和教育行政部门的监督。教师有权通过教职工代表大会、工会等组织形式及其他适当方式，参与学校的民主管理，讨论学校发展与改革等方面的重大问题；教师有权引导学生，培养学生的民主与法治意识，促进我国社会主义民主和法治建设；教师有权参与教育的民主管理。

（6）进修培训权。

教师有参加进修或者其他方式的培训的权利。这是教师享有的接受继续教育，不断获得充实和发展的基本权利。它主要包括教师有权参与进修和接受其他多种形式的培训，不断更新知识，调整知识结构，提高自己的思想品德和业务素质，保障教育教学质量；教育行政部门和学校及其他教育机构应当采取多种形式，开辟多种渠道，保证教师进修培训权的顺畅行使；教师有权参加达到法定学历标准和达到高一级学历的进修或以拓宽知识为主的继续教育培训等。学校和教育行政部门应当做出规划，采取各种方式，开辟多种渠道，为教师参加进修和培训创造条件，提供机会，切实保障教师权利的实现。

### 2. 教师的义务

教师的义务是指教师依照《教师法》的规定承担的必须履行的责任，表现为教师必须做出一定的行为或不得不做出一定的行为。《教师法》第二章对教师的义务做出了规定。

（1）遵守宪法、法律和职业道德的义务。

教师必须遵守宪法、法律和职业道德，为人师表。宪法和法律是国家、社会组织和公民活动的基本行为准则。教师要教书育人、为人师表，更应当模范地遵守宪法和法律，自觉培养学生的民主意识和法治观念，使其成为遵纪守法的公民。作为人类灵魂的工程师，教师应当遵守职业道德，以自己高尚的品质和行为在教育教学活动中对学生的思想品质、道德、法律意识的形成发挥积极的影响。这是教师自身的行为规范，也是法律要求教师应尽的基本义务。

（2）完成教育教学工作的义务。

教学工作是教师的本职工作。所以，教师在教育教学活动中，必须贯彻国家的教育方针，遵守规章制度，遵守教育行政部门和学校制定的教育教学管理的各项规章制度，履行聘任合同中约定的教育教学工作职责，完成职责范围内的教育教学任务，执行教学工作计划，保证教育教学质量。

（3）进行思想品德教育的义务。

教师的主要工作职责是教书育人。教师在教育活动中有义务对学生进行爱国主义、民族团结教育、法治教育及思想品德、文化、科学技术教育，组织带领学生开展有益的社会活动。教师应自觉地将德育工作落实于教育教学工作的全过程中，对学生进行思想品德教育。对学生进行思想品德教育，是每一位教师的基本义务。

（4）关心爱护学生，促进学生的全面发展的义务。

教师在教育教学活动中，应关心爱护全体学生，尊重学生的人格，促进学生在品德、智力、体质等方面全面发展。热爱学生是教师的天职，教师应当一视同仁地对待所有的学生，尊重每一个学生的人格尊严，帮助其形成健全的人格，为其全面发展奠定良好的基础。对有缺点、错误的学生，更要满腔热情地帮助他们。要树立尊重学生人格尊严的法治观念，不歧视学生，不侮辱、体罚学生。教师违反法律规定，侮辱、体罚学生，经教育不改的，依法追究法律责任。

（5）保护学生合法权益，促进学生健康成长的义务。

保护学生合法权益和身心健康，是全社会的共同责任。教师更负有保护学生合法权益和身心健康的义务。教师在教育教学工作中，有义务制止有害于学生的行为或者其他侵犯学生合法权益的行为，保护学生的合法权益不受侵犯，自觉批评抵制社会上有害学生身心健康成长的现象。

（6）不断提高思想觉悟和教育教学水平的义务。

教育教学工作是一项专业性较强的工作，担负着提高民族素质的使命。随着社会的进步、科技的发展，知识的更新速度不断加快。教师要想胜任工作，跟上时代的发展步伐，就需要不断学习，转变教育思想和观念、更新知识结构、提高教育教学水平，不断提高思想政治觉悟和教育教学水平。

### （二）教师的资格和任用

国家实行教师资格制度。教师的资格和任用制度是《教师法》的重要内容。《教师法》在第三章对教师的资格条件、认定办法、过渡办法、职务制度、聘任制度等几个方面做了规定。

### 1. 教师资格制度

教师资格制度是国家对教师实行的一种特定的职业资格认定制度，是公民获得教师工作应具备的特定条件和身份。《教育法》《教师法》都规定了国家实行教师资格制度。1995年国务院发布的《教师资格条例》、2000年教育部发布的《〈教师资格条例〉实施办法》，规定了教师资格的基本条件，教师资格分类与适用，教师资格考试、认定、罚则等。教师资格一经取得，即在全国范围内普遍有效，不受时间、地点的限制，非依法律规定不得丧失。

（1）教师资格的构成要件。

《教师法》第三章规定："中国公民凡遵守宪法和法律，热爱教育事业，具有良好的思想品德，具备本法规定的学历或者国家教师资格考试合格，有教育教学能力，经认定合格的，可以取得教师资格。"教师资格构成要件包括国籍、品德、业务、学历和认定五个方面，缺一不可。

第一，国籍。取得教师资格者必须是中国公民，是成为教师的先决条件。第二，取得教师资格者必须具有良好的政治思想水平和道德修养。第三，学历。教师是专业化的职业，需要从业者具备专门的业务知识和技能才能完成教育教学任务。因此，《教师法》对取得教师资格应当具备的相应的学历进行了具体规定。《教师法（修订草案）（征求意见稿）》对教师的学历资格提出了更高要求：中小学教师资格一律需要"本科学历"。取得幼儿园教师资格"应当具备高等学校学前教育专业专科或者其他相关专业专科毕业及其以上学历"；取得中小学教师资格"应当具备高等学校师范专业本科或者其他相关专业本科毕业及其以上学历，并获得相应学位"。教师资格"学历门槛"的提高对师资队伍的建设具有十分积极的战略意义。第四，能力。教育教学能力是完成教育教学任务必备的条件，也是取得教师资格的重要条件之一。第五，认定。教师资格必须经过法律授权的行政机关或其委托的其他机构通过合法的程序认定后才能生效。

**知识链接：**

《教师法（修订草案）（征求意见稿）》指出：取得特殊教育教师资格，应当按照特殊教育的学段，分别具备特殊教育师范类专业专科、本科毕业及其以上学历，并获得相应学位；或者其他相关专业本科毕业及其以上学历，并获得相应学位。

3-2-2

（2）教师资格的限制取得和丧失。

教师的职业特点决定了对教师的思想品德、道德修养必然有很高的要求。《教师法》第三章指出："因故意犯罪受到有期徒刑以上刑事处罚的，不能取得教师资格；已经取得教师资格的，丧失教师资格。"《教师资格条例》也有相应的规定。例如，弄虚作假，骗取教师资格的，或者品行不良，侮辱学生，影响恶劣的均由县级以上人民政府教育行政部门撤销其教师资格，由其资格认定机构收回其教师资格证书。

### 2. 教师任用制度

《教师法》第四章规定："国家实行教师职务制度。"教师职务制度是我国教师任用的重要制度，教师职务是专业技术职务。教师任用制度的实施，从法律高度确定了教师地位及其职业的不可替代性，促使教师队伍建设走上规范化、法治化的轨道，促进教师工资福利等待遇的改善，为优秀教师脱颖而出创造条件。

我国教师职务根据岗位设立，即根据学校教学和科研的实际情况设置职务；教师职务与工资待遇挂钩，并有数额限制；教师职务要经过全面考核，以确定其是否称职；教师职务不适用于离退休教师，教师离退休时职务同时解聘。根据教育部的有关规定，目前我国教师职务系列为：高等学校教师职务设助教、讲师、副教授、教授；中等专业学校设教员、助教、讲师、高级讲师；普通中小学及幼儿园设一级、二级、三级教师和高级教师；技工学校文化、技术理论课教师职务设高级讲师、讲师、助理讲师、教员；生产实习课教师职务设高级、一级、二级、三级、实习指导教师。

### （三）教师聘任与考核

#### 1. 教师的聘任

《教师法》第四章规定："学校和其他教育机构应当逐步实行教师聘任制。"教师聘任制是学校与教师在遵循双方地位平等的原则下，签订聘任合同，明确规定双方的权利、义务和责任的一种制度。

《教师法》规定，教师的聘任应遵循双方地位平等的原则，由学校和教师签订聘任合同，明确规定双方的权利、义务和责任。第一，教师聘任制度必须遵循双方地位平等的原则。聘任是双方的法律行为，聘任关系基于独立而结合，基于意见一致或相互同意而成立，并在平等地位上签订聘任合同。第二，聘任双方在平等地位上签订的聘任合同具有法律效力，对聘任双方都有约束力，它以聘书的形式明确双方的权利、义务和责任。在聘期内，教师、学校分别承担其义务、责任，行使自己的权利。教师根据聘任合同领取相应的工资，职务工资应反映教师的工作业绩、教育教学水平，体现按劳取酬的原则。

> **知识链接：**
>
> 《教师法（修订草案）（征求意见稿）》第四章第二十二条指出"教师初级职务和中级职务不受岗位比例限制，根据教师履行职务的年限和要求，依照规定晋升"。
>
> 3-2-3

#### 2. 教师的考核

《教师法》规定了教师的考核制度。学校或者其他教育机构应当对教师的思想政治素质、师德师风表现、业务能力水平、教育教学实绩和心理健康状况等进行考核。考核分为年度考核、聘期考核等不同形式。学校或者其他教育机构的教师考核工作应当接受主管教育行政部门的指导、监督。《教师法》明确了教师的考核标准。学校或者其他教育机构应当建立健全科学的考核评价标准，全面反映教师的师德表现、职责要求、岗位特点；考核应当客观、公正、公开、准确，并以适当方式听取教师本人、其他教师及学生的意见。《教师法》对教师考核结果等级和考核结果的运用做了规定。教师年度考核结果可以分为优秀、合格、基本合格和不合格等档次，考核结果作为职务晋升、评优奖励、岗位聘用、定期注册等的依据。

### （四）教师的培养与培训

为了保证教师的培养、培训工作正常而有效地进行，《教师法》在第四章对教师培养、培训的措施做了规定。

《教师法》第四章规定了中小学教师培养和培训的途径："各级人民政府和有关部门应当办好师范教育，并采取措施，鼓励优秀青年进入各级师范学校学习。各级教师进修学校承担培训中小学教师的任务。非师范学校应当承担培养和培训中小学教师的任务。各级师范学校学生享受专业奖学金。"教师的培养主要通过师范教育渠道进行，中小学教师的培养主要由中等师范学校教育和高等师范学校教育两个正规学历教育承担。同时，国家鼓励综合、理工、农业、林业、政法、艺术等非师范高校的毕业生，根据国家需要，到中小学或职业学校任教。在师范生的培养上，《教师法》还特别单列条款予以强调："地方人民政府及有关部门应当鼓励、支持中小学、幼儿园为师范生实习实践提供场地、指导等便利条件。"另外，教师培训又是一项长期的工作，应制定规划，使培训工作具有系统性、规范性、目的性和针对性。为此，《教育法》规定："各级人民政府应当将教师培训经费列入财政预算。教育行政部门及有关部门和学校应当健全教师培训体系，完善培训标准，制定培训规划，对教师进行多种形式的思想政治、师德师风和业务能力培训。"

### （五）教师的保障和待遇

教师的保障和待遇是指教师的工资、津贴、住房、医疗、退休等方面的总和。教师的待遇是《教师法》的一个重点问题。《教师法》第六章专门对教师待遇做了具体规定。

第一，在工资收入上，《教师法》规定："中小学、幼儿园教师的平均工资水平应当不低于或者高于国家公务员的平均工资水平，并逐步提高。绩效工资分配应当坚持多劳多得、优绩优酬，并体现对优秀教师、班主任等特定岗位教师的激励。"第二，在住房条件上，《教师法（修订草案）（征求意见稿）》对解决教师的住房问题予以倾斜："地方各级人民政府及有关部门在住房保障政策中应当对当地教师予以倾斜。县、乡两级人民政府应当为农村中小学教师解决住房给予一定支持，并根据需要建设教师周转宿舍。"农村教师如果能够住上"周转房"，将为他们减少巨大的住房压力，同时能够吸引更多年轻教师到农村基层去积累工作经验。将解决教师住房问题的政策上升为法律，体现了国家要解决教师住房困难的决心，也为各级政府和主管部门提供了教师住房优惠方面的法律依据。第三，在医疗待遇上，《教师法（修订草案）（征求意见稿）》规定："公办中小学、幼儿园教师的医疗同当地公务员享受同等的待遇。县级教育行政部门、学校应当定期组织教师进行身体健康检查和心理健康评测，并因地制宜安排教师进行休养。""医疗机构应当对教师提供优先服务。"第四，在养老待遇上，《教师法》规定："教师退休或退职后，享受国家规定的退休或者退职待遇。""县级以上地方人民政府可以适当提高长期从事教育教学工作的中小学退休教师的退休金比例。"

### （六）教师的奖惩与申诉

#### 1. 教师的奖励

教师的奖励是按照教师的工作成绩、对教育事业的贡献大小而给予的一定精神奖励和物质奖励。《教师法（修订草案）（征求意见稿）》对教师或教师团体的奖励做出了明确规定：一是扎根基层、爱岗敬业、乐教爱生，在师德师风建设方面做出表率的；二是在教育教学、培养人才、教学改革等方面表现突出的；三是在科学研究、发明创造等方面取得重大成果的；四是在文化传承、学校建设、社会服务等方面做出突出贡献的；五是在完成重大任务、应对重大突发性事件中表现突出的；六是有其他突出贡献的。对教师的奖励由所在学校和其他教育机构、主管教育行政部门、各级人民政府及有关部门分别组织实施。

#### 2. 对教师师德失范行为的惩处

《教师法（修订草案）（征求意见稿）》指出：教师有违反法定义务和教师职业道德、行为准则等行为的，所在学校或者其他教育机构应当及时制止、责令改正并进行批评教育，并视情节，按照法律法规、国家有关规定或者合同约定分别给予调整岗位、暂停教学工作、降低职务等级、限制评奖评优、解除聘用合同等处理或者依据事业单位人员管理相关规定给予处分。

#### 3. 教师的申诉权利

《教师法》规定，教师对学校或者其他教育机构做出的处分决定或者考核结论不服，或者认为学校的处理及其他管理行为侵害其合法权益的，可以在六十日内向学校或者其他教育机构提起申诉。教师对学校教师申诉委员会做出的决定不服的，可以自该处理决定生效之日起六十日内，向学校的主管教育行政部门提出申诉，或者向同级综合人事管理部门申请人事争议仲裁。教育行政部门应当在接到申诉之日起三十日内，做出处理决定。教师对处理决定不服的，可以依法提起行政复议。

### （七）对教师违法行为的处理

教师有下列情形之一的，由所在学校、其他教育机构或者教育行政部门给予开除处分或者予以解聘，并由主管教育行政部门撤销教师资格，五年内不得申请教师资格；情节严重，影响恶劣的，或有本法第十九条所列情形的，撤销教师资格，终身不得申请教师资格，禁止从业；构成犯罪的，依法追究刑事责任。

（1）公开发表违反宪法言论，损害党和国家声誉的。
（2）利用职务便利谋取不正当利益或者滥用职权、徇私舞弊，严重损害教育公平的。
（3）品行不良，严重损害教师形象的。
（4）故意不完成教育教学任务，给教育教学工作造成严重损失，或者以此强制、诱导学生接受有偿补课的。
（5）严重侵害学生合法权益，体罚或者变相体罚学生造成人身伤害等严重后果的。
（6）与学生发生不正当性关系的。
（7）其他严重违反教师职业行为准则等师德规范情形的。

以上是对《教师法》与《教师法（修订草案）（征求意见稿）》的主要内容所做的解读。《教师法》的颁布施行与修订，必将为教师发展提供更为坚实的法治保障。作为未来的人民教师，师范生必须认真学习《教师法》，具备职业法律法规素养，这样才能较好地行使自己享有的各项权利，并履行自己应当履行的义务。

**典型案例**

5年拖欠教师工资补贴等4.79亿元，国务院派员明察暗访

中国政府网微博发布消息"关于贵州省毕节市大方县拖欠教师工资补贴 挤占挪用教育经费等问题的督查情况通报发布"，以下为部分摘录内容。

根据群众在国务院"互联网+督查"平台上反映的问题线索，国办督查室派员赴贵州省毕节市大方县进行了明察暗访，发现大方县自2015年起即拖欠教师工资补贴，截至2020年8月20日，共计拖欠教师绩效工资、生活补贴、五险一金等费用47961万元，挪用上级拨付的教育专项经费34194万元。同时发现，大方县假借推进供销合作社改革名义，发起成立融资平台公司违规吸纳资金，变相强制教师存款入股，截留困难学生生活补贴。2020年上半年，大方县教师平均工资水平仍低于当地公务员平均工资。

**案例分析：**

扫描二维码，阅读关于此案的分析。

3-2-4

**学习探究与思考**

1. 《教师法》规定的教师的权利有哪些、义务有哪些？
2. 教师对学生体罚算不算犯法？教师的哪些行为将受到法律法规的处分和处罚？

# 第三节 《中华人民共和国未成年人保护法》解读

《中华人民共和国未成年人保护法》（以下简称《未成年人保护法》）制定于1991年，2006年进行了较大幅度修订。《未成年人保护法》修订案于2020年10月17日经第十三届全国人大常委会第二十二次会议表决通过，自2021年6月1日起施行。新修订的《未成年人保护法》在现行法律的基础上，增加了多项内容，条文从72条增至132条。该法修订案增加、完善多项规定，着力解决社会关注的

视频：违反未成年人保护法案例及分析

《未成年人保护法》从方方面面严格保护未成年人的各项权益

涉未成年人侵害问题，包括监护人监护不力、学生欺凌、性侵害未成年人、未成年人沉迷网络等问题，在强化法律责任、加强未成年人权益保护等方面做了明确规定。它符合时代发展的要求，更加科学和完善，从方方面面严格保护未成年人的各项权益。

**法律原文：**
《中华人民共和国未成年人保护法》

3-3-1

## 一、《未成年人保护法》适用范围

《未成年人保护法》是未成年人保护领域的综合性法律，该法总则第一条明确了立法目的："为了保护未成年人身心健康，保障未成年人合法权益，促进未成年人德智体美劳全面发展，培养有理想、有道德、有文化、有纪律的社会主义建设者和接班人，培养担当民族复兴大任的时代新人，根据宪法，制定本法。"总则第二条指出，未成年人保护法所称未成年人是指未满十八周岁的公民，对受保护的未成年人的年龄做了清晰界定，明确了该法的适用对象。该法总则第三条指出，国家保障未成年人的生存权、发展权、受保护权、参与权等权利，指明未成年人受法律保护的权利范围。

国家根据未成年人身心发展特点给予特殊、优先保护，保障未成年人的合法权益不受侵犯。一是生存权。生存权包括生命安全权、生活保障权和医疗保健获得权。大多数父母都很关心孩子的生存状态，但有个别父母严重侵犯儿童的生存权。根据《未成年人保护法》，凡侵犯未成年人的人身权利构成犯罪的、负有抚养义务而拒绝抚养的、溺婴及弃婴的行为将被追究法律责任。二是发展权。发展权指儿童拥有充分发展其全部体能和智能的权利。其主旨是要保证儿童在身体、智力、精神、道德、个性和社会性等方面均得到充分的发展。三是受保护权。反对一切形式的儿童歧视，每个儿童都应得到平等对待，保护儿童一切人身权利。四是参与权。未成年人参与权主要指未成年人参与家庭、文化和社会生活的权利。

## 二、《未成年人保护法》内容解读

1991年《未成年人保护法》确立了"四大保护"法律结构，也就是家庭保护、学校保护、社会保护和司法保护，政府相关职责写在"社会保护"一章。2020年新修订的《未成年人保护法》将原来的"四大保护"发展为"六大保护"，不仅将"政府保护"单设一章，而且单独规定了"网络保护"一章。它分为总则、家庭保护、学校保护、社会保护、网络保护、政府保护、司法保护、法律责任和附则共九章内容。从师范生要掌握的劳动法律法规角度出发，下面对在学校教育过程中如何做好未成年人保护进行重点解读。

学校保护主要指学校应当全面贯彻国家的教育方针，实施素质教育，提高教育质量，注重培养未成年学生的独立思考能力、创新能力和实践能力，促进未成年学生的全面发展。它主要有以下几个主要内容：一是学校基本设施安全保护，杜绝安全隐患。学校的教室和各种教学设施必须经常检查，如果发现有危险，就要立即修复，消除隐患。例如，有些教室年久失修，墙壁上出现裂缝，可能发生意外。学校老师知道后，不及时维修，还让学生在里面上课，那么一旦教室倒塌，造成学生伤亡，就要追究有关人员的法律责任。二是课外活动或社会实践活动中的防止意外伤害保护。学校组织学生外出春游、看电影或者参加集会、进行社会实践等活动时，必须做好组织工作。在活动前，老师要讲明注意事项，并且做好应急准备；在活动中，老师不能离开学生，要自始至终照看好学生，防止发生意外。三是做好身体健康和卫生防御保护。学校要保证教室和各种教学设施符合国家标准。例如，教室的光线不能太暗，桌椅的高度要合适，黑板离学生不能太近。学校还要提供符合规定的卫生设备，并且要配合卫生防疫部门，做好各种常见病的群体预防和矫治工作。例如，经常为学生检查视力，在传染病流行期间组织学生打预防针或吃预防药，以保证学生身体健康。四是保证未成年人全面发展。五是保护未成年学生和儿童的人格尊严。学校和幼儿园的教职员应当树立尊重未成年学生和儿童人格尊严的法治观念，师生之间应当建立民主、平等、亲密的关系。《未成年人保护法》把不得对未成年学生和儿童实施体罚、变相体罚和其他侮辱人格尊严的行为规定为教职员工应当依法履行的法律义务，并规定了相应的法律责任。

### （一）明确预防和处置校园霸凌的基本制度

《未成年人保护法》在"学校保护"一章对学校如何预防和处理校园欺凌具体规定了八项内容：

（1）学校应当建立学生欺凌防控工作制度。
（2）学校要对教职员工、学生等开展防治学生欺凌的教育和培训。
（3）学校发现学生欺凌行为后应当立即制止。
（4）学校应当通知欺凌者和被欺凌者双方的父母或者其他监护人参与学生欺凌行为的认定和处理。
（5）学校应当对欺凌者和被欺凌者甚至严重案件的旁观者及时给予心理辅导、教育和引导。
（6）学校应当对相关未成年学生的父母或者其他监护人给予必要的家庭教育指导。
（7）对实施欺凌的未成年学生，学校应当根据欺凌行为的性质和程度，依法加强管教。
（8）对严重的欺凌行为，学校应当及时向公安机关、教育行政部门报告，并配合相关部门依法处理。

新修订的《未成年人保护法》首次对学生欺凌进行了定义，并明确规定了学校对学生欺凌及校园性侵的防控与处置机制。

2021年，教育部出台《未成年人学校保护规定》，对学生欺凌及校园性侵的防控与处置进行了科学的制度设计，构建了防治学生欺凌的规则体系。一是明确学生欺凌的概念。学生之间，在年龄、身体或者人数等方面占优势的一方蓄意或者恶意对另一方实施相关行为，或者以其他方式欺压、侮辱另一方，造成人身伤害、财产损失或者精神损害的，可以认定为构成欺凌。这一概念强调了主体上的特定性、主观上的故意性、后果上的伤害性，有助于把学生欺凌和校园暴力、学生间正常的嬉闹等区别开来。二是明确学生欺凌的行为表现。《未成年人学校保护规定》归纳了侵犯身体、侮辱人格、侵犯财产、恶意排斥、网络诽谤或传播隐私五类欺凌行为,为欺凌认定和处理提供具体指引。三是建立学生欺凌预防机制。《未成年人学校保护规定》规定了学生欺凌教育制度和调查评估制度,要求学校教育引导学生建立平等、友善、互助的同学关系,开展防治欺凌专题教育;要求学校定期针对全体学生开展防治欺凌专项调查,对学校是否存在欺凌等情形进行评估。四是建立学生欺凌关注、干预和制止机制。《未成年人学校保护规定》要求教职工应当关注可能处于弱势或者特殊地位的学生,发现学生存在被孤立、排挤等情形的,应当及时干预;发现学生有明显的情绪反常、身体损伤等情形的,应当及时沟通了解情况,可能存在被欺凌情形的,应当及时向学校报告;发现学生实施对他人的欺凌行为的,应当及时制止。五是建立学生欺凌认定和处置机制。《未成年人学校保护规定》要求学校成立学生欺凌治理组织。学校接到学生欺凌报告后应当立即开展调查,认为可能构成欺凌的应当及时提交学生欺凌治理组织认定和处置,对存在欺凌行为的学生应当进行教育惩戒或者给予纪律处分,必要的还可以由法治副校长对学生及其家长进行训导、教育;对被欺凌的学生,应当进行关爱和帮扶。《未成年人学校保护规定》还明确了不同学校学生之间发生学生欺凌事件后的处置机制。

小明在学校遭遇了同学欺凌,把情况给老师报告之后,老师却劝他要维护同学发谊,想"大事化小,小事化了"。

呜呜呜,老师,同学把我的书包从楼上扔下去了,还在课间的时候把我的头按在桌子下面不让我起来。我挣扎的时候头都擦破皮了。

那是同学跟你开玩笑呢!这点小事你就不要计较啦!更不要回家去跟你爸爸妈妈说哦,到时候闹大了可就不好收场了,你以后更不好跟同学相处了!

**案例分析:**

对于学生欺凌行为,老师想"大事化小,小事化了",这样的做法对吗?

3-3-2

## (二)建立和完善预防、处置性侵案件相关制度

新修订的《未成年人保护法》就预防和处置性侵未成年人案件增加了一些新的规定。"学校保护"一章增加规定,学校、幼儿园应当建立预防性侵害、性骚扰未成年人工作制

度，发现类似案件后要向公安机关、教育行政部门报告；要对未成年人开展适合其年龄的性教育，提高未成年人防范性侵害、性骚扰的自我保护意识和能力；对遭受性侵害、性骚扰的未成年人，应当及时采取相关的保护措施。在"社会保护"一章禁止对未成年人实施性侵害的内容后面专门增加禁止性骚扰的规定，在禁止制作、复制、发布、传播有关未成年人的淫秽色情物品和网络信息基础上，特别增加禁止"持有"。虽然只增加两个字，却是一个重大变化。持有、浏览以未成年人为对象的色情制品，将构成犯罪。

与之相对应，《未成年人学校保护规定》将有关要求进一步具体化。教职工当中存在极个别害群之马对学生实施性骚扰、性侵害等行为，严重侵害学生权益，性质恶劣、影响极坏，严重违背法律和师德红线，严重冲击社会道德底线。针对这一问题，《未成年人学校保护规定》将防治性侵害、性骚扰纳入专项保护，要求学校建立健全教职工与学生交往行为准则、学生宿舍安全管理规定、视频监控管理规定等制度，建立预防、报告、处置性侵害工作机制。同时，明确规定学校应当采取必要措施预防并制止教职工以及其他进入校园的人员实施六类行为：

（1）与学生发生恋爱关系、性关系。
（2）抚摸、故意触碰学生身体特定部位等猥亵行为。
（3）向学生做出具有调戏、挑逗或者具有性暗示的言行。
（4）向学生展示传播包含色情、淫秽内容的信息、书刊、影片、音像、图片或者其他淫秽物品。
（5）持有淫秽、色情视听、图文资料。
（6）其他构成性骚扰、性侵害的违法犯罪行为。

> 小鹏今年四年级，老师因为他的成绩常年在年级落后，拖了全班的平均分，因此在上课时要求他在教室站立、在课后留堂抄写作业。
>
> 小鹏，你看看你这次考试成绩这么差。这么简单的题都做错了，放学后留下来把错题抄写100遍。不抄不长记性，明天上课你也不要坐着了，站着听你才会集中精力！
>
> 老师，上周抄50遍都抄到天黑了，这次抄100遍要抄到什么时候啊！

**案例分析：**

老师要求学生在课堂上站立，在课后留下来抄写作业的做法对吗？

3-3-3

## （三）明确侵害人身权益违法犯罪人员信息查询制度

在学校及教育培训机构等与未成年人密切接触的单位发生的侵害未成年人权益案件更为隐蔽、更难发现，很多这类案件进入公众视野往往都是因为偶发因素或者情节极其恶劣、后果特别严重。为了从根本上预防和减少这类"身边大人"的伤害，《未成年人保护法》在"政府保护"一章明确规定："国家建立性侵害、虐待、拐卖、暴力伤害等违法犯罪人员信息查询系统，向密切接触未成年人的单位提供免费查询服务。"

《未成年人保护法》在"社会保护"一章具体规定了"密切接触未成年人的单位"录用查询以及每年定期查询两项具体制度。第六十二条规定："密切接触未成年人的单位招聘工作人员时，应当向公安机关、人民检察院查询应聘者是否具有性侵害、虐待、拐卖、暴力伤害等违法犯罪记录；发现其具有前述行为记录的，不得录用。密切接触未成年人的单位应当每年定期对工作人员是否具有上述违法犯罪记录进行查询。通过查询或者其他方式发现其工作人员具有上述行为的，应当及时解聘。"

为提升学校未成年人保护工作效能，与《未成年人保护法》相呼应，《未成年人学校保护规定》明确了学校及教职工不履行责任的具体处理办法，细化和完善法律责任，为下一步加强管理问责提供了更为明确的依据。

### 1. 明确学校侵权责任

学校行为直接侵害未成年人合法权益的，学校的主要负责人、直接责任人或者其他责任人员以及学校要承担相应责任。

### 2. 明确学校管理责任

学校未按本规定建立学生权利保护机制，或者制定的校规违反法律法规和本规定的，要承担相应责任。

### 3. 明确学校监督责任

学校未履行对教职工的管理、监督责任，致使发生教职工严重侵害学生身心健康的违法犯罪行为，或者有包庇、隐瞒不报、威胁、阻拦报案，妨碍调查、对学生打击报复等行为的，承担行政责任乃至法律责任。

### 4. 明确教职工侵权责任

教职工利用职务便利谋取利益，不仅侵害学生权益，而且严重损害教师形象，甚至构成违法犯罪。《未成年人学校保护规定》对教职工行为提出了以下六项禁止性要求。

（1）利用管理学生的职务便利或者招生考试、评奖评优、推荐评价等机会，以任何形式向学生及其家长索取、收受财物或者接受宴请、其他利益。

（2）以牟取利益为目的，向学生推销或者要求、指定学生购买特定辅导书、练习册等教辅材料或者其他商品、服务。

（3）组织、要求学生参加校外有偿补课，或者与校外机构、个人合作向学生提供其他有偿服务。

（4）诱导、组织或者要求学生及其家长登录特定经营性网站，参与视频直播、网络购物、网络投票、刷票等活动。

（5）非法提供、泄露学生信息或者利用掌握的学生信息牟取利益。

（6）其他利用管理学生的职权牟取不正当利益的行为。

教职工违反本规定的，要依照《事业单位工作人员处分暂行规定》《中小学教师违反职业道德行为处理办法》等规定予以处理。其中，明确有性骚扰、性侵害学生行为的，应当依法予以开除或者解聘；有教师资格的，由主管教育行政部门撤销教师资格，纳入从业禁止人员名单；涉嫌犯罪的，移送有关部门依法追究责任。

### 5. 明确教育部门失职责任

教育行政部门未履行对学校的指导、监督职责，辖区内学校出现严重侵害学生权益情形的，由上级教育行政部门、教育督导机构责令改正、予以通报批评、诫勉谈话，情节严重的依法追究主要负责人或者直接责任人的责任。

**案例分析：**

老师要求学生到指定书店购买复习资料的做法对吗？

3-3-4

总之，法律素养是师范生职业道德素养的底线。对师范生来说，做到依法执教是对今后教育教学工作的必然要求。作为未来的人民教师，师范生肩负着培养年轻一代的重任，其言行本身对教育对象具有示范性和教育性。教师就是通过言传身教来履行教书育人的基本职责的，肩负将受教育者培养成守法公民重任的教师必须率先守法，以合理合法的手段与方式进行教育才能以理服人，赢得学生及其家长的尊重与爱戴，并使学生学会如何依法与人相处。作为未来的人民教师，师范生应认真学习新修订的《未成年人保护法》，主动学习与之配套的《未成年人学校保护规定》，做知法懂法、守法敬法的未来人民教师。

> 典型案例

## 男孩身体不适，7次举手后离世

2023年，一名8岁男孩在学校上课时身体不适，就医后不幸身亡的消息，迅速引发多方关注。"男孩身体不适，7次举手后离世"也冲上热搜。男孩妈妈发帖称，8岁的儿子小郭在某市某小学上课，感到身体不适，向班主任老师连续举手7次，但未及时得到老师帮助。下课后，孩子在楼梯转角处摔倒，送医后不幸离世。小郭妈妈向外界提供了两段视频，显示了小郭去世前在课堂上和校内的一些情况。

教室监控的一段视频，时间是11月5日10点21分至10点31分。身穿蓝色衣服的男孩小郭坐在课堂第二排，他连续举手7次，其中一次举手30多秒。小郭妈妈称："早上第三节课，孩子身体不适，多次向任课老师班主任举手报告，老师没有进行任何处理。当时属新冠疫情期间，老师也没有给孩子测体温，而是让他忍一忍，直到下课。"走廊上的监控显示，下课后，小郭表情痛苦，面带哭相，和其他同学走过来。小郭妈妈说："下课后，老师靠着讲桌，没做任何处理。学生在教室外排路队时，老师看着哭泣难受的孩子，也未处理，而是离开。"10点56分，课堂外楼梯处的监控显示，孩子们排队放学，老师搀扶着小郭，走下楼梯。10点57分，小郭和老师走到楼梯转角处，进入监控盲区，视频到这里就没有了。小郭妈妈称，现场的其他孩子看到小郭在楼梯转角处摔倒了。"在完全知道小孩子身体虚弱走不动、走不稳的情况下，（老师）拉着孩子下楼（在学校有电梯的情况下）。结果孩子在二楼拐角处重重地摔倒，撞到后脑，当场昏迷。走在他后面的同学目睹了摔倒过程。"

假设小郭妈妈陈述属实，请依据《未成年人保护法》相关条款和《民法典》第一千二百条等规定，对该事件发表你的个人意见。假设你是一位教师，从学校应如何履行未成年人监护义务的角度谈一谈你对该类事件的处理方式。

**案例分析：**

扫描二维码，阅读关于此案的分析。

3-3-5

> **学习探究与思考**

1. 新华初中校长应家长委员会要求，通知全体教师从国庆节中抽出三天时间，给初三学生集体补课，不收取补课学生的费用。该校长的做法合理吗？如果你是该校教师，你会如何做？

2. 《未成年人保护法》对防治学校欺凌和暴力行为是如何规定的？假如你担任班主任的班级中有学生向你报告他遭遇了同学欺凌，你会怎么处理？

3. 在李老师课堂上，调皮捣蛋的王同学扰乱课堂秩序，不仅把桌椅弄得啪啪作响，而且推倒了隔壁桌的女同学。这已经不是第一次了。李老师生气地对王同学说："我上课时你以后不要进教室来了。你再这样下去，学校迟早要开除你！"说着，他把王同学从座位上拉起来，"请"出了教室。请结合《未成年人保护法》相关条款，对王老师的做法进行评价。

# 劳动教育主题实践

### 实践活动一

高丽娅也许未曾想到,当她把民事起诉状交给重庆市南岸区人民法院立案庭的法官,把学校推上被告席时,她注定要成为教育法律界的新闻人物,她的教案官司也注定要在中国教育法治化进程中留下浓重的一笔。她的官司触及了现行法律和政策的一个盲区,而她的命运却关乎全国几千万名教师的命运。

1990年1月,高丽娅调入四公里小学教小学语文。1990年与2002年间,她按学校规定向四公里小学上交教案48本。2002年,高丽娅要求学校返还教案时,四公里小学仅返还了4本,其余44本下落不明。2002年5月至2005年5月,高丽娅以侵犯所有权为由,先后4次上法庭,要求学校归还44本教案均告败诉。随后,心有不服的高丽娅改变诉由,以主张"教案著作权"为由,第五次走进了法院,誓要讨回"公道"。

高丽娅的第五次诉讼能赢吗?请上网查找相关信息,结合《教师法》《著作权法》等法条中的相关规定,围绕"高丽娅老师的教案著作权"这一议题展开一次辩论活动。

### 实践活动二

从《李保国》《芬芳》《一生只为一事来》《黄大年》等影片中任选一部观看,通过影视作品加深对先进人物及其事迹的了解,从他们身上汲取爱国情怀、敬业精神和高尚情操。

观看影片后,请开展小组研讨,分组制作观影PPT,结合PPT进行演讲,在班内进行一次演讲比赛。

根据表3-1的评价项目,对劳动实践活动进行自评,并提出自我反思及改进建议。

表 3-1　第三章劳动实践活动自评表

| 评价项目 | 具体内容 | 表现程度 |
| --- | --- | --- |
| 情感态度 | 树立守法、执法、依法执教的理念,形成正确的教师职业道德观,认识教师职业道德的特点与践行教师职业法律法规的重要性 | ☆☆☆☆☆ |
| | 正确认识教育法律法规和教书育人工作的辩证关系,端正职业态度,自觉抵制社会不良风气影响,立志廉洁从教、依法执教 | ☆☆☆☆☆ |
| | 增强教师的职业光荣感、历史使命感和社会责任感,以培养优秀人才、发展先进文化和推动社会进步为己任,志存高远、爱岗敬业、树立自觉履行教书育人职责的理想信念 | ☆☆☆☆☆ |

续表

| 评价项目 | 具体内容 | 表现程度 |
|---|---|---|
| 合作交流 | 能主动与同学配合，合作完成任务 | ☆☆☆☆☆ |
| | 能认真倾听同学的观点和意见，对自己的想法加以改进 | ☆☆☆☆☆ |
| | 当同学在任务实施中遇到困难时，能主动帮助同学 | ☆☆☆☆☆ |
| 学习技能 | 能区分"演讲"和"辩论"两种体裁在思想、论理、情感上的侧重和在语言风格上的偏向 | ☆☆☆☆☆ |
| | 能掌握PPT制作要求，会用希沃白板、Xmind、MP3提取转换器、EV录屏等工具制作PPT | ☆☆☆☆☆ |
| | 能熟练运用Word和Excel等办公软件，完成教师法律法规宣讲册的排版和美化 | ☆☆☆☆☆ |
| 实践活动 | 能按时完成主题实践活动 | ☆☆☆☆☆ |
| | 能根据任务需要灵活调整、改进自己的方案 | ☆☆☆☆☆ |
| | 主体性得到充分发挥，有学习获得感和成就感 | ☆☆☆☆☆ |
| 成果展示 | PPT制作字迹清晰，排版整齐美观，内容完整，有自己的见解和体会 | ☆☆☆☆☆ |
| | 辩论稿逻辑严密、思路清晰、有说服力、能结合法条进行阐述，做到有理有据 | ☆☆☆☆☆ |
| | 将《教育法》《教师法》《未成年人保护法》《新时代教师职业行为十项准则》《中小学教师违反职业道德行为处理办法》和中小学教师专业标准等法律法规制作成一本宣讲册，统一命名为"师范生法律法规实务读本"，目录清晰、排版整齐美观 | ☆☆☆☆☆ |
| 自我反思及改进建议 | | |
| 自评 | 优秀（　　）　良好（　　）　合格（　　）　不合格（　　） | |

# 第四章　师范生劳动生活教育

> **核心问题**
> 
> ★了解师范生日常生活劳动、个人形象塑造、寝室文化及校园文化建设的时代内涵。
> ★理解师范生日常生活劳动、个人形象塑造、寝室文化及校园文化建设的意义。
> ★掌握师范生日常生活劳动、个人形象塑造、寝室文化及校园文化建设的实践路径。

> **思维导图**

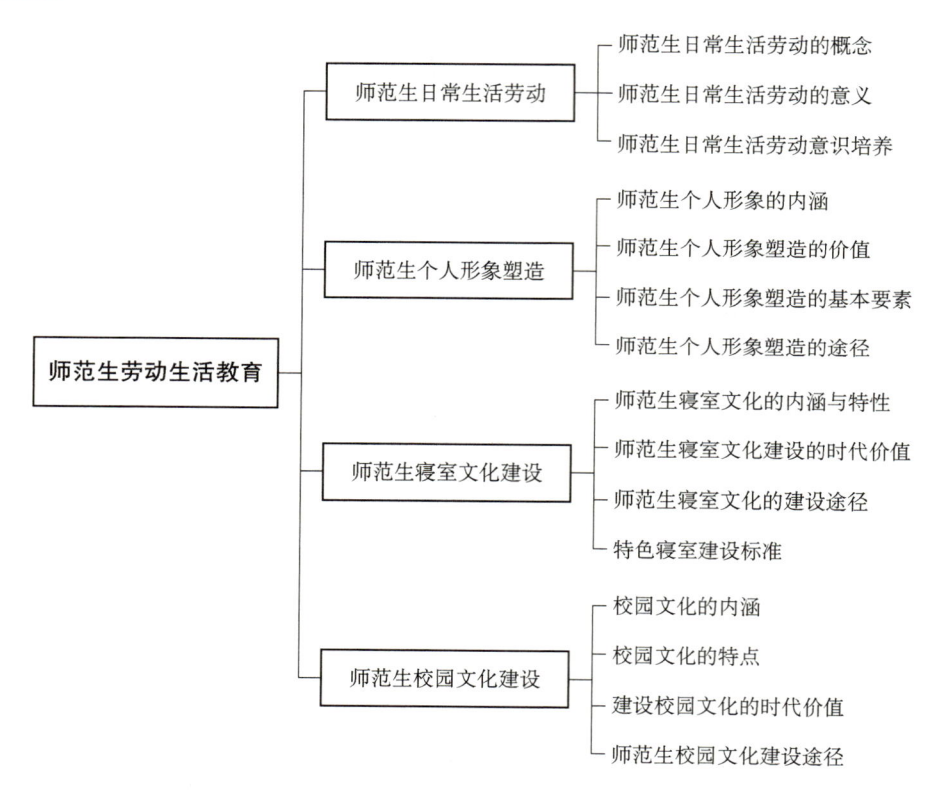

师范生劳动生活教育
- 师范生日常生活劳动
  - 师范生日常生活劳动的概念
  - 师范生日常生活劳动的意义
  - 师范生日常生活劳动意识培养
- 师范生个人形象塑造
  - 师范生个人形象的内涵
  - 师范生个人形象塑造的价值
  - 师范生个人形象塑造的基本要素
  - 师范生个人形象塑造的途径
- 师范生寝室文化建设
  - 师范生寝室文化的内涵与特性
  - 师范生寝室文化建设的时代价值
  - 师范生寝室文化的建设途径
  - 特色寝室建设标准
- 师范生校园文化建设
  - 校园文化的内涵
  - 校园文化的特点
  - 建设校园文化的时代价值
  - 师范生校园文化建设途径

> **导　论**

东汉时期的陈蕃，少年时代发奋读书，以天下为己任。薛勤见他独居的院内杂草丛生，便问他："你怎么不打扫一下屋子，以招待宾客呢？"陈蕃回答："大丈夫处世，应当扫天下，怎么能扫一个屋子呢！"薛勤当即反问："不扫一屋，何以扫天下？"陈蕃听了觉得很有道理，从身边的小事做起，最终成为一代名臣。

然而，不知从何时起，劳动教育渐渐被弱化，无论是在家庭、学校，还是在社会上，当人们谈论孩子时，都不再谈及谁家孩子有多勤快，有多爱劳动，而是不约而同地问"就读哪所名校""成绩排名如何""上哪些补习班""作业写到几点""学什么特长"等。其结果是，不少学生在德智体美劳的发展上长短不齐，有的学生缺乏自理能力，看不起劳动者，不珍惜劳动成果，遇到挫折便一蹶不振。忽视劳动教育已经严重影响到青少年的健康成长，加强青少年劳动教育刻不容缓。

不扫一屋，何以扫天下？

劳动教育是全面发展教育的重要组成部分。劳动是人成长所需的课堂。每个人一出生就注定是一名劳动者。生活靠劳动创造，人生也靠劳动创造，劳动教育是提高青少年学生综合素质、实现精彩人生的有效途径。习近平总书记明确指出，要努力构建德智体美劳全面培养的教育体系，形成更高水平的人才培养体系；同时强调，要在学生中弘扬劳动精神。这不仅鲜明指出劳动教育在落实立德树人根本任务中的突出地位和重要作用，还为加强青少年学生劳动教育提供了根本遵循和行动指南。

# 第一节　师范生日常生活劳动

不扫一屋，何以扫天下？个体只有从身边小事做起，从生活劳动开始，才能真正崇尚劳动、尊重劳动，懂得劳动最光荣、劳动最崇高、劳动最伟大、劳动最美丽的道理。师范生只有通过参加个人生活劳动、集体生活劳动，体验劳动过程，学会尊重劳动、尊重劳动者、尊重他人劳动成果，才能在劳动实践中体悟劳动创造美好生活的道理。师范生只有在日常生活劳动中不断提升基本的生活劳动技能，尝试进行劳动创新，养成良好的劳动习惯，才能不断提高生存的本领。

视频：师范生日常生活劳动的价值与实践

## 一、师范生日常生活劳动的概念

人们对"日常生活"存在不同的理解，如"围绕生存而进行的各种社会活动""为生存发展而进行各种活动的经验""衣食住行等方面的情况""人们的饮食起居活动"等。日常生活劳动是将人体内在的体力、智力进行对象化的过程，是一种与日常生活相联系的社会实践活动，是劳动最基本的形式，也是人与动物最本质的区别之一。日常生活劳动的内涵非常丰富，包括简单生活劳动和复杂生活劳动、传统生活劳动和现代生活劳动、重复性生活劳动和创造性生活劳动等。广泛地看，人们时时刻刻都在进行着日常生活劳动，并通过日常生活劳动改变或创造着新的生活。

师范生日常生活劳动是指师范生围绕家庭生活、学校生活等进行的日常劳动,它包括个人日常生活事务处理和集体生活劳动,如个人内务整理、仪容仪表规范、卫生习惯养成、宿舍打扫、校园保洁、食材烹饪等。

动动小手,美化生活

## 二、师范生日常生活劳动的意义

劳动是创造价值的源泉,劳动是产生真正的教育的密码。习近平总书记在同中华全国总工会新一届领导班子成员集体谈话时强调,让劳动最光荣、劳动最崇高、劳动最伟大、劳动最美丽的观念蔚然成风。师范生日常生活劳动的重要意义在于师范生日常生活劳动具备特殊的价值,主要表现在师范生通过生活劳动达到的自我满足的程度和对社会满足的程度。因此,师范生日常生活劳动的价值是自我价值与社会价值的统一,两者满足程度越高,劳动价值越高,反之越低。日常生活劳动是劳动中最基本的部分,师范生只有自觉自愿地参与劳动,才能学会劳动,创造更美好、更幸福的生活。注重生活劳动,师范生需要从日常做起,从"扫一屋"开始,持之以恒,不断认识自我、发展自我、完善自我,这对于良好劳动习惯和良好品德修养的养成,以及劳动知识技能的培养等有着积极意义。

### (一)促进良好劳动习惯形成

习惯也称惯习、定势,一般指积久养成的不易改变的生活方式或行为。习惯具有两个明显特点:一方面是长期以来形成的,另一方面是不易改变的。习惯既有积极作用,又有消极作用,一旦形成,就会对人的发展产生重要影响。培根说:"习惯真是一种顽强而巨大的力量,它可以主宰人生。"洛克说:"习惯养成之后,便用不着借助记忆,用不着思考,很容易、很自然地就能产生作用了。"良好的学习、工作和卫生习惯是一个人成就学业、事业,拥有美好人生的重要前提。

师范生的劳动习惯是在长期的劳动实践训练中逐渐形成的,是一种较为稳固的行为模式。在现实中,有的学生以"业"为上,"死读书",衣来伸手,饭来张口,很少参加劳动实践,没有养成劳动习惯,以至于到了大学阶段,出现生活自理能力差、不讲卫生、好逸恶劳等现象，个人的生活学习等受到严重影响。这些现象需要引起家庭、学校甚至全社会的高度重视。师范生要主动积极地参加生活劳动，走出"书斋"，走进"田野"，在日常生活劳动中体悟人生的真谛，形成良好的劳动习惯。

### （二）促进良好劳动品德养成

品德也称品性或德性，是个体依据一定的伦理要求、道德规范或行为准则在劳动过程中表现出来的某些稳固的心理特征或倾向。个体的品德是通过与伦理道德有关的态度、言论及一系列的行为举止反映的，而且是稳定的、惯常的态度和行为倾向，它有别于偶发的态度和行为表现。一般认为，品德由认识、情感、意志和行为四个要素构成，这四个要素既相互独立，又相互联系。因此，个体良好品德的养成，需要解决道德认识、道德情感、道德意志和道德行为等方面的问题。师范生良好品德的养成，必须与具体的生活劳动实践相结合，在生活劳动中进行"辛勤、诚实、创造"等良好品行的培养，通过生活劳动来促进师范生良好品德的养成。在日常生活劳动中，师范生要辛勤劳动、诚实劳动、创造性劳动，深刻理解"不仅要有力量，还要有智慧、有技术、能发明、会创造"的道理，培养热爱劳动、尊重劳动和尊重劳动人民的情感。例如，当家里有客人来访时，要提前打扫卫生，整理房间，得体着装，热情迎客。有人认为，这是日常生活中的小节问题，不必过于重视，但细节决定成败，小节影响大事。良好的劳动品德是在日常生活劳动中形成和发展起来的，部分师范生必须注重日常生活劳动。

### （三）促进劳动知识技能培养

劳动知识技能是个体从事一定劳动必须具备的知识、技术，以及综合运用这些知识、技术的能力。卫生保洁、形象塑造、整理收纳、洗衣做饭等日常生活劳动不仅具备活动筋骨、锻炼身体、培养劳动情感的作用，还能促进师范生劳动知识技能的培养。只有参加日常生活劳动实践，师范生才能学会日常生活劳动，并真正掌握日常生活劳动的知识技能。在现实生活中，师范生的很多日常生活劳动往往由学校或家长代劳，部分师范生的日常生活劳动实践参与度不够。

**拓展阅读：**

劳动成就闪光人生

4-1-1

## 三、师范生日常生活劳动意识培养

### （一）树立正确的劳动观

劳动教育是中国特色社会主义教育制度的重要内容，直接决定社会主义建设者和接班人的劳动精神面貌、劳动价值取向和劳动技能水平。习近平总书记在2018年全国教育大会上强调:"要在学生中弘扬劳动精神,教育引导学生崇尚劳动、尊重劳动,懂得劳动最光荣、劳动最崇高、劳动最伟大、劳动最美丽的道理,长大后能够辛勤劳动、诚实劳动、创造性劳动。"树立正确的劳动观是我们落实劳动教育的首要步骤。

### 1. 树立"劳动是一切幸福的源泉"的观念

习近平总书记强调:"幸福不会从天而降,梦想不会自动成真。"回望历史,"中国奇迹"的创造、"中国震撼"的交响,无不凝聚着广大劳动者的智慧和汗水;生活的美好、社会的进步,莫不源于平凡艰辛的劳动。实践证明,人世间的美好梦想,只有通过诚实劳动才能实现;发展中的各种难题,只有通过诚实劳动才能破解;生命里的一切辉煌,只有通过诚实劳动才能铸就。树立正确劳动观,学生才能真切领会到中国特色社会主义事业大厦是靠一砖一瓦建成的,人民幸福是靠一点一滴创造得来的,从而更好地报效国家,奉献社会。

### 2. 树立"崇尚劳动、热爱劳动、辛勤劳动、诚实劳动"的观念

随着社会发展和科技进步,劳动形态和方式会发生变化,劳动内容会不断丰富,但劳动是推动人类社会进步的根本力量,是培养人、塑造人和发展人的重要手段,这一价值永恒不变。实现我们确立的奋斗目标,归根到底要靠辛勤劳动、诚实劳动、科学劳动。师范生要从小热爱劳动、热爱创造,通过劳动和创造播种希望、收获果实,也通过劳动和创造磨炼意志、提高自己。

**劳动最光荣**

### 3. 树立"劳动没有高低贵贱之分,任何职业都很光荣"的观念

在我们社会主义国家,一切劳动,无论是体力劳动还是脑力劳动,都值得尊重和鼓励;一切创造,无论是个人创造还是集体创造,也都值得尊重和鼓励。让劳动创造成为时代强音,离不开价值的引领。任何时候、任何人都不能看不起普通劳动者,都不能贪图不劳而获的生活。在劳动教育中,师范生要正确认识和看待劳动分工和劳动者,尊重劳动、尊重知识、尊重人才、尊重创造;切身感受劳动成果来之不易,在日常生活中倍加珍惜和爱护劳动者创造的一切劳动成果。

## (二)体悟日常劳动的满足感

日常生活劳动大多数是家务劳动,是日复一日简单劳动的重复。简单劳动是复杂劳动的基础,日常生活劳动往往是体力劳动与脑力劳动的综合。

马斯洛的需求层次理论告诉我们,人的需求的满足表现出由低到高的层次性,高层次需求的满足以低层次需求得到满足为前提。但是,不同层次需求的满足并不是绝对独立的,某些活动可以同时满足人的不同层次的需求。人的劳动活动就具有这种特性。人可以通过劳动

获取生活资料，维持人类延续，满足人的生理需要这种较低层次的需求。劳动能使生活更富足，给人带来更美好的生活，使人获得安全保障，满足中等层次需求。劳动创造出劳动成果，劳动能力、劳动水平是个体综合素质的表现。普通的日常生活劳动具有不可或缺性，出类拔萃的劳动能得到社会的承认，推动社会进步，使人获得尊重，从而得到自我满足。人们也只有通过劳动，才能真正做到自我实现，从而满足更高层次的需求。日常生活劳动频率高，劳动强度不大，技术要求不高，耗时不长，劳动成果易于呈现，而且重在分享，又能经常表达关怀，体悟家人的认同和肯定。因此，日常生活劳动在满足人的生理需求的同时，还能满足人的多层次精神需求，让人体会到自食其力的自我满足感。我们要在日常生活劳动中有意识地体悟这种满足感，培育正确的劳动意识。

### （三）形成积极的劳动态度

从精神角度来说，健康的、积极的劳动是通过身体的劳动获得精神的愉悦体验。李大钊说："一切乐境都可由劳动得来；一切苦境都可用劳动解脱。"这是一种快乐劳动的生活态度，是一种健康积极的劳动观。很显然，劳动对精神生活的愉悦是积极有益的。相反，那些视劳动为低贱的、痛苦的观念，那些尚未尝试就拒绝的消极的劳动态度，只会使人成天无所事事而精神空虚，甚至萎靡不振、郁郁寡欢。可以说，劳动对物质生活和精神生活两方面都具有积极、健康的价值导向，都是促进人自身获得更大幸福感的活动，有助于我们排解不快，舒缓压力。在日常生活劳动中，只有养成快乐劳动的生活习惯，才能不排斥劳动、尊重劳动、享受劳动，进而热爱劳动。

**劳动使人快乐**

### （四）发现劳动创造生活之美

劳动也是审美活动，美好的生活只能通过劳动获得。日常生活劳动时时刻刻都在创造美。色香味俱全的菜肴、整洁的居室、富有情趣的家园都是劳动创造的生活之美的呈现。一朵鲜花的绽放、一粒粮食的春种秋收、一座高楼的拔地而起、一个复杂难题的科技攻关都是我们留存在这个世界上的劳动足印。不论蓝领、白领、金领，不论城市还是农村，那些浸润着汗水和智慧的劳动，都是我们对个体和社会、生存和发展、责任和担当的郑重回答与坚定抉择。因为劳动，家园更加温馨，城市更加繁华，村庄更加美丽。劳动光荣，劳动伟大，劳动就是创造。

**拓展阅读：**

陶行知先生的教育思想点滴——劳动教育重在培养劳动的身手

4-1-2

**典型案例**

### 中国第一位女建筑师——林徽因[①]

"这样熏陶下去，新意识和新意志必将在我血液里产生出来。我会说变成新时代里的可靠的人，稳稳当当，踏踏实实地不断做好工作，通过可靠的劳动得到结实的进步。也许就因为我懂得如何去做好每一件平凡的工作，我会成为有价值的人，一反过去那样想做有价值的事，反而是无价值、无成绩的人。"1953年3月17日，林徽因在给梁思成的私信中这样写道。

1928年，新婚不久的林徽因、梁思成受聘于东北大学，创建了当时中国大学里的第一个建筑学系。在婚后的五六年时间里，她与梁思成同行外出考察，足迹遍及六七个省份，北京八大处，山西大同的华严寺、善化寺及云冈石窟，开封的繁塔、铁塔、龙亭，处处留下了林徽因的身影。

最为辉煌的一次考察，要数五台山木结构佛光寺的发现。当时日本人曾扬言，中国的唐代木结构建筑已不复存在，要看这样的建筑只有去他们的奈良。林徽因和梁思成立志要找到中国唐代的木结构建筑，然而旧中国没有一份建筑名录，到全国各地去寻找，无异于大海捞针。

1937年初夏，梁思成、林徽因和学社同仁莫宗江、纪玉堂向五台山进发，山路狭窄崎岖，他们只好骑驮骡前行，蹒跚了两天，在黄昏中突然望见了夕阳下金光四射的宏伟殿宇，再近看远翘的飞檐、硕大的斗拱，还有柱头、门窗，处处都像唐朝工匠的高超手艺。发现的兴奋顿时使众人浑身的疲惫消失得无影无踪。林徽因第一个爬上高悬的大殿脊檩寻找可能的文字依据，她打亮手电筒，只见檩条上落满了千百只蝙蝠，底下还挤满了密密麻麻的臭虫。终于，林徽因隐约辨出了两丈高的大梁底面有一行字——"女弟子宁公遇"，其余则依旧模糊一片。他们耗费两天洗去梁上厚积的尘土，林徽因费了三天才解读出全部题字，原来宁公遇就是捐资建造佛殿的女施主，大殿建于唐朝大中十一年，即公元857年。它正是中国现存最早的木结构建筑！大家的狂喜之情不言而喻。

野外考察古建筑的生活异常艰苦，常常要担心断餐。在交通很不发达的当年，行路都要靠原始的大车和毛驴，风尘扑面、颠颠簸簸，目的地一般都在很偏远的深山荒野。而林徽

---

[①] 陈学勇《莲灯微光里的梦——林徽因的一生》，人民文学出版社2008年版。

因，一个弱女子，餐风宿雨，爬梁上柱，显示出她的坚忍、乐观以及对理想的执着。

参加新中国国徽的设计，是林徽因事业上的又一个辉煌。林徽因、梁思成突破了以天安门为主体的设计要求，缩小其在整个图案中的比例，突出五星，表达了新政权的特征。比例缩小后的天安门，虽小却落落大方。1950年6月23日，在毛泽东主持的全国政协一届二次全体会议上，全体起立通过了国徽图案决议，在这庄严时刻，受特邀出席大会的林徽因泪花簌簌。

1955年4月1日清晨，林徽因悄悄地走了，身前蕴就的片片云彩，却不曾带走一片。

**学习探究与思考**

1. 请解释日常生活劳动的内涵。
2. 作为师范生，你如何理解"不扫一屋，何以扫天下"这句话的含义？
3. 中共中央宣传部组织拍摄的六集纪录片《劳动铸就中国梦》，用"劳动改变命运""劳动创造财富""劳动点亮智慧""劳动提升品质""劳动缔造幸福""劳动彰显国魂"的脉络梳理阐释"劳动"。该纪录片选取时代典型人物，用讲故事的方式生动描绘了伟大的中国人民投身改革开放和社会主义现代化建设的辉煌历程；以宽广的视野和生动的事例，形象地诠释劳动、展示劳动、赞美劳动，唱出了一曲新时代的劳动之歌。请观看该纪录片，并结合该纪录片和本节的学习内容，谈一谈面对即将进入的社会生活，你应该提前从哪些方面有意识地提升自己的日常生活劳动能力。

# 第二节　师范生个人形象塑造

视频：师范生个人形象塑造：劳动精神与职业素养的融合

## 一、师范生个人形象的内涵

关于"形象"的概念，《尚书·说命上》有言："乃审厥象，俾以形旁求于天下"。其注为：殷王武丁梦见上天赐予他一位贤良辅臣，遂令百工"刻其形象"，并以所梦之形象去民间寻找可见，此处的形象是指人的相貌。《现代汉语词典》对"形象"一词做如下解释：一是指引起人的思想或感情活动的具体形状或姿态；二是指文学作品中人物的神情面貌和性格特征；三是指描绘或表达具体、生动。在心理学中，形象指的是人们通过运作大脑而形成的对某一人或物的整体印象，简言之是直觉，即各种感觉的再现。有一点认识非常重要：形象不是事物本身，而是人们对事物的感知，不同的人对同一事物的感知不会完全相同，因而其正确性受到人的意识和认知过程的影响。由于意识具有主观能

**师者形象**

性，因此事物在人头脑中形成的不同形象会对人的行为产生不同的影响。良好的个人形象是美好心灵的表露，代表着个人较高的自我管理能力与较高的自我修养，能够赢得他人的好感。

著名教育家叶圣陶说："教育工作者的全部工作就是为人师表。"师表，也可以说就是一种教师形象。作为未来教师的在校师范生，必须毫无条件地以师表形象规范自己的行为准则。因此，教师形象教育应该成为师范生的必修课。

**拓展阅读：**

习近平总书记眼中的人民教师——广大教师责任重大、使命光荣

4-2-1

## 二、师范生个人形象塑造的价值

塑造良好的教师形象无论是对学生、教师综合素质的提升，还是对学校的整体发展，都具有重要的价值。

### （一）影响学生的发展

教师形象是教师教育学生的最直观、最鲜明的教育因素，对学生德智体美劳诸方面的发展具有重要的影响。首先，在学生形成道德认识和道德行为的过程中，教师形象的榜样作用是直接的。教师通过自身生动具体的良好形象，一方面为学生提供了解道德观念的历史经验，使学生可以具体形象地理解道德观念的含义，另一方面可以为学生提供学习模仿的范例，使学生在实践中学习模仿教师的形象，潜移默化地受到启迪与熏陶。其次，教师形象对学生的知识技能学习有着自然的影响。古人云："亲其师而信其道。"学生对事物的认知在很大程度上停留在感性层面，一旦对教师产生良好的认同感，有了亲近感和信任感，就可能对某学科产生兴趣，接受教师的思想观念，从而真正自觉接受教师的教育影响。

**教师的形象时刻影响着学生**

### （二）提升教师的社会影响力

由于教师形象具有社会整体性的特征，体现出教师在人们心目中的整体风貌，它直接关系到社会对教师的认同，关系到教师在社会中的地位和待遇，直接影响教师个体的生活、工作环境。良好的教师形象对社会各个方面都有积极的影响。良好的教师形象能够让

社会对教师产生尊重和信任，从而提升教师在社会中的地位和影响力，这种尊重和信任也会促使更多的优秀人才选择成为教师，形成良性循环；良好的教师形象能够提升教育行业的整体形象，吸引更多的人选择从事教育工作，这有助于提高教育行业的整体素质和水平，推动教育行业持续发展；良好的教师形象能够为社会树立正面的榜样，引领社会风气，教师通过自己的言行举止、道德品质、教育方式等，影响着每一个学生和社会成员，推动社会文明进步。因此，师范生应该注重个人形象塑造和专业素养的提升，以更好地发挥自己在社会中的重要作用。

### （三）提升学校形象的价值

学校形象是学校底蕴的外显，而学校底蕴在相当程度上要依靠学校内部各种因素来打造和维护。这不仅包括学生、教师和其他职工，还包括教学物资设施和环境条件等，但在这些因素中，教师是关键性因素，不仅影响其他因素作用的发挥，还直接关系到学校形象价值的提升。良好的教师形象是学校良好教学条件的有力体现，通过教育教学活动能使师生得到进一步的发展，有助于增进社区等外围环境对学校的信任程度，从而为其提供更有力的支持，学校以此吸引更多社区资金，优化招生环境和办学条件，吸引高质量的教师，从而进一步提升学校的形象。因此，研究时代的特点，明晰时代的发展对教师素质和形象的新要求，以此提高教师的现代教育素质，树立良好的教师形象，对于实现学校形象的良性提升具有很大的价值。

### （四）彰显教师的主体性价值

教师形象的形成具有个体性和自为性，即教师形象不仅具有社会性的一面，教师个体也会在自己的心目中形成某种对教师形象的感知，表现出其个体性的方面。同时，教师形象不仅产生于他人的心目中，也会在教师自身心目中形成某种对教师形象的自我认识。后者又包括两个方面：一方面，教师对自己呈现出的教师形象进行直接感知。另一方面，在教育教学活动中，教师在其他个体或群体心目中形成的教师形象，将再次置于自我心目中，使其在自我心目中二次呈现。也就是说，将他人感知的教师形象再次进行自我感知，并在此基础上进一步自我反思。教师形象的

张桂梅老师体现了新时代教师应有的形象

个体性和自为性特征彰显了教师个体在教师形象塑造过程中的主动地位和作用，体现出教师自身的教育追求，体现出鲜活的实践特性，这是因为教师形象的塑造和发展最终还是要落在教师个体身上。因此，在教育教学活动中通过促使教师个体对教师形象问题加以关注，并根据来自社会、家庭及学生等方面的态度使其对自己呈现出的教师形象做进一步的改进和提升，这无疑展现出了教师在教师形象塑造中的主体性价值。

**拓展阅读：**

习近平总书记眼中的人民教师——把师德师风建设摆在首要位置

4-2-2

## 三、师范生个人形象塑造的基本要素

### （一）道德形象

道德形象是教师最基本的职业形象，其内涵不只包括教师个人意义上的必备品德，更富有深刻的社会含义。教师是学生最容易模仿的对象，必须时刻提醒自己要为学生树立良好的道德榜样。道德榜样是无字之书，具有潜移默化地影响他人的作用。孔子有言："其身正，不令而行；其身不正，虽令不从。"教师对待学生要公平公正，对工作要持积极向上的态度；教师要有大公无私的奉献精神，要有爱岗敬业的拼搏精神。作为人师，教师的职责是教书育人，应传授给学生科学文化知识和做人的道理。但是，在现实生活中，存在教师体罚学生、收礼、有偿家教等现象。部分教师在现实生活中迷失了自我，失去了为人师表的道德魅力。因此，树立良好的道德形象刻不容缓。教师职业具有的示范性和公众性决定了教师的道德形象必须是崇高的，其应具有较高的社会威望和影响力。教师这个身份是万众期待的。高尚的道德形象不是自发产生的，它是教师在实践中努力加强自身道德修养和自觉接受各种道德教育的结果。因此，教师应以良好的道德形象为广大师范生和社会大众做出表率。这对学生、对教师自身、对学校，甚至对社会主义精神文明建设的良性发展，都具有重要的意义。因此，从道德角度来考量教师的职业形象是非常必要的。

### （二）文化形象

"满腹经纶""通古博今""才高八斗""学富五车"是典型的传统教师文化形象。在学生、家长及全社会眼里，教师是最有知识的，扮演了科学文化知识传播者的角色。韩愈在《师说》中指出教师的职责是"传道、授业、解惑"，即教学生做人的道理、传授文化知识、解答学生在学习中的难题。从古至今，知识传授者是教师最正统的形象，它是教师职业形象的核心。作为知识的传递者，教师自身掌握知识的程度，不仅关系到教育发展的质量，也关系到教师自身的威信与魅力。一名教师要想在这个职业岗位上站住脚，最基本的就是要有教书育人的能力。新时代，教师职业更具有专业性，不是任何人都可以做的。因此，拥有文化知识和经验是成为教师的前提，具备专业性知识与通识性知识缺一不可。网络时代，学生获取知识的渠道越来越多，知识的传播途径变得越来越宽泛。过去教师作为为数不多的知识拥有者，具有绝对的优势，学生对教师的崇拜不言而喻。现在，网络包含广而杂的各种信息，学生可以方便快捷地获取各种信息，教师的文化权威形象受到了冲击。学生对教师的崇拜和信任日渐弱化，教师也深感自己以前拥有的崇高地位在消失，对职业也相应产生了倦怠感，如何维护教师在大数据时代的社会地位等一系列问题接踵而至。因此，在知识经济时代，教师应坚守职业理想，努力塑造良好的文化形象。

## （三）人格形象

俄罗斯教育家乌申斯基说过："教师的人格对于年轻的心灵来说，是任何东西都不能代替的。教育者的人格是教育事业的一切，因为教育力量只有从活的人格源泉中产生出来，只有人格才能影响人格的形成和发展。"教师的人格会通过各种方式（如语言、举止等）渗透到教学活动中，直接或间接地影响学生的个性发展和学习风格的形成。人们对教师不同的人格形象都有一个判断，人格是一位教师区别于其他教师的独特性。人格形象是学生选择亲近或疏远一位教师的首要因素。那么，教师的个性特征是如何代表教师的人格形象的呢？我们必须理解什么是个性。个性指的是一个人的整体精神面貌，是具有一定倾向性的心理特征的总和。有的人热情开朗，有的人沉着冷静，有的人幽默诙谐，这就是一种个性，心理学上称之为人的气质。个性在活动倾向方面的特征（如动机、兴趣、理想、信念等）调节和控制着人们的行为。正是因为教师个性不同，才产生了不同的教学风格。教学风格不是与生俱来的，是在不断实践与反思的过程中形成的。根据教学的实际情况和学生的需求来调整和改变自己，使自己的人格形象向良性方向发展，才是教师应有的选择。

## （四）魅力形象

魅力形象主要指教师的外在形象，指教师的仪表风度、言谈举止、姿态表情等给人的印象，它是教师道德修养、文化素养、审美情趣、精神面貌的外在显现。外在形象是人际交往时产生良好第一印象的重要因素之一。有心理学家研究表明，人与人之间的沟通产生的影响力和信任度是这样分配的——55%来自外表形象（包括服装、面貌、形体等），38%通过自我表现（包括语气、语调、手势、站姿、坐姿、动作等），只有7%才是所讲的真正内容。由此可见外表形象的重要性。美国的一项调查也显示，无论我们认为以外表衡量人是多么肤浅和愚蠢的观念，社会上的人总会根据你的服饰、发型、手势、声调、语言等自我表达方式判断你。就是说，人们习惯于从穿着、言行等方面来判断一个人的知识层次、生活方式、家庭背景、道德修养及可信赖度。拥有形象魅力的教师对学生有着强烈的吸引力和感染力，对学生的心灵有很大的影响，有助于陶冶学生的思想情操，使学生由亲其师而乐于学，师生友好合作，顺利完成教育教学任务。

**拓展阅读：**

习近平总书记眼中的人民教师——教师要成为大先生

4-2-3

## 四、师范生个人形象塑造的途径

### （一）自省自检，以身传教

教育在本质上是培养人的一种社会实践活动，教师和学生都是受益者。在实施素质教育的过程中，应着力打造一支高素质的教师队伍，而在对高素质教师的要求中，师德是重中之重。师范生在日常生活中应时刻自省自检，这是教师道德形象自我塑造的关键。久而久之，我们在行为上就会达到一种慎独的境界，不断反思，不断进步。教师要尊重学生，要有责任感，师生之间应该建立民主、平等的关系，教师的主导性和学生的主体性要在教学过程中处处有所体现。因此，师范生要确立"以人为本，以学生为本"的教育理念，尊重学生这个富有个性活力的生命群体。当师生之间处在这样一种关系状态中时，各自的发展必然是良性的。

曾子每日"三省其身"

### （二）终身学习，开拓创新

一直以来，教师形象都被定位为传统的"圣贤者"。新时代，随着科学技术的发展，电子产品大量涌向市场，学生通过网络可以快速得到大量知识，教师的权威性受到了前所未有的冲击。同时，知识经济时代大力倡导创建学习型社会，文化在社会发展中的作用越来越凸显出来。因此，为了塑造自身形象，师范生必须坚持终身学习，不断提高自己，在专业上不断实现自我超越，用知识武装自己，才能在信息化社会中立于不败之地。作为未来的教师，师范生只有坚守内心的教育理想，热爱并忠于职业，才能把自己的全部精力投入其中，才能胸有成竹地把知识传授给学生，才会具有强烈的责任感和使命感。科技时代，电脑和人脑在赛跑。在日新月异的信息化社会中，教师的文化权威已经受到挑战，这就要求师范生在今后的教学工作中要不断开拓创新，自觉培养创新意识和创新能力。创新是人类社会进步的核心动力，也是教师与时俱进的源泉。在知识更新速度如决堤洪水般的时代，师范生要面对的是极富个性的教育对象，挑战性不言而喻。师范生只有具备创新精神，才能在实践中发现新问题、探索新规律，才会拥有新的教育思想和理念，才能快速把握学术前沿，创造性地从事教学工作，以便在面对学生的时候游刃有余，把自身的文化形象捍卫得更加牢固。

### （三）知任图进，完善自我

人格形象体现在教师的教学实践中。首先，师范生应拥有丰富的理论知识和经验，这是教师人格形象确立的基础。教学风格的形成是个性与实践探索合力形成的，它离不开教育科学理论的指导。师范生应掌握丰富的理论知识，以此指导自己的实践。不做教书匠，要做研究型、探索型的教师，使自己的形象厚重而多彩，这是每一个师范生都应有的追求。其次，师范生要努力增强教学感召力，以取得事半功倍的效果。教师的工作对象是学生，教学的场所大多数是课堂，教学活动使师生之间有了最直观、最鲜明的接触。中小学生更倾向于热情洋溢的教学风格，喜欢有活力、个性张扬的教师，期望现实生活中的教师富有个性化的人格魅力。拥有这种风格的教师无论是在课上还是课下，都会有一种极强的吸引力、感染力。因此，师范生要坚持"以生为本"的理念，主动、积极地进行自我塑造，探索适合学生的教学风格，使教学活动呈现出一种常教常新的鲜明特色，让学生体验到学习的快乐。教学语言要规范精准、凝练生动。无论是滔滔不绝，还是幽默风趣，都要言之有理、言之有物。要认真钻研教材，合理安排教学内容，不断提高驾驭课堂的能力，提升教学的能力与水平，以取得较好的教学效果，展现学术人格魅力。优秀的教师就是学生心目中的偶像，文明得体的风度仪表对学生有极大的示范性，也能对学生产生广泛而深刻的影响。这些良好的品质是在文化修养达到一定水平后形成的。教师的工作对象是性格迥异的学生，其劳动是复杂的、富有挑战性的，师范生必须具有良好的个性心理品质，形成自身独特的人格形象，展现具有感染性和塑造性的人格魅力，让学生亲近、信任自己。

## （四）常正衣冠，内外兼修

一般来说，教师和谐自然的职业美和现代美是从仪表美、教态美、语言美三个方面体现出来的。

### 1. 仪表美

教师的仪表美要求教师发常理、面常净。所谓仪表美，其实更多是从穿戴上体现出来的。教师穿戴要得体，既不能不修边幅，又不能浓妆艳抹，一味追求时髦。当然，这并不是说教师的穿戴越朴素越好。教师的穿戴要体现出一定的现代美，关键是得体入时，因地制宜。例如，在一些特定场合，男教师西装革履、女教师略施淡妆是应该提倡的，这是现代社会人文精神的体现，也是现代礼仪要求的。教师的仪表美能使学生产生愉悦的情绪，提高学习效率。

### 2. 教态美

教师的教态美指教师在教学活动中的表情、手势、身体姿态等。

（1）教师的表情要自然生动。有经验的教师总是善于运用面部表情的变化吸引学生的注意力。在面部表情中，最关键的是眼睛。眼睛被称为"心灵的窗户"，是人体发射信息最重要的部分。所以，教师上课时要善于用目光与学生交流，目光总在关注全班所有的学生。一个认可的眼神，一丝赞许的微笑，常常会收到奇妙的教学效果。

（2）教师的手势要自然和谐，尽量去除摸鼻子、扶眼镜等无意识的动作，学会使用有意识地增强语言表现力的手势。

（3）教师的身体姿态也应该自然得体。俗话说，站有站相，坐有坐相。教师站立时头要正，腿要直，两脚基本平行，或一前一后，自然站定；可做一个提气动作，形成全身挺拔、精神焕发的形象。教师坐下时，两脚自然落地，腰板挺直。女教师的坐姿以双腿并拢，面向正面，而双膝侧向一边为宜，这样的姿态才显得优雅得体。

### 3. 语言美

首先，教师的语言美体现在语音标准，能说一口流利的普通话上。师范生的普通话水平应该达到二级乙等以上。其次，应该懂得用气发声、吐字归音的常识。教师发出来的声音应该洪亮圆润，字正腔圆，清晰流畅，达到"兼耳底心底音乐而存之"的效果。更为重要的是，应该根据不同的需要和不同的情境，组织恰当的语言内容，打动学生，或循循善诱，或幽默风趣，或以理服人，或以情感人，充分体现出教师的教育智慧。幽默的语言能使课堂氛围和谐融洽，使学生学习化难为易，使师生心灵对接沟通。对师范生而言，口语表达能力尤为重要。俗话说"教师是吃开口饭的"，教师的工作就是言传身教，通过与学生对话达到教书育人的目的，使教学语言充分显示自身的师德修养、学识才华和人格品位。

**拓展阅读：**

习近平总书记眼中的人民教师——在全社会营造尊师重教的良好风尚

4-2-4

### 典型案例

#### 全国"最美教师"熊碧芳：点亮"折翼天使"成长路[①]

"最美教师"熊碧芳

2023年全国"最美教师"名单公布，桂林荔浦市特殊教育学校校长熊碧芳光荣上榜，成为桂林首个、广西第二个获得该项荣誉的教师。9月9日，熊碧芳在北京参加全国优秀教师代表座谈会。9月10日晚，中宣部、教育部通过中央电视台向全社会公开发布熊碧芳等2023年"最美教师"的先进事迹。

熊碧芳与特殊教育结缘，缘于一场"误会"。1994年初，只上了半年初中的熊碧芳被迫辍学打工。两年半后，她重返校园，高分考入桂林民族师范学校，在填报志愿时误把特师当作培养特级教师的专业而选择了它。1999年7月，她从富川来到荔浦，在没有校舍、没有学生和课桌椅的情况下，创办了荔浦县特殊教育学校。24年来，她为贫困学生筹措助学资金近200万元，用爱为"折翼天使"筑起了一个温暖的家，改变了近千名特殊孩子的命运，成为他们追梦路上最亮的光。

**1. 大爱无言，特殊孩子的"贴心妈妈"**

为了让孩子们尽快熟悉学习和生活的环境，熊碧芳带着孩子们认识食堂、厕所和宿舍，手把手教他们学习穿衣、吃饭、如厕。8岁还不会走路的脑瘫患儿小罗被送到学校。每天下课，熊碧芳都耐心细致地帮小罗戴好头盔和护膝、护腕，绑好沙袋，搀扶他到操场

---

① 引自桂林文明网，原题《全国"最美教师"熊碧芳：燃灯照亮"折翼天使"追梦路》，2023年9月12日。

一步一步练习走路。从30米、50米到100米……在熊碧芳的鼓励和引导下，小罗忍痛尝试，反复练习。

一次，小罗没站稳，一下扑在熊碧芳身上。他说："熊老师，妈妈嫌弃我，改嫁了。我没有妈妈了，但是我有您！"听完，熊碧芳心里一紧，帮助小罗学会走路的决心更加坚定了。经过大半年的努力，小罗跟跄着迈出了自己的人生第一步，熊碧芳不禁流下了欣慰的泪水。为了让更多学生受益，她提出增设康复训练课程的建议，开辟了"康教结合"办学新路子。

24年来，熊碧芳经常带生病的学生看病，陪学生打点滴到天亮，用自己微薄的工资为贫困生垫付医药费，为体弱多病的学生熬药泡澡，接送孤儿上下学。一名学生的母亲眼中噙着泪水对熊碧芳说："校长，您比我们更像孩子的妈妈。"

### 2. 甘为人梯，"折翼天使"的"圆梦导师"

2005年6月，熊碧芳带着几个聋生去借表演服。聋生孟晓看到荔浦中学良好的办学条件，非常向往。"校长，假如不是命运跟我开了一个玩笑，也许今天的我也是荔浦中学的学生，我多么希望将来能上大学，可这个梦永远都不可能实现！"孟晓用手语对熊碧芳说出了心里话。从农村家庭走出来的熊碧芳深知，只有知识才能改变命运。她暗下决心，一定要帮助他们圆上学梦，让苦命的孩子们看到希望。

可是，要上大学就得先完成高中学业，而当时广西聋生高中教育资源少，学生被录取的机会非常渺茫。熊碧芳一边前往残联、民政和政协等部门落实学费，一边联系学校沟通升学考试相关事宜。为了让孟晓达到学校录取的学业水平，熊碧芳把她带回家"开小灶"，一对一免费补习。在熊碧芳的指导和帮助下，2008年，孟晓以优异的成绩考入柳州市盲聋哑学校。2011年4月，她又通过全国聋人高考考入中州大学，圆了当年认为永远实现不了的大学梦，也成为荔浦县特殊教育学校的首个大学生。

### 3. 勤俭节约，廉洁奉公的"最抠门校长"

学校办学规模不断扩大，经费却非常有限。为争取社会支持，熊碧芳找政策、谋合作、拉赞助，为学校和学生争取各项经费近300万元。她将每一笔善款都登记在册，并及时向社会公布，让每一分善款都晒在阳光下。

在学校工程建设或物资采购上，熊碧芳总是多方询价、货比三家，想尽办法降低成本，但在程序和质量上却严格要求，从不给对方"围猎"的机会，人们称她为"最抠门校长"。

"公家的钱每一分都不能浪费，必须用在刀刃上。"熊碧芳把艰苦奋斗、勤俭节约的传统美德和优良作风体现在小事小节上。

一次，熊碧芳在帮学生买"六一"表演服时，为了省下每件服装2元的购入价，问遍了商场的15家摊位，磨破了嘴皮与商家讨价还价。

熊碧芳用公家的钱特别"抠"，可用自己的钱补贴学生，特别大方。学生家长交不起伙食费，她悄悄垫上；贫困生住院交不起医疗费，她慷慨解囊；毕业多年的学生考上了大学，发愁学费，她不仅帮忙交齐学费，还"骗"孩子说是大学有所减免，而自己却省吃俭用，一件衣服穿了十几年。

"特殊孩子是跌落在凡尘的'折翼天使'，他们心中有梦想，渴望被关注。我愿做蜡烛，照亮孩子们的追梦路。"在北京参加全国优秀教师代表座谈会的熊碧芳特别振奋。她激动地表示，将继续用爱和责任照亮特殊孩子前行的路，为特殊教育发展做出应有的贡献。

> **学习探究与思考**
>
> 1. 请阐释你对师范生个人形象塑造的内涵和价值的理解，并谈一谈你将如何塑造良好的个人形象。
> 2. 在从幼儿园到小学、初中、高中、大学的过程中，我们接触到了很多的老师，她们有的风度翩翩，有的随意温和，有的温柔可亲，有的严肃认真……请谈一谈令你印象最深刻的一位教师，他是谁，具有什么样的形象，为什么给你留下如此深刻的印象。
> 3. 有同学认为，教师的教学能力是成为一名优秀教师的第一要素，也是决定性要素；也有同学认为，我们在学校学习专业知识和技能就好，不应该浪费时间在着装打扮、语言表达、行为礼仪等无足轻重的事情上。请你结合本节内容，谈一谈对上述观点的看法。

# 第三节　师范生寝室文化建设

2020年3月20日，中共中央、国务院印发《中共中央 国务院关于全面加强新时代大中小学劳动教育的意见》明确提出要采取有效措施切实加强青少年劳动教育。师范生是担当国家和民族复兴重任的"排头兵"，对师范生加强劳动教育最为紧迫。高校应该结合劳动教育特点，采用多样的、创新的教育方式，将劳动教育融入当前教育工作中。学生寝室作为师范生日常生活的主要场所，也是师范生生活劳动的主要场所。将学生寝室作为师范生劳动教育的主要阵地，具有一定的实践基础，对推进师范生高质量劳动教育具有重要的作用。

视频：穿越时空的启迪：师范生寝室文化建设与古代书院斋舍智慧融合

## 一、师范生寝室文化的内涵与特性

寝室文化也称宿舍文化。师范生寝室文化，是指师范生在以寝室为主要空间的共同学习生活、相互作用的过程中形成的环境和氛围。它包括硬件和软件两方面：硬件，是指寝室的设施、环境卫生、室内陈设等；软件，是指寝室成员的生活方式及其多种多样的闲暇活动，以及由此表现出来的各种思想观念、行为方式等。硬件部分属于物质文化范围，是师范生寝室文化的基础；软件部分属于精神文化范围，是师范生寝室文化的核心。从精神文化来看，师范生寝室文化具有以下几个明显特性。

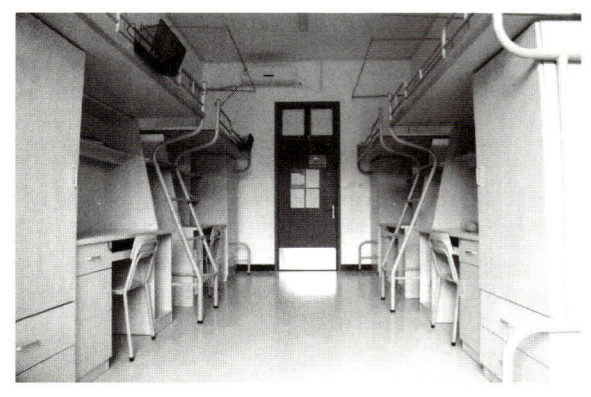

**硬件是师范生寝室文化的基础**

### （一）感染性

感染是一种心理过程，是个人对某种心理状态的无意识地、不自主地顺从。人是在群体中生活的，受群体的影响。人的现实行为具有感染力，认识和观点也具有感染力。感染性体现在心理层面，并通过心理、情绪影响个体行为。师范生寝室文化就是寝室成员这一特殊的群体感情、情绪相互交流、相互感染而形成的心理上的认同。师范生寝室文化的感染性深深地影响着师范生的思想、观念和行为。

### （二）倾向性

倾向性是指寝室成员受他人的心理感染而形成自己的判断，遵从、模仿他人，再现他人的行为和意见，从而形成统一的看法（或行为）；也就是将群体意识通过心理系统与自己固有的思维方式、价值观念和行为模式等发生交互作用，而表现出相对一致的外部特征和行为方式。同住一个寝室的学生往往对事物抱有相同的看法，或都喜欢穿某种质地和款式的服饰，或有相似的言行风格等，这些都是寝室文化倾向性的具体表现。

### （三）动态性

师范生容易受社会上各种文化与价值观念的影响，在心理、情绪等方面易发生变化。师范生的兴奋点经常转移、思维跳跃跨度大、涉及领域广、转换节奏快，这些都使师范生寝室文化处于一种不稳定的易变状态。

### （四）潜在性

师范生寝室文化对个体的影响主要不是通过硬性灌输（如规章、制度、纪律、条例等外部强制力量）来完成的，而是通过寝室文化形成的精神氛围和相应的物质环境，在潜移默化之中形成的。师范生寝室文化精神层面的东西是一种无形的约束力，虽不具有强制性，却能引起个体在感情上的共鸣，使个体有意无意地受到启发和感染，并进而形成一种自觉的、内在的驱动力。

## 二、师范生寝室文化建设的时代价值

### （一）建设优良校风和维护校园稳定的客观需要

学生寝室作为学校育人的最小单位，是学生群体活动的基础，是学校对学生进行行为规范管理的重要环节。学校通过正面引导、严密的组织纪律、社会公认的行为规范、正确的舆论、群体压力和内聚力、必要的奖惩措施等手段，从各方面影响和熏陶学生，使学生不知不觉地产生对集体、对学校、对社会的归属感，感受到群体的压力和社会要求，在思想和行为上表现出与其他成员的一致性。师范生正处于身心发展的关键时期，思想活跃、精力旺盛、感情充沛，喜欢参加各种文化活动，但也有部分学生思想单纯、容易激动，缺少判断力和自制力。双休日的实施和晚自习自由支配，使师范生有了更多的自由空间，增加了在寝室的时间，扩大了交往范围和空间，不稳定因素也随之增加。师范生的这些特点，会导致一些问题行为的产生，这些问题行为如果不及时矫正和制止，就可能引发大的突发事件，影响校园的稳定和优良校风的保持。从这个意义上说，寝室稳定是学校稳定的前提和基础。

*学生寝室是学生群体活动的基础*

### （二）高等教育改革和时代发展的要求

高校的快速发展也对寝室文化建设提出了更高的要求。第一，随着教学改革的深入，完全学分制、滚动制、淘汰制等制度的推行，在一定程度上弱化了班级管理，突出了寝室管理的作用。第二，一些高校进行了学生管理制度的改革，有的实行系科专业纵向管理，有的实行横向的年级管理，有的实行专业学科交叉管理，一方面打破了系科、专业的界限，扩大了同年级学生的交流，扩大了不同学科不同专业的交流，另一方面使学生群体管理的难度增加。第三，后勤社会化改革力度加大，寝室由社会投资，学生住进学生公寓，实行社区管理，寝室文化建设的作用显得更加突出。第四，独生子女进入高校，部分独生子女集体观念淡薄，协作能力较差。他们住在同一寝室，每个人的文明素养、生活习惯、动手能力各有差异，清洁优美的寝室环境创建难、破坏易，需要寝室成员团结和协作。在这种情形下，加强以寝室为单位的群体自我管理工作，进一步发挥寝室文化的塑造功能和影响功能，通过对寝室成员思想观念、思维方式、心理素质、价值取向等方面施加影响，达到对师范生精神、心灵、性格、品质等诸多方面的塑造，培养师范生的集体意识和协作精神，显得尤为重要。

### （三）实施劳动教育的有效途径

加强寝室文化建设有助于素质教育的实施和对师范生综合能力的培养，这是由寝室文化的育人功能决定的。第一，寝室文化建设有助于培养师范生的动手能力和创造能力。寝室文化建设的目的就是创建美的寝室，营造健康高雅的寝室文化，使学生的生活环境整洁、优美、高雅。在寝室文化建设中要突出思想性，讲究艺术性，强调专业性，体现统一性，让师范生充分发挥自己的想象力，发挥自己的聪明才智进行构思和创造。第二，寝室文化建设有助于提高师范生的审美能力和审美情趣。开展寝室文化建设的一个重要目的是营造健康高雅的寝室文化，提高寝室的文化品位，帮助师范生懂得整齐、统一、雅致等美的各种表现形式。师范生给寝室取一个富有寓意的室名、挂一幅写上警句格言的书法作品、摆上一束花、制作一个小挂件等都可以体现当代师范生奋发向上、勤奋努力的治学精神，体现当代师范生对美的向往和追求。第三，寝室文化建设有助于培养师范生良好的心理习惯和劳动习惯。由于传统教育存在误区，进入高校以后，有些学生不能很快适应高校的学习和生活习惯。加强寝室文化建设，规范师范生的生活行为，让他们用自己的双手创造出一个整洁优美的学习、生活环境，这个过程本身就能促进师范生良好行为习惯的养成和综合素质的提高。

## 三、师范生寝室文化的建设途径

### （一）制定平等、规范的集体生活公约

没有规矩不成方圆，健全的制度是寝室文化实现育人功能的外部机制。制度管理既是培养人、教育人的重要手段，也是建设健康向上寝室文化的基础。所有问题都可以通过制定平等、规范的寝室管理制度来有效解决。科学规范、操作性强的规章制度能够合理约束寝室成员的行为规范，使集体生活有章可循，让师范生知道该做什么、不该做什么，以及怎样去做。学校颁布的寝室管理办法在很大程度上具有规范学生寝室生活的作用，但这种大框架的管理规范无法顾及具体细节问题。尽管存在寝室管理办法，受生活环境、个人性格等因素影响，室友之间仍然常常因为作息习惯不同、卫生标准不同、公共事务分摊不均等问题发生争执，影响寝室和谐氛围的建立。因此，为了营造良好的寝室氛围，在入学之初室友们应该召集一次"卧谈会"，交流彼此的性格特点、作息习惯及卫生标准等内容，集中讨论和实施寝室公约、维护公共卫生，在互相倾听、互相尊重的过程中逐渐形成稳定的秩序。

### （二）营造优雅、舒适的物质文化环境

心理学研究表明，环境作用于人的大脑，产生感觉、知觉、表象、思维、需要、意志等，进而影响人的各种活动。当周围的环境和条件与学生产生共鸣时，就会使学生在思想上得到感化，在情操上得到陶冶，进而提高思想境界。良好的寝室环境是寝室文化建设的基础，同时有助于促进寝室成员的身心健康。在整齐舒适、明亮优雅的寝室中生活，心情就会感到舒畅，精神就会焕发。相反，地面脏兮兮、四壁破旧的寝室环境会使寝室成员情感受到压抑，兴趣消失，进而影响寝室文化。因此，师范生应该充分重视寝室环境卫生，每日或定期清扫寝室，保持寝室阳台、地面、墙面、桌面等空间的清洁，保持门窗玻璃干净明亮，做到寝室无杂物、无烟蒂、无乱挂、无蜘蛛网、无酒瓶，卫生间清洁无异味，室内空气清新，桌椅摆放整齐，被子折叠整齐，衣物晾挂整齐，书籍和用具摆放整齐。

**拓展阅读：**

浙江特殊教育职业学院学生寝室卫生标准

4-3-1

### （三）构建以活动为载体的精神文化氛围

师范生寝室文化活动是寝室文化的表现，是寝室文化建设的重要途径。寝室文化活动有

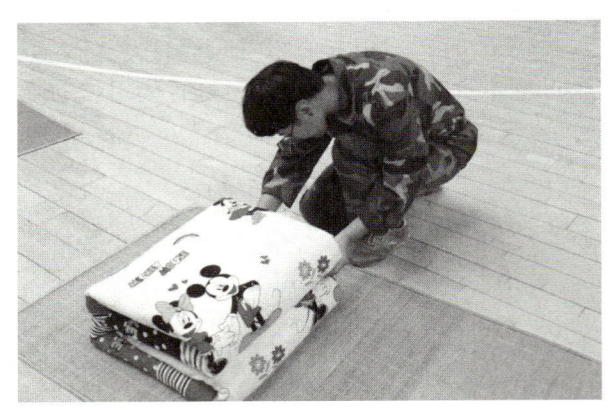

寝室文化建设活动——"叠豆腐"大赛

助于增进同学之间的相互了解，培养集体意识。在集体活动中，个人敞开心扉，表现自己，认识别人，了解别人。寝室文化活动还可以调动学生发挥个人才能、表现自我能力的积极性，是一种潜移默化的自我教育活动。开展寝室文化活动有助于营造寝室精神文化氛围，促进师范生全面健康发展。师范生应积极参与或举办各种类型的寝室文化活动，在活动中集思广益，相互协作，为营造良好的精神文化氛围、打造更好的寝室贡献自己的力量。例如，在新入学阶段，可以结合军训成果，开展"温馨我家"寝室整洁美化设计大赛，或"叠豆腐"大赛，巩固训练成果；针对垃圾分类，可以开展"垃圾分类我在行"的寝室排行榜活动，增强大家的环保意识和能力；在考教师资格证面试阶段，可以在宿舍开展面试模拟活动，同学们互为评委，帮助彼此突破面试难关。

## 四、特色寝室建设标准

特色寝室宣扬的是一种文化，是一种相互影响、彼此照应、和谐共进的良好氛围，对师范生的文化修养、综合素质等各方面的提高有很大的促进作用。要建设特色寝室，首先要考虑寝室大部分人的个性、喜好、价值观等，然后以此为方向营造出别具一格的"特色"文化。如果寝室大多数人喜欢学习，便可以考虑建设学习型寝室；如果寝室大多数人喜欢运动，便可以考虑建设运动型寝室；如果寝室大多数人对环保有一定兴趣，便可以考虑建设环保型寝室。与此类似，还可以建设创业型寝室、自强型寝室、友爱型寝室、逐梦型寝室、音乐型寝室等。

例如，某高校"最牛男生宿舍"就是典型的学习型寝室。全寝室有12名男生，其中10人获得哥伦比亚大学等国外知名大学硕士研究生录取通知书；另外两人，一个被中国移动通信集团录取，另一个接过国家电网等知名企业的"橄榄枝"。

师范生在建设特色寝室时，可以参考以下标准。

（1）全体寝室成员共同参与特色寝室建设，共同商议并确定特色建设方向。

（2）按照主题特色布置寝室，呈现出的效果要符合指定特色，传递寝室文化，简单大方、美观、别具匠心、新颖独特，让人眼前一亮。

（3）有与寝室文化对应的"行为习惯养成计划""寝室团建活动安排"等项目。

**拓展视频：**

浙江特殊教育职业学院寝室文化Vlog设计大赛优秀作品《611妙妙屋》

4-3-2

> 典型案例

## 工科生花300元打造最美寝室[①]

### 1. 男生寝室变成"天空之城"，创意源于山城天气

走进重庆大学松园一栋355寝室，当灯光亮起时，蓝色天花板折射的光让整个房间变成蓝色，身在其中，犹如置身海洋一般。天花板上，一颗颗黄色的五角星化作夜空中最亮的星……这一创意的提出者是吴康杰。吴康杰来自浙江，从小住在沿海地区的他经常见到蓝色的大海。他说自己的设计灵感来源于重庆的天气。重庆的阴雨天气很多，蓝天白云很少见，也很少看到星星，所以他希望将蓝色的天空搬到寝室里来。

华龙网报道"最美男寝"

除了对蓝天的渴望，吴康杰选择将蓝色作为寝室的主色调，还有一番用意。他解释："每种颜色都会带给人不一样的情绪反应。蓝色会给人带来一种深邃、平静的力量，能帮助人在喧闹的生活中静下心来。寝室是学习和休息的地方，我借助大量的蓝色，希望让寝室同学感觉到平静、安宁。"

这个寝室的设计主题为"天空之城"。吴康杰从小喜爱动漫电影，宫崎骏的《天空之城》是他最喜欢的一部动漫电影作品，所以他用了这个名字。虽然寝室的具体装饰与这部电影没有多大关系，但整体风格和给人的舒适感觉与电影一样。

### 2. 四人熬夜纯手工制作，约300元打造梦幻寝室

设计工作完成后，该寝室的4个小伙子开始动手装饰寝室，先从材料的购买和制作开始。"我们只买了几种颜色的海绵纸和卡纸，打算自己动手剪成各种形状，但后来发现工作量太大了。"寝室长王强说。压力之下，他们想放弃自己动手的想法，去网上购买成品粘贴。但是，成品费用过高。后来，他们开会商量，决定坚持一下，手工制作试试看。"哪怕不成功，也不留遗憾。"王强说。

寝室成员朱飞表示，由于工作量太大，白天需要上课，他们只能牺牲晚上的休息时间。有时，为了赶进度，他们熬夜到凌晨两点多。从设计到装饰完成，他们用了一周的时间，仅花了约300元。

### 3. 获奖后陆续被围观，干净漂亮"胜过女生寝室"

因为别具匠心的设计风格，松园一栋355寝室在重庆大学优秀学生之家的评选活动中获得"五星级寝室"称号。此后，不断有其他同学到他们寝室参观。有一名女生因社团活动进了他们寝室，看到寝室的装饰后称赞说："第一次看到男生寝室装饰得如此好看，比我们女

---

[①] 引自重庆大学土木工程学院网站（转引自华龙网），原题《重庆大学工科男花300元将寝室变成"天空之城"被赞"最美男寝"》，2015年4月28日。

生寝室还漂亮！"

此次设计与装饰寝室，对吴康杰和他的室友来说，是一次加强沟通、促进情感交流的难得机会。"大学一年级时，我们的关系还挺好，后来慢慢有些疏远，交流也少了。趁着装饰寝室的机会，我们四个人的沟通比以前更多了，关系也更好了。"王强说。

> **学习探究与思考**
>
> 1. 如何理解寝室文化建设与劳动之间的关系？
> 2. 请以寝室为小组，小组间结合寝室成员的生活习惯、性格特点，共同讨论制定出一份《寝室公约》，并将制定思路、过程及最后的结果分享给其他小组。
> 3. 请以寝室为小组进行合作，设计并实施一项特色寝室改造计划，旨在提高寝室的整洁度、舒适度和学习氛围。要求明确任务分工、时间安排和预期成果，并在实施后进行总结和反思。

## 第四节　师范生校园文化建设

### 一、校园文化的内涵

高校校园文化是在长期办学实践中，依据社会要求在既定的教育目的和学校目标的指引下，全体师生通过教育、生活和劳动等直接参与和创造而形成的，并为其公认和遵循的价值取向、思维方式、行为规范和准则的总和。它是生长发展在高等教育环境中，经过长期积累、沉淀、创造、选择的，相对独立的一种文化现象。高校校园文化，就其形式而言，属于人的思想范畴；就其内容而言，则是教育目的和学校目标的反映，即坚持以马克思主义为指导思想，以社会主义先进文化为导向，把学生培养成为有理想、有道德、有文化、有纪律的，面向现代化、面向世界、面向未来的合格的社会主义现代化建设者和可靠的接班人。一所高校的校园文化集中体现在该校的校训上，并通过校风、教风、学风表现出来。高校校园文化主要包括物质文化、精神文化和制度文化等基本内容。

视频：师范生参与校园文化建设的实践意义与具体路径

#### （一）校园物质文化

校园物质文化包括两方面：一是硬件设施。硬件设施既包括教学、科研、生活、设备、设施、建筑物等，又包括根据一定的目的特意布置或创造出来的、赋予其特定文化内涵、体现一所学校办学理念和特色的自然和人文环境，对广大师生员工产生潜移默化的教育作用，主要包括校园美化绿化，校园景观、标志性建筑、新闻橱窗、板报专栏等。二是软件设施。硬件设施是看得见、摸得着的外显办学条件，而软件设施主要包括师资力量、学科专业设置等内隐的教学条件，两者共同构成完整意义上的校园物质文化。物质本身并不是文化，物质文化的内涵是，某些物质是由人创造的，是人的精神世界的物化，任何人造物都蕴含人的某些思想、情感等精神内容。因此，校园物质文化是校园文化的基础和外在标志，发挥基础性的作用。

校园物质文化是校园文化的基础和外在标志

## （二）校园精神文化

校园精神文化是在高校发展历史过程中，经过长期的积淀、选择、凝聚、发展而成的、集中反映一所学校的办学宗旨、培养目标及其独特个性，并为广大师生员工认同的精神财富。它主要包括学校的传统精神和师生员工的价值观、道德观、文化观及思维方式、心理氛围、精神信念等，往往以校风、学风、班风、校歌、校训等外在的形式表现出来。作为一种隐形文化，它无处不在，潜移默化地对学校各方面产生深远的影响，具有无比的影响力、凝聚力和感召力，是一所高校最宝贵的无形资产，也是校园文化的核心和灵魂，是校园文化中最深层次、最本质的部分。校园精神文化往往通过各种校园活动，包括师生员工的教学、科研学术交流、管理、社会实践、生活娱乐等动态表现出来。这些活动蕴含的文化内容和精神气质的总和构成的校园活动文化，是校园精神文化最生动具体的表现，是人们可感可触的文化现象，也是校园文化得以产生和不断创新发展的源泉，是师范生个性全面发展的"练兵场"，也是校园文化与社会主流文化、与其他亚文化之间相互影响和交流的重要渠道。通过校园文化活动，可以动态了解一所学校的办学理念和精神状态。因此，它在校园文化中具有独特的地位和作用，贯穿高校师生员工日常学习、工作生活的全过程。

校园精神文化是高校最宝贵的无形资产

### （三）校园制度文化

校园制度文化是高校在教学、科研、管理、生活、活动中，为了规范和约束师生员工的行为，维护正常的教学秩序和生活秩序而制定出的各种规章制度中体现出的文化。相对于有形的物质文化和无形的精神文化，它是一种物化的心理和意识化的物质，是校园文化的外在表现形式，既包括反映校园制度文化共性的法律法规，也包括体现不同学校制度文化个性的管理制度，其实质是反映学校调控的程度、监控的原则和管理的张力，是校园文化向更深层次发展的前提和保障。校园制度建设的最终目的是使受教育者能够形成自我约束、自我管理、自我教育的习惯。因此，社团建设作为学生自己组织、自己管理的一种尝试，其活动过程是校园制度文化的具体表现。透过社团活动，往往可以了解校园制度运行的情况。

互联网技术经过了几十年发展，如今已经深入社会生活的各个领域，极大地改变了整个社会的信息传播方式和生产、生活方式，也在很大程度上改变了人们的思想观念，网络已经成为师范生在学习、生活中不可或缺的一部分。网络不只是一种技术，更是一种文化。大学校园网络不断普及，网络文化也渐渐深入校园文化，在与校园文化的相互渗透中形成高校校园网络文化。随着网络文化的"双刃剑"作用日益突出，网络文化中的管理问题逐渐成为新时期高校校园制度文化的一个重要组成部分。

**校园制度文化是校园文化的保障**

总之，新时期高校校园文化的三个基本内容是密切联系、相互影响、相互渗透的。其中，物质文化是校园文化的基础，制度文化是校园文化的保障，它们相互作用，构成一个有机的整体。

## 二、校园文化的特点

### （一）校园文化的继承性和时代性

文化本身有一个继承和发展的问题，校园文化也是这样，其本身是对学校建设发展中历代师生员工创造出的物质与精神产品的一种继承，同时又是时代的反映，必须与时代的大环境相适应。校园群体文化层次决定其必定是一个积极与社会文化不断趋近，站在时代文化前沿的弄潮儿。因此，校园文化一方面要将学校传统、良好的校风和学风、科学和有效的管理方法及校园精神一代代传承下去，另一方面要不断地创造和选择吸收反映时代特征的新思潮、新观念、新精神，不断丰富和发展它的内涵，给校园文化注入新的活力。

### （二）校园文化的约束性和规范性

校园精神文化体现为一种教育情境和精神氛围，各种教育引导、约束因素相互作用其中，交织在一起，对每个个体的言行起到规范约束作用，这就决定大学校园文化对德育教育有着重要的意义。校园内的主体是青年，青年大学生自我意识较强，注重自我追求，简单的批评教育方式收不到好的效果。这就要求高校的教育工作者不断创新学校德育工作方法，通过校园文化把德育内容渗透到各个方面，起到润物细无声的作用。

### （三）校园文化的实践性和自主选择性

学生在校园文化实践中既是主体，又是客体。他们是校园文化的参与者、实践者，又是校园文化的消费者和影响对象。高等学校的学生因心理发育和智能结构的完善在校园文化活动中表现出一定的自主选择性。在教师指导下，学生组织科技、学术、艺术和娱乐活动，表现出很强的参与意识和较强的参与能力。学校通过组织学生参与校园文化建设实践活动，创造学生自我教育的环境与条件，弥补教学之不足，能够使学生在互动过程中发展自己的才能与爱好，提高自己的综合素质。学生对校园文化的自主选择性决定了校园文化建设要有科学规划，体现活动的层次性，做到活动的点面结合。

### （四）高等师范院校独有的"师范性"

高等师范院校培养的是未来的人民教师。教师本身就有对文化进行继承、传播、引导、发展的责任，从校园文化走入社会文化，再投入校园文化中去。这就决定了师范院校的校园文化要"师化"，也就是说，无论在校园精神中，还是在校园活动和校园环境中，都应突出"师"字。"尊师爱教""崇尚师德""为人师表""乐于从教""安于从教""人民教师无上光荣"等观念应在校园文化的各个环节中加以渗透。同时，高等师范院校的校园文化还应有一个侧重点，通过校园文化的引导、规范、约束使师范生的道德文明修养内化成"师德"。

## 三、建设校园文化的时代价值

### （一）校园文化对学校的建设和发展起着导向和保证作用

校园文化是赋予学校生命、活力并反映学校历史传统、办学意志、特征面貌的一种文化形态，是校园精神文明体系中高度成熟并可被学校师生一致认同的群体意识和品格。校园文化中形成的精神文化可被浸透、融入校园文化的行为主体和各种文化载体中，从而对学校的教育活动，对学校全部个体产生广泛而深远的影响。学校可借助校园文化精神内核的凝聚作用，唤起和激发师生对学校的深厚感情，团结一致为学校的建设发展奋斗。校园文化的核心部分对学校坚持社会主义办学方向，全面贯彻党的教育方针起到保证作用。因此，校园文化是学校德育的重要载体，对其中个体的思想、信念产生感染和激励作用。

### （二）校园文化对大学生的素质培养起着塑造和引领作用

时代的发展要求大学生具备强烈的进取精神，特别是具有综合素质全面提高的内在动力。师范生要掌握丰富的专业知识，还要在人际交往、发明创造、组织管理、互相协调、语言表达、特长培养等方面做出努力。丰富多彩的校园文化生活对于优化师范生的智力结构具有积极的作用，良好的校园文化活动是锻炼培养师范生各种能力的有效方式和实践途径。

### （三）校园文化对大学生的健康成长起着促进作用

校园物质文化，如现代化的教学、科研设备，对师生、员工的身心成长发展将产生积极的作用。一景一物，潜移默化，良好的校园环境陶冶着学生的情操，有益的校园文化活动能够培养和提高学生的审美能力和创造力，激发学生对美的追求和向往，约束并规范学生的行为朝正确的方向发展。校园文化中的制度、环境、精神氛围对学生的成长和发展都起着积极的促进作用。

**故事链接：**

蔡元培先生的北京大学往事

4-4-1

## 四、师范生校园文化建设途径

### （一）用心呵护校园卫生环境，建设美丽校园

爱护校园卫生环境，建设美丽校园的基本要求有以下几点。

（1）参与。人人参与美化校园环境的劳动，使之成为师范生自觉的行动。

（2）环保。师范生应该增强环保意识，在美化校园环境的时候，充分考虑和利用现有条件，不铺张浪费，分类回收垃圾，创建无烟校园，讲求实用、大方，体现低碳绿色环保的生活方式。

（3）美丽。校园的环境设施会对学生产生潜移默化的影响，美丽校园既是每所学校追求的目标，又是校园建设的一项重要内容。

（4）特色。每所学校的地理位置、办学历史、发展定位、精神风貌、文化底蕴等各有特色，在美化校园环境的时候，要充分考虑这些特点。

### （二）严格遵守校园文明规范，维护校园秩序

为维护良好的校园秩序，营造文明、整洁、健康、高雅的校园环境，建设平安校园、和谐校园，师范生应遵循以下校园文明行为规范。

（1）着装整洁得体，仪容端庄。

（2）行为举止高雅，谈吐文明。

（3）爱护学校花草树木，节约用水。

（4）乘坐电梯遵守秩序，先下后上，相互礼让。

（5）遵守学校环境卫生的有关规定，保持学校环境卫生，不随地吐痰、不乱扔杂物。

（6）文明如厕，保持卫生间清洁，爱护其设施。

（7）上课时遵守课堂纪律，候课时不在楼道内大声喧哗。

（8）爱护教室设施，合理使用教学设备，保持干净整洁的教学环境。

（9）汽车、电动车、自行车停车入位，摆放有序。

（10）不在教学楼内的教室、办公室、楼道、楼梯、卫生间及公共场所吸烟。

（11）观看教学展示、视听公共课，以及参加会议等活动时，主动服从现场管理，遵守秩序，爱护礼堂、会议室等设施。

（12）进行教学和汇报演出活动时，合理使用场地及设施，降低环境噪声，防止影响学校周围单位和居民正常工作和生活。

（13）自觉遵守学校的各项规章制度，尊师爱友、团结和睦，共同营造绿色健康的学习氛围和积极向上的工作环境。

（14）参加学校在本地组织的和赴外地的教学汇报演出、比赛或游学活动时，保障安全，遵守纪律；尊重当地风俗习惯、文化传统；爱护文物古迹、风景名胜、旅游设施。

（15）遇到突发事件，服从学校统一指挥，配合进行应急处置。

（16）遵守网络信息管理的有关规定，维护微信群安全和秩序，自觉抵制不良信息，不传播网络谣言。

### （三）积极参与校园文化活动，展示个人风采

丰富多彩的校园文化活动是高校发挥校园文化育人功能的重要载体。通过开展学术、科研、文化、艺术、体育等丰富多彩的、寓教育于乐的活动，高校能够把校园文化教育人、引导人、鼓舞人与尊重人、理解人、关心人的固有功能发挥出来，使学生在无意识的心理状态下接受教育环境负载的信息，实现文化育人。因此，师范生应该积极参与校园文化活动，展示自己的风范，如参与"挑战杯"科技竞赛、教师技能大赛、学院专业素质竞赛、职业生涯规划大赛等活动。

**典型案例**

### 浙江中医药大学"百草课堂"校园文化建设案例分析

浙江中医药大学是一所以传承中华民族传统瑰宝中医中药为己任，医、理、工、管、文多学科协调发展，在省内外具有一定影响的省属高校。近年来，为促进中医药人才培养，适应并推进素质教育，学校以打造和谐的大爱文化、精致的品牌文化、大气的发展文化为校园文化的发展方向，培育了一批富有学校专业办学特色的校园文化品牌，"百草课堂"就是其

中的典型代表之一。

"百草课堂"始于2002年11月，在学校党委宣传部、药学院党总支的领导和校团委的指导下，由药学院团委负责具体日常工作。"百草课堂"秉承浙江中医药大学的校训"求本远志"精神，坚持注重历史传承与发展创新相结合、科学精神与人文精神相结合、发展共性与突出个性相结合，努力建设内涵丰富、形式多样、具有深厚底蕴和专业特色的校园文化。

浙江中医药大学"百草课堂"

### 1. 在实践中积累学习能力，在活动中彰显专业特色

"百草课堂"紧密结合专业特色，大力弘扬"神农尝百草"的执着精神，注重学生学习能力的积累与提高。作为"百草课堂"的重要组成部分，校内活跃着一个被称为"新时代神农"的科研型学生团体——本草社。本草社以中草药种植园建设为突破，发展学生的专业兴趣。2004年10月，学校中草药种植园在位于学校体育场西南角的一堆建筑垃圾上建立。开垦土地、修排水沟，学生样样自己来。为了解决种植园的"积水烂苗"难题，社团成员艰难搬运一块块重达几百斤的水泥板，肩膀磨破了，脚上起了血泡，却无人退缩。中草药种植园建立以来，社团成员先后16次上山采药，足迹遍及天目山、括苍山、四明山，采集并制作中草药腊叶标本达1500余种。从他们身上，我们看到了泥土般的沉稳与踏实，看到了执着的理想和坚定的信念。

### 2. 在参与中弘扬中药文化，在探究中培育科学精神

"百草课堂"通过开展丰富多彩、富有特色的活动，面向社会和校园，积极推广中药文化。作为它的子品牌，"中草药嘉年华"是一项体验式感知中医药文化知识的大型科普活动，以"撒播希望的种子、孕育中医药文化"为宗旨，旨在传承中医文化、普及中药知识、服务社会民生。自2008年开始，"中草药嘉年华"活动在浙江省十佳学生社团浙江中医药大学本草社的组织下，已在社区、山村、学校等地开展多次活动，累计接待参与者15000多人次，省市多家媒体予以报道。2008年10月，"中医中药中国行"浙江省启动仪式暨杭州站活动在杭州运河广场隆重举行。药学院承办的"中草药嘉年华"作为此次活动的重要组成部分，受到广大市民的热烈欢迎。2010年，"中草药嘉年华"已先后在浙江工业大学、浙江师范大学成功举办校园行系列活动，场面火爆，受到大学生的热烈欢迎。"中草药嘉年华"还和《都市快报》合作，举办"超级兴趣班"，邀请广大青少年及其家长一起探索中药的世界。

### 3. 在聆听中领略名家智慧，在思辨中感悟人生真谛

"百草课堂"通过举办各类论坛和讲座，积极倡导社会主义核心价值观和人文精神，教做人求知之法，悟成才大爱之道。"百草课堂"创建伊始，便十分重视大学生的人文素质培养，积极开展主题为"继承传统文化精髓、领悟做人求知成才"的系列讲座，李大鹏等专家先后做客"百草课堂"，现场气氛十分火爆。学生们通过领略大师的风采，开阔了视野，提高了素质。近年来，"百草课堂"系列讲座走出校门，并增加了多媒体授课形式，提高了讲座的频率和覆盖面。

经过几年的实践与发展，"百草课堂"已发展成为人气旺、美誉度高、影响深远的校园

文化建设品牌，极大地丰富了学生的课外生活，激发学生科技创新的热情，增强学生实践能力和服务意识。

> **学习探究与思考**
> 1. 什么是校园文化？师范生在校园文化建设中有何作用？
> 2. 师范生是否应该积极参与校园文化建设？请阐述你的观点和理由。
> 3. 有的学生认为校园文化建设形式大于实质，偶尔配合做黑板报就可以了；有的学生认为校园文化建设是学校领导和老师的责任，与自己无关；有的学生认为，校园文化建设是展示自我、锻炼能力的机会，是每个师范生都应该积极参与的重要任务。你怎么看待这个问题？请阐述你的理由。

# 劳动教育主题实践

### 实践活动一

寝室是在校大学生日常生活、学习、交流的重要场所，从某种意义上讲，大学生寝室是反映大学生精神境界和校风校貌的重要窗口。对于来自天南海北、性格迥异、爱好不同的大学生而言，在寝室中营造干净整洁的环境、创造和谐的人际关系、营造文明温馨的寝室氛围、塑造独特的寝室文化，对大学生自身的成长助益颇多。

请师范生以寝室为单位，自主设定主题、设计方案，寝室成员共同参与，以改善寝室面貌、提升寝室的文化格调、彰显寝室的独特文化。要求用PPT或短视频的形式记录过程，在班级院系内或全校内进行比拼。

根据表4-1的评价项目，对劳动实践活动进行评价，将得分填在表中。

表4-1　第四章劳动实践活动评价1

| 评价项目 | 评分标准 | 最高得分 | 实际得分 | 备注 |
| --- | --- | --- | --- | --- |
| 创意性 | 设计方案的新颖性、独特性、共同理念和价值观的体现 | 30 | | |
| 美观性 | 寝室布置的合理美观、色彩搭配的协调性、视觉冲击力 | 20 | | |
| 实用性 | 对寝室实际使用功能的考虑，如储物、照明、通风等 | 20 | | |
| 环保性 | 使用环保材料，倡导低碳生活理念的情况 | 20 | | |
| 团队协作 | 寝室成员之间沟通协作情况，能否共同完成任务 | 10 | | |
| 总分 | | 100 | | |
| 最终得分（总分/评委人数） | | | | |

### 实践活动二

进入21世纪，全球气候变暖、生存环境日益恶化，严重威胁人类的健康与生存。遏制气候变暖，发展绿色低碳经济，是全人类共同的使命。为了你、为了我、为了他，也为了我们赖以生存的地球大家庭，更为了明天的美好生活，师范生理应率先身体力行倡导绿色低碳生活、共建绿色校园。请围绕"低碳生活"制订一个"绿色校园，从我做起"的个人计划，并在生活中执行。

根据表4-2的评价项目，对劳动实践活动进行评价，将得分填在表中。

表4-2　第四章劳动实践活动评价2

| 评价项目 | 分值 | 学生自评50% | 教师评价50% |
| --- | --- | --- | --- |
| 计划完整 | 30分 | | |
| 计划切实可行 | 20分 | | |
| 计划有层次，目标有阶梯 | 20分 | | |
| 计划有反馈提升机制 | 10分 | | |
| 计划可评测 | 10分 | | |
| 计划有奖励机制 | 10分 | | |
| 总分 | 100分 | | |

# 第五章　师范生劳动技能教育

**核心问题**

★知识素养、信息素养、艺术素养、管理素养的内涵及养成意义。
★知识素养、信息素养、艺术素养、管理素养的养成路径。
★跨领域劳动教育课程设计的原则及环节。

**思维导图**

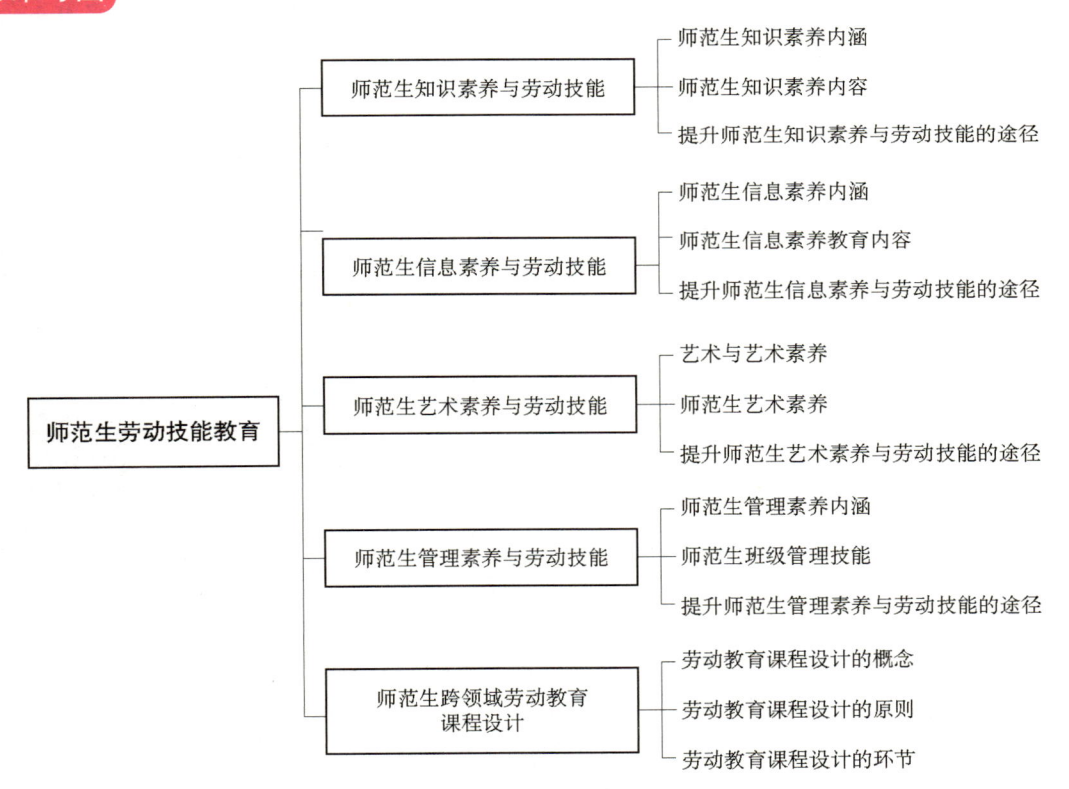

师范生劳动技能教育
- 师范生知识素养与劳动技能
  - 师范生知识素养内涵
  - 师范生知识素养内容
  - 提升师范生知识素养与劳动技能的途径
- 师范生信息素养与劳动技能
  - 师范生信息素养内涵
  - 师范生信息素养教育内容
  - 提升师范生信息素养与劳动技能的途径
- 师范生艺术素养与劳动技能
  - 艺术与艺术素养
  - 师范生艺术素养
  - 提升师范生艺术素养与劳动技能的途径
- 师范生管理素养与劳动技能
  - 师范生管理素养内涵
  - 师范生班级管理技能
  - 提升师范生管理素养与劳动技能的途径
- 师范生跨领域劳动教育课程设计
  - 劳动教育课程设计的概念
  - 劳动教育课程设计的原则
  - 劳动教育课程设计的环节

**导　论**

师范生劳动技能教育是师范院校进行劳动教育的主要途径，即对国家未来的人民教师，进行有目的、有计划、有组织的劳动知识和劳动技能教育。

提升师范生劳动技能，与培育师范生素养息息相关。所谓素养，就是由训练和实践获得的技巧或能力。《汉书·李寻传》："马不伏枥，不可以趣道；士不素养，不可以重国。"从

"素养"一词的内涵看，其包括道德品质、外表形象、知识水平与能力等各个方面；从外延看，其包括知识素养、信息素养、艺术素养、管理素养等。师范生的知识素养、信息素养、艺术素养、管理素养都是在教育教学实践中取得的，都离不开自身的劳动实践。首先，劳动教育涉及各种职业和工作方式，要求师范生具备广博的知识和技能。知识素养的提升有助于师范生更好地理解和传授知识，培养学生的学习和思考能力。其次，在当今信息时代，信息素养已成为师范生必备的素养之一。通过劳动教育，师范生可以学习如何获取、整理、分析和运用信息，更好地适应信息化社会的发展需求。再次，劳动教育不仅涉及物质生产领域，还涉及文化创意等领域。师范生需要具备一定的艺术素养，包括审美能力、创意设计等，以更好地培养学生的审美情趣和创造力。最后，劳动教育中的项目式学习、团队合作等环节需要师范生具备组织和管理能力。管理素养的提升有助于师范生更好地引导学生进行班级管理和团队协作。

总之，师范生的劳动实践是一种专业实践，师范生的劳动实践核心是提高自身的教育教学技能，为成长为一名教师具备相应的劳动能力，也就是教育教学实践能力。知识素养、信息素养、艺术素养、管理素养获得的重要的综合性基础就在于劳动，师范生应在多种素养培养中全方位地提高自己的劳动技能，具备相应的教育教学技能。

# 第一节　师范生知识素养与劳动技能

当今社会，部分师范生学习积极性不足，认为劳动辛苦、读书无用，对未来要从事的职业充满迷茫。究其原因，在于部分学生丧失了对劳动的需求。劳动创造了财富，而创造财富的劳动是辛苦的，学习和掌握科学文化知识的劳动更是艰苦的。通过本节的学习，师范生要认识到世间美好的事物都需要通过诚实劳动获得，要确立为理想而奋斗的劳动主动性和劳动积极性。爱迪生曾说过："世间没有一种真正具有价值的东西可以不经过艰苦辛勤劳动得到。"我们只有端正学习目的，树立远大理想，养成扎实的学习作风，与劳动实践紧密结合起来，在实践中学习知识、掌握技能，提高为人民服务的本领，才能成为新时代的创新创业人才。

## 一、师范生知识素养内涵

视频：师范生知识素养的内涵

在当今社会中，人们越来越注重教育的素质和能力培养，而知识素养被认为是其中重要的一个方面。知识素养指现代公民学习和掌握科学文化知识的素养，它是其他素养形成的基础。教师核心素养中的教师知识素养是在教师对专业知识理解与运用的基础上形成的素养，教师不仅需要掌握事实类知识，了解教育发展的理念与实务，还需要知道学生如何学习，掌握如何为学生创造优质的学习环境等程序性知识。

知识素养的形成不仅在于专业知识的积累，还在于在教育教学过程中对知识进行恰当的整合与运用。2012年2月10日，《教育部关于印发〈幼儿园教师专业标准（试行）〉〈小学教师专业标准（试行）〉和〈中学教师专业标准（试行）〉的通知》（教师〔2012〕1号），明确提出教师需要具备的专业知识内容及实施建议；而在澳大利亚教师职业标准中，教师的专业知识包含多样化的语言、文化等，教师需要知道学生不同的经历如何影响他们的学习，知道如何去构建课程，以适合学生的身体、社交、性格与智力发展。此外，出于对教学过程中不确定性的考虑，教师还需要掌握"适应性专业知识"。教师知识素养逐渐被赋予一种动态的、生成的意义。

## 二、师范生知识素养内容

师范生要具备较高的知识素养，具体包括四个方面的知识——扎实的基础知识、精深的专业知识、广博的科学文化知识，以及丰富的实践知识。

### （一）扎实的基础知识

在科学技术迅速发展的今天，掌握基础理论知识十分重要。基础知识是知识中最稳定、最持久、最不易老化的部分，是一切知识的基础。打好基础，学习专业知识就有了根基，专业转换也就更容易实现，搞科学研究才有后劲。有了扎实的基础理论知识，在思考解决问题时，就有更大的适应性和创造性。例如，教师口语是师范生基本功，师范生应积极参加诵读大赛，在诵读经典诗文中体悟人生哲理，加强自身文学修养，传承中华优秀传统文化。

师范生参加诵读比赛

### （二）精深的专业知识

专业知识是人才知识结构的特色。专业知识包括专业学科的概念体系、理论体系、研究工具、基本资料等，是从事专业工作的资本。如果把人才的知识结构比作一座宝塔的话，那么专业知识就是塔尖，塔的中间部分是专业理论基础知识，塔的下半部分是专业必备的科学基础理论知识。塔尖修长才能显出塔的雄伟，这就要求师范生必须有精深的专业知识，只有专业理论精深，才能有明确的主攻方向，集中力量在事业上取得突破。

专业知识的核心是学科教学知识。师范生需要发展起一种整合性的学科教学知识群。目前，我国中小学仍以学科课程为主，学科教学知识群以课程中的学科知识为核心，辐射学科知识、课程知识、学生知识、教学法知识、环境知识等方面。

#### 1. 学科知识

学科知识包括具体的学科内容知识，以及该知识在学科中的发展史、价值等，可以从单个知识的科学性和表征多样性、单个知识在学科中的背景知识及知识结构图等方面评价师范生的学科知识水平。

#### 2. 课程知识

课程知识指学科知识在课程中的安排、价值等，可以从对学科知识在课程中要求的了解程度、学科知识在课程中的地位（包括该学科知识的前知识是什么、对后续课程学习有什么影响、与其他学科的学习有什么关系）等方面评估师范生的课程知识。

### 3. 学生知识

学生知识是对学生理解学科知识的基础、困难等方面的认识。师范生的学生知识有两种类型：一是某个学龄段的学生普遍具有的特征，这类学生知识在师范生的学科教学知识群中比重较大；二是个体学生特征，这类学生知识主要发生在师范生的实习过程中，比重较小。

### 4. 教学法知识

教学法知识指帮助学生学习学科知识的教学方法的知识，可以从教学方法、各种方法的特点等方面进行评估。

### 5. 环境知识

环境知识指在某个环境中如何利用资源，帮助或影响学生学习的知识，包括组织教学的知识、硬件设备知识、学校班级教学氛围知识等。

简而言之，学科教学知识重点回答三个问题，即教什么（教学内容的知识）、怎么教（教学方法的知识）、教谁（教育对象的知识）。掌握各种知识相互整合的方法论知识是教师自主发展的基础，在职前教育中尤为重要。

**知识链接：**

教师专业发展的瓶颈：如何提升教师的学科教学能力？

5-1-1

**知识链接：**

黄瑾：学科教学知识与幼儿园教师的专业发展

5-1-2

## （三）广博的科学文化知识

当下，各种学科相互渗透，科学技术既高度分化又高度综合，要求师范生不仅要有扎实的基础理论和精深的专业知识，还要有广博的知识面，做到专博相济、一专多能。除掌握专业知识外，师范生还要努力学习和掌握马克思主义基础理论，懂得一些经济学和管理学方面的知识，要善于学习新知识，吸收国内外的先进科学知识。

## （四）丰富的实践知识

教师的实践知识是基于教师个人的经验累积，在对待和处理教育问题时体现出的个人特质和教育智慧。它可能源于课堂教育教学情境，也可能源于课堂内外的师生互动。实践知识带有明显的情境性、个体性，是教师对复杂和不断变化的教育情境的一种判断和处理，受个人的经历、意识、风格与行为方式的影响。有的实践知识是可以明确意识的，是经过深思的；有的实践知识是无意识或潜意识的，是一种非反思的缄默知识。

## 三、提升师范生知识素养与劳动技能的途径

### （一）师范生提升知识素养的方法

知识社会的不确定性、多样性、矛盾性成为未来世界我们要面对的挑战，师范生在追求"确定"的同时，也要把自己培养成具有批判意识与能力的人。学校教育的使命、教师的使命，在于帮助学生成为自我发展的终身学习者，以使他们更好地与学校和社会连接。提升知识素养是师范生能够更好地适应未来教育教学工作的重要基础。在日常学习中，师范生提高自身知识素养的方法有以下五种。

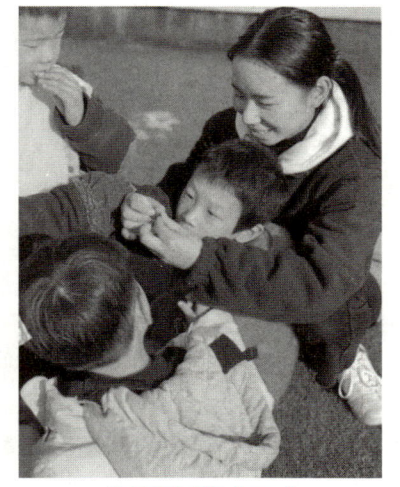

幼儿园里师生互动

（1）培养观察力。观察时着重把握观察对象的特点，努力发现某事物不同于其他事物之处。在观察时，必须把视觉运用和积极思考结合起来，边看边想，在看的过程中不断进行分析，综合比较判断。经常有意识地进行观察练习，养成细致、深入、全面地观察事物的习惯。

（2）培养注意力。努力增强注意的目的性，努力培养对注意对象的兴趣，有意识地时常进行调控注意力的训练。

（3）培养记忆力。主要是增强记忆的敏捷性、正确性、持久性和备用性，培养记忆力；注意遵循记忆规律，及时复习，讲究记忆"卫生"，使用科学的记忆方法。

（4）培养思维力。不断提高思维的广阔性、深刻性、灵活性和独立性；养成思考习惯，在不断思考中锻炼与发展思维能力；善于生疑，注意独立思考，把思考和学习有机地结合起来。

（5）培养想象力。不断增强想象的丰富性、新颖性和独创性；掌握广博的综合性知识；保持与发扬好奇心，积极拓展思维时空跨度；自觉进行抽象思维能力训练，培养善于捕捉"直觉"和丰富的情感的本领。

总之，教育教学是一个不断发展和变化的领域，师范生需要具备自我学习的能力，通过以上途径来培养提高自身的知识素养。平时应阅读书籍和最新的教育文献、参加学术会议、接受专业培训，不断扩大自己的视野、更新自己的知识和技能，以适应教育教学的发展变化。也可以参加学习小组或学术团队，与其他同学一起学习和讨论问题，交流和分享信息。通过互相交流和学习，扩大知识面和提升思维水平，培养合作精神和团队意识。

**知识链接：**

怎样培养观察力

5-1-3

**视频链接：**

调节注意力的方法

5-1-4

### （二）师范生知识素养与劳动技能结合的途径

师范生劳动技能的核心是教育教学技能，这是师范生日后成为合格教师应具备的劳动能力，也就是执教能力。师范生知识素养与劳动技能结合有以下途径。

（1）在学习实践中掌握扎实的知识基础。师范生需要具备扎实的学科专业知识，通过课前探学、课中研学、课后拓学深入学习学科知识，掌握教育教学的规律和方法，为未来的教育教学工作打下坚实的基础。

（2）在学习实践中扩展知识领域。除了学科专业知识，师范生还需要了解和掌握其他领域的知识，如心理学、社会学、历史学等方面的知识。这些知识可以帮助师范生更好地了解学生的身心发展规律和特点，为未来的教育教学工作提供更多的思路和方法。

（3）在学习实践中掌握教育技术。随着信息技术的发展，师范生需要掌握教育技术知识，如计算机技术、多媒体技术、网络技术等。这些技术可以帮助师范生更好地利用现代技术手段辅助教学，提高教学效果和质量。同时，新技术也能够帮助师范生学习新事物，更好地关注社会热点问题，了解时事动态和社会变迁，了解世界。

（4）在见习实习中提高教学技能。师范生应该积极参与实习，如教育实习、观摩优秀教师的教学、参与学校的管理活动等，将所学知识应用于实际教学环境；通过观察、实践和反思，不断改进自己的教学方法和策略，提高自己的教学能力；同时，多参与校内外社团或志愿活动，在实践中锻炼技能。

（5）在见习实习中增强反思能力。师范生需要在见习实习中不断反思和总结自己的经验，同时借鉴他人的经验和做法，找出自己的不足之处，并制订改进计划；通过反思更好地理解和掌握教育教学知识，提高自己的教育教学实践能力。

（6）在教学研究中提升实践能力。师范生可以结合所学知识和实践经验，开展教学研究，探索有效的教学方法；通过阅读相关文献、进行实验和总结经验，不断深化对教育教学的理解，提高自己的研究能力，并用于指导教学实践。

总之，师范生提升知识素养与劳动技能需要多方面努力和投入。师范生需要通过建立扎实的知识基础、扩展知识领域、掌握教育技术等方式，提升知识素养、掌握教育教学实践能力，为未来的教育教学工作做好充分的准备。

师范生参与志愿者活动

> **典型案例**

潜心科研，开启国家深地时代

黄大年，1958年8月生，中共党员，生前系吉林大学新兴交叉学部学部长。

在国外学习工作期间，黄大年一直关注祖国的发展变化，经常回国交流讲学。2009年，为响应国家海外高层次人才归国的号召，黄大年放弃国外优越的工作生活条件，回国担任母校吉林大学地球探测科学与技术学院全职教授。他筹划组建了"吉林大学移动平台探测技术研发中心"和"吉林大学海洋油气资源研究中心"，将多学科优势资源整合到国家急需的陆地和海洋资源勘探领域中，同时担任国家"863计划"航空探测装备主题项目和地球深部探测关键仪器装备研制与实验项目的首席科学家。5年间，他带领400多名高校和中国科学院的优秀科技人员，取得了一系列重大成果，使我国成为继俄罗斯之后第二个具备万米大陆科学钻探技术能力的国家。黄大年在担任硕士研究生、博士研究生导师期间，治学严谨、关心学生，指导了44名研究生，其中获得省部级以上奖项的就有14人。他还多次担任教育部"长江学者奖励计划"及其他人才计划的评审专家，为国家引进和培育高端人才提供服务。

黄大年教授

为尽快缩小国内研究领域与国际水平的差距，黄大年经常工作到夜里两三点，没有休过寒暑假。他平均每年出差130多天，每次出差开会都把行程安排得满满的，经常选择坐最晚的飞机往返，以节省更多时间用于科研和教学。患病前，黄大年三次累倒在工作岗位上。治病期间，他每天在病房中与团队师生研究项目。他说："我只想为国家做更多的事！"

黄大年生前积极推动和配合学校组建新兴交叉学科学部，并担任学部长。他服务国家重大战略和经济社会发展需求，指导地方科技建设和经济转型，牵头筹划建立吉林省"无人机产学用基地"和"吉林大学留学生报国基地"。黄大年的忘我工作充分展现了新时代归国科研精英及高校教育工作者的奉献精神和崇高品格。

黄大年荣获"时代楷模""杰出科学家"等称号。

> **学习探究与思考**
> 1. 师范生如何通过见习、实习等机会丰富自己的学科教学知识？如何在日常生活中提升自己的知识素养？
> 2. 小组合作，采访身边的优秀教师，了解其学习背景及继续教育情况，问一问在他心目中最重要的"知识"是什么。

## 第二节　师范生信息素养与劳动技能

信息化时代以来，已形成集知识、技术、智慧、时间于一体的信息化环境，直接影响知识的生产、科技的创新、成果的转化。人们越来越认识到社会信息化是当前科技、经济、社会发展竞争的制高点，是一个国家、地区、城市现代化和国际化的最高标准。这也是知识经济时代的一大特征。2013 年，联合国教科文组织颁布的《媒体与信息素养——政策与战略指南》，将信息素养定位为确保公民参与知识型社会建设的必备能力。

一直以来，人们认为只有具备能读会写的基本素养才能在社会上立足和发展，即必须具备"基本素养"。但是，一个人要在高度信息化的社会生存和发展，就必须具备信息素养。信息素养教育不仅是师范生适应信息化社会的需要，而且是终身教育的最佳途径。信息化社会为人们接受终身教育提供了多种途径，要求受教育者保持高度的信息意识，不断获取新的知识。只有具备这些素质，受教育者才能终身保持对信息、知识的敏感性和洞察力，时时处处密切关注与其日常生活、学习、工作有关的世界上最新的科学知识，最先进的技术，才能随时随地按照社会需求和自己的意愿自觉主动地学习并吸收新知识、新技术，不断改善、调整、更新自己的知识结构，使自己各方面的能力永远不落伍。

信息技术是人类改造世界、创造财富的生产工具。很多时候，使用信息技术的过程就是劳动的过程。不断涌现出来的新的劳动形式，往往离不开信息技术的支撑。因此，以信息技术为载体开展劳动技能教育有着广阔的前景。

### 一、师范生信息素养内涵

#### （一）信息素养的内涵

信息素养最早是由美国信息产业协会主席保罗·泽考斯基于 1974 年提出来的。他把信息素养定义为"利用大量的信息工具及主要信息源使问题得到解答的技术和技能"，后来又将其解释为"人们在解答问题时利用信息的技术和技能"。1989 年，美国图书馆协会和美国教育传播与技术协会提交了一份关于信息素养的总结报告，提出有信息素养的人必须能够认识到何时需要信息，能够评价和使用所需的信息、有效地利用所需的信息。有信息素养的人最终指那些懂得如何学习的人，懂得如何学习是因为他们知道如何组织知识、如何找到信息、如何利用信息。1992年，多伊尔在信息素养全美论坛总结报告中给信息素养下的定义是："一个具有信息素养的人，他能够认识到精确的和完整的信息是做出合理决策的基础；能够确定信息需求；形成基于信息需求的问题；确定潜在的信息源；制定成功的检索方案；从包括计算机和其他的信息源中获取信息；评价信息；组织信息用于实际应用；将新信息与原有的知识体系进行融合，以及在批判性思考和问题解决的过程中使用信息。"

**信息素养具有丰富内涵**

近年来，为提升教师信息素养，我国先后出台了系列政策举措，进行战略部署。2018年4月，教育部发布《教育信息化2.0行动计划》，将"信息素养全面提升行动"列为八大行动之一。2018年8月，教育部启动人工智能助推教师队伍建设试点行动，着力推动教师主动适应信息化、人工智能等新技术变革，积极有效开展教育教学。2019年4月，《教育部关于实施全国中小学教师信息技术应用能力提升工程2.0的意见》进一步提出构建"教师信息素养发展新机制"。

综上所述，师范生信息素养是指在基于信息化教学实践基础上，能根据社会信息环境的发展要求，对信息进行检索、获取、分析、处理，以及利用信息解决教育教学与工作、生活等方面实际问题的能力。在具体的教育教学场景中，信息素养指师范生能熟练应用多媒体信息技术，与本学科结合开展教学实践，提高教学质量和教学效果。

### （二）师范生信息素养的特殊性

当前，无论是从社会发展和教育改革的要求出发，还是从师范生信息素养的现状来看，加快培养和迅速提高师范生的信息素养都显得十分必要和迫切。师范生要根据教育发展的要求和整个社会的信息环境，在接受教育的过程中逐步形成对待信息活动的态度、信息角色的意识、收集信息的意识，以及利用信息和信息手段解决问题、创造信息的能力等。师范生的信息素养与普通大学生的信息素养相比有更高的要求，这是由师范生的未来职业决定的。这种更高的要求表现在以下几个方面。

（1）作为未来的教师，师范生是信息的获取者、把关人、传播者，要对不良信息自觉加以抵制，把不良信息过滤在传播以前。

（2）作为知识的传播者，师范生利用和传播的信息必须是科学的、正确的，这对师范生的信息理解、评价、判断和选择能力提出了更高的要求。

（3）师范生是信息的制造者，对师范生的信息处理能力和信息的生成、表达能力应该有更高的要求。

（4）作为教育信息化的实践者，师范生还应具有利用信息技术建构有效的教学信息资源的能力，以及利用信息技术进行教学设计的能力，能够在具体的学科课程中整合信息技术，以使学生的学习最优化。

### （三）师范生信息素养培养的重要性

出于师范生自身发展及其职业性的要求，师范生信息素养培养显得尤为重要。

一方面，培养师范生的信息素养是师范生自身有效学习的需要。信息时代，人类知识的总量急剧增加，各种职业岗位的知识含量也不断提高。师范生要适应未来社会的急剧变化，必须"学会学习"，即具有学习能力，掌握学习方法，牢固树立终身学习的观念，不断进行知识更新。在信息时代，学习能力实际上表现为以个人获取信息和处理信息的能力为主要标志的信息素养。因此，信息素养是师范生获得知识、更新知识、有效学习、发展素质、终身学习的组成成分和促进因素。

另一方面，培养师范生的信息素养是一种职业性要求，是推动教育信息化的需要。新时代教师应该具有良好的信息素养。《教育部关于实施全国中小学教师信息技术应用能力提升工程2.0的意见》指出，信息技术应用能力是新时代高素质教师的核心素养，要"构建以校为本、基于课堂、应用驱动、注重创新、精准测评的教师信息素养发展新机制"。由此可见，提升教师信息素养已经成为全社会的共识。如果师范生不具备良好的信息素养，不懂得如何适当地运用信息技术进行教学，就难以承担信息社会基础教育的重任。

## 二、师范生信息素养教育内容

信息素养教育是根据社会信息环境，培养和提高个体的信息觉悟、信息观念、信息主体意识、信息主动精神、信息心理素质，并激发个体信息智慧和信息潜能的活动。师范生信息素养教育的内容至少应该包括以下三个方面。

### （一）信息意识教育

信息意识是指人们对信息需求的自我意识，即人们能从信息角度出发去感受、理解和评价自然界、社会中的各种现象、行为与理论，并具有捕捉、判断有用信息的能力。或者说，信息意识是指人们对信息需求的自我感悟，即人们对信息的捕捉、分析、判断和吸收的自觉程度。它包括信息主体意识、信息传播意识、信息保密意识、信息更新意识等多种形式。这些都是个体适应外界环境，实现自我发展的重要基础，是信息素养教育的重要组成部分。师范生有了信息意识就能敏锐地确定信息需求的特点和范围，这对其专业学习和学术研究将会大有帮助。

### （二）信息能力培养

信息能力包括信息获取能力、信息加工处理能力和信息技术利用能力等。例如，对需要的信息了解及确认；确定信息需求的时机；选择信息源；对所需文献或信息的确定与检索；对检索到的信息进行评估、组织、处理并做出决策；高效利用信息解决问题；创造新的信息。师范生要在大量无序的信息中辨别出什么类型的信息是自己需要的，并能依据掌握的信息技术和信息工具，迅速有效地获取、使用这些信息，师范生信息能力培养即培养师范生自身的信息获取能力和对信息的利用能力。它是师范生自学和研究的基础，也是在未来社会生活中必备的基本素质。

### （三）信息道德教育

信息道德是指信息用户在查询、获取、处理、利用、创造等整个信息活动中应该遵循的行为规范的总和。信息道德教育的目的在于促使师范生遵循一定的信息伦理与道德准则来规范自身的信息行为与活动。其内容包括：师范生的信息活动目标应该与社会整体目标协调一致；承担相应的社会责任和义务；遵守信息法律法规，抵制信息违法行为；在信息活动中坚持公平、真实原则；尊重他人的知识产权；正确处理信息创造、信息服务、信息使用三者之间的关系；恰当使用与合理开发信息技术，做到既保守群体间的信息秘密，又尊重个体的隐私权。

坚决抵制信息违法行为

当前，我国高校对师范生的信息素养教育尚未足够重视，有些学校刚刚处于起步阶段，有些学校至今尚未行动起来。高校的信息素养教育存在一系列问题。例如，缺乏信息观念，重视程度不够；信息理论课一片空白；信息检索课开设不足，内容陈旧；专业课缺乏信息诱导；多数大学生信息观念淡薄，信息能力低下。总体而言，我国的信息素养教育还比较落后，教育内容比较单一，离信息化社会的要求还有一定的距离。社会信息基础设施建设正在日益发展，如果人们缺乏相应的信息素养做后盾，就会无所适从，甚至引发一系列社会问题，如信息污染、信息侵权、信息犯罪等。这些负面问题的出现，说明信息素养作为基本素质，正日益深刻地影响着社会文明与社会发展的进程。

## 三、提升师范生信息素养与劳动技能的途径

### （一）充分利用校园信息资源，营造信息素养教育的氛围

大学校园作为传播科学知识和先进文化的重要阵地，有着较为丰富的信息资源，校园广播、电视、报纸、期刊、校园网络等传播媒体以信息量大、作用面广、出现的频率高等优势，形成了全方位的舆论环境，它们作为学校育人的精神环境的重要方面，对师范生有不可替代的、持久的、潜移默化的影响和教育作用。所以，必须重视和加强校园舆论传播媒体和文化设施的建设，发挥校园媒体得天独厚的优势，利用各种信息媒介形式和手段宣传现代化的知识、技能和观念，营造信息素养教育的氛围。

微课：如何提升师范生的信息素养

在高校育人实践中，有一些具有代表性的信息素养教育方式。例如，北方民族大学建立完善的劳动教育供需平台，与智慧校园链接；吉林大学利用大数据、云平台等现代信息技术

手段，监测劳动教育过程；中国劳动关系学院录制"劳动教育通论"与"大国工匠面对面"等课程，开发学校专属动漫形象，推广制作贴近大学生的网络文化产品；上海财经大学推出实践课程"云超市"，供学生自主选择，线上下单，线下实践；西南医科大学积极建设课程，形成"纲要+指南+教材+手册+教程"的课程资源，探索建设数字化劳动教育课程资源库；永州职业技术学院医学院教师通过智慧职教云课堂教学平台搭建自己的个性化课程，并利用结构化课程、微课、微视频、虚拟仿真、3D动画等，引导学生自主学习。新时代加强劳动教育，需要顺应信息化时代的趋势，贴近当代大学生的生活习惯，以新方式开展工作，提升教育质量和育人效果。

### （二）院校进行师资培训，开设信息素养教育课程

在大学教育中导入信息素养教育课程，是培养学生信息素养最有效、最科学的方法之一。部分师范院校将"信息化办公软件高级应用""现代教育技术""教师信息化素养进阶"等课程纳入人才培养方案中，以支持师范生信息素养的提升。但是，在此过程中面临两方面的问题：一是课程相对单一，缺乏多样性，无法完全匹配与支撑对师范生信息素养的培养；二是师范院校普遍缺乏专门从事信息素养教育的师资。现有的课程及师资与需求之间存在较大差距，加快信息素养相关课程建设与教育师资的培养迫在眉睫。因此，师范院校必须采取一切积极措施，多层次、多渠道、分步骤地进行专业教师的培训、培养，最大限度地提高教师的信息素养，使其能够将信息素养教育融入各学科教学中。

现代教育技术等课程已成为师范生必修课程

**视频链接：**

信息素养通识教程——数字化生存的必修课

5-2-1

**视频链接：**

信息素养：效率提升与终身学习的新引擎

5-2-2

### （三）与大众传媒合作，为师范生提供信息实践活动平台

师范生信息素养教育应以师范生为中心，将校园信息环境和大众传媒作为广大师范生接触和参与信息实践活动的阵地和平台，让师范生真正成为信息活动实践的主体。充分利用校

园广播站、电视台、网络中心等媒介，鼓励师生间、同学间相互启发，积极开展各种形式的媒介实践活动，如参与新闻采访报道、参加电视节目制作、开展校园 DV 作品大赛、开展网页制作大赛、开展计算机知识竞赛、举办影视作品展播和影视评论征文等活动。此外，学校可以定期邀请著名编辑、记者、主持人、新闻人物等走进校园，与师范生见面，进行互动交流，让师范生得到第一手信息资料，了解身边的信息状况，增加对信息的感性认识，消除对大众传媒的神秘感。

### （四）学校、家庭、社会多方沟通，建立信息素养教育网络

家庭和社会对师范生的信息素养教育也有着重大的影响。父母是孩子的第一任老师，也是最好的老师，家庭在信息素养教育中扮演着非常重要的角色。而社会对师范生的成长更是至关重要的。整个社会都有责任为师范生创造一个良好的、健康向上的生活环境，给师范生施加正面的、积极健康的影响，使师范生在真正步入社会之前就养成健康向上的生活态度，形成健康的人格。学校应加强与家庭的联系，加强与各级政府职能部门及社会各界的交流，呼吁大家共同参与，为信息素养教育营造良好的氛围，促进其健康发展。

师范生参加微电影大赛

**知识链接：**

面对未来教育挑战，教师需提升信息素养能力

5-2-3

**知识链接：**

教师信息素养怎样与时俱进

5-2-4

**知识链接：**

推动数字素养融入师范生培养体系

5-2-5

**知识链接：**

积极发展"互联网+教育"提升高校信息化建设水平

5-2-6

> **典型案例**

### 强化信息技术能力在芬兰中小学劳动教育中的体现

1860年，芬兰教育家乌诺·齐格纽斯提出这样的观点："孩子和青年应该充分熟悉并了解劳作不是一种枷锁和负担，而是一种美和光荣、一种幸福、一种对世俗生活的美好祝愿。"

芬兰在劳动教育课程设置和评价标准方面有较为成熟的体系，包括手工课、家政课、编程课及综合课等课程。芬兰国家课程大约每十年修订一次。2013年，芬兰启动了新一轮基础教育课程改革，并于2016年在中小学全面实施新课程。劳动教育并非停留于让学生对某种具体技能的学习与掌握，而是让学生懂得尊重劳动和热爱劳动，发展学生的技能。芬兰的做法非常值得国内构建劳动课程体系时借鉴。

芬兰中小学劳动教育强化信息技术能力

当今，不管学生毕业后选择什么样的职业，他们未来的工作均会与技术产生互动。因此，让学生从小了解并掌握新兴技术对其未来工作意义重大。

芬兰中小学劳动教育让学生将强化信息技术能力作为基础教育改革的核心目标之一，旨在培养中小学生的信息科学素养。2016年，芬兰中小学劳动教育强调融入新兴技术，充分发挥新兴技术对劳动教育的支持作用。其中，将编程技术融入中小学劳动教育，为芬兰的基础教育开创了一个新局面。各学校积极探索新兴技术与劳动教育有效融合的方式。低年级编程课主要是培养学生的逻辑思维，如一年级和二年级编程课用游戏方式促进学生学习，有些基本概念可以通过游戏来学习，教师会思考哪些游戏会对学生的后期教育产生有益影响。三年级至六年级教学主要鼓励学生使用图形化计算机程序来创建指令。七年级至九年级编程教学的主要内容是算法。学生学习编程技能有助于提高其高阶思维能力。

> **学习探究与思考**
>
> 1. 在新时代背景下，为什么信息素养显得特别重要？师范生如何在日常生活中提升自己的信息素养？
>
> 2. 小组合作，寻找身边的信息实践活动平台，如智慧树、职教云、中国大学MOOC、学银在线等开放学习平台，在参加实践活动后分享感受和收获。

## 第三节　师范生艺术素养与劳动技能

在大众认知中，劳动教育与美育的关系似乎不大。实际上，人的审美水平的高低与劳动教育息息相关。通过让学生不断地实践体验，劳动教育科学地揭示了感知美、收获美源于劳动的真理。美感和审美能力的发展是以劳动实践为基础的，又是随着劳动实践的发展而发展的。然而，由于缺乏鲜活的劳动体验，师范生容易失去感受美的知觉和表达体验美的情感途径，进而审美能力弱化，形成浅薄的美学品位，无法满足教育事业对具备审美品质的劳动者的需求。

随着社会发展，劳动美学应运而生，即研究人类在生产劳动中审美的规律，致力于将"美"融入劳动的各方面，以增强劳动的愉悦感，释放出劳动者的创造力。在劳动的过程中，在周围环境的熏染、内心情感的陶冶下，人们能够进一步感知美、懂得欣赏美、明白评价美、致力创造美，进而不断满足自身的审美要求，提高审美能力，获得审美享受。

## 一、艺术与艺术素养

### （一）艺术

艺术是来自劳动和生活，又表现生活的无功利性的、带有强烈主观色彩的、充满想象力和创造性的一种审美的形象化实践活动和成果。艺术具有形象性、主观性、审美性，其最基本的特征就是审美性。艺术家从审美角度出发，凭借想象力和创造力将来自现实生活的素材与自身关于真善美的体验和元素融合，进而创造出艺术品。只有凝聚了真善美、具有审美价值或审美性的创造物才能称为艺术品。艺术也因为其特征而具有特殊功能。

**知识链接：**
艺术的作用

5-3-1

### （二）艺术素养

艺术素养是一个人可以通过后天的培养和习得而形成的一种对艺术的认知和修养。艺术素养是属于艺术范畴的，与其他类型的素养有区别，它不仅包括艺术形式的表现能力，还包括对艺术的鉴赏能力，是一种综合审美能力。同时，艺术素养又是在艺术范畴内的内在知识理论水平与外在表现实践能力相统一的一种系统修养。因此，艺术素养并非单纯的唱歌跳舞、琴棋书画等外在形式，而是一种个体对于艺术的独立深入的思考和自主的价值判断，是个人感知美、鉴赏美与创造美的能力，是对艺术由内而发的系统认知和修养。也就是说，我们不会因为某个人绘画技巧高或者唱歌能力强就说这个人艺术素养高。艺术素养高的人，除具有艺术实践技巧外，还必须有一定的理论建树，有一定的鉴赏力，有自己对于艺术的看法和对于艺术很强的感知力。

## 二、师范生艺术素养

随着时代的发展、社会的进步，人们的生活水平不断改善和提高，不再满足于吃穿住行等基本生活需求，而其中对于精神需求的满足成为最大的愿望。因此，对社会而言，不仅需要会劳动、会生产的人，还需要全面的、健康的、综合发展的人，即德智体美劳全面发展的人。"美"一般是指美育，在美育当中最重要的部分就是艺术教育。艺术具有审美认知、审美教育、审美娱乐等作用，而这些作用又是潜移默化、寓教于乐的，这就让艺术教育成为美育的主要内容和方式。

在高校中，美育的实施对象是年轻的大学生，而其中一个特殊的群体便是师范生。师范生是人才构成的重要组成部分，担负着祖国未来建设的任务。同时，师范生所修的专业属于教育方向，未来的就业目标比较明确，大部分会到各级各类学校或者教育机构从事教学管理工作，是未来教师的预备者。一方面正在接受教育，另一方面即将从事教育，师范生在教育战线上发挥着重要的连接作用，是祖国未来教育事业发展和人才全面发展的中坚力量。因此，对师范生艺术素养的培养是非常关键和必需的。

师范生无论所学的专业为何、未来从事何种职业，都不可能不涉及艺术。艺术教育在教化人、提高人的品德之外，还有陶冶性情、促进身心健康发展、健全心理结构，以及培养人的形象思维和逻辑思维的作用。李政道曾说："科学与艺术是一个硬币的两面，谁也离不开谁。"因此，不仅要提倡科学美，还要将科学与艺术结合起来。

因此，对于师范生的培养，不仅要注重科学文化知识和专业技能的培养，还要注重培养其艺术素养，促进其全面健康发展。

师范生手工作品

**知识链接：**

教育部推艺考新政：艺术人才需天赋，也需文化素养

5-3-2

## 三、提升师范生艺术素养与劳动技能的途径

### （一）重视美育，增加相应美育通识课

微课：如何提升师范生的艺术素养

美育是培根铸魂的重要组成部分，对人的发展具有全面和深远的意义。审美是表现在感性中的需求，不只是一种认识上的需求，还决定人的整个存在，属于本体论范畴。在当前的师范生专业课程体系中，仅靠艺术类课程难以支撑师范生艺术素养的养成，无法满足师范生的职业需求。在师资培养中，学校需要借助文学、艺术等形式，运用美好的人文艺术对学生心灵进行熏陶，增加人文、艺术等美育通识课程，向学生传递美的概念、美的鉴赏等内容，关注学生作为人的存在，注重文化的陶冶和心灵的交融，引领学生树立正确的审美观念、陶冶高尚的道德情操、塑造美好的心灵。艺术滋养心灵、美化生活、提升人生境界。只有身心和谐、人格完整的教师，才能培养完整的学生。一线教师工作烦琐辛苦，只有精神饱满、心灵丰盈，才能合理排解情绪，减轻工作压力，减少倦怠，维持身心健康，保持发展的不竭动力。

学前教育专业师范生通过舞蹈感受美

### （二）关注经典，加强对艺术感受力的培养

艺术修养包括对美的体验和感受。在艺术教育中，师范生需要更敏感的感受力。美是关于感性的，是与直觉和个人经验相联系的。在艺术类课程中，教师要进行教法改革，注重内容整合，增加与艺术相关的内容，加强学生对经典作品的赏析，引导学生体验经典艺术作品，触动学生心灵，提高学生的感受力。在相关人文课程中，教师要给予学生美的体验。例如，在大学语文课程中，让学生品味古诗词意境的深远与优美，感受作者的创作情感；在儿童文学中，让学生体验其中的欢快与活泼、节奏与韵律；在绘本教学中，让学生享受绘本中图与文的完美契合。

师范生通过诵读经典提高艺术感受力

### （三）鼓励实践，拓宽艺术素养提升途径

艺术素养的提升需要多途径的实践，除正式的课程学习外，非正式学习也起着重要的作用。艺术兴趣是打开培养学生艺术素养的钥匙，校内丰富多彩的社团活动、第二课堂、学校艺术节等，都有助于学生结合兴趣爱好拓展艺术技能，为学生提供展示和欣赏的平台。教师可以鼓励学生走出校门，走进社会大课堂，参观博物馆、参加音乐会、参与社会演出，这些都有助于学生感受生活中的艺术，丰富学生对艺术的感知和理解。在教育见习和实习中，学生可以通过近距离接触、参与学校环境创设、策划大型活动等，感受和体验艺术在一线教育中的应用，增加对艺术的感知与理解，提高艺术鉴赏与表达能力。

师范生参加杭州亚运会倒计时文艺演出活动

### （四）利用传统文化与艺术，进一步提升艺术素养

如今，我国文化正走出国门，逐渐影响世界。引导学生认识保持民族艺术个性是立足多元文化世界的基础，可以让学生对民族艺术精神有更完善的认识。我国的许多传统艺术形式历经千百年的岁月锤炼，已经成为我们的文化基因。师范生需要了解当地传统的艺术形式，领悟其背后的文化与历史底蕴。只有认识并掌握传统艺术，才能传承，并在未来的工作中，借助艺术的形式，在学生的心中播下中国传统文化的种子。对传统文化与艺术的学习，既是对本民族的认同，又是培养文化自信与民族自豪感的过程。

为培养专业化的师范生，各师范院校要明确目标，加强美育课程建设，改革艺术类课程，拓宽学生的实践途径。社会需要大力弘扬中华美育风尚，营造以美育人、以美化人的氛围。

**视频链接：**

非遗里的中国

5-3-3

## 典型案例

### 人民艺术家郭兰英

郭兰英，1930年12月生，山西平遥人，中国歌剧舞剧院一级演员。郭兰英从小就对戏曲产生兴趣，6岁时开始学唱山西中路梆子，先后演出过《李三娘挑水》《二度梅》等100多部传统戏曲，在戏曲表演方面初露头角。1946年，郭兰英离开戏曲团，参加华北联大文工团，从事新歌剧事业。她主演新歌剧《白毛女》《刘胡兰》《春雷》《小二黑结婚》等，创造了许多扎根群众的生动艺术形象，受到人们的欢迎，成为中国新歌剧方面代表性人物之一。1956年，歌曲《我的祖国》经过郭兰英的传唱红遍大江南北，成为触动每一个中国人的"生命之歌"。1982

人民艺术家郭兰英

年，郭兰英投入音乐教育事业。1986年，她离开北京，南下广东，在广州番禺创办了郭兰英艺术学校并担任校长，从此在那里扎根，一待就是30多年，为艺术界培养了一届届优秀的学生。

只有一颗心，处处为人民。即便已年至耄耋，郭兰英仍坚持为艺术事业奔波，经常指点从事音乐的青年艺术工作者。她说："我愿意做一颗铺路的石子，把自己的艺术实践经验总结出来，让新一辈人踏着它一步步走下去。"2019 年，党和人民授予郭兰英"人民艺术家"国家荣誉称号，习近平总书记亲自向她颁奖。

> **学习探究与思考**
>
> 1. 为什么艺术素养那么重要？作为一名师范生，怎样在日常生活中提升自己的艺术素养？在我们的校园中，有哪些提升艺术素养的方式或活动？
> 2. 在生活中，很多人既是艺术家，又是人民教师。请搜集、整理优秀人物事迹，并进行分享。

## 第四节　师范生管理素养与劳动技能

如果说一个班级像一个大家庭，那么在这里，教师是家长，学生是孩子。孩子们在家长的关爱与呵护下，相亲相爱，快乐成长。如果说一个班级像一个小社会，那么在这里，孩子们会经历酸甜苦辣的成长经历，在生活的磨砺与锻炼中，学会坚强，茁壮成长。在引领班级幸福成长的过程中，教师应该怎么做？作为未来教师的师范生，应该提前做好哪些准备？

视频：师范生管理素养的内涵

### 一、师范生管理素养内涵

师范生管理素养是指师范生为有效开展学生管理工作而具备的素养。一般来说，师范生管理素养包括专业观念、专业知识、专业能力三个方面。

#### （一）专业观念：学生发展观

专业观念即学生发展观，是指教师从班级管理的角度对学生的总体认识，包括对以下问题的回答：从班级管理来说，是否存在优生与差生？区分的标准是什么？通过教育，所有的学生都可以变成优生吗？对这些问题的认识将影响教师对学生的态度。举例而言，如果教师认为，从班级管理角度看学生有好坏之分，并认为教育改变差生的效果非常有限，那么教师就可能放弃差生。因此，师范生需要具备科学的学生发展观，从学生全面发展的角度来认识学生，认识到每个学生身上的优点与不足，并相信教育可以使学生的优点更明显，也可以使不足得到弥补。

### （二）专业知识：管理知识

管理知识主要包括学生的心理特征、管理学生的方法、教师影响学生的方法。其中，学生的心理特征包括学生的兴趣、思维方式、行为习惯等方面。关于学生心理特征的知识是管理知识的基础。学生的心理特征既有普遍性，又有个体学生的特殊性。师范生就职的学校类型存在不确定性，因此需要了解学生普遍具有的心理特征，同时需要了解获得个体学生心理特征的方法。

管理学生的方法应与学生的心理特征适应，因此有普遍性与特殊性之分。师范生需要掌握较具有普适性的学生管理方法，同时需要掌握根据特定学生应用相应管理方法的知识。

师范生不仅需要了解教师对学生存在的影响，以约束或调整自己入职后的言行；还需要了解教师影响学生的方法，以采取多种合适的方法影响学生。

### （三）专业能力：管理能力

管理能力集中体现在班级管理中，包括建立班级规约与常规、产生对学生行为的期望效应，根据教育目标与教育内容组织班级环境等方面。

班级规约与常规是阻止不良行为发生和管理课堂、促进学习的重要方式。所谓规约，是指明确规定学生可以被接受与不能被接受的行为的准则；而常规是在较长时间内建立起来的，控制和协调行为的具体步骤或程序。职前教育需要培养师范生有效建立班级规约与常规的能力。

教师期望是指教师在了解学生现状的基础上，对学生未来行为或学业表现做出的预测。教师期望效应是教师的期望最终引起学生行为与期望一致的现象。大量基于实验室和课堂的研究证明教师期望效应的确是存在的。对学生行为的期望效应是教师期望效应的重要组成部分。师范生需要形成有效建立对学生行为期望效应的能力，这就要求建立起积极的期望，特别是对学生学会自主学习与管理寄予期望，还要根据期望营造合适的班级氛围，通过语言与非语言的途径向学生传递这种期望。

师范生还需要形成根据教育目标与教育内容组织班级环境的能力，使班级环境服务于教育目标的实现与教育内容的实施。班级环境包括物理环境与心理环境两个方面。其中物理环境包括教室座位的排列、教室墙壁的布置、多媒体等教育工具的准备等方面。心理环境是指教师根据教育目标与教育内容营造的心理氛围。

**延伸阅读：**

班级教师基本职责

5-4-1

## 二、师范生班级管理技能

多数师范生走上工作岗位后，除了在日常授课过程中进行班级管理，还要承担班主任的相关工作。班主任的专业基本技能是班主任工作"真功夫"的体现，可以用六大基本技能来概括。六大基本技能指班级常规管理基本技能、班会课和班级活动组织指导基本技能、班集体建设基本技能、学生品格教育基本技能、人际沟通协调基本技能、班级心理辅导基本技能。

### （一）班级常规管理基本技能

作为一名教育工作者，教师了解并研究如何有效地教育学生，如何有效地与学生沟通。每个学生都有独特的性格和学习方式。为了有效地教育学生，教师需要深入了解他们的个性、兴趣、学习方式和家庭背景。有效的沟通是使用正面的语言进行沟通，更是耐心倾听。学生学会表达自己的观点和感受，教师能够认真倾听他们的想法。这样不仅可以增强学生的自信心，还可以帮助教师更好地了解学生，努力与学生建立信任关系。

班干部的选拔与任用也是班主任需要掌握的技能之一，这有助于建立班级领导核心和良好的班级秩序。在选拔班干部之前，教师应该明确每个职位的职责和对它的期望，这样可以帮助学生了解他们将要承担的责任。选拔过程应该是公平的，避免任何形式的偏见或歧视。教师可以组织学生进行投票，或通过其他方式参与选拔过程。一旦班干部被选定，教师应该为他们提供适当的培训和支持。这可以帮助他们更好地履行职责，增强他们的自信心。

处理班级偶发事件也是班主任必备的技能，这需要班主任具备冷静、机智和果断的品质。在处理偶发事件之前，教师应该尽可能地了解情况，并根据具体情况采取适当的行动来解决问题，包括调解冲突、提供支持或与其他教师或家长合作。在解决问题后，教师应该后续跟进，确保问题得到妥善解决，并提供必要的支持或辅导。

### （二）班会课和班级活动组织指导基本技能

班会课和班级活动是教师教育学生，提升集体凝聚力，促进学生全面发展的重要途径。以下是关于如何更好地设计、组织和指导班会课和班级活动的三项技能。

（1）班会课和班级活动设计技能。活动设计应以学生为中心，注重学生的主体性和参与性，应符合学生的年龄特点和认知规律。活动应具有教育性、趣味性、实践性和拓展性。活动可以根据不同的教育目标和活动内容选择不同的模式，如主题班会、角色扮演、小组讨论、实地考察等；也可以通过头脑风暴、小组讨论、案例分析、角色扮演等方式，进一步激发学生的主动性和创新性。

（2）班会课和班级活动组织技能。在组织活动时，要根据学生的实际需要和教育目标，选择合适的活动内容，提前规划活动时间、地点、人员分工等，确保活动顺利进行。在活动过程中，教师应给予适当的引导和帮助，确保活动有效进行。

（3）班会课和班级活动指导技能。通过设置有趣的活动主题、奖励机制等方式，激发学生的参与热情。通过分组合作、团队竞赛等活动，培养学生的团队合作精神和协作能力。在活动结束后，引导学生对自己的表现进行反思和评价，以促进其自我发展。

**教师应有班会课和班级活动组织指导基本技能**

### （三）班集体建设基本技能

班集体是一个以学生为主体的社会心理共同体。不同年龄阶段的班集体有不同的特点：小学低年级的半自主型集体，即在教师要求和部署下实施；小学高年级的准自主型集体，即在班主任引导下开展工作；中学阶段的自主型集体，以学生自治管理为主，培养学生的服务意识、责任意识、民主意识。

班集体发展与班主任班级管理分三个阶段：一是班主任引导管理阶段，即帮扶阶段，重点引导学生如何发挥作用，指导班干部进行职责分工、制定规章制度等；二是班主任与学生共同管理阶段，即扶与放结合阶段，班主任抓大放小，常规管理工作由学生干部负责；三是班主任放手让学生自我管理，即学生自主管理阶段，班主任的主要工作是监督、检查和个别教育。

班集体建设基本技能具体分三个方面，分别是建立班集体共同愿景的技能、营造和谐班集体文化的技能、组织形成班集体的技能。

（1）建立班集体共同愿景的技能。教师需要具备良好的倾听能力，并能够引导班级成员进行讨论，以收集各种想法，帮助他们明确自己的愿景；需要较好的协调能力，能够公平、公正地处理和协调各种冲突和差异，形成共同的愿景；需要具有沟通能力，能够清晰地传达共同愿景，确保所有班级成员都能够理解并接受。

（2）营造和谐班集体文化的技能。教师需要充分尊重多样性，保证班级成员在身体和情感上都感到安全，并培养团队精神，鼓励班级成员相互合作，共享成功和失败。

（3）组织形成班集体的技能。教师需要具备领导能力、规划能力、决策能力，能够快速收集信息，权衡利弊，做出最好的决定，找出最快的解决问题的方案，更好地带领班级成员按时完成任务。

### （四）学生品格教育基本技能

学生品格教育基本技能具体包括三个方面：促进学生良好的情感、态度与价值观的技能，促进学生品德内化的技能，以及促进学生良好行为习惯养成和品格发展的技能。

首先，作为一名教育工作者，要掌握促进学生良好的情感、态度与价值观的技能。通过培养学生的积极情感和态度，以及正确的价值观，帮助学生建立健康的人格和良好的品德。

其次，促进学生品德内化的技能也是必不可少的。这需要教师通过多种途径和采取多种方法，将外部的教育要求转化为学生的内在需要和行为习惯。

最后，促进学生良好行为习惯养成和品格发展的技能同样重要，因为这可以帮助学生塑造良好的行为举止和道德品质，使其成为具有社会责任感和公民意识的人。

从具体做法看，教师可以通过角色示范、情感教育、课堂讨论、实践活动、正面激励、合作学习等策略实现目标，而通过对这些技能的运用，教师可以更好地关注学生的情感、品德和行为习惯，帮助他们成长为有理想、有道德、有文化、有纪律的社会主义建设者和接班人。

### （五）人际沟通协调基本技能

班主任需要与多方进行沟通和协调，对象包括学生、家长、任课教师等，在沟通过程中需要运用一定的技能。教师在与学生沟通与互动时，要与学生建立互信关系，通过展示自身的诚实、善良和关心，使学生更愿意与其分享自己的想法和感受。当学生与教师交谈时，教师要全神贯注地倾听学生所说的话，不要打断或提前做出结论。教师需要具备清晰、简洁地传达信息和想法的能力，确保学生理解并记住重要的概念和技能。教师应善于发现学生的优点和进步，并在适当的时候给予肯定和赞扬。教师应该鼓励学生独立思考、解决问题和进行批判性分析。通过提问和引导学生进行讨论，可以培养学生的批判性思维能力。

在与学生家长沟通并进行家庭教育指导时，教师应该定期与学生家长保持沟通，分享学生的学习进展、行为表现和其他重要事项。教师和家长应该共同合作、制订计划，以促进学生的成长和发展。教师可以为家长提供具体的在家中支持孩子发展的建议，包括学习技巧、时间管理、作业辅导等。教师还可以通过邀请家长参加学校活动、家长会等方式，增加家长对孩子的了解和教育的参与度。当遇到其他挑战时，教师需要与家长进行深入沟通，共同找到解决方案。

在与科任教师沟通及整合社区资源时，教师之间应该保持积极合作的态度，分享经验和资源，共同促进学生的全面发展。教师之间需要建立清晰、有效的沟通渠道，包括定期举行会议、分享计划和进度报告，以确保信息畅通并促进合作。教师需要善于协调和整合社区资源，以支持学生的学习，包括联系社区机构、志愿者组织和企业等。教师之间应该分享各自的教育理念和方法，以便更好地满足学生的需求并提高整体教育质量。当遇到问题或挑战时，教师之间应该协作，共同寻找解决方案，确保学生得到最好的支持和指导。

### （六）班级心理辅导基本技能

在班级管理中，教师需要对班集体进行必要的心理辅导。在辅导前，教师需要掌握应用心理学原理，如应用多元智能理论、幸福心理学原理、期望心理效应、角色互换心理技术、理性一情绪技术、暗示与潜意识技术、健康心理活动技术、神经语法程序学、心理图像技术等。开展班级辅导时，教师需要运用心理技术，如个别辅导、团体辅导、心理危机干预等策略，以提供个性化的辅导和支持，帮助学生应对学习困难、行为问题和其他挑战。另外，教师要注重培养学生的积极情绪和心态，帮助他们建立自信，鼓励他们面对挑战。营造积极、健康的班级文化，使每个学生都能感到自己是班级的一分子，有自己的价值和贡献。

**视频链接：**

班主任工作艺术

5-4-2

## 三、提升师范生管理素养与劳动技能的途径

管理在于行，也就是实践。师范生的管理能力并非一时就能提高的，而要成为一名优秀的班主任，更需要长期学习和实践。

### （一）主动寻求反馈和学习

作为未来的教育工作者，师范生要具备扎实的理论知识和丰富的教学经验，可以通过阅读管理方面的书籍、参加培训课程或参加专业组织来增加知识和技能。除了理论学习，师范生还需要积累实践经验，可以通过参加教育实习、观摩优秀教师的教学、参与学校管理活动等方式，了解实际的教学和管理情况，提高自己的管理素养。师范生还应主动寻求反馈意见，向学校教师、见习或实习指导教师及同学请教，以了解管理有效经验和自己在管理方面可以改进突破之处。

### （二）取得良好的沟通技巧

沟通是管理的关键要素，提高自身的沟通技能可以帮助师范生更好地与团队成员、上级和其他部门合作。这包括有效地倾听他人、清晰且真诚地表达自己的意见和需求，以及借助适当的沟通工具和技术。师范生可以借助不同的机会，如参加相关的沟通协作培训，或者参与一些团队协作项目，与不同身份的人对话，通过有意识地练习，提升自己的沟通能力。

### （三）培养领导力和激励能力

管理者需要具备良好的领导能力，能够激发团队成员的潜力并促进团队发展。师范生在校期间可以积极竞选班委，或参与系部、学院及校各类组织，通过学生干部经历培养自己的协作力、领导力。同时，师范生在任职期间可以积极尝试激励同伴，如及时的语言鼓励、给予同伴更大的自主权等。

### （四）学会决策和解决问题

管理者经常需要做出决策并解决问题。提高自己的决策能力和解决问题的能力，可以帮助师范生在复杂的情况下做出明智的决策，有效地解决问题。当面临困难或分歧，导致事情进展缓慢时，师范生可以采取辅助决策方法，如利用 SWOT 分析来寻找问题的根源，并找到解决方案。

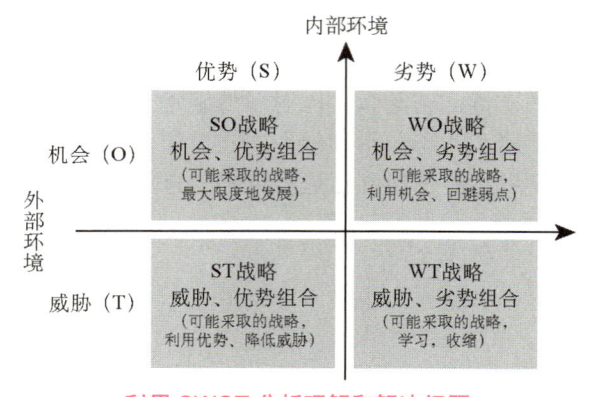

|  | 优势（S） | 劣势（W） |
|---|---|---|
| 机会（O） | SO战略<br>机会、优势组合<br>（可能采取的战略，<br>最大限度地发展） | WO战略<br>机会、劣势组合<br>（可能采取的战略，<br>利用机会、回避弱点） |
| 威胁（T） | ST战略<br>威胁、优势组合<br>（可能采取的战略，<br>利用优势、降低威胁） | WT战略<br>威胁、劣势组合<br>（可能采取的战略，<br>学习，收缩） |

利用 SWOT 分析理解和解决问题

> 典型案例

### 学高为师，德高为范

"教书育人，教书者必先学为人师，育人者必先行为世范。师德是教师最重要的素质，是教师之灵魂。"在从事教育工作的29年中，"学高为师，德高为范"已成为青海格尔木市江源路小学教师汪雪花一直秉承的信条。

从一名经验尚浅的年轻教师到一名优秀教师，汪雪花在执教过程中不断创新和探索。"优秀班主任""优秀少先队辅导员"等多项荣誉称号，是她不畏困难，刻苦钻研，以实际行动教书育人、传播正能量的最佳诠释。

一直以来，汪雪花坚守在教育工作前沿，始终以身作则，用人格魅力感染学生。"汪老师就像我们的妈妈，每次遇到困难或有什么不懂的难题，她都会帮助我们。"学生张睿对记者说。在孩子们的眼里，汪雪花言传身教，潜心教学，努力做到用心工作、用爱育人。

走进汪雪花的办公室，记者看到办公桌上摆放着一摞摞整齐的笔记。"在信息大爆炸的今天，教师要不断更新自己，不断完善知识系统，才能摸准时代的脉搏，带给学生丰富多彩的知识，带领学生在求知的道路上飞奔。"汪雪花说。

作为一名班主任，汪雪花不仅要了解学生的学习情况，还要随时留意学生的生活状态、情感心理等。"现在家长都忙，我也能理解，但也应该考虑一下孩子的成长，孩子们需要的是家长的关爱和陪伴。"汪雪花说。她班里有一名学生，父母同时要出差，身边没有亲戚照顾。孩子胆子小，不敢一个人住，就在老师面前吞吞吐吐地绕了个大圈子，说出想在老师家住几天。汪雪花当天就把孩子接到了家里。

在汪雪花看来，教师不仅要传道授业解惑，还要教会学生去爱家人、爱父母、爱身边的人。"在我心里，教育是一块圣土。在这块神圣的土地上耕耘，我无怨无悔。"汪雪花说，她将在今后的工作中，一如既往地学习、研究、实践、反思，在平凡的岗位上实现自身的价值。

汪雪花在辅导学生

> **学习探究与思考**
>
> 1. 结合实际情况，谈一谈管理素养对师范生的意义和价值，以及如何在日常生活中提升自己的管理素养。
> 2. 以班级为单位，分享"我最喜欢的老师"，说明原因并归纳其管理策略。

## 第五节 师范生跨领域劳动教育课程设计

劳动是创造物质财富和精神财富的过程，是人类特有的基本社会实践活动。劳动教育是发挥劳动的育人功能，对学生进行热爱劳动、热爱劳动人民的教育活动。当前实施劳动教育的重点是在系统的文化知识学习之外，有目的、有计划地组织学生参加日常生活劳动、生产劳动和服务性劳动，让学生动手实践、出力流汗，接受锻炼、磨炼意志，培养学生正确的劳动价值观和良好的劳动品质。2020年7月9日，教育部印发《大中小学劳动教育指导纲要（试行）》，要求在大中小学设立劳动教育必修课程。劳动教育在本质上与大中小学其他教学活动一样，是一项教育课程。劳动教育既然是大中小学课程，当然要涉及课程方案设计问题。师范生作为未来的人民教师，有必要了解跨领域劳动教育课程设计的概念、原则及环节。

大中小学需设立劳动教育必修课程

## 一、劳动教育课程设计的概念

著名学者王道俊教授等主编的《教育学》认为：课程设计是以一定的课程观为指导，制定课程标准、选择和组织教学内容、预设学习活动方式的活动，是对课程目标、教育经验和预设学习活动方式的具体化过程。根据课程设计的含义，我们认为：新时代劳动教育课程设计是以新时代劳动教育课程观为指导，制定新时代劳动教育课程标准、选择和组织劳动教育教学内容、预设劳动教育方式的活动，是对劳动教育课程目标、劳动教育经验和预设劳动教育方式的具体化过程。

在这个过程中，教育者以新时代劳动教育课程理论为基础，遵循新时代劳动教育规律的要求，按照劳动教育资源的特点，借助一定的教学方式，结合学生实际情况确定劳动教育目的，根据这一目标准备劳动教育内容，并对劳动教育内容进行计划、组织、实施、评价、修订，以最终实现新时代劳动教育课程目标。

## 二、劳动教育课程设计的原则

### （一）思想引领原则

劳动教育是新时代党对教育的新要求，是中国特色社会主义教育制度的重要内容，它具有鲜明的思想性。首先，劳动教育课程设计必须将马克思主义劳动观贯穿始终，强调劳动是一切财富、价值的源泉，劳动者是国家的主人，一切劳动和劳动者都应该得到鼓励和尊重；倡导通过诚实劳动创造美好生活、实现人生梦想，反对一切不劳而获、崇尚暴富、贪图享乐的错误思想。其次，劳动教育课程设计要强化劳动观念，弘扬劳动精神；将劳动观念和劳动精神教育贯穿人才培养全过程，贯穿家庭、学校、社会各方面；注重让学生在学习和掌握基本劳动知识技能的过程中，领悟劳动的意义和价值，形成勤俭、奋斗、创新、奉献的劳动精神。总之，劳动教育课程设计要坚持思想引领，既要让学生学习必要的劳动知识和技能，更要通过劳动帮助学生形成健全人格和良好的思想道德品质。

## （二）实际体验原则

学生的劳动教育具有显著的实践性。劳动教育课程设计必须面向真实的生活世界和职业世界，引导学生以动手实践为主要方式，坚持实际体验。要让学生直接参与劳动过程，增强劳动感受，体会劳动艰辛，分享劳动喜悦，掌握劳动技能，养成劳动习惯，提高动手能力和发现问题、解决问题的能力。首先，在进行课程设计时，要确保课程设计的可操作性，整体围绕学生感兴趣的具体问题或劳动教育主题展开内容设计。设计以任务目标为导向，要求学生亲自动手、动脑，完成劳动教育课程。其次，秉承实践性原则，劳动教育课程设计要因地制宜，依托日常生活环境，通过讲解说明、淬炼操作、项目实践、反思交流、榜样激励等关键环节，加强对劳动教育方式的具体指导；要求通过组织学生参加劳动实践，对学生进行热爱劳动、热爱劳动人民的教育，切实解决有劳动无教育的问题，使学生在劳动中获得成长，培养学生的创新精神和实践能力。

幼儿园小朋友在制作美食

## （三）社会融入原则

劳动教育具有明显的社会性，课程设计也要突出社会性、时代性、开放性。教师在课程设计时，要坚持有机融入，有效发挥学科教学、社会实践、校园文化、家庭教育、社会教育的劳动教育功能，让学生在日常生活中形成劳动光荣、劳动伟大的正确观念。

（1）课程设计必须加强学校教育与社会生活、生产实践的直接联系，发挥劳动在个人与社会之间的纽带作用，引导学生认识社会，增强社会责任感；同时，注重让学生学会分工合作，体会社会主义社会平等、和谐的新型劳动关系。

（2）劳动教育要继承优良传统，彰显时代特征。在充分发挥传统劳动、传统工艺项目育人功能的同时，紧跟科技发展和产业变革的步伐，准确把握新时代劳动工具、劳动技术、劳动形态的新变化，创新劳动教育内容、途径、方式，增强劳动教育的时代性。

（3）设计多种形式的劳动教育活动。例如，可以选用课题研究性学习、社会参与性学习、体验性学习和实践性学习等劳动教育方式，可以采用调查、访问、考察、实验、制作、劳动、服务等方式，让学生有多元表达的途径，促使学生投入对劳动教育知识奥秘的探究中去。

## （四）情境创设原则

劳动教育实践活动总是与一定的社会劳动文化背景，即劳动情境相联系，总是在实际的劳动实践情境下进行学习。因此，创设真实的劳动教育情境成为课程设计的首要任务。劳动教育不只是为了让学生掌握现成的劳动知识结论，更重要的目的是将学生学习的知识迁移到新情境之中，让学生理解问题的复杂性，创造性地解决问题。要遵循这一原则，必须注意以下几个问题。

（1）善于发现对学生来说是真实的，同时与劳动实践活动相关的问题。

（2）切实激发学生的劳动参与动机，引导学生挑战各种复杂的问题情境。

（3）让学生进行角色扮演，模拟在真实问题情境下的各种角色的行为，以便将来在真正的问题情境中得心应手。

## （五）以学生为本原则

劳动教育课程设计要以学生为本，充分发挥学生的主体作用，激发学生的创新创造精神。

（1）关注学生在劳动过程中的体验和感悟，引导学生感受劳动的艰辛和收获的快乐，增强获得感、成就感、荣誉感。

（2）鼓励学生在学习和借鉴他人丰富经验、技艺的基础上，尝试新方法、探索新技术，打破僵化思维方式，推陈出新。

（3）劳动教育课程设计要强调学生身心参与，注重手脑并用。把握劳动教育的根本特征，让学生面对真实的个人生活、生产和社会性服务任务情境，亲历实际的劳动过程，善于观察思考，注重运用所学知识解决实际问题，提高劳动质量和效率。

（4）坚持适度的原则。要根据学生年龄特征、性别差异、身体状况等特点，选择合适的劳动项目和内容，安排适度的劳动时间和强度，做好劳动保护，确保学生人身安全。

学生发挥创意编制篮筐

## （六）整体统筹原则

劳动教育课程设计是一项系统工程，它是由劳动教育目标和劳动教育对象分析、劳动教育内容和方法选择，以及劳动教育评价等子系统组成的，各子系统既相互独立，又相互依存、相互制约，组成一个有机的整体。在劳动教育过程中，劳动教育目标要通过劳动教育内容、劳动教育资源、劳动教育方法来实现，劳动教育内容、劳动教育资源、劳动教育方法受劳动教育目标支配，即劳动教育目标、劳动教育内容、劳动教育资源、劳动教育方法要相互匹配、和谐一致。

劳动教育课程设计遵循整体统筹原则，对实现课程设计的科学性、艺术性、整体性和可行性具有重要意义。要遵循这一原则，必须注意以下几个方面。

（1）劳动教育目标对劳动教育内容资源、方法起着控制作用。劳动教育目标是劳动教育活动的方向。

（2）劳动教育内容的确立、资源的选用与方法的制定，是为达到劳动教育目标服务的。脱离这些劳动教育要素，劳动教育目标就无法实现，而离开劳动教育目标去追求劳动教育内容的"精"、劳动教育资源的"新"、劳动教育方法的"活"，不仅无益于提高劳动教育质量，而且浪费时间。

（3）劳动教育过程是选用资源、采用方法、完成劳动教育任务、实现劳动教育目标的进程。只有劳动教育目标导向正确，劳动教育内容精要，所选资源有助于信息传递，劳动教育方法合乎学生的认知规律，才能使劳动教育过程得以有效推进。

## 三、劳动教育课程设计的环节

新时代劳动教育课程设计是一项非常复杂而系统的工作，涉及语文、品德与法治、美术、地理等学科，校外劳动教育活动还要涉及基

微课：劳动教育课程设计与实施步骤

地、交通、餐饮、住宿、安全等多个领域。我们在设计时，需要遵循一定的步骤与环节，以确保后期劳动教育教学实践工作的顺利开展。

### （一）确定劳动教育主题

劳动教育主题是劳动教育的灵魂，劳动教育过程中的所有环节设计，都应围绕主题来开展。在设计劳动教育主题时，需要掌握分析学生需求的方法与技术，找准学生在劳动教育中的真问题，并且找准这些真问题与教师已有经验或兴趣等的结合点，以此选定合适的课程主题。课程主题要符合"小""实""专""新"四个标准，具体可以利用整合学科资源法、挖掘社会资源法、运用社会热点法、教师经验提炼法、学生自主选题法等方法来选题。同时，还要给劳动课程主题拟定一个合适的标题，标题要准确规范、简洁醒目、新颖有趣、贴近实际。

### （二）设定劳动教育目标

设定劳动教育目标，要遵循以下步骤。

（1）了解在劳动教育中存在的问题，分析学生的实际情况与期望水平之间的差距，确定总的劳动教育目标，解决"为什么教"的问题。

（2）根据劳动教育总目标，撰写合适的具体课程目标，解决"教什么""达到什么要求"的问题。

（3）对学生特征进行分析，确定学生的初始能力，了解学生的一般特征，分析学生的学习风格。

（4）阐明劳动教育目标，把劳动教育内容分解成具体的劳动教育目标，用一种非常明确、具体的，可以观察和测定的行为术语准确地表达出来，形成一个目标体系。

**延伸阅读：**
劳动教育总体目标

5-5-1

**延伸阅读：**
劳动教育学段目标

5-5-2

**延伸阅读：**
不同国家劳动教育的目标

5-5-3

### （三）运用劳动教育资源

根据选择和运用劳动教育资源的原则，描述劳动教育过程中所需的劳动教育资源，按照学校统一安排和劳动教育资源单位协商结果做出最佳选择，阐述运用劳动教育资源的设想，解决"怎么教"和"教什么"的问题。

### （四）编制劳动教育内容

在编制劳动教育内容时，要在广泛搜集与课程主题相关的素材的基础上，根据课程目标、教师的经验或兴趣、学校意见等确定教学内容，即做到与课程目标相对应、与学生需求相契合、与学生基础相匹配、与课程时间相一致、与劳动资源相结合。然后，按照课程的实施顺序把课程的内容、方法、时间等有机组织起来，搭建劳动课程结构，编写劳动教育课程大纲。

### （五）设计劳动教育课程

劳动教育课程实施方案按照实施时间的顺序可以分为劳动前、劳动中和劳动后三个基本步骤。按照实施步骤和任务，这三个基本步骤可以划分为五个基本环节：课程准备，设置问题；课程导入，提出问题；开展新课，解决问题（讲解说明、淬炼操作、项目实验）；课程总结，反思问题；课程评价，激励提升。设计劳动教育过程，要注意以下两点。

（1）细化劳动教育课程实施过程，从劳动教育准备阶段开始吸引学生的注意力与兴趣，一直到劳动教育结束，再到劳动教育结束后的迁移、应用指导、服务提升等都要尽可能做到引人入胜。

（2）确定劳动教育顺序，设定劳动教育活动程序，避免实施过程的随意性，解决"怎么规范化教"的问题。

### （六）选择劳动教育方法

劳动教育方法是劳动教育课程设计的重点环节，主要包括劳动教育教学方式、教学方法及其流程设计。选择恰当的劳动教育教学方式，运用符合学生学习特点的教学方法，让学生尽可能参与、融入劳动教育活动中，解决"用什么方法教"的问题。教学方式包括设计制作、职业体验、考察探究、社会服务、榜样激励、参观博物馆、党团队劳动教育活动等。教学方法包括讲授示范法、小组合作法、头脑风暴法、角色扮演法、参观访问法、成果展示法、跨学科教学法、世界咖啡法、六顶思考帽法、"从做中学"教学法等。

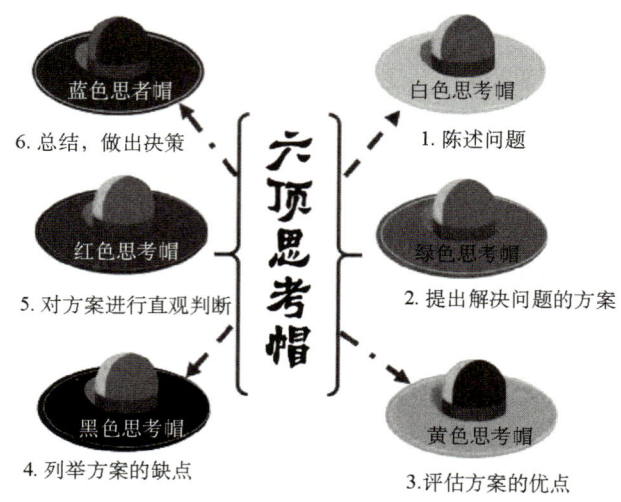

**六顶思考帽法**

- 蓝色思考帽 6.总结，做出决策
- 白色思考帽 1.陈述问题
- 红色思考帽 5.对方案进行直观判断
- 绿色思考帽 2.提出解决问题的方案
- 黑色思考帽 4.列举方案的缺点
- 黄色思考帽 3.评估方案的优点

### （七）开展劳动教育评价

为了检测学生的劳动教育学习效果，促进学生劳动教育学习，课程设计时要设计出针对性强、形式多样、生动活泼的评价活动。评价标准是劳动教育课程目标。评价对象包括教师"导"的行为和学生"学"的行为。评价类型可以分为诊断性评价、形成性评价、总结性评价。评价方法包括自我评价、同学互评、教师评价、家长评价、实践基地评价。评价目的是了解是否达到劳动教育目标，确定"效果如何"。

### （八）撰写劳动教育教案

为避免劳动教育教学过程的随意性，保证劳动教育规范化、程序化实施，在进行课程设计时要撰写劳动教育教案，并用教案或脚本内容制作 PPT 课件。撰写教案，包括劳动教育内容、劳动教育流程、劳动教育方法、评价活动等。有使用条件或者必须使用 PPT 课件的劳动教育课程可以使用 PPT 课件，没条件或者不宜使用 PPT 课件的劳动教育场所可以不用或者不制作 PPT 课件。

### （九）完善课程设计方案

优质的劳动教育课程方案设计都要经历个人设计、集体讨论、现场完善三个过程，从而对方案进行重新审查和修改。要特别注意检验"设计劳动教育目标"和"设计劳动教育过程"两个步骤，发现问题及时修改、补充和完善。

## 典型案例

### 孩子们，上劳动课了！
#### ——聚焦中小学新版劳动课几个关注点

中小学生要学煮饭炖汤、种菜养禽、维修家电……2022 年 4 月，教育部印发《义务教育劳动课程标准（2022 年版）》。从 2022 年秋季学期起，多种劳动技能将纳入课程，引发社会不少关注。

记者调查发现，让中小学生学习劳动技能，社会普遍认同，但对于课该怎么上、如何进行评价、怎么让劳动课不流于形式看法不一。

教育部相关负责人表示，将劳动所占课时从综合实践活动课程中独立出来，是新版义务教育课程方案的一大变化。新劳动课的课程内容和形式更加与时俱进、丰富多样。

**1. 学什么：炒菜打扫、种植养殖、公益劳动等**

其实，很多人对劳动课并不陌生。"60 后"捡粮食、"70 后"扫操场、"80 后""90 后"做手工……劳动课是不少人学生时代的独特记忆。

从学工学农到将劳动教育纳入教学计划，再到明确劳动课为必修课程，尽管形态、名称有所变化，但劳动课一直存在于我国中小学课程体系之中。

据了解，新的劳动课程标准针对的是一段时间以来教育"重学习、轻劳动；重成绩、轻动手"的问题。教育部相关负责人表示，此次将劳动课从原有的综合实践活动课独立出来，是为了更好地实施劳动教育。通过劳动课这一重要途径，培养学生正确的劳动价值观、良好的劳动习惯和品质，使其成为懂劳动、会劳动、爱劳动的时代新人。

按照新课标，课程共设置十个任务群，分为日常生活劳动、生产劳动和服务性劳动三大类。

其中，日常生活劳动包括清洁与卫生、整理与收纳、烹饪与营养、家用器具使用与维护四个任务群。生产劳动包括农业生产劳动、传统工艺制作、工业生产劳动、新技术体验与应用四个任务群。服务性劳动包括现代服务业劳动、公益劳动与志愿服务两个任务群。

广东省教育研究院基础教育研究室副主任姚轶洁认为，这一次的新课标十分全面，不仅涵盖了各类生活场景，还提供了农业、工业、服务业等劳动实践。

中国教育科学研究院研究员储朝晖表示，新课标中的劳动课将技巧、技能、科技实践活动等内容结合起来，劳动的概念更加完整。

记者查阅劳动课程标准发现，课程安排是渐进式的，随学段晋升，项目难度逐渐增加，逐步提升技能。例如，一年级、二年级择菜、洗菜，三年级、四年级煮鸡蛋、煮饺子，五年级、六年级煎鸡蛋、炖汤，初中设计三餐食谱。

### 2. 怎么上课：内容不一刀切，搭建多样化教育平台和实践基地

"养金鱼家里还能满足，鸡、鸭等家禽在楼房怎么养？""谁来教？怎么教？学校有条件和场地吗？""让孩子学习劳动技能是好事，但能不能在学校完成？别让家长管，还要拍视频？"

新课标发布后，很多家长在社交平台留言，表示支持孩子学习掌握劳动技能，但对课该怎么上还有疑问。

教育部义务教育劳动课程标准组组长顾建军表示，劳动课作为一门课程，由学校发挥主导作用，家庭发挥基础作用，学校、家庭、社会协同推进。

对于讨论热烈的种菜养禽等内容，顾建军表示，项目的选择与确定，课程资源和场所建设都要因地制宜，不搞一刀切。有条件的学校可建设符合教育要求、安全可靠的劳动园地和场所，同时充分利用社会各方面力量，搭建多样化教育平台和实践基地。

**2022年5月7日，陕西省西安市后宰门小学的学生参加缝扣子比赛**

事实上，多地中小学校已经开展了各有特色的劳动课程探索。

重庆市两江新区星湖学校将6000多平方米的教学楼楼顶开辟为种植园，种植了1万余株向日葵，学生自己动手除草、浇水、收获。在广西壮族自治区贵港市覃塘区的乡村中小学，"校校有基地、班班有块地"，农科专业技术人员、种养能手等劳动教育校外辅导员深受学生欢迎。

"劳动课不能简单说教，否则容易流于形式，成为'摆拍式'劳动教育。"重庆市政协委员程德安表示，大城市学校和乡村学校、南方和北方的学校，自然环境和条件不同，应该因地制宜，让课程有可操作性，给学生提供真正的劳动机会。

由谁来上劳动课？尤其是，一些需要专业技能的课程师资如何解决？记者采访的不少学校教师对此都很关注。

教育部此前要求，高等学校要加强劳动教育师资培养，有条件的院校开设劳动教育相关专业；开展劳动教育教师培训。

21世纪教育研究院院长熊丙奇建议，各地应保障对学校劳动教育的投入，加强劳动课专任师资建设；加强与职业学校、社会机构合作联动，盘活校内外资源，聘请不同行业的优秀工匠、非物质文化遗产传承人及经验丰富的农民、技术工人等担任指导教师。

**3. 如何评价：未纳入考试项目，劳动素养评价作为高一级学校录取参考**

2022年1月18日，学生在湖南省长沙市周南望城学校的"屋顶农场"采摘蔬菜

新课标公布后，不少家长问："劳动课怎么打分？""劳动课有考试吗？""劳动课和升学挂钩吗？"

2020年，中共中央、国务院印发《中共中央 国务院关于全面加强新时代大中小学劳动教育的意见》提出，把劳动素养评价结果作为衡量学生全面发展情况的重要内容，作为评优评先的重要参考和毕业依据，作为高一级学校录取的重要参考或依据。

储朝晖表示，目前的课程标准和政策要求并没有将劳动教育纳入中考。

"劳动教育作为一种过程性的综合素质评价，重点是考查学生劳动实践的过程和表现，不能简单地像语文、数学一样用考试来评价。"西南大学教育学部教授范涌峰认为，应关注每个学生的获得与成长，如劳动技能的提升和劳动习惯的养成。

在已经推行劳动教育的广东省广州市番禺区市桥沙墟二小学，学校采取学生自评、互评、教师评价和家长评价组成的多元评价方式，评选校园"种植十佳小能手""劳动课积极分子""小农田积极分子""家务劳动小能手"等。校长李敏宁表示，多方参与共同评价，既能认可学生的劳动成果，又能提升学生的劳动积极性。

"劳动教育还需要家长配合。"顾建军认为，家长需要转变观念，重视劳动与生活技能对未成年人成长的价值，让劳动融入日常生活。"比如，孩子在学校学会西红柿炒鸡

2021年11月10日，陕西省平利县城关第三小学三年级一班的学生在学校内务整理室内学习叠衣服

蛋，回家后家长要尽可能给孩子实践的机会。要让孩子在学校学、回家做，家长需要放手让孩子进行力所能及的劳动。"

"可以形成学校教学—家庭实践—学校评比的循环，真正让学生养成劳动习惯。"广东省广州市文德路小学校长黄丽芳说。

（案例来源：新华社，2022年5月12日）

**学习探究与思考**

1. 想一想劳动教育课程设计与学科教育课程设计之间的异同。
2. 小组合作，搜集学校或见习、实习单位的劳动教育方案，并聊一聊方案的优点与不足之处。

# 劳动教育主题实践

**实践活动一**

学校通过各类活动丰富学生的在校生活，学生也在参与活动的过程中进一步提升自我素养。师范生需要有策划、组织活动的能力，更需要有大胆、积极参与学校活动的经历。请你和同学们一起，积极参与学校组织的实践活动，并思考在参与活动过程中的所思所获，在主题班会中分享。

**实践活动二**

作为未来的人民教师，师范生除参与学科教学外，通常还需要进行班级管理，需要跨领域对学生进行劳动教育。请你结合自己的专业，为某乡村小学一年级学生设计一份以"我爱我的班级"或"我是妈妈的小帮手"为主题的劳动教育方案。方案需要包含劳动教育主题、目标、运用资源、内容或过程、评价等。在条件允许的情况下，在教育见习或实习环节实践该方案。

根据表5-1的评价项目，对劳动实践活动进行自评，并提出自我反思及改进建议。

表5-1 第五章劳动实践活动自评表

| 评价项目 | 具体内容 | 表现程度 |
| --- | --- | --- |
| 情感态度 | 以师范生身份为荣，对师范教育充满感情 | ☆☆☆☆☆ |
|  | 愿意积极提升自我素养，在实践中进行劳动技能学习 | ☆☆☆☆☆ |
|  | 接纳新时代赋予教师的新职责、新要求 | ☆☆☆☆☆ |
| 合作交流 | 能主动与同学配合，合作完成任务 | ☆☆☆☆☆ |
|  | 能认真倾听同学的观点和意见，对自己的想法加以改进 | ☆☆☆☆☆ |
|  | 当同学在任务实施中遇到困难时，能主动帮助同学 | ☆☆☆☆☆ |
| 学习技能 | 能用多种渠道搜集、处理信息 | ☆☆☆☆☆ |
|  | 根据任务需要，能主动学习、掌握新技能 | ☆☆☆☆☆ |
|  | 设计方案构思新颖、内容合理，体现时代性 | ☆☆☆☆☆ |
| 实践活动 | 能把所学专业技能用于劳动实践任务 | ☆☆☆☆☆ |
|  | 能根据任务需要灵活调整，及时改进方案 | ☆☆☆☆☆ |

续表

| 评价项目 | 具体内容 | 表现程度 |
|---|---|---|
| 实践活动 | 获得真实的劳动体验，充分发挥主动性，有劳动成就感 | ☆☆☆☆☆ |
| 成果展示 | 能按时完成劳动实践任务 | ☆☆☆☆☆ |
| | 劳动成果符合任务要求，构思新颖、有创意 | ☆☆☆☆☆ |
| | 劳动成果具有应用价值 | ☆☆☆☆☆ |
| 自我反思及改进建议 | | |
| 自评 | 优秀（　　）　　良好（　　）　　合格（　　）　　不合格（　　） | |

# 第六章　师范生劳动服务教育

**核心问题**

★勤工助学的内涵、分类及其能培养的相关技能。
★志愿服务的背景、不同阶段的策略。
★社区公益服务的价值、未来、实践探索。
★暑期社会实践的概念、"三下乡"计划的介绍、实践前的准备工作。
★"大学生村官"的概念、机遇与挑战、实践路径。

**思维导图**

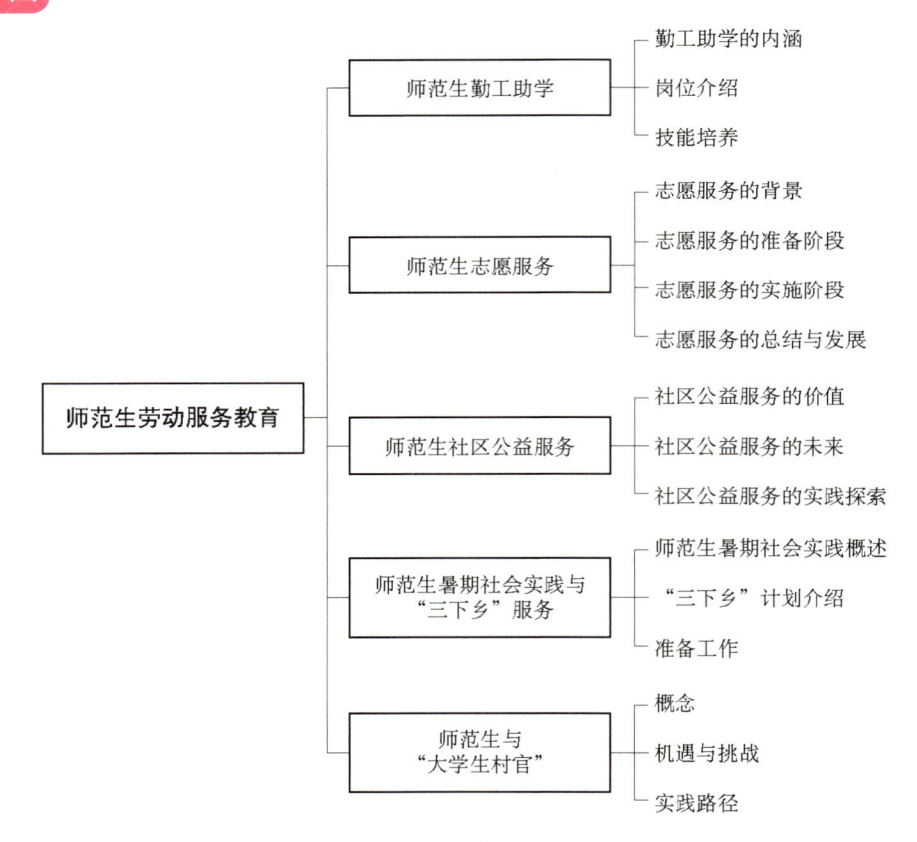

- 师范生劳动服务教育
  - 师范生勤工助学
    - 勤工助学的内涵
    - 岗位介绍
    - 技能培养
  - 师范生志愿服务
    - 志愿服务的背景
    - 志愿服务的准备阶段
    - 志愿服务的实施阶段
    - 志愿服务的总结与发展
  - 师范生社区公益服务
    - 社区公益服务的价值
    - 社区公益服务的未来
    - 社区公益服务的实践探索
  - 师范生暑期社会实践与"三下乡"服务
    - 师范生暑期社会实践概述
    - "三下乡"计划介绍
    - 准备工作
  - 师范生与"大学生村官"
    - 概念
    - 机遇与挑战
    - 实践路径

**导　论**

　　在师范专业的学习过程中，劳动服务教育是一幅多彩的图景。一系列的实践活动旨在培养师范生的实际操作能力、社会责任感和团队协作精神，使其能够在未来的教育工作中更好地应对多元化的挑战。

陶行知曾说，教师的职务是"千教万教，教人求真"。学生的职务是"千学万学，学做真人"。劳动教育的内涵，需要师范生了解不同岗位的职责、进行技能培养，还需要师范生在实践中增长经验，为自己的职业发展打下坚实的基础。当今社会，志愿服务已然成为焦点。通过志愿服务，师范生将感受到社会责任和为他人服务的精神，体验服务的深层意义，为社会贡献自己的力量。

同时，社区公益服务也逐渐成为人们关注的焦点。通过深入挖掘社区公益服务的价值和未来趋势，经过实践探索，了解如何更好地服务社区，满足社会需求，这不仅是对专业知识的应用，还是对社会关怀的具体体现。马克思曾说，社会生活在本质上是实践。一次次跨足乡村振兴的实践，既带来机遇，又迎接挑战，为师范生提供了一个更广阔的发展空间。

通过这一章的学习，师范生将全面提升实际操作能力、社会责任感和团队协作精神，更好地为未来的教育事业做好准备。让我们踏上这段丰富多彩的实践之旅，共同迎接挑战，铸造更为坚实的教育基石。

# 第一节　师范生勤工助学

视频：勤工助学应当培养哪些技能？

## 一、勤工助学的内涵

"勤工助学"是由复旦大学在1984年首次提出的概念，学校通过这样的活动，促进大学生将知识在实践中利用，进而提升自身的专业素养、自立能力，帮助大学生进行全方位发展。随着社会对人才的多元化需求，勤工助学逐渐走向多元化，涵盖从校内服务到社区服务，从技能培养到创业支持等多个方面。学校通过创新性的勤工助学项目，鼓励当代大学生在实际工作中运用所学知识，提高综合素养。为了达到这一目的，国家出台了一系列的政策给予支持。2007年，教育部、财政部印发的《高等学校学生勤工助学管理办法》提出："开发校外勤工助学资源。积极收集校外勤工助学信息，开拓校外勤工助学渠道，增加校外勤工助学岗位，并纳入学校管理。"《中华人民共和国高等教育法》规定："高等学校应当对学生的社会服务和勤工助学活动给予鼓励和支持，并进行引导和管理。"2018年，《教育部 财政部关于印发〈高等学校勤工助学管理办法（2018年修订）〉的通知》，要求勤工助学活动必须坚持"立足校园、服务社会"的原则。全国学生资助管理中心发布的高等教育学生资助政策也规定，学校设置校内勤工助学岗位，并为学生提供校外勤工助学机会。此外，《国家中长期教育改革和发展规划纲要（2010—2020年）》也明确提出教学、科研、实践紧密结合，学校、家庭、社会密切配合。

**勤工助学是提高大学生综合素养的有效方式**

**文件链接：**

《教育部 财政部关于印发〈高等学校勤工助学管理办法（2018年修订）〉的通知》

6-1-1

### （一）勤工助学的概念与方式

高校勤工助学制度的发展历程承载着时代变迁和教育理念的演进，它的形成和发展与高等教育的普及、社会需求的变化密切相关。高校勤工助学制度从最初的雏形已经逐步发展成为一项全面的、多元的支持体系。

师范生参与勤工助学主要有以下四种方式。

#### 1. 传统型

传统型主要是指在学校组织和管理下，家庭经济困难学生利用课余时间，通过学校提供的"三助"岗位或者学校规定许可范围内的其他合法劳动，获取一定经济报酬的社会实践活动。校内岗位以劳务类、学校公共服务类岗位居多，这些工作的主要形式有办公室卫生清洁、实验室器材管理、校内食堂服务、学校资料物品派发等。这类工作大多数不需要复杂的技能，与学科专业缺少联系，并且工作时间较长，工资收入较低。参与此类岗位的师范生主要通过体力劳动获得物质收入，对象主要集中在低年级学生，且师范生长期从事的意愿不强。管理型岗位具有一定程度的知识含量，更适应师范生的需求和特点，这类工作大多数以配合老师、学校工作人员进行管理居多，如学校各部门助理、学校图书馆的档案管理者和值班员等。但是，学校各部门基本都配备了专职工作人员，提供给学生的管理型岗位十分有限。

#### 2. 技能型

技能型主要是指师范生运用所学的专业知识和技术专长为岗位服务，并在操作过程中得到相应的提高，其中以培养学生的专业实践能力为重点，主要形式有知识咨询、调查研究、实验室工作、外语翻译、承担学校科研项目等。这类工作都具备相当高的知识含量，因此服务对象通常局限在高年级学生或研究生。这些与学科紧密联系的勤工助学工作，可以提升师范生的科研技术水平，同时产生一定的经济效益，受到社会的欢迎。技能型勤工助学模式目前已经引起了很多院校的关注，未来可能成为我国师范生勤工助学活动的重要实现形式之一。但是，此类岗位需要以一定的技术和专业能力为基础，且岗位数量相对较少，所以师范生的参与范围受限。

**师范生在进行物品信息登记志愿活动**

### 3. 校企合作型

校企合作型是指在勤工助学工作中发挥企业的作用，使企业更多地参与人才实践培养，通过加强校企双方的联系和交流，让企业和学校共同开展师范生勤工助学工作。加强勤工助学校企合作，有助于师范生寻找与所学专业相符的勤工助学工作机会，这既可以提高师范生的专业知识水平，又可以增长工作经历，进而提高师范生对工作的了解，使其养成热爱劳动、自强不息、自信独立的品格。对于企业而言，校企合作型勤工助学模式为企业提供了高素质且相对低廉的劳动力，助力企业树立良好的企业形象。对学校而言，该模式很好地解决了师范生勤工助学工作中岗位不足、育人功能难以实现等问题，实现了学生、学校、企业三方共赢。

### 4. 创业型

创业型是以在校师范生为经营管理主体，以创新创业教育为导向，以学校提供的各类经费、实体等资源为依托，由专门的创业教师进行指导监督。师范生利用自身的专业特色和特有的教学能力，开展专业知识实践和各种创新性活动，让师范生在特定的氛围中接受创新创业文化熏陶，促进师范生以创新创业能力为主的各项综合能力的发展，同时产生良好的经济效益。这种方式很受师范生欢迎，但在很多高校并没有大力推行，因为这类岗位受课程、管理等诸多因素约束，还涉及资金、场地、安全等方面的问题。

## （二）勤工助学的目的与价值

《高等学校勤工助学管理办法（2018年修订）》明确提出，高校要发挥勤工助学育人的功能，将勤工助学作为育人的重要平台。高校应通过勤工助学工作，培养大学生自强不息和创新创业的精神，以及积极向上、乐观进取的人生态度。师范生应该通过勤工助学提高自己主动适应社会的能力，磨炼自己的意志，既学会做事，又学会做人。因此，勤工助学不仅可以使师范生通过参加劳动取得相应的报酬，帮助师范生顺利完成学业，而且有助于师范生德智体美劳全面发展。

### 1. 实现"济困"功能

高校中很大一部分时间是由学生自由支配的，勤工助学能够让家庭经济困难的师范生在业余时间通过自己的劳动获取报酬，缓解经济压力。调查显示，家庭供给、勤工助学、奖学金和助学金成为师范生的三大经济来源，这说明高校提供的勤工助学活动已成为高校"济困"的重要手段。

### 2. 塑造当代师范生的思想品格

勤工助学实践活动能够让师范生感受到生活的艰辛，懂得什么是责任和担当，明白什么是感恩和奉献，有助于师范生树立自信心、形成劳动光荣的观念，有助于树立正确的价值观，在团队中学会面对激烈的竞争，提高心理承受能力，培养危机意识。同时，在长期的勤工助学实践中，师范生能够培养自我约束力、劳动意识，提升职业道德。这些都将成为师范生人生路上的宝贵财富。

### 3. 提高师范生综合能力和素质

通过勤工助学实践活动，师范生的学习能力、社会能力与内生能力得到进一步提高。从校内岗位到校外岗位，从勤俭跟从到独立选择，从忐忑上岗到独当一面，师范生通过实践活动，创新意识和独立分析问题、解决问题的能力得到明显提升。师范生提前接触社会，了解社会规则，调整自己的预期，改进自身不足，契合社会需求，促使团队意识、自律能力、心理素质提升，社会适应能力提高。另外，通过勤工助学，师范生的学习能力和专业素质也可以得到增强。师范生把学到的专业知识很好地运用到实践中去，一边学习一边实践，不仅可以让自己的专业知识更扎实，还可以从专业出发去扩展与专业相对应的特长，提高个人能力。

### 4. 增强师范生创新创业能力

勤工助学引导并带动师范生从课内到课外，从兼职到就业、创业，开阔视野。师范生从学校到企业，从学生到职员，在不同的领域长期实践锻炼，思维已逐渐趋于理性，能从创新角度重新审视身边的各种资源，寻求对资源的最佳配置，谋求更大的发展。师范生在勤工助学过程中容易迸发出创新想法和创业激情，结合团队管理、项目运作、人际管理、目标管理等，通过融会贯通、将所思转化为所为进入新境界，创新创业能力大幅提升。

---

**知识链接：**

我国第一批勤工俭学学生的故事："法漂"青年寻求救国之道

6-1-2

---

**知识链接：**

北京师范大学举办"励志公益大讲堂——勤工助学技能培训"活动

6-1-3

---

## （三）勤工助学需要注意的问题

师范生在勤工助学的过程中可能面临以下五类问题。

### 1. 认知偏差

勤工助学已经成为师范生社会实践的一个重要渠道，它能为师范生带来经济收益，更关键的是可以提升师范生的学业水平，训练师范生的综合技能，从而增强师范生对自身人生价值的认同。但是，在参与勤工助学的师范生中存在动机偏颇和动机不明的因素。相当一部分师范生期望获得物质报酬的动机非常强烈，说明有不少师范生没有厘清勤工助学与专业知识与技能的学习、社会实践和素质能力提高之间的关系，没有认识到勤工助学的育人效能，忽略了勤工助学在师范生综合素质和人格个性培养中的重要作用。

### 2. 岗位少、层次低

有不少师范生想参与勤工助学，但没有机会，这意味着师范生获得勤工助学的机会并不容易，尤其是校内勤工助学的职位。因为受政府资金投入、学校规模大小等各种因素的影响，高校往往只能提供较为有限的岗位，并且在校内岗位的分配中优先考虑家庭经济困难的学生，其他学生能够获得勤工助学岗位的机会非常少。

### 3. 校企合作的岗位拓展少

勤工助学岗位拓展和师范生需求之间严重不平衡。事实上，勤工助学岗位数量之所以不足，与高校校外岗位的拓展能力不足是紧密联系的。对高校而言，校企合作是提高师范生勤工助学工作水平、实现专业学习与实际工作相结合的重要途径。不过，从目前的实际情况来看，学校与企业的联系集中表现在就业招聘和企业助学资金等方面，企业与学校合作开展勤工助学工作的积极性、主动性并不高，所以高校无法从校外获得更多适合师范生的岗位。同时，目前的学校管理体制，如学籍管理制度、寝室管理制度等无法与社会提供的工作岗位配合，这在一定程度上影响了对校外岗位的拓展。

### 4. 管理体制不完善

目前，多数高校的勤工助学工作进展迅速，但院校在勤工助学管理工作领域的力量存在不足，仍有不少院校在组织设置、人员编制、信息传播、奖惩和监督等方面存在较大的问题。有的高校由于人员编制、经费方面的问题而不能成立勤工助学中心，没有专业人员管理勤工助学工作，管理工作仅由学校资助中心的人员兼职承担。由于勤工助学工作比较繁杂，涉及资金管理及校外岗位的开发等问题，所以常常造成勤工助学工作难以适应学校的实际需要，甚至无法在学生遇到个人利益受损等情况时发挥实质性的作用。学生对勤工助学管理体制的不满声音时有耳闻。

### 5. 自主创业型参与人数少

自主创业型勤工助学以师范生为主导，实现师范生自我管理，帮助师范生自立自强和自我实现，还为师范生知识和能力的提升创造了广阔的平台。创业型勤工助学以现代公司管理制度作为建立准则，其组织形态本身便是一种创新实体和虚拟职场。师范生参与其中，能够收获大量的理论创新知识、创业实际经验、职场发展经验，进而得到全方位的训练和提高。然而，师范生毕竟在知识、技能、管理等方面缺少经验，自主创业难度过大，很容易中途放弃。

**知识链接：**
大学生勤工助学相关问题探讨

6-1-4

## 二、岗位介绍

随着教育理念的不断发展和社会需求的不断变化，勤工助学作为一种学生实践活动，逐渐成为师范生校园生活不可或缺的一部分。通过参与勤工助学活动，师范生既能够锻炼自己的实际操作能力，又能够更好地融入社会，为未来的教育事业打下坚实的基础。师范生勤工助学岗位包括图书馆助管员、实训室助手、教师助理等校内岗位，以及社区义教服务、互联网教育平台讲师、文化活动组织者等校外岗位。

**知识链接：**

中国大学生自强之星

6-1-5

## （一）校内岗位

### 1. 图书馆助管员

图书馆作为学校知识的宝库，给师范生提供了一个深入学习世界的机会。图书馆助管员是一个重要的勤工助学岗位。通过在图书馆工作，师范生不仅能够熟悉图书馆的组织结构和图书资料，还能够培养良好的服务意识和信息检索能力。图书馆助管员的主要职责包括图书整理、资料录入、借还书管理等，不仅有助于师范生提高工作效率，还有助于培养师范生细致入微的工作态度。此外，通过与读者沟通，图书馆助管员能够提升自己的人际交往能力，培养责任心和团队协作精神。

**知识链接：**

图书馆与青年毛泽东的读书生活

6-1-6

### 2. 实训室助手

实训室是师范生进行专业实践的场所。成为实训室助手，师范生将有机会参与实训室管理、设备维护、实训辅导等工作。这不仅为师范生提供了更多实际操作的机会，还促进了师范生对专业知识的理解。在实训室工作，师范生需要具备严谨的科学态度和实训操作技能，这有助于培养师范生在未来专业领域中的实际应用能力。实训室助手的工作不仅加强了师范生与教师之间的交流，还促使师范生形成敢于负责、细致入微的工作风格。

### 3. 教师助理

通过在教学过程中协助教师，师范生能够更深入地了解教育教学的细节。教师助理的任务涵盖备课、组织课堂活动、辅导学生等多个方面。在这个过程中，师范生能够锻炼自己的组织能力、沟通能力和教学设计能力。同时，与教师的密切合作也为师范生提供了一个与教育领域内前辈老师交流的机会，能够加深对所学知识的理解。这对于希望将来从事教育行业的学生来说，是一次宝贵的实践机会，所以这个岗位热度很高。

此外，常见的校内岗位还有办公室助理、食堂文明督导员、宿舍楼层管理员等。办公室助理协助做好办公室卫生及相关资料整理工作。食堂文明督导员负责食堂文明就餐秩序和食堂桌椅卫生及食堂日常维护工作。宿舍楼层管理员负责宿舍楼层卫生督查和安全巡查活动，发现安全隐患及时报告宿舍管理员或学校保卫部门负责人。

### （二）校外岗位

#### 1. 社区义教服务

社区义教服务是一种将师范生的专业知识与社会实际需求相结合的形式。参与社区义教服务的师范生通常会担任小学、初中或者其他社区教育机构的义务教师。这项工作不仅让师范生在教育实践中提升自己的教学水平，还培养了师范生对社会责任的认识。通过与社区孩子们的互动，师范生能够更好地理解不同成长背景下学生的学习需求，同时培养了沟通、领导和解决问题的能力。社区义教服务既是对师范生综合素质的全面锻炼，又是师范生将所学知识用于社会实践的重要途径。

#### 2. 互联网教育平台讲师

随着信息技术的不断发展，互联网教育平台成为师范生在校外勤工助学的另一选择。作为互联网教育平台的讲师，师范生可以通过线上课程传递自己的专业知识，与广大学习者进行交流互动。这不仅提供了一种灵活的工作方式，还促使师范生更好地理解和应用自己所学的专业知识。与传统的教学形式相比，互联网教育平台讲师更需要具备良好的在线沟通能力、教学设计能力和组织能力。通过参与这样的勤工助学活动，师范生能够拓宽自己的视野，培养独立工作和自我管理的能力。

#### 3. 文化活动组织者

文化活动组织者是一个既具有挑战性，又富有创造性的校外勤工助学岗位。相关工作包括组织校外文化活动、社区活动，以及各类艺术表演。师范生可以通过策划和组织文化活动，锻炼自己的项目管理和团队协作能力。这项工作既丰富了师范生的校园生活，又提供了一个展示师范生才艺和组织才能的平台。此外，文化活动组织者还需要与不同背景的人合作，促进团队协同工作，培养跨文化沟通和团队领导能力。

---

**知识链接：**

打造未来社区，解决社会难点——浙江精准开展社区公共服务补短板行动

6-1-7

---

## 三、技能培养

为了满足现代社会对复合型人才的需求，高校勤工助学工作旨在培养师范生全面发展所需的各项通用技能和专业技能。在这个培养过程中，师范生不仅能够通过参与勤工助学活动，累积实际工作经验，提升自身专业素养，还能够培养一系列通用技能，提升自身的综合素质。

## （一）通用技能

### 1. 团队协作能力

高校在培养师范生的合作意识方面负有重要责任，这是确保社会需求得到全面满足的必要举措。团队合作意识在团队精神体系内的作用不可忽视，团队精神是能够为大局服务的一种体现。然而，目前师范生群体中普遍存在团队精神匮乏的问题，特别是在家庭独生子女居多的环境中成长起来的师范生，容易缺乏团队协作经验和人际关系协调能力。这是师范生团队合作意识匮乏的主要原因。

团队协作是勤工助学的重要一环。在团队中，师范生需要学会与他人协调、共担任务、互相支持，共同完成工作。通过参与团队活动，师范生能够培养团队合作精神，理解协作的重要性。这不仅有助于提高工作效率，还有助于培养领导力、责任心和团队协作技能，为未来的职业生涯打下坚实的基础。团队合作意识在团队精神体系内的影响作用十分关键，它不仅是服务大局的一种方式，还是师范生全面发展的关键所在。在高校勤工助学活动的推动下，师范生将更好地理解团队合作的重要性，培养协同工作技能，为未来的职业和社会服务打下坚实的基础。高校勤工助学活动的开展在校内和校外都为培养师范生的团队合作意识提供了有益途径。在校内勤工助学中，师范生参与项目任务，与老师或同学合作完成工作，是团队合作能力的有效培养方式。例如，在"助教""助研"工作中，师范生通过运用自身专业知识，协助教学或研究工作，为实现资源优化配置目标提供支持。这一过程要求师范生高效工作，同时促进团队合作。校外勤工助学活动的实施阶段需要定期进行市场调查活动，可以全面培养师范生的团队合作素养。师范生在参与这类工作时，以部门需求为核心，通过多次沟通、交流，解决存在的问题。潜移默化的发展方式是对师范生团队合作意识培养的一种有效途径。

助班工作牌展示

**知识链接：**

谷歌是如何打造高效团队的

6-1-8

勤工助学可以锻炼师范生的个人技能，也是培养师范生沟通与团队协作能力的理想平台。在这个过程中，师范生需要与各层面的人群进行有效沟通，包括同事、上级、用户等。这种沟通不仅涉及语言表达、倾听能力，还涉及跨文化沟通等方面的技能。通过与不同背景的人协同工作，师范生能够更好地理解他人的需求，提升人际交往水平。在现实生活中，师范生要承受来自社会的就业压力，还有生活中的人际交往压力。师范生是从校园直接走进社会的，应该培养强大的自立自强观念，同时形成劳动光荣的正确意识，为成为一个独立的社会人做好充分的基础准备。

### 2. 问题解决与创新能力

高校勤工助学活动的开展，一方面可以解决贫困师范生经济压力较大的问题，另一方面可以通过劳动来满足师范生自信心和自尊心的发展需求。在勤工助学中，不管是日常事务管理，还是专业领域实践，师范生常常面临各种各样的问题和挑战。通过勤工助学，师范生能够学会迅速分析问题，增加解决问题的主动性和创新性，应对生活压力的能力也会显著提升。

高校勤工助学岗位是师范生正式走入社会之前的实践基地。勤工助学不仅是对已知问题的应对，还是对未知问题的迎接和解决。师范生在实际工作中可能面临新的情境和挑战，需要具备一定的创新能力。创新不仅包括技术创新和产品创新，还包括解决问题的方法和思路的创新。通过勤工助学，师范生能够培养出对问题的创造性思维，激发解决问题的独立性和创新性。

3. 时间管理和组织能力

在勤工助学的过程中，师范生需要平衡学业和工作的关系，这要求他们具备良好的时间管理和组织能力。勤工助学工作可能有一定的时间要求，要求师范生能够高效利用时间，使学业不受太大干扰。这培养了师范生对时间的敏感性和对任务的高效处理能力。

组织能力是在勤工助学中不可或缺的技能之一。无论是在团队中分工合作，还是处理复杂的项目，师范生都需要具备组织能力。对这种能力的培养有助于师范生更好地应对未来工作和生活中的复杂局面，提高综合素质。

总体来说，在勤工助学中培养通用技能为师范生未来的职业生涯发展打下了坚实的基础。这些技能涵盖社会交往、问题解决、创新思维，以及对时间和资源的合理利用，使师范生能够更好地适应未来多变的职业环境。通过在勤工助学中的实践，师范生能够更全面地成长，为自己的未来打下坚实的职业基础。

## （二）专业技能

1. 教育理论与实践相结合

参与勤工助学，是师范生深化专业知识的重要途径。通过在校内勤工助学，如做教师助理或提供社区义教服务，师范生能够将在课堂上学到的教育理论知识与实际教学相结合。这种结合能够让师范生更好地理解教育学的实际应用，在实践中发现理论的不足之处，不断优化和调整教学方法。

在与学生互动的过程中，师范生能够逐渐体会到教育不仅是传授知识，还是情感沟通和建立人际关系的纽带。这培养了师范生应对学生个性差异、关心学生全面发展的能力。通过对实际教育场景的观察，师范生不仅能够提高自己的教育实践水平，还能够提高对教育事业的责任感和热情。

2. 教学设计与评估

在教育领域，教学设计与评估是师范生必备的核心专业技能。通过在教育实践中担任教师助理或互联网教育平台讲师等职务，师范生有机会参与教学设计的全过程。这包括课程目标的设定、教学方法的选择、教学资源的整合等方面。在这个过程中，师范生将理论知识转化为实际的教学操作，培养了实际的教学设计能力。

教学评估也是一种重要技能。师范生需要学会设计合理的评估工具，如测验、考试、课堂参与等，以全面了解学生的学习状况。通过实际参与评估工作，师范生能够更好地了解学生的需求，调整和改进教学方法，提高教学质量。这种实践不仅为师范生将来的教学生涯做好了准备，还培养了他们不断追求教学质量的态度。

### 3. 职业素养与师德师风

"仁远乎哉？我欲仁，斯仁至矣。"孔子的这句话内涵深刻，为人们进行道德品质修养指明了方向。师范生在勤工助学中不仅是知识的传播者，还是师德的践行者。通过参与勤工助学，师范生能够培养和提升自己的职业素养与师德师风。

教育工作者的职业素养包括一系列与教育职业相关的道德、文化、职业责任等方面的素养。在实际工作中，师范生需要遵循职业道德规范，保持职业操守，对学生负责，对工作负责。这不仅提升了师范生在职业场景中的专业形象，还为他们将来担任教育工作者打下了坚实的道德基础。

**德高为师 身正为范**
师德师风是教育工作者应该具备的良好品质和行为规范

师德师风是教育工作者应该具备的良好品质和行为规范。通过与学生、同事、家长交往，师范生在勤工助学中能够锻炼自己的沟通技巧、责任心和耐心。这些品质是教育工作者必备的素质。通过实践锤炼，师范生能够在职业生涯中更好地践行师德，为学生树立榜样。

总之，通过参与实际教育工作，师范生不仅能够提升自己的专业水平，还能培养一系列与师范教育相关的通用技能和综合素质。师范生通过工作经验积累优秀品质和先进观念，对其职业道德品质素质的养成具有重要的作用。

---

**知识链接：**

17年16人，历年"感动中国"教师人物回顾

6-1-9

---

### 典型案例

#### "勤"学"助"人，争做向上向善自强青年

根据浙江省教育发展中心公布的2023年"校园励志之星""勤工助学之星""三助岗位之星"的评选结果，浙江工商大学林婧同学获评浙江省"勤工助学之星"。

**1. 以"勤"立身，做助力学院建设的实干者**

自2020年10月起，林婧报名参加学院的勤工助学活动，并一直在学院担任学工助理，工作近3年。

在大学一年级刚刚进入岗位时，她以"认真"要求自己。当排到早上第一班工作时，她会提前到达办公室，检查并做好办公室的清洁工作，为老师们准备良好的工作环境。同时，她会认真完成老师布置的各项工作，熟记学院各部门的老师与办公地点，将会用到的复印、打印、邮寄、报销等工作流程与要点牢记于心。在课余时间，她学习Excel、PPT等办公软件的使用技巧，从而能够更高效、更准确地完成任务。

在大学二年级熟悉工作内容后，她以"担当"要求自己。她将学工助理的工作与学院团委采编部的工作内容相结合，在会前做好会议的准备工作，备好会议流程，做好辅助人员分工；在会后整理会议照片与录音，撰写会议相关报道。从在第一届青年会计学者论坛中面对大量专业名词而独自烦恼，到熟练整理各方针对ACCA全球考试经验分享的各项资料、高效撰写并制作相关报道推送；从首次参与第九届"领航财会"颁奖典礼的惊慌忙乱，到在110周年校庆之中辅助完成校友接送工作、迎接其他高校学院代表团进行交流学习的镇定自若……迄今为止，她已协助学院完成70余篇采访、活动与会议报道，参与了30余场学院大型活动的筹备、举办；曾成为学院学生教育评论员，助力学院宣传与新媒体建设。与此同时，她也在辛勤工作中逐渐成长，逐渐学会如何面对突发状况，学会何为责任与担当。

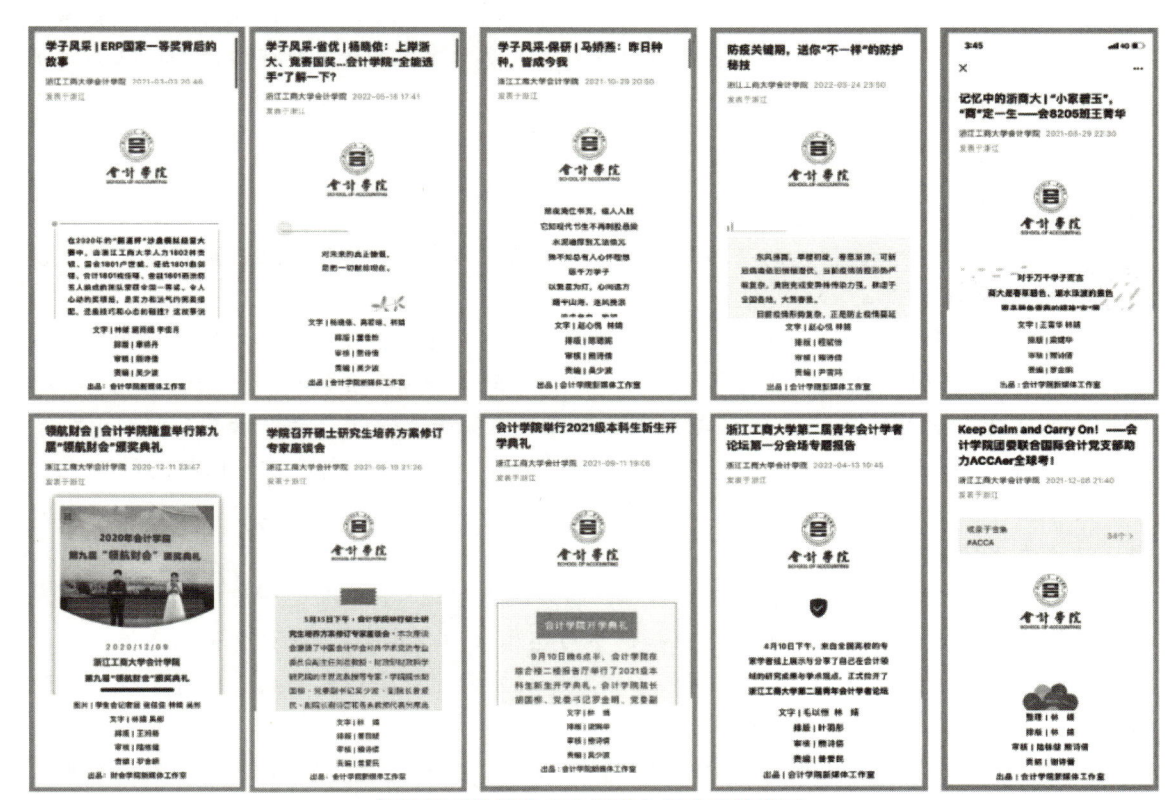

**林婧撰写的部分会议报道与师生采访截图**

2. 以"勤"促学，做奋斗青春的挑战者

在担任学院学工助理的同时，林婧始终牢记并践行"奋斗"信念，将在课堂学习的专业知识、在勤工助学岗位培养的各项技能加以运用，积极参与学校的学科竞赛与社会实践等"第二课堂"活动，依托学院与学校多项助学政策的支持，勇敢挑战自己。

在学科竞赛方面，林婧主持并参与悦纯公益项目、校创与国创项目共5项，获得项目资助上万元。此外，她与团队成员在第十三届、第十八届"挑战杯"，第八届中国国际"互联网+"大学生创新创业大赛，浙江省乡村振兴创意大赛等各项学科竞赛中披荆斩棘，共获得3项国家奖项、3项省级奖项。尤其在参与第十三届"挑战杯"中国大学生创业计划竞赛的过程中，她发现平时在课堂与岗位上积累的财税知识与办公技能有了用武之地。在此项目中，她主要负责商业计划书中财务部分的撰写，并协助公司进行纳税申报、填写发票等板块的日常运营。得益于平时熟练掌握办公软件与递送发票等报销材料的经历，她对利用 Excel 软件进行财务预测与填写发票、申报纳税的各项流程得心应手，最终与团队成员一起获得了国家级银奖的好成绩。

在社会实践方面，林婧曾参与"宋韵杭州，馆中求迹"杭州博物馆与文化街区调研团队、"浙里话乡村"等六个社会实践项目。在此过程中，她不仅与团队成员调研走访浙江省7个地级市，与百余位红色老兵与非遗传承人对话，整理20万字的人物档案，还深入千家万户，围绕红色基因、绿色生态、多彩产业和乡村文化，利用自己的新闻宣传能力与活动组织能力，撰写文稿并进行直播，因地制宜推广乡村特色品牌。她参与的团队获得"大我青春"暑期社会实践优秀调研报告、省级优秀团队等6项荣誉奖项，曾3次获评学校暑期社会实践优秀个人与暑期社会实践优秀报告。

### 3. 以"勤"助人，做热心公益的志愿者

勤工助学的"助"，是受助，是自助，也是助人。林婧在工作岗位与学习生活中的成长，离不开学院与老师、校友的帮助与支持；也正是因为有"受助"经历，更让她坚定了投身志愿活动的"助人"之心。

从大学一年级开始，她便加入会计学院的青年志愿者协会，参与校内外的志愿活动：从在杭州女子马拉松比赛中成为医疗第十一组小组长，到第四届联合国世界数据论坛随车接待外宾的志愿者、杭州第19届亚运会与亚残运会文体中心手球馆志愿者、世界互联网大会乌镇峰会志愿者……迄今为止，她的志愿时数已达824.61小时，是会计学院的四星志愿者。

大学三年级，她担任会计青志组织的主任，承担学院各类志愿活动的组织任务。在校内，她主办"领航财会"一对一助学考研、军训"党员先锋岗"、助力体测、"班级青志日"等志愿活动，邀请学院的优秀学子积极参与，助力加强学院"传、帮、带"的助学体系。在校外，她号召同学们运用自身财会专业知识参与志愿活动。其中，"财育青苗"志愿项目以开展"理财知识云课堂""儿童财商课"等理财知识宣讲为主要内容，成功获得学校志愿服务项目竞赛铜奖，被评为悦纯公益重点项目。

此外，林婧立志推动城市务工子女"助学"志愿活动体系化、项目化。在校内，她组织开展"蓝信封"通信大使招募活动与"把我的眼睛借给你"关爱活动，关注并缓解留守儿童的心理健康问题。在校外，她作为"青青财子"暑期支教团的队长与同学一起赴衢州市齐溪镇开展支教活动，团队成功获评为2022年团中央"七彩假期"志愿服务示范队伍。

林婧的"志愿"之旅最终得到了肯定。在与大家的一起努力下，她获评为2022年度优秀团干部，"会计青志"代表学院获评浙江工商大学2022年志愿服务先进团体。

未来，林婧将继续以"勤"立身、以"勤"促学、以"勤"助人，并始终牢记"受助"经历，践行"自助"信念，推动"助人"建设，力争让更多的青少年受益于"助学"活动。

对于三年多的勤工助学经历，林婧说："三年前播下的种子，如今开花结果。是勤工助

学的实践经历开启了我充实而快乐的大学生活，让我学会如何更好地为人处世、待人接物。我由衷地感谢学院与学校老师们对我的肯定与指导，让我在面对机会与挑战时怀抱积极尝试的信心；感谢我校的'勤工助学'项目，让我学会如何在提升自己的同时，更好地服务、帮助同学们！"

> **学习探究与思考**
>
> 1. 简述勤工助学的内涵和方式。师范生参与勤工助学有哪些实际的益处，如何在勤工助学中培养和践行劳动精神？
> 2. 从校内岗位和校外岗位两个方面选择一个你认为最有意义的勤工助学岗位，并阐述为什么认为它对师范生的成长和发展有积极的影响。
> 3. 通用技能和专业技能的培养对师范生未来的教育工作有何重要意义？请结合自身情况，分享自己参与勤工助学后在技能培养方面的收获和体会。
> 4. 有同学认为师范生应该积极参与勤工助学活动，以提高自己的职业素养和实践能力；有同学认为师范生应该以学业为重，勤工助学工资低，耗时长，只会影响自己的学业成绩和身心健康，不值得参与。你认为哪种观点更有道理，请阐述你的理由。

## 第二节　师范生志愿服务

志愿服务作为一种有组织的、有计划的社会活动，与劳动教育共同构建了一个有益于学生个体全面发展的教育框架，通过学生的自愿参与，将教育理念与社会服务紧密结合。志愿服务背后承载着师范生积极参与社会、服务他人的追求，同时提供了锻炼、实践和个人成长的机会，这与劳动教育的目标是一致的，都是为了培养师范生对社会的责任心和使命感。通过本节的学习，同学们将更好地理解师范生参与志愿服务的重要性、在服务中的教育角色及可持续发展策略，为将来成为具备社会责任感和教育使命感的教育工作者打下坚实的基础。在学习本节内容时，同学们应当具备对师范生志愿服务的基本认识，并有意识地审视自身对志愿服务的态度和期望。通过学习，同学们需要理解师范生参与志愿服务的背景与意义，掌握相关的理论基础，深入了解志愿服务的准备阶段和实施阶段的关键环节，最终能够总结服务经验，并明晰师范生志愿服务的可持续发展策略。

视频："校长爸爸"陈立群—将教育家精神融入志愿者服务

### 一、志愿服务的背景

师范生志愿服务，不仅是实践活动，还是对教育理念和社会责任的深刻体验。随着社会的发展，师范生在志愿服务中扮演着愈发重要的角色，成为社会发展的引领者和教育实践的推动者。在这个时代，教育不再局限于课堂，而是要走出象牙塔，深入社区，关注社会的多元需求。师范生志愿服务作为连接教育和社会的桥梁，使师范生能够更加全面地认识社会，提高实践操作技能，培养创新精神，树立正确的价值观。在这个过程中，师范生将不断挑战自我，突破传统的教育边界，迎接更广阔的未来。通过对服务经验的总结，我们将回顾个人的成长与发展，面对挑战的心态与应对策略，并提出师范生志愿服务的可持续发展策略，为师范生持续投身志愿服务提供有效的指导和支持。希望通过本节的学习，师范生能够深刻理解志愿服务的丰富内涵，为未来成为富有社会责任感的教育工作者打下坚实的基础。

**网站链接：**

中国青年网三下乡社会实践官网

6-2-1

### （一）背景与意义

志愿服务并非简单的社会实践，而是一种融汇教育理念、学科知识和社会责任的综合性实践。志愿服务在个体层面促进了师范生的全面成长，同时在更广泛的社会层面引领新的教育态度与服务模式。志愿服务为师范生的思想政治教育提供了有效的平台，丰富了在校师范生"第二课堂"活动内容，充实了师范生的在校生活，给师范生提供了接触社会的机会，使其能够深刻体会志愿服务精神，成为加强师范生社会主义核心价值观培育的重要载体。

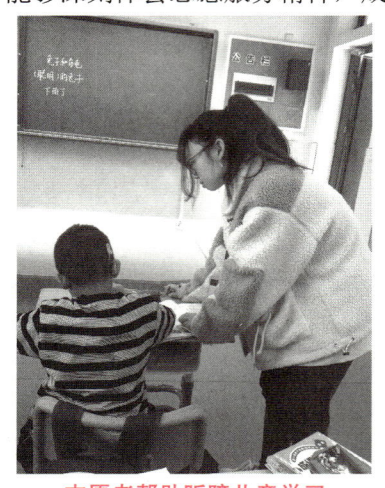

作为未来的教育工作者，师范生不仅需要具备扎实的学科知识，还需要具备积极向上的社会责任感。志愿服务为师范生提供了一个实践平台，使其能够亲身体会到"百年大计，教育为本，教育大计，教师为本"，以及教师在教育环节中无法替代的作用。师范生在社会实践中逐渐认识到教育的广泛性与深刻性，从而在未来能够更好地投身于教育工作。

在传统意义上，教育往往被视为在课堂中传授知识与技能，而社会的多元需求要求教育跳出课堂的框架，更加注重个体全面发展。2021年，"双减"政策出台，明确指出全面压减作业总量和时长，减轻学生过重的作业负担，提升学校的课后服务水平，满足学生多元需求。师范生志愿者在满足"双减"政策所提要求的前提下，加入中小学晚

**志愿者帮助听障儿童学习**

托班、社区托管服务等服务团队，可以为中小学生提供更高质量的服务，减轻中小学生自身及家庭的压力。师范生通过志愿服务，能够拓宽自己的教育观念，领悟到教育的本质是培养学生成为具备创造力、责任心和团队协作能力的全面发展的人才。

在服务过程中，师范生不仅能够接触到各类社会群体，还能感知社会的多元文化与多元需求。通过与不同背景的人交往，师范生的沟通能力、人际交往能力和跨文化意识都能得到显著提升。这样的培养有助于塑造师范生积极向上、乐于助人的品格特质，在未来的教育工作中更好地服务学生。

在师范生参与志愿服务的背景中，还蕴含着对社会公平与教育机会均等的关切。在社会发展不平衡的情况下，一些地区或社群可能面临教育资源不足、信息闭塞等问题。通过志愿服务，师范生能够深入基层，了解社会底层的真实情况，积极投入改善教育资源分配不均等问题的实践中。这不仅有助于师范生树立正确的社会价值观，还能为师范生提供锻炼解决问题能力的机会。

综上所述，师范生参与志愿服务彰显了教育的多元性、对社会公平的关切，以及对社会责任的担当。这一参与是实践，更是教育理念的升华，为教育事业培养了更具有社会责任感的师资力量。

## （二）理论基础

师范生参与志愿服务的理论基础为这一积极实践提供了坚实的理论支撑，从教育与社会服务的关系及志愿服务与教育理论两个维度入手，为师范生在志愿服务中的参与提供了明晰的理念框架。

### 1. 教育与社会服务的关系

教育与社会服务并非孤立存在的，而是紧密相连、相互渗透的。高等教育不仅传授知识，还关注师范生的全面发展和对师范生社会责任感的培养。通过参与志愿服务，师范生在实践中深刻领悟到教育的本质。在服务中，他们能够结合所学专业知识，向社会输出更多积极的、有益的信息，发挥专业优势，服务社会。

同时，社会服务也成为一种延伸的教育，为师范生提供了更加广阔的视野。在志愿服务中，师范生直面社会各阶层的需求，与不同背景的人沟通互动，这样的体验使其教育观念更加开阔，更贴近社会的多元需求。高等教育不再局限于传授知识，而是通过服务实践促使学生全面成长，使学生更具有社会责任感，更愿意为社会的进步与发展贡献力量。

### 2. 志愿服务与教育理论

志愿服务不仅是一种社会参与行为，还是教育理论的实践体现。在理论基础上，师范生能够更好地理解并应用教育理论，将其运用到实际的服务过程中。

首先，志愿服务强调师范生的参与与互动，这与建构主义教育理论相契合。通过与服务对象互动，师范生能够更好地理解学生的需求，因材施教，个性化地进行教育服务。这种基于互动的学习方式不仅促进了服务对象的发展，还提升了师范生的教育实践能力。

其次，志愿服务与社会学习理论相呼应。在服务中，师范生置身于社会实践之中，通过参与式学习更好地了解社会机制和社会问题。这种在实践中的学习有助于师范生对理论知识的应用，更培养了他们解决实际问题的能力，使他们能够更好地应对未来的教育工作。

综上所述，师范生参与志愿服务的理论基础深刻地影响着他们在服务中的表现。理论不仅为实践提供指导，还为师范生在服务中的思考提供了有力的支撑。通过将教育与社会服务相结合，以及将志愿服务与教育理论有机融合，师范生能够更好地发挥自己在服务中的专业优势，实现高等教育与社会服务的双赢。这样的实践既促进了师范生的全面发展，又为社会提供了更优质的教育服务。

---

**知识链接：**

2017年8月22日国务院发布《志愿服务条例》

6-2-2

## 二、志愿服务的准备阶段

师范生志愿服务的准备阶段是整个服务活动的基石，关系到服务的顺利进行和效果的提升。这个阶段主要包括志愿者培训与素质提升，以及服务项目的选择与规划。志愿服务的准备阶段不仅是对技能的培训，还是对内在素质和服务计划的完善。通过这一过程，师范生在实际服务前充分准备，为在服务中扮演教育工作者角色打下了坚实的基础。这个阶段的认真准备，有助于提升师范生的专业服务水平，更能培养师范生的团队协作能力和领导能力，使其在实际服务中更加从容自信。

### （一）志愿者培训与素质提升

师范生志愿服务的准备阶段是确保服务能够高效、有序地进行的关键。在这个阶段，为了促进师范生志愿者参与的积极性与获得感的提升，引导"利他"和"利己"两者兼具型师范生进一步纯洁志愿服务动机，结合师范生志愿者的特点深入开展相应的培训很有必要。

志愿者培训是师范生投身志愿服务的第一步，也是确保服务质量的基石。培训的内容应当全面覆盖志愿服务的各个方面，旨在提高师范生的专业水平、服务意识和团队协作能力。

#### 1. 培训内容和方法

（1）培训内容应该涵盖专业知识。这包括教育心理学、教育方法学等与志愿服务密切相关的专业知识。通过系统的培训，师范生能够更好地理解服务对象的需求，设计更科学合理的服务方案，提高服务的针对性和实效性。

（2）培训应该注重沟通与团队协作技能。志愿服务常常需要团队协作，因此培训应强调团队建设、有效沟通、解决冲突等方面的能力。通过角色扮演、小组讨论等形式，提高师范生在团队中的协作水平，使其更好地适应志愿服务的团队性质。

（3）在培训方法上，可以采用多元化的方式，如专业讲座、案例分析、实地体验等。这样的培训方法既能够传递理论知识，又能够让师范生在实践中更好地理解和应用所学知识，提升服务的实际效果。

师范生志愿者培训现场

## 2. 培训目标

志愿服务不仅是一次为他人服务的机会，还是师范生个人素质提升的契机。在准备阶段，师范生应该明确个人的发展目标，通过参与志愿服务，提升领导力、责任心、沟通能力等个人素质。

（1）领导力的提升是师范生个人素质发展的重要方向之一。在志愿服务中，师范生可能需要组织和领导一些小组活动，这就需要他们具备一定的领导能力。通过参与志愿服务，师范生能够锻炼自己的领导能力，培养组织和协调能力，为未来的教育工作打下坚实的基础。

（2）责任心是师范生在志愿服务中需要培养的素质之一。在服务过程中，师范生需要对承担的任务负责，对服务的对象负责。通过履行志愿者职责，师范生能够逐渐形成对社会、对学生的责任心，这是未来作为教育工作者需要具备的重要品质。

（3）沟通能力也是个人素质的重要组成部分。在志愿服务中，师范生需要与服务对象、团队成员等多方进行有效沟通。通过这样的实践，师范生能够提高自己的表达能力、倾听能力，建立良好的人际关系，为将来的教育工作奠定基础。

在个人素质的提升与发展中，师范生要注重自身的专业技能提升，更要有积极向上的心态和情感智慧。通过志愿服务，师范生能够更全面地认识自己，发现自己潜在的优势和不足，从而更好地塑造自己，为未来成为出色的教育工作者打下坚实的基础。

**知识链接：**

"小青荷"准备好了——亚运志愿者开启专项培训

6-2-3

## （二）志愿服务项目的选择与规划

志愿服务项目的选择与规划是师范生参与志愿服务的重要阶段，通过明确适合自身特点的服务项目，并拟定合理的项目规划与执行计划，能够确保服务的顺利进行，同时最大限度地发挥师范生的专业优势。

社会中的志愿活动有不同的划分，师范生有较多接触机会的有以下几类：校内志愿者活动，如运动会、辩论赛等大型校园活动；社会志愿活动，如慈善性质的志愿活动、有偿帮助志愿活动；官方机构组织的志愿活动，如地铁志愿者、大型公共赛事志愿者；其他专业性活动等。

### 1. 合适的服务项目

在选择服务项目时，师范生应充分考虑自身专业背景、兴趣爱好和未来职业发展方向。

（1）关注专业知识与实践结合的项目。师范生在专业学科上拥有深厚的知识储备，选择与教育、心理学等相关的服务项目能够更好地发挥专业优势，实现对知识的跨学科运用。

（2）关注社区需求与自身兴趣的交汇点。师范生参与服务项目不仅是为了提供帮助，还是为了自身的成长与发展。通过关注社区需求，师范生可以找到与自己兴趣契合的项目，激发自身的服务热情，使服务更加有深度和意义。

（3）考虑项目的可持续性与影响力。选择具有可持续性的项目，可以确保服务不是提供短期援助，而是对社会问题长期关注并促进其解决。同时，师范生要考虑项目的影响力，选择那些能够产生积极的社会效益、推动社会进步的项目，从而为自己的志愿服务增色。

### 2. 项目规划与执行计划

项目规划与执行计划是确保服务项目顺利开展的关键步骤。师范生需要在明确项目目标的基础上，制订详细的计划，确保每个环节都能够得到充分的准备与关注。

（1）明确项目目标与服务对象。在项目规划阶段，师范生应该清晰地明确服务的目标，以及服务对象的特点与需求。这有助于更有针对性地制订后续的执行计划，确保服务的有效性。

（2）合理分工与团队协作。志愿服务往往是团队协作的过程，在执行计划中，师范生需要合理分工，确保每个成员能够充分发挥自己的专业优势；通过有效的团队协作，更好地完成服务项目，提高服务的质量。

（3）制定详细的时间表与监测机制。在执行计划中，对时间的安排非常重要。师范生需要明确每个阶段的时间节点，确保任务按时完成。同时，建立有效的监测机制，及时发现问题并进行调整，保证服务项目顺利进行。

师范生还应该注重与社区、服务对象的沟通，及时了解对方的反馈与需求，灵活调整计划，使服务更贴近实际需求，提高服务的实效性。

综上所述，志愿服务项目的选择与规划对于师范生的志愿服务至关重要。通过合理选择项目，并在执行计划中注重细节与团队协作，师范生能够更好地发挥自己的专业优势，为社区提供有益的服务，同时为自身的成长打下坚实的基础。

**师范生社区志愿者合影**

---

**知识链接：**

王一安：让亚运会志愿者培训用上"黑科技"

6-2-4

## 三、志愿服务的实施阶段

师范生志愿服务的实施阶段是整个服务活动的高潮，同时也是对专业素养和教育使命的真正考验。在这个关键阶段，师范生需要充分发挥自身教育工作者的作用，通过面对面的教育与辅导，为服务对象提供更为深入的帮助。实施阶段的成功关键在于师范生在服务中如何充分发挥教育工作者的作用，通过精心设计的教学活动和个性化的辅导，为学生提供有针对性的帮助。在这个阶段，师范生付出的努力和关怀，将在学生的成长路径上留下深刻的印记。通过志愿服务的实施，师范生不仅锻炼了自己的教育能力，还为学生树立了身教榜样，传递了教育的力量。

### （一）志愿服务中的教育角色

师范生志愿服务的实施阶段是将理论与实践相结合的重要环节。在这个阶段，志愿服务中的教育角色显得至关重要。师范生作为志愿者，不仅是服务者，还是具有教育使命的引导者。

#### 1. 教育使命

师范生在志愿服务中担负着重要的教育使命。明确教师职业道德情感，进行积极的强化，并充分利用情感的力量，对于师范生执着、坚定、乐观地做一名教育工作者具有重要的现实意义。与传统的教育场景相比，志愿服务提供了一个更加自由、开放的平台，让教育的定义变得更加宽泛。在服务中，师范生扮演启蒙者、引导者的角色，通过亲身参与、积极互动，为服务对象传递知识和技能，同时激发他们的思考和创造力。

教育使命的核心是帮助服务对象充分发挥自身潜能，提高他们的认知水平、自我管理能力和社会适应能力。师范生可以通过与服务对象的沟通和互动，了解他们的需求和特点，有针对性地提供教育支持。这种个性化的教育服务有助于服务对象更好地适应社会、提高自身素质。

师范生在志愿服务中担负着重要的教育使命

#### 2. 重要手段

在实施志愿服务时，激发学生的学习兴趣是实现教育目标的重要手段。师范生可以运用多种方法，让学生在服务中体验到学习的乐趣，从而提高他们的学习动力和兴趣。

（1）利用实践活动寓教于乐。通过有趣的实践活动，师范生能够让学生在轻松愉悦的氛围中学到知识。例如，可以通过游戏、小组合作等形式，让学生在玩中学，增强对学科知识的吸收和理解。

（2）激发学生的好奇心和探究欲望。设计一些引人入胜的问题，引导学生主动提出疑问，通过探讨和实践，让他们亲身感受知识的魅力。在这个过程中，师范生要扮演引导者的角色，激发学生主动学习的欲望。

（3）关注学生个体差异，提供差异化的学习支持。师范生应了解学生的兴趣、学科优势和需求，因材施教，使每个学生都能够找到适合自己的学习方式。这种个性化的学习支持有助于激发学生更大的学习兴趣，提高学习效果。

在志愿服务中，师范生不仅是知识的传递者，还是学习的引导者。通过关注学生的发展需求，运用多样化的教学方法，师范生能够在服务中发挥更为积极的教育作用，使服务不仅是一种援助，更是一种深刻的教育体验。这样的教育使命，不仅促进了服务对象的全面发展，还提高了师范生的教育实践水平，使其为未来的教育工作积累了宝贵的经验。

**知识链接：**

"四有"好老师时代楷模篇——陈立群

6-2-5

## （二）面对面的教育与辅导

面对面的教育与辅导是师范生志愿服务中的关键环节，通过与学生直接互动与沟通，以及采用有针对性的教学策略，师范生能够更好地促进学生的学习、发展与成长。面对面的教育与辅导首先体现在与被授课学生的积极互动与沟通中。这一互动过程不仅是传递知识的过程，还是情感沟通和心灵引导的过程。师范生通过与学生建立密切的关系，了解他们的兴趣、需求、困扰，有助于更好地调动学生的学习积极性。

### 1. 互动与沟通

在互动中，师范生要注重倾听，尊重学生的意见和看法。通过与学生真诚对话，建立起互信关系，使学生更愿意分享自己的问题和困扰。这样的互动不仅促进了师生之间的关系，还为后续的教学提供了更为准确的依据。另外，鼓励学生提出问题、表达疑虑，帮助他们拥有积极的学习态度。通过及时解答疑惑、给予鼓励和反馈，师范生能够激发学生学习的自信心，使他们更积极地学习。

### 2. 有针对性的教学策略

面对面的教育与辅导要求师范生根据学生的个体差异采用有针对性的教学策略。每个学生都有自己的学习方式和需求，师范生需要灵活运用不同的教学方法，使之更贴近学生的实际情况。

（1）了解学生的学科水平和学科需求。通过初步的评估，师范生能够更好地把握学生的学科基础，有针对性地进行教学安排，避免过于简单或过于复杂，确保教学的难度适中。

（2）关注学生的学习风格和兴趣爱好。不同的学生有不同的学习风格，有些人喜欢图文结合，有些人更擅长通过实践学习。师范生可以通过观察和了解，根据学生的学习风格设计教学内容，使之更具有吸引力和针对性。

（3）注重个体差异，灵活调整教学策略。一些学生可能需要更多的鼓励和肯定，而一些学生可能需要更多的挑战和引导。师范生要根据学生的个体差异，灵活运用不同的教学策略，使每个学生都能够得到有效的学习帮助。

### 3. 学生的引导者和陪伴者

在面对面的教育与辅导中，师范生扮演着学生学业生涯的引导者和陪伴者的角色。通过积极的互动与沟通，以及差异化的教学策略，师范生能够更好地满足学生的学习需求，激发其学习兴趣，促进其全面发展。这种面对面的教育与辅导不仅推动了学生的个体发展，还提高了师范生的教学水平，使其为未来的教育工作积累了丰富的经验。

## 四、志愿服务的总结与发展

师范生志愿服务的总结与发展是整个志愿服务活动的收官阶段，也是对服务经验的深刻反思和对未来发展的规划。在这个阶段，师范生需要对自身成长、服务经验进行全面总结，并探讨志愿服务的可持续发展策略。总的来说，师范生通过对志愿服务的总结，不仅能够深入挖掘服务经验的价值，还为个人职业规划打下了坚实的基础。

### （一）对服务经验的总结

通过总结服务经验，师范生能够更清晰地认识到个人的成长与发展，并拥有面对挑战的积极心态和应对策略。

#### 1. 个人成长与发展

师范生在志愿服务中经历丰富的人际交往、教育实践和社会参与，这些经历对个人成长与发展会产生深远的影响。

（1）服务经验丰富了师范生的社会责任感。通过深入社区、了解社会基层的真实情况，师范生能够深刻认识到自己作为未来教育工作者应该肩负起更多的社会责任，关注社会问题，积极参与社会改革。

（2）服务经验使师范生的素养更为全面。在服务过程中，师范生不仅是知识的传递者，还是引导者和陪伴者。这种角色扮演让师范生拥有更为综合的能力，如领导力、沟通能力、团队协作能力等，使其在个体发展上更为全面。

（3）服务提供了实践锻炼的平台，使师范生能够更好地将理论知识应用到实际中。通过实际操作，师范生对于教育理论的理解更为深入，同时形成了更为系统和实用的教育观念。

#### 2. 心态与应对策略

在志愿服务过程中，师范生可能面临各种各样的挑战，包括服务对象的差异、团队合作中的矛盾、项目推进中的阻力等。面对这些挑战，师范生需要培养积极的心态，并采取有效的应对策略。

（1）面对服务对象的差异，师范生要以尊重和包容的态度对待。每个服务对象都是独特的，他们可能有不同的学科基础、兴趣爱好和学习需求。师范生需要倾听，理解学生的个体差异，采用灵活的教学方法，使服务更加贴近学生的需求，满足他们的个性化学习要求。

（2）团队合作中的矛盾需要以开放的心态和有效的沟通来解决。在团队中，成员可能有不同的工作风格、意见分歧等问题，师范生需要引导团队建设，通过有效的沟通和协商解决问题，保持团队的和谐。

（3）面对项目推进中的阻力，师范生需要具有坚韧不拔的毅力。志愿服务中可能有各种困难，如资源不足、社会环境复杂等，师范生要保持积极的态度，寻找解决问题的方法，不轻言放弃，保持对项目的信心。

在总结与发展阶段，师范生通过深入反思自己在志愿服务中的表现，能够更清晰地认知到自身的成长与发展，为未来的教育事业制定更明确的规划。同时，拥有积极的心态和应对策略，有助于师范生更好地面对未来的工作和生活中的挑战。

**知识链接：**

暑期社会实践热浪来袭！不同的舞台，浙江特殊教育职业学院学子都很棒！

6-2-6

### （二）志愿服务的可持续发展策略

师范生志愿服务的可持续发展策略是确保服务项目长期持续开展的关键环节。通过获得学校与机构的支持与鼓励，并确定长期计划与目标，师范生能够更好地推动志愿服务的可持续发展。

#### 1. 学校与机构的支持与鼓励

学校与机构的支持与鼓励，是师范生志愿服务能否长期发展的关键因素。

（1）学校可以通过建立专门的支持体系，为师范生提供更多的资源和支持。这包括提供必要的场地、设备、经费等物质条件，以确保服务项目能够顺利进行。同时，学校还可以为志愿服务设立专门的指导教师，提供专业的指导和支持，帮助师范生更好地开展志愿服务。

（2）学校可以通过奖励制度激励更多的师范生参与志愿服务。设立志愿服务奖学金、荣誉证书等奖励制度，既能够肯定师范生的努力和贡献，又能够吸引更多的师范生积极参与志愿服务。这种激励机制有助于形成浓厚的志愿服务氛围，推动服务项目的可持续发展。

（3）与学校合作的外部机构也可以提供更多的支持。其中包括行业协会、企业合作伙伴，可以为志愿服务提供更多的专业资源和支持，同时为服务项目的推广和发展提供更广阔的平台。

#### 2. 明确长期计划与目标

为确保师范生志愿服务的可持续发展，明确长期计划与目标是至关重要的。首先，师范生需要与学校和机构高效合作，制订明确的服务计划，包括明确服务的目标群体、服务内容、服务周期等方面的计划，为志愿服务项目提供明确的发展方向。其次，设立长期目标，明确服务项目的长远发展方向，包括逐步扩大服务范围、提升服务质量、建立长效机制等方面的目标。通过明确长期目标，师范生能够更好地规划未来的服务方向，为服务项目的可持续发展奠定基础。

第六章　师范生劳动服务教育

杭州亚运会、亚残运会浙江特殊教育职业学院志愿者誓师大会

在明确长期计划与目标的过程中，师范生需要注重与相关利益方的沟通与合作，与学校、机构、社区等各方保持紧密联系，听取对方的意见，形成共识，共同制订可行的长期发展计划。

综上所述，学校与机构的支持与鼓励，以及明确长期计划与目标是师范生志愿服务可持续发展的重要策略。这些举措不仅能够提供必要的支持和资源，还能够为服务项目明确发展方向，确保志愿服务长期持续开展，更好地为社会、学校和师范生自身创造价值。

**典型案例**

### 杭州亚运会上的"小青荷"以志愿写青春

杭州第19届亚洲运动会（简称"杭州亚运会"）在杭州和5个协办城市举行。从竞赛场馆到亚运村，再到城市的大街小巷，随处可见赛会志愿者和城市志愿者的身影。

**1. 默默奉献，周到服务**

杭州亚运会的志愿者用贴心的服务，为赛会顺利举办提供保障，让亚运会参赛运动员及八方来客感受到东道主的热情和赛场内外的温暖。

语言翻译、交通引导、应急救助、维持秩序……在杭州亚运会的赛场内外，"小青荷"总能吸引人们的目光。"小青荷"是杭州亚运会赛会志愿者的昵称，彰显志愿者的青春气息与亲和力。

杭州奥体中心网球中心的志愿者共有763人，大部分来自杭州电子科技大学。训练热身场地的志愿者为运动员提供保障服务，观众服务领域的志愿者维持场内秩序、普及网球观赛礼仪……赛事期间，他们服务在竞赛技术运行、观众服务、媒体运行等17个业务领域的53个岗位上，志愿服务总时长达7.35万小时。他们的专业、细致、认真赢得了广泛赞誉。"我们需要'小青荷'，亚运会的顺利举办离不开你们的奉献！"在开幕式上，亚奥理事会代理主席辛格高度肯定了志愿者的工作。

"小青荷"出征仪式

### 2. 层层筛选，优中选优

杭州亚运会人力资源指挥中心执行指挥长、亚组委志愿者部部长汪杰介绍，最终选拔出 3.76 万名赛会志愿者，其中包含通用志愿者及语言、竞赛、礼仪、升旗手等专业志愿者。截至 2023 年 10 月 3 日，杭州亚运会累计上岗赛会志愿者 37.8 万人次，累计服务时长约 336 万小时。在杭州亚运会主媒体中心，媒体服务台里的"小青荷"耐心地为来自八方的记者答疑解惑。从物品租借到语言翻译，再到交通引导，志愿者的服务热情周到。

### 3. 打造"全民志愿"之城

除了赛会志愿者，城市志愿者的服务同样热情温馨。

问询、残疾人服务、应急救助、免费饮水……一个亚运青年 V 站，小小岗亭有着多种功能。除了志愿者，这里还有两名医护工作人员。

亚运青年 V 站是共青团杭州市委牵头打造的亚运城市志愿服务示范阵地，1.37 万余名亚运青年 V 站志愿者坚守在全市 521 个点位上，直至杭州亚残运会赛事活动结束。

在杭州，"爱杭城"亚运城市志愿者和"小青荷"一道，绘就了多彩风景，"爱杭城"的身影无处不在。

杭州亚运会筹备之初，杭州在新时代文明实践阵地开展全民学英语、亚运宣传、清洁家园、垃圾分类、交通劝导等各类志愿服务活动，营造"人人参与亚运、人人服务亚运、人人奉献亚运"的志愿服务氛围。据统计，杭州全市共有超过 148.8 万人通过"杭州市文明帮帮码平台"注册报名参加亚运城市志愿服务，累计共有 252 万人次参加城市志愿服务活动，服务时长达 378 万小时。

"城市志愿服务将全力保障亚运赛事顺利举办，也欢迎各代表团运动员和媒体朋友在比赛和工作之余，体验杭州的城市之美。我们将持续发扬亚运城市志愿服务的经验成果，打造'全民志愿'之城。"杭州市运保指挥部全民参与亚运工作组副组长王文硕表示。

### 学习探究与思考

1. 志愿服务的背景与意义是什么？作为一名师范生，你认为参与志愿服务为何有助于培养和弘扬劳动精神？在志愿服务中，如何体现和传承中华传统文化中的劳动精神？

2. 在志愿服务的准备阶段，志愿者培训与个人素质提升对于师范生的发展有何重要性？师范生在选择适合自己的志愿服务项目时，应该考虑哪些因素？请分享你的观点和经验。

3. 有同学说："志愿服务是浪费时间，没有实际意义。参与服务项目不如多花时间提高自己的学科水平，将来更有竞争力。"请结合学习过的内容，对这种看法进行评价，同时分享印象最深刻的一次志愿服务，谈一谈它对你的个人成长有哪些影响。

# 第三节　师范生社区公益服务

社区公益服务作为师范生劳动教育的重要组成部分，不仅是对社会的回馈，还是培养师范生社会责任感和实践能力的有力手段。通过社区公益服务，师范生可以在实际的社区环境中应用和巩固在劳动教育中所学的知识和技能，实现个体、社区和社会的共同发展。社区公益服务既能够提升师范生的实际操作能力，又能够促使他们更深入地理解和体验社会责任，从而实现劳动教育的综合目标。本节将深入探讨社区公益服务的价值、未来趋势及实践探索，旨在使师范生更全面地理解社区公益服务的意义，并为其在实践中更好地履行社会责任提供指导。通过学习本节内容，师范生将了解社区公益服务的价值，包括对社会的贡献和对个人成长的贡献。师范生通过实践探索，可以了解社区服务中可能遇到的实际问题，找到优化服务的路径。

视频：师范生进社区：公益服务行动指南

## 一、社区公益服务的价值

社区公益服务不仅是一种义务，还是师范生培养社会责任感和实践能力的重要途径。它的价值既体现在对社会的贡献上，又反映在个人成长的点滴积累上。社区公益服务是一项义务，更是一种机会，既服务社会，又促进个人成长。师范生在社区服务中的付出将成为教育事业的宝贵财富，为师范生的未来和社会的发展注入新的活力。

师范生参加社区公益服务

### （一）对社会的价值

2018年，共青团中央和教育部印发《关于在高校实施共青团"第二课堂成绩单"制度的意见》，针对学生志愿公益和社会参与等普遍需求，促进"第二课堂成绩单"成为高校人才培养质量评价、大学生综合能力鉴定、用人单位录用人才的重要标准。师范生社区公益服务是一种积极而有益的社会实践，其价值不仅体现在服务对象的改善上，还体现在对整个社会的积极影响上。这一形式的服务通过培养未来教育工作者的社会责任感、实践能力和团队协作精神，为社会奉献爱心，也为学生个人的成长与发展提供了宝贵的机遇。

社区作为具体的生活单元，具有独特的文化、教育和经济特点，需要特定的支持和服务。通过社区公益服务，师范生能够更贴近社区实际情况，更了解社区的需求。这种需求驱动的服务模式有助于建立起更加紧密的社区联系，使服务更具有针对性和实效性。作为未来的教育工作者，师范生在服务中不仅能够提供物质支持，还能够通过教育手段传播社会价值观念、培养社会责任感。这种通过教育引导社区成员更好地适应社会变迁的方式，使服务不是暂时的援助，而是长期的社会建设过程中的一环。

师范生通过自身的努力和奉献展示了社会责任感，激发了更多社区成员的参与欲望。这种以身作则的影响力有助于形成社区共同的价值观，推动整个社会更加向积极向上的方向发展。通过为社区提供教育资源和支持，师范生可以帮助那些资源匮乏、教育机会有限的群体。这种公益服务不是短期的援助，而是对教育平等的一种实质性的助力，能够为社会创造更加平等的教育机会，推动社会公平发展。通过与社区居民互动，师范生在服务中培养了沟通与合作技能，使社区内部的关系更加融洽。这种和谐的社区氛围对社会的整体稳定和发展具有积极的促进作用。师范生在服务中倾听社区的声音，调解社区内部矛盾，为社会和谐提供了有力的支持。

**文件链接：**
《关于在高校实施共青团"第二课堂成绩单"制度的意见》

6-3-1

### （二）对个人的价值

党的二十大报告说："青年强，则国家强。"青年一代要时刻坚定信仰、坚守初心，担当使命、砥砺前行，无私奉献、艰苦奋斗，以更昂扬的姿态踏上充满光荣和梦想的远征，在新时代征程上留下青春无悔的鲜明印记。

在服务过程中，师范生通常需要承担一定的组织与协调工作，从项目的策划、实施到总结，都需要具备领导小组、组织活动的能力。这不仅锻炼了师范生的领导能力，还使其学会在团队中充分发挥各自的优势，形成良好的合作氛围。

在社区服务中，师范生会面临各种各样的实际问题，包括项目推进中的困难、社区需求的变化等。通过这些挑战，师范生能够逐渐发展解决问题的创造性思维和实践技能，为未来从事教育工作提供了有力的支持。社区志愿服务为师范生公益活动提供了良好的平台，高校联合政府机构、社区开展层次较高、形式多样、内容丰富的社区服务，能够强化师范生的社会服务意识，提升其使命感和责任感。

在服务项目中，师范生需要与不同背景、不同专业的同学协同工作，与社区居民进行有效沟通。这种团队协作的经历让师范生学会倾听、尊重和合作，为未来踏入教育领域提供了重要的人际交往能力。通过与社区居民、合作伙伴等各方互动，师范生不仅拓展了社会关系，还建立了与不同社会层面的联系。这种广泛的人际交往经验有助于师范生在职业生涯中更好地适应社会环境，也为其个人发展提供了更多的可能性。

青年一代要坚定信仰，在新时代征程上留下青春无悔的鲜明印记

## 二、社区公益服务的未来

师范生社区公益服务未来将呈现出丰富多彩的发展趋势，体现在社会需求与服务的深度契合上，也在对创新技术的应用中展现出新的可能性。在未来的发展中，师范生社区公益服务将不是临时的援助，而是有机的、可持续的社会责任。通过不断创新服务模式、整合社会资源，师范生将在服务中实现个人价值，同时为社区全面发展贡献自己的力量。这种深度融合的社区服务模式将成为师范生教育的亮点，也是培养具有社会担当的教育工作者的重要途径。

### （一）社会需求与师范生服务的契合

在迅速发展的社会背景下，师范生社区公益服务的未来趋势愈发凸显出对社会需求的敏感和主动适应的特质。社会需求作为社区服务的核心推动力，与师范生服务的契合不仅是服务的基础，还是引领未来公益服务发展的关键驱动因素。学校应该积极组织开展实际调研，了解在社区建设和社区工作中存在的困难和需求，如在城市文明建设、再就业与创业、农村项目引进、科技发展、帮扶项目创立、文化宣传等方面展开探索，结合时代发展趋势，积极寻找双方公益创业的契合点。

随着社会结构的变革，社区面临的问题呈现多层次、多元化的趋势。未来社区可能面临的挑战包括教育资源不均衡、社会融合、老龄化等多方面的问题。师范生社区公益服务需要更加灵活、多元，以满足不同层次、不同领域的社会需求。师范生的服务应该着眼于整个社会生态系统，通过多样性的服务项目，为社会提供更全面、更具体的支持。

未来的社会可能面临更多新型的挑战，如科技发展对教育的影响、人工智能时代的教育变革等。师范生需要具备对未来社会变革的敏感性，通过创新性的服务方式，为社区提供更加智能的、适应性强的服务。这意味着师范生需要积极学习新知识、接触新技术，不断提升自己的适应能力，以更好地满足未来社会的需求。

在传统意义上，师范生社区服务主要侧重于教育领域，但未来社会需要更全面的服务，包括健康、环境、社会公益等多个方面。师范生需要培养跨学科的综合素养，通过整合各种资源，提供全面的社会服务。这将要求师范生在学习自身专业领域知识的同时，具备一定的跨学科知识，以更好地满足未来社会的多元需求。这也将对师范生的培养提出更高要求。未来社会将更加注重个体差异，社区居民的需求将呈现出更大的多样性。师范生需要具备个性化服务的能力，通过深入了解社区成员的需求，提供更为个性化、贴心的服务。这要求师范生在服务前期进行充分的需求调研分析，了解社区文化、价值观，以更好地满足不同居民的需求。

志愿者在社区向老年居民科普健康知识

### （二）对创新技术的应用

随着科技的飞速发展，技术创新不仅是社会进步的引擎，还是师范生社区公益服务的关键推动力。技术创新不仅能够提升服务的效率，还能够为社区提供更智能化、更个性化的支持。在未来的师范生社区公益服务中，对创新技术的应用将成为不可或缺的重要元素。传统的需求分析可能依赖大量的人工调研和问卷调查，耗费大量时间和人力。而通过对现代技术的运用，师范生可以利用大数据分析、人工智能等工具，更全面地了解社区居民的实际需求。通过数据挖掘和分析，师范生能够更准确地捕捉到社区的痛点和问题，有针对性地制定服务方案。

（1）利用数字化技术，师范生可以创造性地设计各种互动性强、参与感高的教育活动。例如，虚拟现实技术可以为学生提供更生动、直观的学习体验；在线平台可以打破时空的限制，让师范生和社区居民在线上进行更为便捷的互动。这种多元化的服务手段不仅能够提高服务的吸引力，还能够满足不同社区成员的个性化需求。

（2）利用项目管理软件、在线协作平台等工具，师范生能够更好地组织团队、协调资源、追踪项目进展。这种高效的管理手段可以使师范生更专注于服务的实质性内容，提高服务的效率，确保服务项目更好地落地和发展。

（3）通过在线教育平台，师范生可以进行远程教育，为更多的地区提供优质的教育资源。利用移动应用和社交媒体，师范生能够更加便捷地与社区居民互动，传递服务信息，收集反馈信息。这样的拓展不仅能够提升服务的影响力，还有助于建立更广泛的社区网络。

在服务项目中，师范生不仅是服务的执行者，还是服务的设计者和创新者。通过参与科技创新和社会创新，师范生将拥有更广泛的技能，包括问题解决、创意思维、团队协作等。这些技能将在未来的职业生涯中发挥重要作用。社区公益服务能够将人才培养目标与社会价值相结合，整合思想政治理论教育、社会规范、专业教育、实践教育、就业教育等内容，融合学校和社区的教育资源和能力，将课堂知识延伸到社区服务中，促使师范生主动投身于社会公益服务事业，具备良好的社会责任意识。

**知识链接：**

浙江杭州：依托人工智能识别技术，解锁乡村"智"理新密码

6-3-2

## 三、社区公益服务的实践探索

社区公益服务的实践探索是师范生在服务过程中不断迭代、创新的实践过程。这一阶段不仅涉及服务项目的具体实施，还涉及面对社区实际问题时的深度思考和对优化路径的探索。总的来说，社区公益服务的实践探索是一个不断学习、不断改进的过程。通过面对实际问题、优化服务路径、注重团队协作，师范生能够在服务中取得更好的效果，为社区居民提供更加有针对性和可持续性的支持。这也是培养师范生成为优秀的教育工作者，具备社会责任感和创新精神的重要途径。

### （一）实际落地问题

师范生社区公益服务在实际落地过程中不可避免地面临各种问题。这些实际问题既来自外部的社会环境，又涉及内部的团队组织和个体能力等多方面因素。正是通过对这些实际问题的深入探讨和解决，师范生社区公益服务才能够更好地实现目标，为社区提供更有针对性、可持续的服务。师范生社区公益服务可能遇到以下问题。

（1）信息不足或者需求调研不够深入，服务项目可能与社区居民的期望存在差距，导致服务的针对性不够强，影响了服务的实际效果。社区是一个复杂而多元的生态系统，其需求涵盖教育、文化、环保、社会关系等多个方面。师范生服务项目的设计是否贴合社区实际需求，是影响服务效果的关键因素。

（2）出现人手不足、经费不足的情况，限制服务项目的推进和发展。社区公益服务通常涉及各种资源，包括人力、物力、财力、时间分配等。在资源有限的情况下，如何合理分配资源，以取得最大的服务效益，是一个复杂而严峻的问题。师范生团队需要具备较强的资源整合和管理能力，以充分发挥有限资源的潜力。

（3）理解误差和沟通障碍影响服务顺利进行。社区居民可能有不同的文化背景、价值观念和生活方式，而师范生通常是从不同地区、学校来的，可能对社区的文化环境了解不足。师范生需要在服务前期加强对社区文化的了解，利用有效的沟通手段建立起与社区居民之间的信任和合作关系。

（4）在服务过程中面临法律法规的约束和道德伦理的挑战。例如，在教育服务中可能涉及隐私保护问题，在社区建设中可能面临土地利用和环境保护的法规限制。师范生需要具备基本的法律意识和道德判断力，确保服务合法合规，避免不必要的法律和道德纠纷。

（5）服务的持续性问题。由于学期的时间限制，学生在毕业后也会离开，有些服务可能在短期内取得了一定的成果，但由于缺乏长期的关注和支持，社区可能无法持续受益。因此，师

范生团队需要思考如何在服务过程中建立社区自我支持机制，以保障服务的可持续性。

**知识链接：**

全国助残日|政校企联盟启动，余杭科技助残赋能特殊教育

6-3-3

## （二）优化路径

师范生社区公益服务作为一种师范生积极参与社会实践的方式，其优化路径不仅涉及服务项目的设计与执行，还涉及师范生团队的组织与管理，以及与社区居民的有效沟通与合作。通过不断优化这些方面，师范生社区公益服务能够更好地适应社会需求，提高服务效果，取得更大的社会影响力。

（1）通过深入了解社区需求，师范生团队可以更有针对性地设计服务项目，确保项目与社区实际需求相匹配。这需要师范生在服务前期进行充分的社区调研，通过与社区居民深入交流，了解他们的实际需求和期望。只有深入了解社区，师范生才能够为社区提供更有价值的服务。

（2）在服务过程中，师范生团队需要明确分工，合理利用各成员的优势，确保服务项目高效推进。这要求团队具备较强的沟通和协作能力，营造良好的团队氛围。同时，团队的领导者需要具备良好的组织和管理能力，制定明确的目标和计划，确保整个团队朝同一个方向努力。

（3）师范生团队需要建立起与社区居民的有效沟通机制，促使其更主动地参与服务项目。这可以通过定期的座谈会、问卷调查等方式进行，了解社区居民的想法和意见。同时，对于社区居民的反馈要及时回应，调整服务策略，确保服务能够更好地满足他们的实际需求。

（4）利用信息技术、大数据分析等先进技术手段，师范生团队可以更精确地了解社区需求，提高服务的针对性。同时，技术也可以提高服务效率。例如，通过在线平台进行服务宣传、组织活动，提高服务的覆盖范围。技术的应用可以使服务更具有创新性和可持续性，为社区提供更智能、个性化的服务体验。

（5）通过与企业、社会组织等合作，师范生团队可以充分利用外部资源，提高服务项目的可行性和可持续性。这种合作不仅能够为服务项目提供更多的资金支持，还能够引入更丰富的专业知识和技术支持。通过资源整合，师范生社区公益服务可以更全面、更有力地推进。

师范生服务项目往往受到学期限制，通过建立可持续的社区合作机制，服务可以在学期结束后得以延续。近年来，师范生社区志愿服务的形式和内容不断革新，但高校尚未形成完善的志愿服务课程体系，师范生社区志愿服务总体上处于分散、无序的状态。这可以通过培养社区居民的自主服务能力、建立社区志愿者队伍，使服务项目得以延续。同时，也可以通过与地方政府、企业等建立战略合作关系，获得更稳定的支持。

在师范生社区公益服务的实践探索中，这些优化路径相互交织，共同构成了一个全面而持续的服务体系。通过不断优化服务项目、强化团队管理、加强社区居民参与、合理应用技

术、拓展社会合作与资源整合，师范生社区公益服务能够更好地适应社会变革，提供更具有实际意义的服务。师范生团队应该保持开放的思维，不断总结经验，及时调整服务策略，以更好地履行社会责任，为社区提供更有益的服务。

**网站链接：**

中国社区志愿者服务网

6-3-4

## 典型案例

### 优秀的社区工作者需要做哪些事？这些过来人的故事让你秒懂

社区工作者是基层建设和基层治理的骨干力量。作为全国最早建立社区工作者队伍的城市之一，杭州每年都会选出一批"最美社工"，宣传展示社区工作者的良好形象，进一步激发广大社区工作者的工作效能。经推荐申报、综合审定，2023年度杭州市"最美社区工作者"名单出炉，让我们一起来认识他们。他们的工作日常究竟是怎样的？他们为居民办了哪些事？

#### 1. 王翔：上城区四季青街道钱塘社区

作为钱塘社区党委书记、居委会主任，王翔致力于打造"人和、家和、心和"的幸福社区。他以社区幸福邻里坊为载体，打造"十分钟"全生命周期"十分优享"公共服务圈，不断丰富"钱塘茶诗社""同心童趣俱乐部"等社区文化品牌内涵，打造家门口的少年宫，落地市青少年宫课程。他推出"红色代办"服务，以社区孤寡老人、大病患者、残疾人、困难户、退伍军人等特殊群体为主要对象，推进"最多跑一次"向居民楼道延伸。同时，他推动建成上城区首家幸福餐桌，日均客流量近2000人次，解决了长久以来老年人吃饭难的问题。

王翔与社区老人在一起

#### 2. 陈璐：拱墅区长庆街道汇金国际商务社区

作为汇金国际商务社区党委书记，陈璐秉承"企业需要什么，我们就提供什么，让商务社区成为员工的第二个家"的服务理念，打造800平方米综合服务中心，做优24小时为企业的服务。围绕楼宇治理难题，她深化"三和楼事会"，出台知法守法、诚信经营等楼宇公约10条，实现"楼事楼议、楼事楼管、楼事楼办"。她打造篮球、羽毛球、共享城市书房等娱乐文化配套设施，引进占地1000平方米的高端餐饮企业，精准满足楼宇员工的需求，建成"15分钟商务生活圈"。她成立"大咖智囊团""楼宇帮帮团"等金融社团，培育壮大"汇享生活"咖啡俱乐部、"fly"羽毛球俱乐部、"瑜悦"瑜伽馆等社团组织，举办"智库进汇金"、大咖系列讲堂、私董会等活动120余场。

### 3. 王红：西湖区留下街道翰墨香林社区

王红是翰墨香林社区的党总支副书记，她始终坚持做社区居民的"服务员"。2021年，她带领团队成功创建留下街道首批市级"金秋驿站"。同时，她利用地域优势，深挖高校资源，推动组织联建、资源联享、活动联办、人才联育、品牌联创、发展联动的联建新模式。例如，翰墨香林社区与浙江特殊教育职业学院党委党建联建，关心关爱社区特殊学生。

王红与孩子们在一起

### 4. 蔡华玲：滨江区浦沿街道滨文社区

滨文社区是一个拥有5.3万常住人口的融合型高校社区。社区党总支书记、居委会主任蔡华玲立足高校社区实际，充分挖掘与发挥高校优势资源，创建"红邻滨团"党建品牌，以党建共建推进社区治理服务专业化、精细化。例如，滨文社区与浙江省教育发展中心合作共建"桑榆至味"共享食堂，实现社区老年人与高校青年学生"老少同食"，共享幸福"食"光。同时，在社区党群服务中心设置亚运青年V站，招募亚运注册志愿者1.2万人，为杭州第19届亚运会做出贡献。

### 5. 王莺：萧山区蜀山街道湘源社区

王莺是湘源社区党支部书记、居委会主任，她积极参与社会工作服务案例和项目，具有丰富的实务经验。2021年，她组织并参与推广"金钟罩"。在介入过程中，她指导社工及时修正介入方案，改善工作技巧，通过和服务对象的反复沟通，顺利实现案例目标。2022年，她参与"湘孕林"志愿屋志愿者塑能项目，推动服务对象转变为志愿者。该项目成果通过蜀山街道首届"微公益"创投大赛验收，实现了可持续运行。

---

**学习探究与思考**

1. 社区公益服务的价值在什么地方？作为一名师范生，你认为参与社区公益服务如何有助于培养和践行劳动精神？在社区服务中，如何体现和传递中华传统文化中的劳动精神？

2. 在社区公益服务的未来方向中，社会需求与师范生服务的契合点在哪里？技术创新在推动社区公益服务方面有何作用？请分享你对未来社区服务发展的看法和建议。

3. 有同学说："参与社区公益服务不如参加一些培训班和比赛直接有效，那些对个人的提升更大。做这些服务活动浪费时间，对自己的职业发展没有太大帮助。"请结合学习过的内容，对这种看法进行评价，同时分享一次社区公益服务经历，谈一谈它对你个人成长和职业发展的影响。

---

## 第四节 师范生暑期社会实践与"三下乡"服务

师范生暑期社会实践是一种充实而有意义的经历，既是对所学知识的实际运用，又是对社会责任的深刻体验。暑期社会实践是劳动教育的延伸和拓展，通过参与实践活动，师范生能够更全面地体验到劳动的意义，加深对社会的了解，培养多方面的能力，能够更好地投身社会。在火热的夏天，师范生会踏上社会实践之旅，为教育事业贡献自己的一分力量。师范生的暑期社会实践是对所学知识的检验，更是一次全面的成长和锻炼。通过这段特殊的经历，师范生将更加深刻地理解教育的本质，更有信心投身未来的教育事业。暑期社会实践是一段难忘的经历，为师范生将来的教育生涯奠定了坚实的基础。暑期社会实践强调在实际社会环境中应用理论知识，通过实践活动提升师范生的实际操作能力，与劳动教育的理念契合；通过实际工作来培养师范生的实际操作能力，与劳动教育的目标一致；为师范生提供了与社会不同层面的人交往的机会，增强了他们对社会多样性的认识，与劳动教育的理念吻合。

## 一、师范生暑期社会实践概述

### （一）师范生参与暑期社会实践的目的

师范生暑期社会实践是一项具有重要教育意义的活动，这项活动旨在让未来的教育工作者更好地了解社会、增强服务意识，并在实践中提升自身专业素养。活动通过学生在寒暑假期间主动参与社区服务、走进基层学校和社会组织，亲身感受社会的多样性和复杂性，从而促使其更深刻地理解教育事业的本质。

暑期社会实践的目的是帮助师范生把学校的教学理论与社会实际情况结合，使师范生在实践中不仅能够巩固所学知识，还能够培养实际应用能力和解决问题的能力。这一过程远远超越了传统的课堂教学范畴，让师范生能够更全面地了解学科知识在实际工作中的应用，同时培养了他们的创新思维和团队协作能力。

（1）在实践过程中，师范生将亲身融入社区环境，与各种文化背景的人交流互动，更好地理解学生的差异性和多样性。这有助于拓宽他们的视野，增强跨文化沟通的能力，为未来的教学工作打下坚实的基础。此外，暑期社会实践也是师范生培养责任感、奉献精神的重要途径。通过为社会做贡献，他们能够更好地认识到自己作为一名教育工作者的社会责任，培养对学生全面发展的关怀和责任心。

（2）在实践过程中，师范生还能够感受到社会问题的复杂性和多层次性。通过参与社区服务、了解基层教育状况，他们能够更深刻地认识到教育问题与社会问题的关联，这对于他们今后的教学工作至关重要。通过观察、思考和实际操作，师范生能够更好地将理论知识转化为解决实际问题的能力，培养批判性思维和创新精神。

**网站链接：**

社会实践网

（3）这种实践不仅是对教育专业知识的应用与检验，还是全方位、多层次的个人成长和社会责任的塑造之旅。在课堂中获得的理论知识，通过社会实践得以实际应用和验证。这种将知识从纸面上抽象的概念转化为实际操作的过程，不仅增强了师范生对学科知识的理解深度，还培养了他们解决实际问题的能力。社会实践是知识的延伸，更是知识的升华，使教育理论得以在实际操作中得以贯彻，真正发挥教育的实效性。

在实践中，师范生将面临各种各样的挑战，需要通过思考和行动来解决问题。这种锻炼不仅培养了他们的创新思维，还提升了他们解决问题的能力。同时，社会实践还促使师范生加深对自己职业选择的认识，能够更加坚定地投身于教育事业。

### （二）师范生参与暑期社会实践的价值

传统教育往往侧重于灌输理论知识，忽略对师范生实际操作和实践能力的培养。而实践与理论相结合的教育理念强调通过实际操作来巩固理论知识，使师范生在应对实际问题时能够更加游刃有余。这种全面素质的培养不仅包括专业知识，还包括创新能力、团队协作能力及解决问题的能力，使师范生能够更好地适应未来社会的发展需求。

师范生通过暑期社会实践，将所学知识应用到实际场景中

在暑期社会实践中，师范生通过实际项目、实践活动将所学知识应用到实际场景中。这种知行合一的教学方式有助于学生更深入地理解理论知识，提高对知识的实际运用能力。理论知识在实践中不再是抽象的概念，而是得以具体化和活化。通过参与实践活动，师范生能够亲身感受知识的实用性和意义，从而更加主动地参与学习过程。这种参与感和亲身体验不仅提高了师范生学习的积极性，还培养了他们的学习主动性和解决问题的能力。师范生在实践中获得的成就感和经验也会激发他们对学科的热爱，形成持续学习的动力。此外，信息时代知识更新迅速，实际问题复杂多变，师范生暑期社会实践培养了自身适应社会发展变化的能力，使他们更好地适应未知的挑战，具备更强的创新和实际解决问题的能力。

总之，师范生暑期社会实践以全面素质的培养为目标，强调知行合一，能够激发师范生的学习兴趣，同时适应现代社会对人才的需求。通过暑期社会实践，师范生将更好地面对未来社会的挑战，成为具备创新能力和实际操作能力的综合素质人才。

**知识链接：**

安徽师范大学学子开展多彩支教，用爱守孩童心

6-4-2

## 二、"三下乡"计划介绍

### （一）服务背景

"三下乡"即文化、科技、卫生"三下乡"。大学生暑期"三下乡"社会实践是大学生

暑期社会实践活动的重要内容，是以高校为主导、以大学生为主体、以实践基地为依托、以科教文卫志愿服务为内容的社会实践活动和服务基层活动。"三下乡"是旨在促进城乡教育均衡发展的社会服务计划。该项目的背景源于我国城乡教育资源分配不均、贫困地区学生教育水平相对较低的问题。为了缩小城乡教育差距，提高农村学校的教育质量，教育部启动了"三下乡"服务项目。

随着城市化的推进，城市教育资源相对较为丰富，而农村地区的教育资源相对匮乏。这导致农村学校师资力量不足、教学设施简陋等问题，直接影响了农村学生的学习质量。因此，"三下乡"服务项目通过组织城市师范生前往农村学校进行支教，旨在通过输送一批优秀的城市教育资源到农村，弥补城乡教育资源差距，提高农村学校的教育水平。

贫困地区学生由于受到地域、家庭经济等多重因素的影响，常常面临较大的学习困难。该项目的设立旨在通过城市师范生的力量，为农村学校提供专业的教育支持，提高学校整体教育质量，从而提升农村学生的学习水平和综合素养。通过与城市学校的交流互动，农村学生也能更全面地了解城市的教育发展状况，激发他们对知识的追求和对未来的期望。

在城市学校中，师范生主要接触相对稳定的教学环境，而农村学校的特殊性质使师范生面临更大的教学挑战。通过参与"三下乡"服务项目，师范生能够更好地锻炼自己的实际教学能力，提高跨文化沟通的能力，培养解决问题的实际经验。这为他们未来成为优秀的教育工作者打下了坚实的基础。

### （二）目标与意义

"三下乡"服务项目的目标与意义昭示着一项深刻的教育变革——通过城市与农村之间的教育互助，打破城乡教育差距，促进教育公平，提高农村学校的教育质量。这一项目的目标包括多方面的内容，而其深刻的意义不仅体现在提升农村学生的学习水平上，还体现在全面推动我国教育的均衡发展上。

农村学校往往面临师资短缺、教学设施简陋等问题，直接制约了学校的整体教育水平。该项目通过引入城市的优秀师范生，利用他们的专业知识和教学经验，提升农村学校的教育质量，缩小城乡教育差距。这不仅有助于提高农村学生的学习成绩，还为他们提供了更广阔的学术视野和更丰富的学科资源。

除了学科知识的提升，这一项目还注重培养师范生的综合素养，包括创新能力、团队协作能力等。师范生不仅传授知识，还引导农村学生积极参与实践活动，锻炼实际操作能力，培养解决问题的能力。通过这一过程，农村学生将更全面地发展自己，增强适应社会需求的能力，有望在未来更好地融入社会、贡献社会。

城市与农村之间教育资源的不均衡一直是我国教育领域的一个严峻问题。"三下乡"服务项目通过城市师范生的参与，实现了城市教育资源向农村的输送，形成

"三下乡"服务项目使城市与农村之间的教育差距逐渐缩小

了一种城乡教育资源的互助机制。这种互助不是教育资源的单向流动，而是城市学校与农村学校之间的交流合作，使城市与农村之间的教育差距逐渐缩小。

参与"三下乡"服务项目的师范生将亲身体验农村学校的实际情况，感受农村学生的教育需求。通过这样的体验，师范生将更深刻地认识到自己作为教育工作者的社会责任。这有助于激发他们对教育事业的热情，使其成为有社会责任感的优秀教育工作者，为我国培养更多的高素质人才做出积极贡献。

**文件链接：**
《关于开展2023年全国大中专学生志愿者暑期文化科技卫生"三下乡"社会实践活动的通知》

6-4-3

## 三、准备工作

在师范生暑期社会实践之前，充分准备学科知识是确保实践顺利进行和取得良好效果的重要环节。这一准备工作涉及对学科知识的重要性认识，以及如何有效地进行知识储备。

### （一）实践前的学科知识储备

学科知识不仅是教育工作者必备的核心素养，还是在实践中解决问题、提高教学水平的关键因素。在社会实践中，师范生将面对多样化的教学环境和学科问题，具有扎实的学科知识是应对这些挑战的基础。只有具备深厚的学科知识，师范生才能更好地理解和应用教育理论，更有信心和能力解决在实际教学中的各种问题。

#### 1. 学科知识的重要性

为了有效准备学科知识，师范生可以采取一系列系统性的策略。首先，厘清学科知识的体系结构，明确重要的核心概念和基本原理。通过梳理学科知识的脉络，师范生能够更有针对性地进行学科知识的深度储备。其次，积极参与讨论和交流，与同学、老师共同探讨学科知识中的难点和疑问。通过与他人互动，不仅可以拓展自己的思路，还可以发现自己对某些问题认识的不足之处，及时加以弥补。此外，充分利用图书馆、网络等资源，查阅相关文献和教材，获取更广泛的学科信息。通过多元化的学习途径，师范生能够更全面地了解学科知识的发展动态和前沿趋势。

#### 2. 有效准备学科知识

重要的是，将学科知识与实际教学场景结合，进行案例分析和教学设计。通过将理论知识与实际问题连接，师范生能够更好地理解对学科知识的实际运用，为在实践中应对各种挑战提供更为灵活和切实的方法。总体而言，在实践前的学科知识储备阶段，师范生需要明确学科知识的重要性，认识到它是实践活动的支撑点。通过系统性的准备工作，包括梳理学科知识结构、积极参与讨论、广泛获取学科信息，以及将知识与实际教学结合，师范生能够更加自信地应对实践中的各类情境，充分发挥掌握专业知识的优势，提升实践的效果和自身的专业素养。这也为师范生未来的教育工作打下了坚实的基础。

**（二）社会调研方法与技巧**

社会调研是师范生暑期社会实践至关重要的一环，它不仅帮助师范生更好地了解社会现象，还为他们提供了与社会互动的机会。在社会调研中，合理的方法和技巧能够使调研更为深入、全面。

**1. 基本步骤**

社会调研的基本步骤是一个系统而有序的过程，主要包括以下几个方面。

（1）问题定义与构建。在进行社会调研前，师范生首先需要明确调研的目的和问题，确定研究的范围和方向。问题的明确性对后续调研工作至关重要，它直接关系到调研的深度和有效性。

（2）文献综述。在问题定义之后，进行文献综述是了解已有研究进展的关键步骤。通过查阅相关文献，师范生可以了解社会问题的前沿动态、相关研究方法和成果，从而更好地定位自己的研究方向。

（3）设计研究方案。根据问题定义和文献综述，师范生需要设计合理的研究方案，包括选择调查方法、确定样本规模、制定调查工具等。一个科学合理的研究方案是保证调研结果可信度高的基础。

（4）数据收集。数据收集是社会调研的核心环节。师范生可以通过问卷调查、访谈、观察等方式搜集相关数据，确保数据的全面性和准确性。同时，需要合理安排调查的时间和地点，以确保样本的代表性。

（5）数据分析与解释。收集到数据后，师范生需要运用适当的统计方法和分析工具对数据进行深入的分析，提取有关信息。通过对数据的解释，可以回答问题，为后续的实践提供参考。

（6）报告与总结。师范生需要将调研结果进行报告和总结。报告应该清晰、详尽地呈现研究的过程和结论，向相关人群传递调研的价值和启示。

**2. 调研工具与技术**

在进行社会调研时，选择合适的调研工具与技术对于调研的顺利进行至关重要。以下是一些实用的调研工具与技术。

（1）问卷调查工具。问卷调查是一种经济高效且能够覆盖大范围受访者的调研方式。师范生可以设计结构合理、问题清晰的问卷，通过线上或线下方式进行调查。

（2）深度访谈技巧。深度访谈是一种能够获取详细信息的调研方法。师范生在进行深度访谈时需要灵活运用开放性问题，与受访者建立良好的沟通关系，以获取更为深入的见解。

（3）社会网络分析工具。在数字化时代，社会网络分析工具可以帮助师范生更好地理解社会关系和网络结构。通过分析社交媒体平台上的信息流动和互动，可以揭示出社会中的潜在关联和趋势。

（4）大数据分析技术。大数据分析技术是近年来兴起的一种强大的调研工具，可以处理大规模的数据，挖掘隐藏在数据背后的模式和规律。师范生可以运用大数据技术进行量化分析，从而更全面地理解社会现象。

（5）观察和参与。观察和参与是一种直接亲身体验社会现象的方法。通过实地观察和参与社会活动，师范生能够深入了解人们的行为、言语和态度，获取更为真实和全面的调研材料。

---

**知识链接：**

【公开课】社会调研与研究方法——北京大学邱泽奇

6-4-4

---

## （三）跨文化沟通与团队协作

在师范生暑期社会实践中，跨文化沟通与团队协作是至关重要的素养，它们直接关系到实践活动的顺利进行和团队的合作效果。

### 1. 多元文化的认知与尊重

在跨文化沟通中，首要的是对多元文化的认知。不同的文化背景意味着人们在价值观、信仰、习惯等方面存在差异。师范生需要通过学习和了解不同文化的历史、传统和社会习俗，增强对多元文化的认知，以建立对他人文化的理解和尊重。

尊重差异是跨文化沟通的基石。在实践中，师范生可能面对来自不同文化背景的学生、教育者及社区成员。在交往中，要保持开放的心态，接纳差异，并尊重他人的文化传统。通过尊重差异，师范生可以建立更加融洽的人际关系，有助于实践任务的圆满完成。

语言是文化传承和表达的载体，在跨文化沟通中，语言的选择和使用显得尤为关键。师范生需要学会倾听、理解和运用不同语言，确保信息传递的准确性。同时，要注意语言的文化敏感性，避免使用可能引起误解或冒犯对方的言辞。

在多元文化环境中，跨文化冲突几乎是不可避免的。师范生需要具备有效解决冲突的技能，包括善于倾听、善于表达、善于妥协等。通过建立开放的沟通机制和解决问题的渠道，师范生能够更好地处理跨文化冲突，维护团队的和谐氛围。

### 2. 团队协作的关键要素

（1）团队协作的首要要素是明确共同的目标。在师范生社会实践中，团队成员可能来自不同专业、不同学科，共同的目标有助于汇聚团队的力量，形成合力。明确的目标可以激发团队成员的积极性，促使大家共同努力，为实践任务的达成而努力奋斗。

学生会定期会议

（2）团队协作离不开有效的沟通与信息分享。师范生需要建立起畅通的沟通渠道，通过定期会议、沟通平台等分享信息，确保团队的信息传递畅通无阻。有效的沟通有助于避免信息误解，提高团队的协同效率。

（3）在团队协作中，灵活的角色分工是必不可少的。师范生应该根据团队成员的特长和兴趣，合理分工，发挥每个成员的长处。同时，要保持开放的心态，接纳新的观点和建议，促进团队协作的多样性。

（4）信任是团队协作的基石。通过诚实守信、言行一致，师范生能建立起团队内部的信任关系。此外，团队凝聚力也是团队协作的重要动力，可以通过举办团队活动、建立团队文化等方式加强。

（5）在实践中，团队可能面临各种变化和问题。师范生需要具备适应力，能够在面对变化时迅速调整团队的工作计划和策略。同时，要善于解决问题，用团队智慧找到解决方案，确保实践任务顺利完成。

### 典型案例

**在"行走的思政课"上，浙江特殊教育职业学院学子追忆红色、助残共富**

2022年是向第二个百年奋斗目标进军新征程的重要时刻。这一年共青团迎来了建团百年的历史性时刻。"以史为镜，可以知古今"，"四史"学习教育作为一项重要的任务必须抓好抓实。在全党、全国开展党史学习教育，是坚定信仰信念、在新时代坚持和发展中国特色社会主义的必然要求。浙江特殊教育职业学院的青年大学生积极传承红色基因，在暑假期间开展了名为"走进家乡这片土，追寻红色那段忆"的社会实践活动。本次活动足迹遍布浙江11个地级市，依托各地红色地域资源，以微党课的形式学习宣扬党的百年奋斗重大成就和历史经验。

1. 实事求是

10位微党课主讲人深入一线，走访老一辈的革命者，参观革命历史遗址、烈士纪念馆、博物馆、红色教育基地、爱国主义教育基地等红色传承地。从钱塘潮涌到红船扬帆，从平民英雄到资深革命家，再从党政军民一心抗战救国到中国共产党成为我国执政党，10位主讲人以微党课形式将脚下土地上发生过的红色故事娓娓道来，带领大家见证红色历史。

2. 揭开华章

第一课：钱塘星火，勇立潮头

主讲人绳艺珂是实践队的领队，她深入浙江省的红色省会杭州，通过讲述中国共产党杭州历史馆中"民族独立人民解放的杭州篇章""推进社会主义建设的杭州记忆"和"走中国特色社会主义道路的杭州实践"三大模块，复原杭州的红色历史故事，力求让青年了解杭州的发展成果来之不易。

第二课：总理身教，百世不忘

主讲人方亦圆来自浙江绍兴，热爱分享的她，利用微党课分享周恩来总理为党为国为民奉献一生的事迹，帮助青年认真学习周总理美好品格与优秀精神，并使之不断传承。

第三课：南湖的船，启航的党

主讲人张心怡来自浙江嘉兴，热爱生活的她奔赴南湖，带着听课人走一走中国共产党成立的地方，让更多青年身临其境地见证中国共产党和中国共产党人的艰辛历程。

第四课：平凡之光，英雄百年

主讲人厉潇杨来自浙江温州，在她的微党课里我们可以看到许多出身平凡但心怀大义的英雄烈士，让青年深刻感受到百年和平来之不易。

第五课：不忘初心，方得延续

主讲人叶鲜鲜来自浙江台州，性格开朗的她求新求变，走近台州建党传奇人物——宣侠父，通过老一辈的故事帮助青年汲取智慧的力量。

第六课：阶级斗争，工人力量

主讲人周斐尔来自浙江宁波，授课内容着眼于"小人物"，道出无产阶级革命之路的艰辛，用史实告诉青年"世上无难事，只要肯攀登"。

第七课：任重道远，一心向党

主讲人陈静来自浙江金华，她在生活中、在部队里都敢于担当责任，并且拥有丰富的党史学习教育经验。她通过党课传达老党员、老革命家爱国爱党、兢兢业业的美好精神，让青年认识到自己的责任与担当。

第八课：党政军民，一心抗战

主讲人乔悦来自浙江湖州，充满梦想的她在授课过程中走过革命先烈的抗战之路，带领青年看到战火纷飞的岁月里党政军民齐心协力，只为抗战救亡、停息战火、向往和平的美好愿望。

第九课：直面历史，无声控诉

主讲人绳艺珂来自浙江衢州，以无声的实物，揭露侵略者的罪行，此时无声胜有声，敬告青年不是所有历史都可以遗忘。

第十课：知难而进，不卑不亢

主讲人尹力慧来自浙江丽水，很有亲和力的她在授课中展示了中华民族不屈的魂魄，激励青年人在坚定的信念之下一往无前，朝着我党的目标不断前进。

第十一课：灯火山河，永不迷航

主讲人章家欣来自浙江舟山，她用一束灯光，越过山河千秋，让青年看到东方星落日升，看到灯塔照亮炎黄来时的路途。

**3. 继往开来**

不同于一般的课堂，实践队的十位主讲人走出教室，走进红色教育发源地，引入家乡地域元素，开展了11堂富有家国情怀、饱含红色记忆的网络微党课。这是实践队第一次尝试网络微党课这种形式，不过这只是红色教育的启程之旅，实践队将会走到更多的地方，挖掘红色文化，追溯红色记忆，发扬红色精神！

---

**党课链接：**
扫描二维码，观看部分微党课。

6-4-5

---

**学习探究与思考**

1. 作为一名师范生，你认为参与暑期社会实践有哪些重要性？实践与理论相结合对于师范生的教育理念有何影响？如何在实践中践行和传递劳动精神？

2. "三下乡"计划的服务背景和目标意义是怎样的？请分享一些你的同学或朋友所在学校的经验，说明这些经验如何促进师范生在社会实践中更好地发挥作用。

3. 有同学说："暑期社会实践和'三下乡'服务浪费时间，对学科知识提升没有太大帮助。在家好好复习学科知识才是最有效的提升方式。"请结合学习过的内容，对这种看法进行评价，并分享一次暑期社会实践或"三下乡"服务经历，谈一谈它对你个人成长的正面积极影响。

# 第五节　师范生与"大学生村官"

师范生与"大学生村官"代表中国大学生中的两个独特群体，他们各自在教育和乡村振兴中扮演着重要的角色。师范生，是指接受专业教育培训的学生，致力于未来成为优秀的教育工作者。师范生深谙教育的本质，具备扎实的教学理论知识和实践技能。在大学里，他们接受系统的师范培训，学习教育心理学、课程设计等相关专业课程，为将来投身教育事业打下坚实的基础。师范生的特点不仅在于专业性，还在于他们对教育事业的热情和责任感。他们将教育视为神圣的事业，渴望通过自己的努力，为学生的成长和社会的进步贡献力量。这种独特的使命感使他们在支持乡村教育、促进农村知识传承等方面具有显著的优势。

视频：当师范生成为一名大学生村官

与此同时，"大学生村官"是一支在乡村振兴中崭露头角的力量。这个群体通常是在完成大学学业后选择到农村工作的年轻人，他们怀揣对家乡的热爱，肩负推动农村社区发展的责任。作为新时代农村建设的参与者，"大学生村官"既是村落发展的推动者，又是城乡交流的纽带。"大学生村官"通过在农村实际工作，将劳动教育理念贯彻于实践中，促进了对大学生全面素质的培养，为他们将所学知识应用于实际工作提供了重要的平台。

这两个群体的结合，不仅体现了教育资源向农村输送的努力，还彰显了乡村振兴需要多元化人才的支持。师范生的专业背景和教育技能为农村学校的发展提供了支持，同时，"大学生村官"通过结合本地实际情况，引入先进的理念和技术，为农村社区的整体发展注入新的活力。这两个群体各自具有独特的优势，两者协同作用，促进了乡村教育的提升，还为农村社区的全面发展贡献了积极力量。师范生与"大学生村官"在各自领域的发展中相互激荡，为构建更美好的乡村教育和社区建设梦想共同努力。

## 一、概念

### （一）"大学生村官"的概念与任务

"大学生村官"是指应届全日制普通高校本科及以上学历毕业生，通过组织人事等相关部门的考试后，入选担任村党支部书记助理、村民委员会主任助理或其他职务。

#### 1. "大学生村官"的概念

"大学生村官"是大学生参与农村基层工作的一项特殊计划，旨在通过高校毕业生的力量推动农村经济社会的发展和改善。这一概念的提出源于对农村发展不平衡问题的关切，以及对大学生积极参与社会服务、服务基层的期望。"大学生村官"计划始于2003年，由中共中央组织部、教育部、共青团中央等多个部门联合发起。这一计划旨在解决农村地区存在的基层干部相对短缺的问题，通过引导大学生到农村工作，既促进农村经济社会的发展，又为大学生提供了实践锻炼和个人成长的机会。"大学生村官"计划的主要目标是培养一支懂农业、懂农村、懂农民，具备专业知识和实际工作能力的大学生队伍。国家通过这一计划，引导大学生关心农村、投身农村，通过自身的努力推动农村社会全面进步。

### 2. "大学生村官"的任务

"大学生村官"的任务涉及农村基层各个方面，包括农业生产、农村社会管理、农村文化建设等。他们需要在农村工作一定的年限，通过实际行动为农民提供服务，同时要深入了解当地的文化，融入当地的社会环境。"大学生村官"的选拔过程通常非常严格，需要经过层层筛选和考核。除学业成绩外，"大学生村官"选拔还会关注申请者的综合素质、社会责任感，以及对农村工作的热情。选拔出的大学生将接受相关的培训，包括农村政策法规、社会管理知识、农业生产技能等方面，以便使其更好地适应基层工作的需要。

师范生岗位培训

随着我国乡村振兴战略的深入推进，"大学生村官"计划在未来仍将发挥重要的作用。政府需要进一步优化计划的实施机制，加强对大学生的培训和支持，提高计划的吸引力和实效性。与此同时，"大学生村官"个体也需要不断提升自身的综合素质，更好地融入基层社会。"大学生村官"计划是我国社会实践创新的一项重要尝试，通过引导大学生参与农村工作，实现大学生与社会、农村的有机结合。在未来的发展中，这一计划将继续发挥积极的推动作用，为乡村振兴注入新的活力。

## （二）师范生的特点与优势

### 1. 师范生的特点

师范生成为"大学生村官"是师范生个体发展的一种新机遇，也为乡村振兴战略提供了独特的人才支持。师范生在大学期间接受系统的教育培训，会学习教育学、心理学、教育法规等专业课程。这使他们在教育领域拥有深厚的专业知识和实践技能。成为"大学生村官"后，这些专业知识将成为支持乡村教育发展的强大工具。师范生能够更好地了解农村学校的需求，设计符合农村实际情况的教育方案，并有效推动农村教育水平的提升。

师范生往往怀揣着对教育事业的热情和责任感。对于"大学生村官"这一角色，这种热情和责任感将转化为对乡村社区的关爱和服务意识。他们并非只是来自城市的外

"大学生村官"入户了解农村居民的生活

来力量，而是对农村孩子未来的梦想负有责任的引领者。这种热情和责任感将推动他们在乡村工作中投入更多的心血，切实关心农村学生的成长，促进农村社区全面发展。

### 2. 师范生的优势

师范生在接受教育的过程中通常会培养出较强的社会交往能力和沟通技能。这对于"大

学生村官"在农村社区工作中的人际关系建设和与农村居民的有效沟通至关重要。他们能够更好地融入农村社会，了解当地文化，与农村居民建立起良好的信任关系。凭借积极的社交能力，他们有望更好地协调各方资源，推动农村事务的发展。

师范生在完成专业学习的过程中，通常需要进行一定的实践和实习。这为他们积累了一定的实际经验，使他们更具有适应乡村工作环境的能力。这种实践经验包括教学实习、校外实践等，使他们对于教育工作的实际开展环境更加熟悉。在"大学生村官"岗位上，这种实践经验将有力地支持他们更好地应对农村实际问题、推动当地发展。

师范生在专业培养的同时，也会接触一些创新理念和教育改革思维。这使他们在"大学生村官"这一角色中更具有开拓精神，能够引入新的教育理念和方法。他们可能倡导以学生为中心的教育模式，用创新手段促进农村学校的发展。这种创新意识将使他们更有可能在乡村振兴中发挥引领作用，带动农村教育的变革。

**知识链接：**

"高校毕业生基层培养计划"相关政策

6-5-1

## 二、机遇与挑战

### （一）师范生成为"大学生村官"面临的困境与问题

师范生成为"大学生村官"面临一系列的困境与问题。这些问题涉及他们在农村基层工作中将面对的各种挑战。这些问题不仅考验师范生的适应能力，还反映了当前乡村振兴过程中的一些现实难题。

#### 1. 师范生成为"大学生村官"面临的困境

即使同一个县域的不同乡村，也会存在不同程度的经济发展水平、不同标准的基础建设、不同特色的地理环境、不同比例的人口结构、不同深度的人文底蕴，所以文化建设活动应该采取不同的策略。成为"大学生村官"的师范生往往来自城市，而城市与农村有明显的文化差异。这种文化差异可能导致他们在农村陷入融入困境。语言、习惯、价值观的不同，可能使他们与农村居民之间存在沟通障碍，难以和农村居民建立起密切的关系，进而影响工作的推进。

"大学生村官"在农村工作中通常需要参与基层治理，但由于基层治理环境的复杂性，他们可能面临治理难题。农村内部利益矛盾、农民自治意识不足等问题可能使他们在推动基层治理方面遇到一系列阻力。

农村地区通常面临教育资源匮乏的问题，包括师资不足、教材陈旧等。师范生作为"大学生村官"，可能需要在这样的条件下进行教育工作，这对他们的工作造成一定的困扰。农村学校通常面临管理不善、设施陈旧、教学设备匮乏等问题，这些问题直接影响师范生在学校工作中的发挥。如何有效推动农村学校的管理与发展，是一个需要面对的严峻问题。

### 2. 师范生成为"大学生村官"面临的问题

一些师范生成为"大学生村官"后，可能面临在乡村工作不久就离开的情况。这种人才流失可能与工作环境、生活条件等因素有关。同时，农村地区留用"大学生村官"的机制也可能存在问题，导致优秀的师范生无法在农村工作中发挥更大的潜力。在一些农村社区，可能存在对于"大学生村官"的职业认可度不足的问题。由于文化差异、教育水平差异等因素，他们可能面临对于其专业背景和工作任务的质疑，这对于工作的顺利进行造成了阻碍。

师范生成为"大学生村官"，可能面临较大的工作压力和精神负担。"大学生村官"是离开学校后直接走进农村的群体，他们缺少与基层相关的社会工作经历，缺乏对民情民生的了解，没有形成系统解决问题的思维体系和逻辑。同时，基层工作环境相对较为艰苦，可能需要面对复杂的社会问题和家庭矛盾，这些因素可能对他们的心理健康和工作积极性产生一定的负面影响。

师范生成为"大学生村官"，虽然具有专业知识和教育背景，但在农村基层工作中仍然面临一系列的问题和困境。这些问题既涉及个体的适应能力，又反映了农村振兴过程中一些深层次的社会、经济、文化等方面的矛盾。解决这些问题需要政府、社会和个体共同努力，以促进农村的可持续发展。

**知识链接：**

"大学生村官"与村民有什么隔阂？

6-5-2

### （二）原因分析

能通过严格选拔成为"大学生村官"的师范生有些来自城市，而农村和城市存在较大的文化差异。这一差异主要源于地域差异、生活方式的不同等因素。由于这种文化差异，师范生成为"大学生村官"后可能难以融入农村社区，陷入沟通困境。

（1）基层治理难题的根本原因在于农村社区内部的复杂性。不同的农村居民可能有不同的利益诉求，社区自治水平可能较低，治理难度因此加大。这也反映了在农村社区中，师范生成为"大学生村官"需要面对复杂的社会关系和矛盾。

（2）农村地区教育资源匮乏的原因主要有两个方面：一是农村地区经济相对滞后，资金投入相对较少；二是农村地区教育师资短缺，教育设施陈旧。这导致师范生成为"大学生村官"时，可能需要在有限的资源下进行工作，影响了教育质量。

（3）一些农村地区对于"大学生村官"的吸引力较低。可能是因为薪酬水平较低、工作环境相对较差等因素，优秀的师范生不愿意长期在农村工作。部分"大学生村官"认为，到农村任职这个经历可以作为自己优越履历中的一部分，一心想着未来通过考试进入公务员、事业单位系统来破解最终就业难题，不愿意沉下心来，专心服务农村。

（4）农村基层工作的压力主要来自环境的封闭性、社会问题的复杂性等方面。这使师范生成为"大学生村官"时，可能承受更大的工作压力和精神负担。

总之，师范生成为"大学生村官"面临的困境与问题是多方面的，涉及社会、经济、文化等多个维度。解决这些问题需要政府和社会各界共同努力,加大对农村地区的支持力度,提高农村社区的整体发展水平,从而为"大学生村官"提供更好的工作环境和支持。

## 三、实践路径

在对实践路径的探索中,提高师范生自身能力和健全长效机制成为关键的着力点。这一战略性的布局旨在激发师范生成为"大学生村官"的活力和创造力,同时构建起一个可持续的、稳健的支持体系。通过师范生自身能力的提升,我们能够期待更为专业、负责的"大学生村官"队伍,而健全的长效机制有助于在基层推动乡村振兴战略的全面展开。这两条实践路径的整合将为"大学生村官"提供更为全面的支持,同时为乡村振兴事业注入更为强大的人才动力。通过这一框架的深度实践,我们期待能够在乡村教育和社区建设中取得更为显著的成果,为我国乡村振兴战略的成功实施贡献力量。

### (一)提高师范生自身能力

提高师范生自身能力,作为"大学生村官"实践路径的重要一环,涵盖多个方面。

(1)师范生成为"大学生村官",需要具备更丰富的专业知识、实践技能,以及创新意识,以更好地适应农村基层工作的需求。在提高师范生自身能力的路径中,教育学科知识培训非常重要。这包括但不限于教育心理学、教育法律法规、课程设计等方面的知识。通过系统的课程学习和实践案例分析,帮助师范生打下扎实的教育基础,为他们在农村学校的教育工作提供坚实的支撑。

(2)为了更好地适应农村基层工作,师范生需要对农村教育现状有深入的了解。这包括农村学校的基本情况、师资力量、学生特点等方面。通过实地考察和与农村一线教育工作者深入交流,师范生对农村教育的特殊性能够有更为清晰的认识。

(3)为了提高师范生作为"大学生村官"的实际操作能力,必须注重教学实习工作的开展。通过在城市或农村学校进行教学实践,师范生能够熟悉教学流程、提高课堂管理水平,更从容地应对农村学校的教学任务。例如,通过参与社区建设、组织文化活动、开展农村调查等形式,培养师范生的社区服务能力,使其更好地融入农村社区,了解当地居民的需求。

(4)要培养师范生解决问题的能力。在农村工作,师范生可能面临各种问题,包括教育资源不足、学生家庭背景复杂等。师范生需要具备教育改革意识和思维。通过参与教育研讨会、与教育专家交流,可以培养师范生的教育改革思维。通过模拟案例分析、团队合作等形式,师范生可以在实际操作中锻炼解决问题的能力。

(5)在农村基层工作中,良好的沟通技能是至关重要的。通过专业的沟通技能培训,包括口头表达、书面沟通、团队协作等方面的训练,师范生能够更好地与农村居民建立联系,

"大学生村官"在农村实践

促进工作的顺利推进。要构建村干部和群众双向反馈的协调机制，构建"村干部了解群众，群众了解村干部"的沟通模式，进而建立互通互信的良好关系，只有这样，群众才会和"大学生村官"唠实嗑、交实底。

（6）为了保持师范生在农村工作中的竞争力，为其提供继续教育的机会是必要的。通过开设进修课程、提供学术交流平台等方式，使师范生在工作之余不断充实自己，保持学习状态。要鼓励师范生建立学习小组，共同研讨学科知识，分享实践经验。通过集体学习，促使师范生在学习中相互启发，形成集体智慧，提高整体水平。通过全面而有针对性的培训，师范生将更好地适应农村基层工作的需要，更有信心和能力履行"大学生村官"的使命。提高师范生自身能力，不仅能够满足个体的职业发展需求，还能够为乡村振兴事业提供强大的人才支持。

（7）在整个过程中，要注重培养师范生成为"大学生村官"的使命感和责任感。通过教育引导和实践锻炼，使师范生深刻认识到他们从事的工作对于农村社区的发展和学生的成长有着深远的影响。这种使命感将成为他们奋发努力、不懈追求进步的强大动力。

总体而言，提高师范生自身能力是实现"大学生村官"战略目标的基础和保障。只有通过专业知识的提升、实践技能的培养、创新意识的激发，以及社会责任感的培养，师范生才能在农村基层工作中更好地发挥作用。这不仅有助于师范生个体成长和职业发展，还有助于推动乡村振兴事业，实现优质教育资源的下沉，促进农村社区全面发展。

## （二）健全长效机制

健全长效机制是确保"大学生村官"战略可持续发展的关键一环。通过建立系统完备的支持体系，从选拔、培训到工作和离任，为师范生提供全方位的政策和资源支持，使其能够应对基层工作中的各种挑战。

（1）为确保"大学生村官"队伍的质量，选拔标准应当明确清晰。除了基本的学业成绩，还需考察应聘者的综合素质，包括社会责任感、沟通能力、创新意识等方面。建立科学、公正、透明的选拔体系，确保选派到基层的师范生具备全面的素质和适应能力。

（2）建立系统化的培训计划，包括入职前培训、在职培训和定期培训。入职前培训主要关注农村基层工作的基本要求，使师范生对工作内容有清晰的认知。在职培训则围绕农村发展、教育改革等方面展开，提高师范生的综合素质。要建立导师制度，为新任"大学生村官"分配有经验的导师，提供全面的指导和支持。导师可以分享工作经验、解答问题，并帮助师范生更好地融入农村社区。这有助于缩短师范生的适应期，提高工作效率。

（3）建立科学的绩效考核与激励机制，根据"大学生村官"在农村工作中的表现给予相应的评价和奖励。这可以激发其工作积极性，促使其更好地履行职责。建立问题反馈与解决机制，通过定期调查和反馈，了解"大学生村官"在基层工作中遇到的问题，及时提供支持和解决方案。这有助于及时调整政策，改善工作的实际效果。

（4）为"大学生村官"设计职业发展通道，为其提供更广阔的职业发展空间。这包括农村工作中的升职机会，也包括转岗到相关领域或回城市发展。这有助于吸引更多的人才投身乡村振兴事业。要建立"大学生村官"经验总结与分享平台，让离任的"大学生村官"分享在基层工作中的经验和心得。这有助于经验传承，同时为后续的"大学生村官"提供参考和借鉴。

（5）与社会组织建立合作关系，通过引入社会资源和力量，为"大学生村官"提供更多的支持。社会组织可以提供专业的培训、项目支持等，为"大学生村官"提供更多的帮助。加强与地方政府的沟通合作，争取更多的政策支持，包括薪酬待遇、工作环境、社会保障等方面的政策，以提高"大学生村官"在农村工作中的获得感和归属感。

总之，健全长效机制是"大学生村官"战略的保障和支撑，需要多方共同努力，形成政府、社会组织、教育机构等多方参与的格局。这一机制的建设，将有力地推动"大学生村官"战略的顺利实施，为乡村振兴事业提供强有力的支持。

**文件链接：**

《关于建立选聘高校毕业生到村任职工作长效机制的意见》

6-5-3

## 典型案例

### 习近平给"大学生村官"的回信

张广秀是 2009 年 9 月被选聘到山东省烟台市福山区福新街道垆上村任职的女"大学生村官"，2010 年 9 月身患急性白血病仍不忘工作。在习近平等中央领导同志的亲切关怀下，她到北京接受治疗后于 2013 年 6 月重回"村官"岗位。2014 年 1 月 15 日，张广秀致信习近平总书记，汇报了自己的工作生活情况，表示要努力工作，服务群众，为实现中国梦做出贡献。习近平总书记收到来信后复信，对她病愈重返工作岗位表示慰问，对全国"大学生村官"提出殷切期望。复信全文如下：

张广秀同志：

　　来信收悉，感谢你和乡亲们的祝福。得知你康复良好、重返岗位的消息，我感到很欣慰，同时希望你仍要注意保重身体。

　　改变农村面貌，帮助农民群众过上好日子，推动广大农村全面建成小康，需要党和政府的好政策，也需要千千万万农村基层干部带领广大农民群众不懈努力。大学生村官计划实施以来，数十万大学生走进农村，热情服务，努力实现人生价值。你们的付出和贡献，农民群众有最真切的感受，我看了很多反映大学生村官事迹的材料，为你们的进步和成绩感到高兴。

　　希望你和所有大学生村官热爱基层、扎根基层，增长见识、增长才干，促农村发展，让农民受益，让青春无悔。

　　祝工作顺利、身体健康、阖家幸福！

　　请转达我对垆上村乡亲们的节日问候！

习近平<br>二〇一四年一月二十八日

**学习探究与思考**

1. "大学生村官"是什么概念？师范生在这一角色中有什么独特的特点和优势？作为一名师范生，你认为参与"大学生村官"工作如何有助于培养和践行劳动精神？
2. 在成为"大学生村官"的过程中，师范生面临哪些困境和问题？
3. 有同学说："农村太穷了，参与'大学生村官'工作是浪费时间，对个人职业发展没有太大帮助，应该专心考公考编，有个好出路。"你对这种看法如何进行回应？

# 劳动教育主题实践

**实践活动一**

为了推动提高师范生在志愿服务中的创新能力和实践能力，我们组织了一次"服务创新工坊"活动。在活动中，师范生可以选择参与校内或校外的志愿服务项目，然后以小组形式提出创新点子和方案，可能的方向包括服务对象、服务方式、宣传推广等。学生们将共同策划和实施创新志愿服务项目，并在最后展示项目成果。评选将注重创新性和社会影响力，最佳项目将得到支持并在校园内实际实施。

**实践活动二**

师范生社区公益服务不仅是一种责任，还是一个创业机会。我们鼓励师范生在社区开展创业计划，通过提供有针对性的服务解决社区问题。大家可以从社区需求出发，制订可行的服务计划，包括但不限于家教支持、文化活动组织、社区清洁等。服务计划需要考虑可持续性和社区参与度，同时提供一定的创业启动经费。最终，学生团队将实施计划，通过服务社区，培养自身的创业精神和社会责任感。

根据表6-1的评价项目，对劳动实践活动进行自评，并提出自我反思及改进建议。

表6-1 第六章劳动实践活动自评表

| 评价项目 | 具体内容 | 表现程度 |
| --- | --- | --- |
| 情感态度 | 深刻理解劳动最光荣、劳动最崇高、劳动最伟大、劳动最美丽的观念 | ☆☆☆☆☆ |
| | 尊重和珍视劳动者，体会劳动的辛苦 | ☆☆☆☆☆ |
| | 领悟劳动对个人、社会的重要性 | ☆☆☆☆☆ |
| 合作交流 | 能够积极主动与同学合作，形成良好的团队氛围 | ☆☆☆☆☆ |
| | 能够认真聆听同学的意见，主动提出自己的看法 | ☆☆☆☆☆ |
| | 在同学遇到困难时，能够主动伸出援手 | ☆☆☆☆☆ |
| 学习技能 | 通过多种途径获取和处理信息，提高信息获取的广度和深度 | ☆☆☆☆☆ |

续表

| 评价项目 | 具体内容 | 表现程度 |
|---|---|---|
| 学习技能 | 灵活运用学到的专业技能，根据任务需要主动学习新的技能 | ☆☆☆☆☆ |
| | 方案构思更富有创新性，能够独立思考和解决问题 | ☆☆☆☆☆ |
| 实践活动 | 能够将所学专业技能成功应用于实践任务，展现专业素养 | ☆☆☆☆☆ |
| | 根据实践情况灵活调整和改进自己的方案，提高实际操作能力 | ☆☆☆☆☆ |
| | 在实践中体验劳动的成果和乐趣，增强对劳动的认同感 | ☆☆☆☆☆ |
| | 按时完成劳动实践任务，取得符合要求的成果 | ☆☆☆☆☆ |
| 成果展示 | 按时完成劳动实践任务，完成志愿服务项目方案创新设计和社区服务计划 | ☆☆☆☆☆ |
| | 成果符合任务要求，构思新颖、有创意 | ☆☆☆☆☆ |
| | 成果具有应用价值，能在校园内或社区范围内实施 | ☆☆☆☆☆ |
| 自我反思及改进建议 | | |
| 自评 | 优秀（　　）　良好（　　）　合格（　　）　不合格（　　） | |

# 第七章　师范生见习与实习实践

**核心问题**

　　★师范生教育见习、教育实习、教育研习的内涵、表现形式及意义
　　★师范生教育见习、教育实习、教育研习之间的区别和内在联系
　　★师范生教育见习、教育实习、教育研习的具体要求及实践路径

**思维导图**

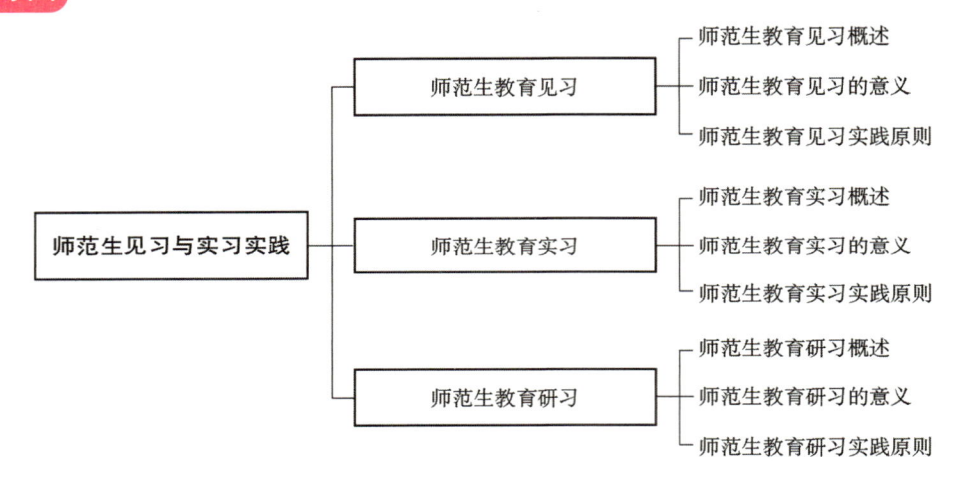

```
                            ┌── 师范生教育见习 ──┬── 师范生教育见习概述
                            │                    ├── 师范生教育见习的意义
                            │                    └── 师范生教育见习实践原则
                            │
                            │                    ┌── 师范生教育实习概述
师范生见习与实习实践 ───────┼── 师范生教育实习 ──┼── 师范生教育实习的意义
                            │                    └── 师范生教育实习实践原则
                            │
                            │                    ┌── 师范生教育研习概述
                            └── 师范生教育研习 ──┼── 师范生教育研习的意义
                                                 └── 师范生教育研习实践原则
```

**导　　论**

　　李时珍是明代杰出医药学家，他最出名的便是经过27年艰苦劳动编著的《本草纲目》一书，全书总结了16世纪以前我国劳动人民丰富的药物使用经验，对后世药物学的发展做出了重大贡献。从青年到老年，李时珍走出家门，深入山间田野，实地对照，辨认药材，足迹遍布大江南北，行程达两万余里。他四处访问医生、农民、渔民和猎人，收集民间治病的验方、土方，还亲自去荒僻的深山里采药。在这个过程中，李时珍还效仿神农尝百草，亲口品尝药材，判断药性和药效。李时珍从30多岁开始动笔，直到54岁才将《本草纲目》初稿完成。在这以后，他又连续修改了三次，直到61岁，这部190多万字的经典著作才得以完成。

　　李时珍的《本草纲目》是在辛勤劳动中完成的。师范生见习、实习在本质上也是一种劳动，同样要付出艰辛与努力。师范生劳动教育与见习、实习实践有什么内在联系呢？

　　首先，见习、实习是师范生将所学理论知识应用于实际教学的重要环节，而劳动教育则强调通过实际劳动培养学生的综合素质。在见习、实习的过程中，师范生需要深入了解学生

的学习需求和特点，掌握教学技能和方法，同时观察和了解劳动教育的实际应用。这种实际观察和体验能够帮助师范生更好地理解劳动教育的理念和方法，为未来的教学工作打下坚实的基础。

其次，见习、实习和劳动教育都强调实践性和体验性。师范生在见习、实习中需要亲身参与教学工作，通过观察、实践、反思等不断提升自己的教学能力。而劳动教育也强调通过实际劳动让学生亲身体验劳动的意义和价值，培养劳动素养和技能。因此，见习、实习和劳动教育在实践性和体验性方面相辅相成，能够共同促进师范生的成长和发展。

再次，见习、实习和劳动教育都关注学生的全面发展和综合素质的提升。见习、实习不仅关注师范生的教学技能和方法的掌握，还要求他们具备教育情怀、师德师风等方面的素养。而劳动教育注重培养学生的劳动观念、劳动技能和创新精神等方面的素质。因此，将见习、实习和劳动教育相结合，能够促进师范生在教育领域中的全面发展和综合素质的提升。

总之，劳动教育是师范生见习、实习教育的重要组成部分，也是师范生职业素养培养的重要途径之一。在见习、实习的过程中，师范生需要参与实际的教育工作，其中包括对学生的劳动教育。师范生需要关注学生的劳动情况，引导学生树立正确的劳动观和价值观，培养学生的社会责任感和团队协作精神。这些职业素养的培养有助于师范生更好地适应未来的教育工作，提高教育质量。师范生应该加强劳动教育，培养劳动精神，树立正确的劳动观，为未来的教育工作打下坚实的基础。

视频：师范生教育见习的实践分析

## 第一节　师范生教育见习

教育实践是指师范生培养中的教育见习、教育实习和教育研习。师范生教育实践是师范生培养体系的有机构成部分，是理论联系实际、培养师范生成为合格师资的综合性、实践性必修课程，是引导师范生认同并完成教师职业角色转化的关键步骤，是教师专业化发展的有力推手。

### 一、师范生教育见习概述

教育见习是师范生劳动教育中不可或缺的一环，它承载着师范生从理论走向实践、从学生身份向教师角色转变的重要使命。在这个过程中，师范生得以接触到真实的教学环境，深入了解学生的需求，观摩并学习优秀教师的教学方法和策略。这种身临其境的体验使师范生

师范生需要身临其境，体验真实的教学

得以对所学的教育理论知识进行实践检验和深度理解，从而形成更为完善且接地气的教育理念。因此，师范生必须充分重视并优化教育见习活动，让自己在这个过程中得到充分的锻炼和提升，为未来的教育事业注入更多的活力和智慧。

#### （一）师范生教育见习的内涵

师范生教育见习是师范生运用专业知识贯通理论实践，参与劳动教育的一种重要途径。师范生教育见习的本质含义是指师范生在具有一定的专业知识的基础上，在高校与实践单位的双边指导下对将要从事的工作进行的一种现场学习和体验。学生有计划地开展教育见习活

动，把专业知识与教学实践紧密结合，把校内的学习和将要从事的教学工作紧密联系，从而增加对教育工作的感性认知，激发更强的学习兴趣，进而更有效、更全面地掌握相关的专业知识与理论背景。

国家重视师范生的劳动教育实践，这不仅关乎他们作为大学生应接受的劳动教育，还关乎未来他们为人师表后能够引导中小学生建立正确的劳动教育观念与实践。2020年3月，《中共中央 国务院关于全面加强新时代大中小学劳动教育的意见》旗帜鲜明地提出，学校要发挥在劳动教育中的主导作用，社会要发挥在劳动教育中的支持作用。该意见不仅将我国师范生劳动教育的基本方略提升到一个全新的高度，为我们进行教育实践提供了方向；还提出高等学校要加强劳动教育师资培养，把劳动教育纳入教师培训内容，开展全员培训，强化每位教师的劳动意识、劳动观念，提升实施劳动教育的自觉性。这意味着师范生参与劳动，接受劳动教育的最有效途径，就是在校内主阵地和校外场域的协同下积极拓展社会资源，强调理论与实践的对话与呼应，最大限度地促进劳动教育价值的实现。

### （二）师范生教育见习存在的问题

师范生教育见习在这些年虽然已取得一定成效，但在现实中还存在思想上不够重视、教育实践环节被弱化等许多亟待解决的问题。

#### 1. 教育见习缺乏整体设计

根据大部分高校的人才培养方案安排，学生教育见习环节普遍安排在第二学期开始，而一年级课程主要为公共基础课与部分专业课，涉及教育教学理论的课程，如教育教学法、教育课程论等，一般安排在二年级、三年级。这就容易导致学生在对教育模式与教学组织方法认知不够清晰的情况下，盲目参与教育见习，站在"旁观者"的角度单纯进行观摩而非学习，最终导致学生不能从理论联系教学实际的角度理解并重视教育见习。

#### 2. 教育见习内容单一

在教育见习过程中，师范生往往只关注课堂教学和班级管理，而缺少与任课教师、指导教师的沟通与交流。这种单一的见习内容导致学生对学校生活的全局性感知不足，无法全面了解学校教育的各个方面。此外，由于缺乏与教师的交流，师范生无法深入了解教师的教学方法和策略，无法从实践中学习和借鉴优秀的教学经验。

#### 3. 教育见习评价不够多元

在评价考核方面，教育见习课程的考核内容大多数为一篇见习总结或实践感悟，考核方式单一。这种评价方式更倾向于对学生班级管理能力、见习总体表现的评价，而忽视了对学生个人调查研究能力的评价。此外，教师所带的个人主观色彩较重，缺乏一定的科学性和全面性。这种评价方式无法全面反映师范生的实际能力和表现，也无法为未来的教育事业提供有价值的参考。

## 二、师范生教育见习的意义

### （一）对学生进行专业思想教育的有效途径

师范生通过教育实践，将充分认识中小学校教育工作的重要意义，增强作为人民教师的光荣感和使命感，自觉以"有理想理念、有道德情操、有扎实学识、有仁爱之心"为职业追求，丰沛教育情怀，坚定教育信念，矢志立德树人。

现在有许多师范生在毕业后不愿意当教师，其中不乏教师工作较为辛苦的原因，但也与其对教师工作缺乏深刻认知有关。在日常生活成长和观察中，师范生往往感受到的是教师的辛劳和付出，教师身份代表崇高，也代表鞠躬尽瘁，而对教师工作的满足感和成就感很难有具体的感受。只有经历过教育见习和实习，师范生才能够真正体会到作为教师全方位的感受和收获，转变思想观念，从而坚定毕生从教的信念。

杭州市临平区汀洲学校公开课

### （二）让学生了解教学实际与教师工作的最佳途径

师范生要想成为一名合格的教师，必须了解教育教学的特点，不论基础教育还是高等教育，都需要了解教育教学事业发展的路径和要求。想要深入了解这些情况，不仅要有过硬的理论基础知识，还要深入教学实践之中，在教育见习、教育实习的实践过程中，切身实地地去观察、理解和思考，从理性学习转变为感性感悟。

### （三）学生理论联系实际、加强学习的有力途径

教育见习是对师范生在校内所学理论知识的实际认识和解答。师范生在校内学习了许多教育教学类课程，在学习的过程中很难对已学知识进行判断和筛选。师范生所学知识在不同的教育场景中应该如何选择、在教学实际中应该如何应用，以及在理论学习中难以显现出来的不足和短板，在教育实践中都能够得到解答。

## 三、师范生教育见习实践原则

### （一）加强目的性和计划性，提高见习内容的适配度

在教育见习开始前，学校与指导教师应指导学生明确具体的见习计划，如本学期的见习时长、见习次数、见习内容、见习形式等，使学生对见习活动有大体的认知。在见习过程中，指导教师应引导学生主动探索，不断尝试，了解和体验基础教育学校工作的各个方面，如校园文化、环境创设、班级管理、班

幼儿园园长介绍教师教育能力提升与职业发展路径

主任工作、教学设计与组织等，让学生能够真正深入一线教学情境，使他们的见习活动能够有序开展。

### （二）遵循循序渐进的原则，指导教师应加强师范生见习中的过程管理

在教育见习中，教师指导不是一蹴而就的，而是逐渐深入的，根据学生的特点不断调整方法和经验。指导教师的任务不仅包括负责学生的见习安全，还包括管理见习纪律、答疑解惑等。对校内指导教师来说，应当不断加强自身理论知识，与见习学校的教师保持常态化的交流沟通，不断提高自身实践水平。同时，学校也应当加强对校外指导教师的培训和管理，对于见习活动的要求、形式与评估考核等内容保持相对统一，提高双方对见习的重视程度与专业化水平，让学生的教学能力得到进一步的发展。

### （三）引入多元评价形式，提高教育教学能力

多元评价形式包括课堂观察、学生反馈、家长调查等多种方式，以全面评价师范生的表现和能力。这种评价方式不仅可以客观地反映师范生的实际水平，还可以帮助师范生更好地了解自己的优点和不足，从而有针对性地改进和提高自己的教育教学能力。

在教育见习过程中，师范生需要积极参与各种教学活动，如课堂教学、班级管理、学生辅导等，以展示自己的教育教学能力。同时，他们还需要与任课教师、指导教师及其他相关人员保持密切沟通与交流，以获取更多的反馈和建议。通过引入多元评价形式，师范生可以更加全面地了解自己的教育教学能力，并不断改进和提高自己的教学水平。这将有助于他们更好地适应未来的教育工作，为培养更多的优秀人才做出贡献。

**典型案例**

### 我看见大地盛开绿色的希望

杜甫诗云："好雨知时节，当春乃发生。随风潜入夜，润物细无声。"不入田野，就闻不到泥土的芳香；不深入每一个幼儿的心里，就听不到那真实的声音。

作为一名师范生，我深知见习是一个极为重要的实践教学环节。通过见习，我们可以在社会实践中接触与本专业相关的实际工作，增强感性认识，培养和锻炼综合运用所学的基础理论、基本技能和专业知识，去独立分析和解决实际问题的能力，把理论和实践结合起来，提高实践动手能力，为我们毕业后走上工作岗位打下一定的基础。同时，我们可以学习到很多优秀的教学方法，为提高教育教学质量，成为合格的教育工作者积累经验。

#### 1. 身份的转变和心态的调整

从周一迈入幼儿园开始，我的身份开始发生转变。从学生到老师，从知识的接收者到知识的传授者，这种转变从孩子们口中一声"老师好"开始。作为一名师范专业的在校大学生，未来我在很大程度上会进入教师这个岗位，教书育人。在幼儿园的这一周里，在大三班三位老师帮助下，我体会到了教师这一职业具有的责任和义务。我从中感受到了我和专业教师的差距。幼儿园的孩子童心正盛，不适度严厉，无法给孩子良好的指导，也无法在孩子们中树立威信。

刚刚进入幼儿园，没有任何实习经验的我手足无措，不知道应该如何和小朋友交流。最初，我用成为孩子们朋友的心态来和孩子们相处。我和孩子们在课下做游戏、聊天，以为这样就是一位好老师。后来，我在独立管理班级的时候，才发现我的观点是错误的，甚至有些可笑。我完全听不到自己讲话的声音，座位上的孩子一个比一个活泼。我不得不放大嗓门，这样孩子们吵闹的声音才小了一些。当我的笑脸变得严肃时，孩子们的吵闹声才渐渐平息下来。此时，我才明白了"严慈相济"的道理。

### 2. 觉知此事要躬行

班里有个叫沐沐的孩子，聪明伶俐，自理能力较强。但是，每天都有好多小朋友告他的状，打人、骂人、抢小朋友玩具、弄小朋友衣服和头发等。孩子们谈论最多的都是沐沐的名字。主班老师尝试过很多办法来教育他，耐心说服，严厉批评，让他转换角色，体会其他小朋友的心情，不过都没有什么明显效果。老师们尝试和他的家长多交流，找出原因。经过几次谈话，老师们感觉到家长对孩子的行为无能为力，而且基本已经放弃，认为孩子是无可救药的。原因就在于此。这些谴责和批评的声音使孩子的心理变得消极和阴暗。作为心灵的启迪者，我们应及时发现问题，帮助孩子，让孩子得到身心健康长足的发展。

晨间入园时，沐沐一般来园都很早。他帮助老师整理玩教具，从大到小整理得井井有条，还帮助小朋友把桌子摆放整齐。我决定抓住他的这个优点，以此为突破口，改变他。我选他做班级里的管理员，让他负责班级桌椅、玩教具的发放和保管。他干得非常开心。这也改变了小朋友对他最初的认知，开始从心里接受他了。

在区角活动中，沐沐做得又快又好，因此我选举他为区角负责人。当了负责人的他，不仅自己做游戏越来越棒，而且帮助其他小朋友，教他们怎么玩，小老师做得十分好。当天的评价活动，就有小朋友讲了沐沐帮助自己的事，还有几个小朋友说沐沐改正了错误，现在很棒。我看到沐沐脸上洋溢着灿烂的笑，我相信沐沐以后的优点会越来越多，做得越来越好。

午睡前，沐沐收拾好玩具后，便按老师的要求小便、洗手。在上床前，他还把自己的衣物脱下，整理好。我立刻在小朋友的面前表扬他，向全班小朋友介绍他良好的行为习惯，让全班给他鼓掌。我还在他躺下入睡前，亲了他的小额头，他亲切地搂住我的脖子。从这一刻起，他开始感受到大家的温暖和关心，露出了甜甜的笑容。我的教学理念与模式就这样有了雏形。但是，美好的时光总是短暂的。见习结束的那天，看着孩子们依依不舍的眼神，欲拉又止的手，我更加坚定了从事教育工作的信念。

"纸上得来终觉浅，绝知此事要躬行。"两周的见习生活，对我而言是一次难忘的经历。大学二年级的我十分感谢学校给我的这次宝贵的机会，虽然短短两周，但坚定了我从事教育工作的信念，从中受益匪浅。

"路漫漫其修远兮，吾将上下而求索。"成为教师的这条路无疑是艰难而困苦的，作为一名特教老师，我明白未来自己面对的还有许多。有人说教师是蜡烛，蜡炬成灰泪始干，而我认为，只要还有一颗坚定的心，我必将在这

**师范生在幼儿园里与孩子互动**

条路上越走越远。我坚信,"有志者,事竟成;苦心人,天不负"。

**实施指南:**

浙江省高校学前教育专业师范生教育实践实施指南

7-1-1

**学习探究与思考**

1. 请在教育见习结束后,撰写一篇见习总结,以第一人称的角度阐述自己在教育见习过程中的所感所悟,不少于800字,内容包括见习的基本情况和你的观察与感悟。
2. 请以教育见习的经历,向大家介绍你的见习单位的特点和环境创设特色。

## 第二节　师范生教育实习

视频:教育实习:从理论到实践

对于师范生来说,教育实习是他们从学校走向社会、从理论走向实践的重要一步。通过教育实习,师范生可以亲身参与教育教学工作,了解学校教育的实际情况和学生的需求,从而更好地理解教育的本质和内涵。在教育实习中,师范生需要亲身参与课堂教学、班级管理、学生辅导等工作,通过实践来掌握更多的教学技巧和方法。同时,师范生还需要与优秀教师交流和学习,从他们的经验和智慧中汲取营养。这种实践和交流的过程将有助于师范生提升教育教学能力,培养职业素养和道德品质。

### 一、师范生教育实习概述

#### (一)师范生教育实习的内涵

教育实习是师范生培养体系的必修课程,对于师范生的培养质量具有不可替代的作用。教育部颁布的《教师教育课程标准(试行)》明确将"教育实习"作为师范专业课程设置的重要组成部分。2018

师范生在幼儿园见习

年,中共中央、国务院印发的《中共中央 国务院关于全面深化新时代教师队伍建设改革的意见》也特别强调,以实践为导向优化教师教育课程体系,师范生教育实践不少于半年。

教育实习是教育实践的第二环节,也是教师职前培养的重要环节,是师范生从学生向合格教师过渡的关键。在教育实习环节中,师范生置身于学校教育情境,在双导师指导下通过亲身参与、试岗操习、专题调研等方式主动参与课堂教学、班级管理、教研活动,独立完成一定的教育教学操作任务,不断提升自身的专业理论知识和基本技能,形成初步的教师专业实践素养。它对于师范生建构教育实践知识、发展教育实践能力、为专业发展奠定基础具有不可替代的作用,而且对于改进教师教育质量具有重要意义。

**1. 教学工作实习**

教学工作实习主要包括准备充实的教学设计内容,多样化的教学方式和手段,体现课程思政元素。同时，需要采取不同教学策略，独立完成教学任务，针对不同学习水平的学生进行差异化辅导，并记录多份作业讲评记录表。此外，还需要听取并记录指导教师的教学指导意见，每周完成详细的听课、评课记录笔记。这些实习任务旨在提高师范生的教育教学能力和职业素养，为未来的教育事业打下坚实的基础。

### 2. 班级管理工作实习

班级管理工作实习是教育实习的一项重要内容，旨在培养师范生的综合能力，如巩固专业思想、提高班级管理能力等。班级管理工作包括内外两种，班级内部管理工作是指班级日常活动组织、主题班会组织等，班级外部管理工作是指进行家庭访问等。事实上，教学、德育、家校社合作共育等均离不开班级管理，新时代的教师不仅需要具备卓越的教学能力，还需要具备一定的班级管理思维和素养。

### 3. 教研工作实习

教研是指师范生在实习指导教师的指引下，运用所学的教育教学理论对教师职业专业化过程中出现的有关问题进行分析、探讨和研究。师范生在理论与实践互动中提高反思能力和研究能力，进而提升自己的专业水平，以更好地适应未来的教育工作。教研工作实习主要包括以下内容。

（1）积极参与学校教研活动，至少撰写一份课例分析报告或调查报告。
（2）积极融入课堂教研活动。
（3）在实习期间参加课堂教学活动并撰写观摩反思和小结。

## （二）目前师范生教育实习存在的问题

近年来，我国教师教育改革不断发展，师范生教育实践规程与方向更加明确。但是，大部分师范生对教育实习依然缺乏清晰的认知，也缺乏在复杂的教育情境中解决实际问题的知识和能力。师范生一方面受制于理论知识与实践技能不匹配的矛盾，另一方面还面临新教师身份与实习学生双重角色的混乱。

### 1. 角色转换困惑，缺乏主体性体验能力

师范生具有一定的专业理论知识和技能，也有过课堂模拟训练，但毕竟只是"真空"课堂模拟，面对现实中众多性格迥异、学习能力不同的学生时，一旦出现难以控制的课堂教学或课堂纪律管理问题，往往束手无策。在这种情况下，许多师范生未能及时转换教师身份，把实习实践当成大学课程教学的延伸，对复杂的教学工作产生迷茫和担忧。同时，一些实习学校把师范生当作助教，仅让其批改作业和协助管理班级，并没有为其提供独立教学的机会，这也导致教育实习失去了部分实践的意义。

### 2. 实习内容窄化，缺乏深度互动交往

在实践活动中，不同专业的实习方案有所不同。有些专业更注重课堂教学，有些专业更偏重班级管理、课外活动等，这都会导致实习内容的单一化、简单化。师范生能够真正接触到完整、全面的教育实践的机会较少，所以大多数学生的教育实践内容有所偏重，不深入，收效甚微。

**3. 高校指导缺失，缺乏有效驻校支持**

在通常情况下，师范生进入学校实习，师范院校会安排一名高校实践指导教师负责指导整个实习小组。然而，实际上，2016年，教育部印发的《教育部关于加强师范生教育实践的意见》提出，"师范生教育实践由举办教师教育的院校教师和中小学教师共同指导"，并要求"采取驻校指导、巡回指导和远程指导等多种方式进行有效指导"。但在实际操作中，仍然承担其他教学和科研工作的高校指导教师，在通常情况下很少能够驻校进行当面实时指导，往往以巡回指导或远程指导为主，无法及时掌握学生的实习情况并提供及时有效的指导意见，这在一定程度上影响了师范生教育实习的实效和质量。

## 二、师范生教育实习的意义

### （一）教育理论与教育实践的必要连接

教育实习是把理论付诸实践的学习环节，师范生在实践中深入理解和巩固理论知识，丰富实践性知识。师范生在教育实习前，已掌握较为系统的教育理论知识，但对于教育实践知识与能力的了解知之甚少。师范生只有亲身经历和体验真实的教育教学实践场景，才能加深对教育理论知识的理解和认识。师范生通过教育实习将教育理论知识与教育实践融合，进而将教育理论转化为具体的实践行动，再将教育教学实践行动与教育理论知识进行有效衔接。这样可以使师范生增强对教育理论知识的理解，而且能够形成对教育实践的深刻反思。只有当师范生个人的教育知识与公共教育知识实现了有效的连接与转化，才可能真正建立起一般性与偶然性之间的有机联系，教育理论和教育实践才可以真正走向融合，教育实践知识才能真正建构起来并不断丰富和拓展。

### （二）深入理解教师专业发展的奠基课程

教师角色是复杂、多元又高效的综合体，师范生通过教育实习，学习掌握阅读、书写、表达沟通等基本教学能力，在不断的实践和研习中，得到备课、说课、上课、班级管理等专业能力的提升，这是成为一名合格教师的基础。在学校的实践场域情境中，师范生需要亲身参与课堂教学、班级管理、学生辅导等工作，通过实践来掌握更多的教学技巧和方法。在与优秀教师交流和学习中，师范生学习教师道德规范和行为准则、产生教师角色认同、不断提高和创造新的教育热情和信心，这种实践和交流的过程将有助于师范生提升教育教学能力，培养职业素养和道德品质。

此外，教育实习还有助于师范生培养良好的劳动习惯和职业素养。在实习过程中，他们需要遵守职业道德规范，尊重学生和教师，尊重他人的劳动成果。这将有助于师范生在未来的教育事业中更好地发挥作用。

### （三）为职业发展夯实基础

教育实习虽然是师范生从事教育教学工作的初次实践，但在很大程度上也是对师范生培养质量的系统考查和全面检验。

（1）通过教育实习，师范生不仅可以知晓自己在专业学习方面的不足，了解自己在教育教学能力方面的缺陷，还可以同实习学校的教师进行实际对比，找到自己与教师之间存在的差距，从而产生进一步学习的强烈愿望。这不仅有助于师范生了解基础教育的发展要求，增强对自身学习的反思，而且有助于教师培养院校与基础教育密切联系，促进师范生培养工作的改进与完善。

（2）对于师范生培养院校而言，通过教育实习既可以了解基础教育的发展现状和变革走向及其对教师培养的最新需求，又能够获得师范生培养质量的信息反馈，不断改进和完善教

师范生在教育实习中参与学校亲子运动会

师培养体系，从而更好地保障教师培养工作既满足教师职业发展的质量要求，又符合基础教育发展的现实需要。

（3）对于基础教育教师的职后发展而言，教育实习创造了一个非常重要的连接机制和发展平台，从而促进教师职后的专业发展。教师专业发展又给师范生的教育实习提供了更加有效的指导，从而改进师范生的培养质量。因此，教育实习不仅有助于教师职前培养的持续改进，而且有助于教师职后的专业发展，对于教师教育的持续改进和质量提升发挥着非常重要的作用。

## 三、师范生教育实习实践原则

### （一）创建多元主体协同的教育实习机制

建构高校、地方政府、基础教育学校多元主体共同参与的教育实习协同机制，能够使三者结成紧密共同体，不仅能够促进教育实习的制度化和规范化，而且能够保障教育实习的科学性和有效性。

2013年，西南大学开始与地方政府合作建立教师教育协同发展实验区，探索高校、地方政府和中小学校"三位一体"的教育实习协同机制，形成发展共同体、利益共同体、责任共同体，三者共同负责教育实习的目标、计划、组织、指导与评估。一方面，明确规定参与主体的目标与责任，协同的各方主体进行分工协同，既各有侧重又高效协同实施，从而形成教育实习的管理合力和资源整合；另一方面，遵循互惠原则，明确不同协同主体之间的责任分担机制及相应的利益共享机制，形成优势互补，实现互惠共赢。

### （二）完善校地协同育人机制，与教育实习基地实行双向指导

作为教育活动的一个必要环节，教育实习中的指导是成功的关键。在实习活动中，实习生仍是活动的主体，指导教师是指导者。在实习过程中，指导教师要择要和引导性地进行指导，实习生要主动带着问题寻求指导，这样才能使实习的收获最大化。

2012年，《教育部 国家发展改革委 财政部关于深化教师教育改革的意见》提出，要"推进教师培养模式改革，建立高等学校与地方政府、中小学（幼儿园、中等职业学校）联合培养教师的新机制，发挥好行业企业在培养'双师型'教师中的作用。支持师范大学与综合大学、科研院所、行业企业、地方政府及国外教育科研机构深度合作，建立教师教育协同

创新中心。推进高等学校内部教师教育资源的整合，促进教师培养、培训、研究和服务一体化"。 实习基地学校要密切配合高等院校和当地教育行政部门，做好实习支教师范生的管理、指导和安全保障工作，提供必要的条件；选配骨干教师与高等院校教师组成联合实习指导小组，加强实习指导工作。实习工作要充分考虑高校教学和实习单位工作实际，优化实习过程管理，强化实习导师职责，提升实习效果。高校应选派富有经验的教师强化对实习生的指导和考核，制定完备的指导教师遴选制度、培训制度、评价制度，切实使具有丰富教育实习基地经验的教师带队进入实习学校。

### （三）探索发展取向的教育实习评价方式

教育实习评价作为教育实习的重要环节，是检验师范生教育实习效果的重要依据，完善的、有针对性的教育实习评价对教育活动具有正向的、积极的功能。

（1）建立教育实习发展性评价标准。对师范生教育实习的发展目标及其相应的发展程度进行清晰的描述，帮助师范生尽可能了解评价标准及其评价规则，熟悉教育实习需要达到的实习目标和完成的实习任务，明确自己的努力方向，不断改进自己的行为表现，从而发挥评价的导向作用。

（2）实行教育实习多样化评价。高校可以组建由大学指导教师、实习学校指导教师、实习生、实习同伴共同构成的多元评价主体。不同的评价主体结合自身专业知识和教育教学经验从不同角度对教育实习的不同方面及具体表现进行多样化评价，这样不仅能够促进评价主体自身的专业发展，而且能够保证评价更加真实和全面。

（3）加强教育实习评价的过程性反馈。教育实习的评价要形成性评价和总结性评价并重，依据实习任务，分阶段对师范生的表现给予评价，并定期召开线上讨论会，通过协同评价使其不断自我调节、自我完善，从而发挥实习评价的反馈、调节和促进作用，使教育实习评价更具有发展性。

## 典型案例

### "国家需要，就是我们的使命"
——记2020年全国教书育人楷模、清华大学附属小学校长窦桂梅[①]

走过校门口长长的一排卓越教师的大幅海报，再走过新学期清华大学附属小学成志少年五彩卡通的"发车站"，眼前的百年校园一如往常，仿佛什么都没有发生过。

历史会记得，这所学校第16任校长窦桂梅在2020年教师节作为"全国教书育人楷模"的发言："清华附小是与新中国同呼吸共命运的学校，我是共和国培养的特级教师。面对压力与挑战，'苟利国家生死以'的誓言让个人甚至一所学校的毁誉都不重要。国家需要，就是我们

窦桂梅与孩子们在一起

---

[①] 引自中华人民共和国教育部官网，2020年9月18日。

的使命。奋进担当，我们义不容辞。"

## 1. 国家需要的时候就是担当的时候

大年三十那天，窦桂梅接到教育部通知，受疫情影响，全国中小学可能无法按时开学。教育部希望清华附小为全国小学生停课不停学准备线上直播课，时间预计为3周。大年初二，清华附小4名校领导组成了应对疫情工作小组。大年初四，9个分工明确的教师工作群组建完成。

为保证每一节课的直播质量，窦桂梅建立了多方协同备课机制，以包括她在内的特级教师带团队指导课堂，资深教师捆绑年轻教师，海淀区、北京市乃至全国的"第三方专家"进行课前诊断和课后点评，整体形成校长领衔、专家引领、特级同行、伙伴互助、自我反思的扎实教研链条。

直播的压力显而易见。有的教师从直播课上下来，后背已经被汗湿透。有的教师课上内容差20秒没能讲完，出了直播室抱着导师就哭。但大家都知道，压力最大的是窦桂梅。自从接下了任务，窦桂梅几乎天天睡不着，每天一睁眼就想着直播的安排。直播开始后，她总是一边处理工作一边看，走路也在看。

一个细节透露出清华人的严谨。为了防止直播过程中人员遇到突发情况无法上场，每一节直播课都准备了授课教师的A角和B角。B角对课程的熟悉程度跟A角一样，确保意外情况发生后随时顶上。

## 2. 超越源自34年的专注

窦桂梅15岁以优异成绩考入吉林师范学校，30岁成为当年全省最年轻的特级教师。到清华附小工作后，她连续两次获得国家级教学成果一等奖。窦桂梅至今34年的从教生涯足够辉煌，却没有秘密。

身边的同事都知道，在成为特级教师之前，她听了1000多节特级教师的课。那个时候的窦桂梅有一个习惯，任何一节常态教学课，她都要写三遍以上的教案，第一遍是寒暑假提前备课时候的初备教案；第二遍是在集体教研、备课的过程中，基于原稿再丰富的教案；第三遍是在教学之前夹在书里给儿童呈现的教案。至今，她已经写了30多万字的课堂反思。

站在校长的岗位上，原本学科主题教学的经验被她进一步迁移到整个小学学科里。她组织研究团队，一个硬骨头接着一个硬骨头啃，一个影响全国的课程体系模型——"1+X课程"体系日渐成熟。"1"是国家基础课程，"X"是由"1"生长的儿童个性课程，"+"指两者互动结构。

当教师们在课程改革中遇到困难时，她站出来说："我在课堂上先试试看，请大家来听课，向我的课堂开炮。"于是，《皇帝的新装》《大脚丫跳芭蕾》《阿长与山海经》《时光中的父亲》等一个个精彩的课例就成了老师们跨越课改难题的阶梯。

"她是教师中的好校长，更是校长中的好教师。"清华附小的教师们这样评价自己的校长。

## 3. 我更想看到一群人精神上的气象万千

可能在家是老大的缘故，窦桂梅总是忍不住在肩膀上多扛一点。她说，如果说当教师是解决一棵树的问题，那么当校长就是要面对一片森林，需要不断变换角色。在与老师们共同教研的时候，要当好伙伴；在承担研究课题的时候，要当好导师；在面对家长困惑时，要当好同盟……

要求教师们做到的事情，窦桂梅总是先做好。她主张教师对孩子要有发自内心的爱。担任校长后，她坚持清早站在校门口迎接每一名学生，给孩子们送上大拇指、鞠躬礼和微笑，一站就是10年。她主张教师要多做创造性的工作。她自己在专业上的探索从没停歇。在她的带动下，清华附小的教师们总是斗志满满。经常到晚上七八点了，教师们还在办公室里热火朝天地进行教研活动。

"这么拼为什么？"窦桂梅说，"时代变化太快了，当教师必须克服本领恐慌。而我们也感觉到各界对清华附小的期待远不止于教好本校的学生。"

"有人曾经问我，是什么让你那个时候有勇气去承担全国的直播课？我觉得是清华附小成志教育的精神。就是一个人或一个集体，必须将个体的发展与国家民族的命运联结在一起，在祖国人民发展的熔炉中淬炼自强不息的精神内核。我确信，正是家国情怀让附小的教师以理想信念战胜了小我，以刚毅坚卓的意志品质跑赢了时间。"窦桂梅说。

窦桂梅说："我是代表清华附小全体教师领下全国教书育人楷模的荣誉，还有10年我就退休了，我希望在将来的日子里，我的老师们都能在某个方面得到我的些微帮助，大家一道在新时代活出精神上气象万千的自己。"

**实施指南：**

特殊教育专业师范生教育实践实施指南

7-2-1

**学习探究与思考**

1. 优秀的教师不仅是传授知识的人，还是引导学生成长、启迪学生智慧的人。请从新时代社会需要的角度，谈一谈优秀的教师需要具备哪些能力。

2. 除了基础教育学校场域的实习，你认为还有哪些领域或岗位的实习也能够提升自己的能力、丰富自己的阅历？请为自己的想法开一场提案会。

# 第三节　师范生教育研习

## 一、师范生教育研习概述

教育研习是师范生教育实习的延续和深化，是提升教育教学能力和反思研究能力的重要实践。师范生通过教育研习，学习他人的经验和智慧，借鉴他人的教学策略和方法，为自己的教学实践提供新的思路和启示，从而进一步提升自己的教育教学能力，更好地理解教育的本质和内涵，掌握更多的教育教学技巧和方法。

**师范生进行研习活动**

## （一）师范生教育研习的内涵

教育研习是教育实践的第三环节。教育研习是指师范生在教育实习结束后，在高校相关教师指导下，基于教育实习中形成的教学设计、教学视频、教学叙事、教学后记、案例分析、小论文、调查报告等，以小班制组织并利用小组讨论法、专题研习法等方法开展调查讨论，强化实践反思和理论提升，最终提升教育教学能力和反思研究能力的一种实践方式。

**视频：教育研习：深化理论与实践的桥梁**

教育研习主要包含三个核心：指导研究、研究对象、研究目标。

（1）指导研究。在这一阶段，师范生仍处于学习、探索和初步联系的阶段，并非独立开展教育研究，而是在教师的指导下开展训练。

（2）教育研习的研习对象是基础教育阶段教育教学工作的所有要素。师范生既需要对教育实践过程中的实践体验和表现展开反思和总结，又需要学习如何针对基础教育改革发展和基础教育阶段的工作进行研究和调查。

（3）教育研习的目标是让学生得到研究方法、研究能力和反思能力的提升。教育研习的基本原则是"在实践中研究，在研究中实践"，学生通过学习教育研究的方法和手段，结合专业课程中掌握的理论知识，逐渐学会提出问题、分析问题、解决问题，不断促进自己能力的提升。

## （二）目前师范生教育研习存在的问题

### 1. 实践教学环节薄弱，校地合作松散

高校与基础教育实践基地的合作是教育实践课程落地最有效的保障。学生在实践基地的真实情境中实践，在与小组成员的沟通学习中发现不足，在与指导教师的交流中获得启发和引导。但是，目前部分高校与实践基地的合作不够紧密，有些高校更侧重于专业理论的研究，对基础教育领域的热点、难点关心不足，对基础教育学校的真实情境了解不够，导致高校与基础教育学校之间难有"共同语言"。由此引发的实践教学不足消磨了学生教育研习的热情和潜能。

### 2. 教师指导遭遇短板，师生沟通困难

教育研习需要师范生与指导教师共同努力才能达到良好的反思和研讨效果。但是，指导教师和师范生往往缺乏有效的沟通。一方面，指导教师能力、精力有限。在实际研习过程中，指导教师因为有繁重的教学任务，忽视对师范生的指导，抑或自身科研能力不足，无法指导师范生的研习活动。另一方面，师范生自身反思能力不足，缺乏与指导教师共同探讨问题的意愿与能力。有些师范生有能力找到自己在实习过程中的问题，但在分析问题和解决问题过程中较为迷茫，不知所措。师范生缺少反思技巧和反思经验，对实习中的问题反思不到位，从而失去了与指导教师交流的机会。

### 3. 考核方式单一，评价机制尚需健全

教育研习的目的在于促进师范生的总结和反思，但由于教育研习正处于起步阶段，对该

课程的考核方式较为单一，大多数以撰写教育研习总结报告为主，内容的独特性、反思性不足，模板化较为严重，研习的效果大打折扣。

## 二、师范生教育研习的意义

### （一）有助于促进师范生专业化发展

师范生专业化包括教师学科专业化和教师职业专业化两方面，也就是说，教师既要掌握专业知识，又要有专业能力。但是，一直以来，人们关注的更多是教师的专业技能、教学能力，而忽视了与其同等重要的职业能力。

教育研习课程能够很好地强化师范生的职业能力，通过观察、体验、总结和反思，拓展师范生的知识面，使其加深对所学专业理论知识的理解，提高研究能力和反思能力。同时，教育研习注重让师范生参加更多的实践活动，通过实践锻炼培养其社会交往能力和教育实践能力。

### （二）有助于完善教师职前教育课程体系

以往的教师职前教育课程体系主要是由专业理论课程和实践环节组成的，其中以专业理论课程为主，每学期分配一定课时的教育实践课程。在每学期的教育实践过程中，师范生往往在不同的教育实践基地完成实践。除去适应时间，师范生大多数将精力放在教学实习和班级管理工作上，几乎没有精力同时开展教研反思活动。这样的课程设置显然不利于教师素质的全面提高。而教育研习课程的设置很好地弥补了这一缺口。在教育实习结束后，师范生通过教育研习，反思教育实践，加深对专业理论知识的理解和运用，加强理论教学与实践环节之间的联系，对完善教师职前教育课程体系起到非常重要的作用。

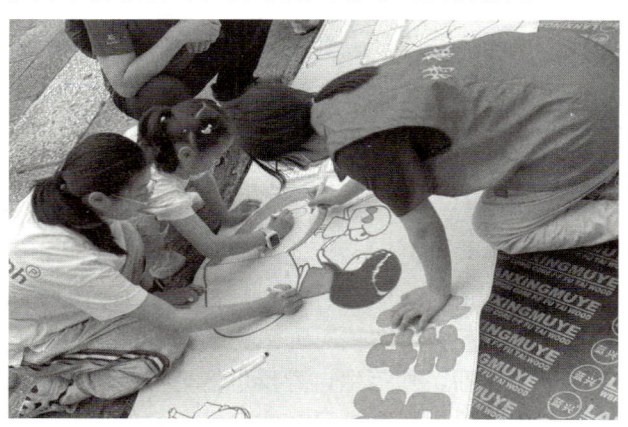

师范生参与全国助残日爱心义卖活动

## 三、师范生教育研习实践原则

### （一）完善教育实践基地建设，密切合作关系

从合作与相互提升的角度上讲，高等院校应与实践教学基地形成"你中有我，我中有

你"的亲密关系。高等院校的教师，尤其教学实践管理指导教师，应深入基础教育实践基地，在中小学中真正体验和感受基础教育的喜怒哀乐，挖掘学生、教师真正的日常需求和期待，从专业理论的高位下沉，洞悉中小学的核心需求，有针对性地进行交流与改革。

### （二）促进转型升级，着力打造研究型指导教师团队

教育研习的升级与发展，需要有较强的研究能力和相应成果的教师联手打造。因此，对于教育研习指导教师来说，需要达到以下四个要求。

#### 1. 教学研究化

教学研究化强调在教学的过程中，每一步都蕴藏着研究的价值。教师不仅传授知识，还要深入研究教学内容，探索其背后的逻辑和原理。这种研究化的教学使教师成为知识的探索者和发现者，而不仅是传授者。从课程目标的设定、教材的选择到教学方法的创新，都需要教师以研究的视角去审视和构思。同时，教学研究化也鼓励学生积极参与研究，培养他们的探究精神和创新能力。

#### 2. 问题课题化

在教学、工作管理、专业提升等过程中，教师经常会遇到各种困惑和难点。这些问题是挑战，也是开展研究的宝贵资源。将问题课题化，意味着教师要具备敏锐的洞察力，能够从日常工作中发现值得研究和探讨的课题。这种课题化的方式有助于教师深入挖掘问题的本质，找到解决问题的有效途径，并推动教学实践不断发展。

#### 3. 工作学习化

工作学习化是指将教学工作与学习紧密结合，形成相互促进的良性循环。在这个过程中，教师需要不断更新知识、提升能力，以适应不断变化的教学需求。同时，教师还需要将学习成果及时应用到教学实践中，形成具有创新性和实效性的教学方案。这种工作学习化的方式有助于教师实现知识的内化与迁移，提升教学质量和效率。

#### 4. 成长成果化

在实践研究的过程中，教师的成长是显而易见的。他们不仅获得了知识的增长和能力的提升，还积累了宝贵的实践经验。这种成长成果化的过程使教师能够在实践中不断总结经验、发现问题、探索方法，形成自己的教学风格和特色。同时，研究型指导教师团队的打造也是成长成果化的重要体现。通过团队的合作与交流，教师可以相互学习、共同进步，推动整个团队的教学水平和科研能力不断提升。此外，实践教学基地与高等院校的合作也是成长成果化的重要保障。通过与高校合作，教师可以获得更多的学术资源和研究支持，推动教学研究的深入发展。

**典型案例**

**大爱无声润花朵**
——大学三年级学生教育实践心得体会

曾经听过这样一句话："每一个特殊的孩子都是落入凡间的天使，而特教老师是守护天

师范生劳动教育实务

*每一个特殊的孩子都是落入凡间的天使*

使们的精灵。"身为一名大学三年级的特殊教育学生,我在杭州文汇学校进行了长达两个月的实习,并圆满完成了一节公开课。记得我怀揣着纯粹的梦想与对孩子们满腔的爱心来到杭州文汇学校。我还清楚地记得当自己看到孩子们一张张纯粹的面孔、一双双纯净的眼睛,以及对我无条件的信任时,我的内心泛起的感动与使命感。

当我真正与这些孩子朝夕相处时,我逐渐发现自己和他们不只是简单的师生关系,我觉得自己在慢慢走进这些孩子的生活,走进他们的内心。当班上的女孩子刘海有点挡住眼睛时,我第一时间就发现了,并且化身为"理发师",小心翼翼地给她剪齐了额前的刘海。还记得当两个月的实习临近尾声时,我提前给孩子们准备了小礼物。在离别时刻,当收到礼物的时候,孩子们的心情都写在了眼睛里,快要溢了出来。我想,这是感动和不舍的泪水。我不禁感叹,孩子的世界就是如此简单纯粹,有时候贴心的相处和一份小小的礼物就足够令他们卸下心中的防备,对你真心相待。

华应龙老师说:"人的成长主要是精神和灵魂的发育、成熟和提升的过程,我们教师能做的就是播种太阳,让教室里的每个角落都变得温暖和明亮,用阳光温暖学生的心,让迷失的孩子找到来时的路,让每个学生都看到希望。""我知道这是一种责任,因为他们叫我老师。"从选择成为一名特殊教育学生起,我就已经明确自己身上背负的责任。孩子的心是透明而脆弱的,"小心轻放"孩子的心是为人师的底线。虽然每个学生的个性并不相同,但他们都是需要我用心去爱的,他们都是有感情和思想的。特殊学生的心理比普通学生更敏感,更加需要保护,这就要求我们特殊教育老师以爱为核心,细心对待每个学生,把爱洒向每个学生,让学生不觉得自己被忽视,从而形成健康的心理环境。

赠人玫瑰,手有余香,教育也是如此。做老师要学会做"匠人",善于用先进的智慧打磨自己,也应学会做"聆听者"。愿这些孩子未来能遇到更多的引路人,结识更多同伴,营造出自己想要的人生。而我,在作为特殊教育教师的成长之路上还需要千锤百炼。

### 学习探究与思考

1. 有同学认为,作为师范生,见习、实习只需听课,协助教师完成每日的教学任务,在实习结束后完成一份实习报告,不需要参与教研活动。请结合本节内容,谈一谈你对上述观点的看法。
2. 请结合本章的内容,谈一谈如何设计教育研习的内容来展示自己的实践成果。

## 劳动教育主题实践

### 实践活动一

师范生教育实践活动与劳动教育密不可分。在教育见习、实习的过程中,师范生将所学的理论知识、专业技能运用于教学实践工作，一方面能够培养良好的职业道德和修养，树立正确的健康观、保育观、儿童观，掌握基础教育工作的内容和方法；另一方面能够加速专业知识和教育知识向能力的转变，为今后向教师职业过渡奠定良好的基础。请你以第一人称角度阐述自己在见习、实习期间参与劳动教育的所感所悟，不少于800字。

根据表 7-1 中的评价项目，对自己的劳动实践活动进行自评，为自己的表现打分。

表 7-1　第七章劳动实践活动自评表

| 评价项目 | 内容 | 评价分值 | 得分 |
| --- | --- | --- | --- |
| 劳动教育的基本情况 |  | 20 |  |
| 观察与疑惑 |  | 20 |  |
| 你的尝试 |  | 20 |  |
| 结果 |  | 10 |  |
| 感悟与体验 |  | 30 |  |
| 自评得分（满分100分） |  |  |  |

**实践活动二**

展示并录制一节公开课，根据表 7-2 中的评价项目，对公开课的表现进行评价。

表 7-2　公开课评价

| 评价项目 | 评价要点 | 分值 | 得分（10分/项） |
| --- | --- | --- | --- |
| 教学目标及重点和难点 | 教学目标明确，可检测；重点和难点清晰准确 | 9～10 |  |
|  | 有合适的、可检测的教学目标；重点和难点清晰 | 6～8 |  |
|  | 教学目标模糊，缺乏针对性；重点和难点不突出 | 3～5 |  |
| 教学环境及资源准备 | 教学环境安排恰当；提供了有效的、充足的教学资源 | 9～10 |  |
|  | 教学环境合理；使用了必要的教学设备 | 6～8 |  |
|  | 教学环境嘈杂；缺少必要的教学设备，或操作明显不适宜 | 3～5 |  |
| 教学方法 | 教学方法灵活多样，课堂氛围活跃，学生兴趣浓厚 | 9～10 |  |
|  | 教学方法适中，学生能够保持学习兴趣 | 6～8 |  |
|  | 教学方法过难或过易，学生缺乏学习兴趣 | 3～5 |  |
| 教学过程 | 教学过程思路清晰，由易到难；支持策略恰当有效；教学活动形式多样；体现个别化教学 | 9～10 |  |

续表

| 评价项目 | 评价要点 | 分值 | 得分（10分/项） |
| --- | --- | --- | --- |
| 教学过程 | 教学过程逻辑顺畅；运用多种教学形式；关注大多数学生 | 6～8 | |
| | 教学过程缺乏逻辑性和连贯性；难度跳跃；不能关注学生个体 | 3～5 | |
| 师生互动 | 充分有效的师生互动，体现以学生为主体 | 9～10 | |
| | 互动比较轻松，师生对话能够推动教学活动 | 6～8 | |
| | 师生互动消极和不愉快，教师表现严厉 | 3～5 | |
| 教学评价 | 教学评价及时有效，方式多样，对学生起到激励作用 | 9～10 | |
| | 适当运用正向教学评价方法，能够调动学生的积极性 | 6～8 | |
| | 教学评价过高或过低；教学评价单一 | 3～5 | |
| 教学效果 | 达到预定教学目标，效果显著，有针对性 | 9～10 | |
| | 达到大部分教学目标 | 6～8 | |
| | 教学目标不符合学生的经验和发展需要，难以达到教学目标 | 3～5 | |
| 教学语言 | 教学语言规范，且生动形象 | 9～10 | |
| | 教学语言合适恰当 | 6～8 | |
| | 教学语言不太符合教师要求 | 3～5 | |
| 仪表仪态 | 仪态端庄大方，动作姿势规范到位 | 9～10 | |
| | 举止拘束夸张，影响日常教学活动 | 6～8 | |
| | 身着奇装异服，面色阴沉冷漠 | 3～5 | |
| 课件或板书设计 | 课件优美规范，字体工整，形象生动 | 9～10 | |
| | 课件合适，条理清晰，板书逻辑自然 | 6～8 | |
| | 课件与教学内容不符，板书潦草，影响学生知识的习得 | 3～5 | |
| 总分 | | | |

# 第八章　师范生创新创业教育

## 核心问题

★了解师范生职业生涯的影响因素、职业生涯规划过程；
★了解师范生创新创业大赛的主要赛事要求，做好参赛准备；
★掌握师范生专利审批流程，尝试结合专业申报专利；
★知晓师范生就业创业的具体过程及注意事项，为就业创业做准备。

## 思维导图

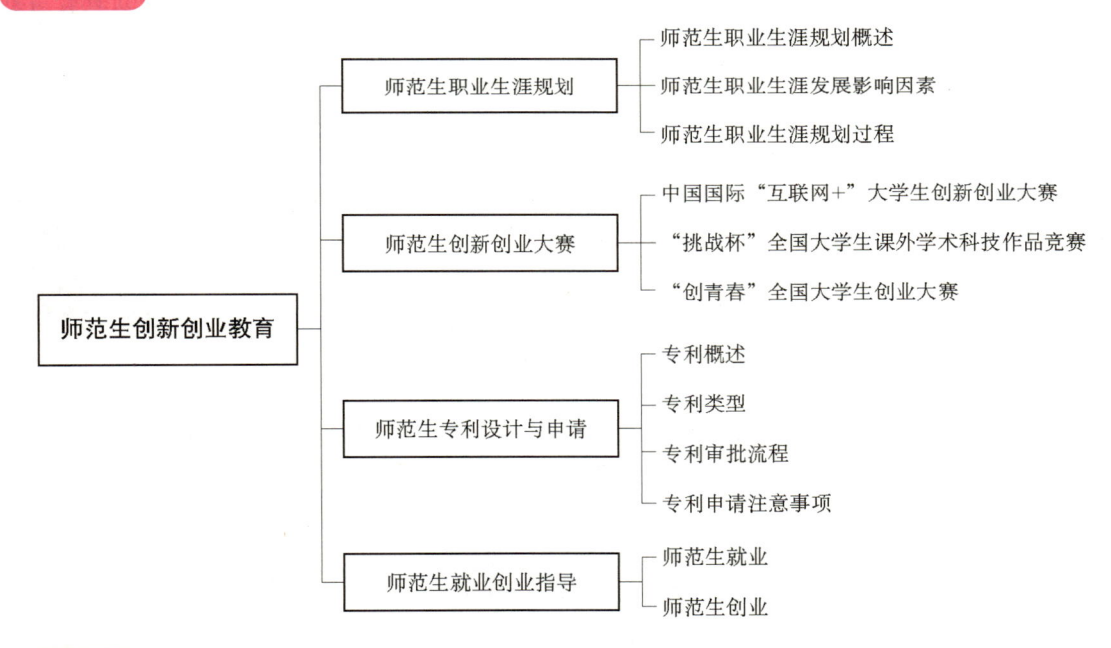

- 师范生创新创业教育
  - 师范生职业生涯规划
    - 师范生职业生涯规划概述
    - 师范生职业生涯发展影响因素
    - 师范生职业生涯规划过程
  - 师范生创新创业大赛
    - 中国国际"互联网+"大学生创新创业大赛
    - "挑战杯"全国大学生课外学术科技作品竞赛
    - "创青春"全国大学生创业大赛
  - 师范生专利设计与申请
    - 专利概述
    - 专利类型
    - 专利审批流程
    - 专利申请注意事项
  - 师范生就业创业指导
    - 师范生就业
    - 师范生创业

## 导　论

网络时代的教育创业，有一位创业者值得一提，他是萨尔曼·可汗。2004年，可汗的表妹纳迪亚在美国新奥尔良市一所私立学校上学，数学是她最头疼的一门课。这时候，她想起了远在波士顿的数学天才表哥。通过聊天软件、互动写字板和电话，可汗帮她解答了所有问题。为了让表妹容易理解，可汗尽量说得浅显易懂。不久之后，可汗的其他亲戚朋友也上门讨教。为了满足大家的需求，可汗把自己辅导数学的教材制作成简短的视频上传到优秀视频网站与众人分享。出乎可汗意料的是，这些视频得到了广大网友的喜爱。2007年，可汗成立了非营利性的可汗学院网站。之后，可汗学院一步一步成为典型的慕课平台，改变并挑战传统教育。可汗误打误撞，通过网络传播知识，进行在线教育，这反映了信息技术的发展。可汗满足了年轻人碎片化的学习要求，他的成功是勇于创新且实践的结果。

那么，劳动教育和师范生创新创业教育之间存在怎样的内在联系呢？首先，劳动教育是师范生创新创业教育的基础。通过参与劳动实践，师范生可以了解职业和工作方式，熟悉教育教学和管理服务等方面的知识，提升自己的动手能力和解决问题的能力。这些经验和技能可以为未来的创新创业提供重要的基础和支持。其次，创新创业教育是劳动教育的延伸和发展。创新创业教育鼓励师范生拥有创新思维和创业精神，发现和解决社会问题，推动社会进步。在创新创业教育的过程中，师范生需要综合运用所学知识和技能，独立思考、勇于尝试，这些要求与劳动教育的目标是一致的。

劳动教育和创新创业教育在理念的兼容性、目标的互促性、内容的相通性、方法的相容性等方面存在一致性。劳动教育和创新创业教育都强调对实践能力和创新思维的培养，这体现了二者理念的兼容性。高校创新创业教育以劳动教育为依托，需要丰富的劳动知识和技能；创新创业教育加深了师范生对劳动教育目标的了解，并激发了他们对劳动创业的兴趣，使劳动教育与创新创业教育相辅相成、同频共振，这体现了二者目标的互促性。劳动教育与创新创业教育内容互相融合，都涉及生产、服务和管理等方面的知识和技能。劳动教育与创新创业教育方法一致，都强调对实践操作和解决问题能力的培养。

因此，劳动教育通过劳动实践培养学生的动手能力和团队合作精神，为创新创业教育提供了实践基础；而创新创业教育通过培养学生的创新思维和创业精神，为劳动教育提供了思维方法和发展方向。二者共同强调学生的实践能力、创造能力和团队合作能力，共同构成师范生全面发展的重要组成部分。师范生应该在劳动教育过程中把握住机遇，提高自己的创新创业能力，为自己的未来打下坚实的基础。

## 第一节　师范生职业生涯规划

视频：师范生职业生涯规划

当你踏入教师行列时，你的教育之路便已经开启。你是否曾经深思"我期望从教育这个神圣职业中得到什么""我希望成为何种类型的教育者""我希望在何时实现这样的目标""我应如何迈向这一目标"这些问题。这些问题的答案便是你的职业生涯规划。

职业生涯规划对师范生非常重要

简单来说，教师的职业生涯规划是对教育职业发展的全面设想和规划。每个人都需要在劳动过程中深入自我，设计出最适合自己的职业发展路线，以实现自己的职业愿景。师范生的职业生涯规划不仅是一种设想，还是一种实践。它要求师范生对自己的职业生涯有清晰的认识，明确自己的职业目标，在劳动过程中根据自身情况制定出实现这些目标的策略和步骤。只有这样，师范生才能在教育的道路上越走越远，越走越稳。

## 一、师范生职业生涯规划概述

"职业"这个词是社会分工的结果，也是人类社会生产和社会生活进步的标志。随着人类社会生产力水平的提高和社会分工的精细化，职业也在不断变化和发展。在《现代汉语词典》中，职业被解释为个人在社会中从事的作为主要生活来源的工作。因此，职业是我们生活的重要组成部分，也是我们获取经济收入的主要方式。

"教师"这个词在广义上指传授知识、经验的人，在狭义上指受过专门教育和训练、在学校中承担教育教学工作的人。他们的主要职责是向学生传授人类科学文化知识和技能，对学生进行思想道德教育，培养学生的审美情趣，把学生培养成社会需要的人才。《教师法》规定："教师是履行教育教学职责的专业人员，承担教书育人、培养社会主义事业建设者和接班人、提高民族素质的使命。"

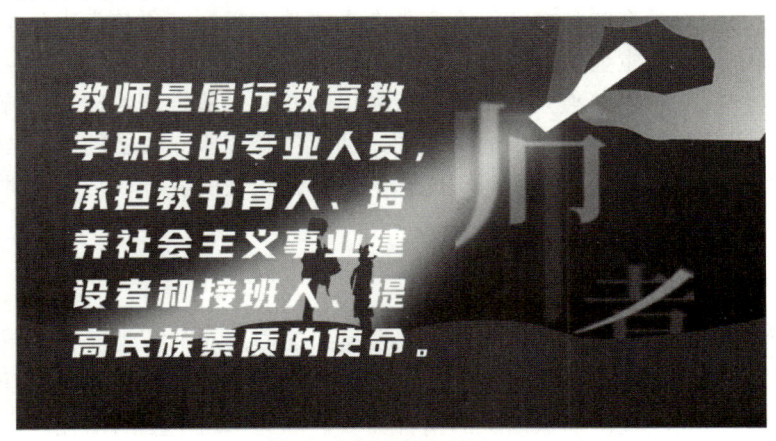

《教师法》对教师的定义

师范生职业生涯规划，是指师范生通过教师工作专业发展设计，协调个人内在需求和学校长远目标需求，实现个人和学校的共同成长和发展。

## 二、师范生职业生涯发展影响因素

师范生职业生涯受个体与环境因素（学校）交织影响，洞悉这些因素，有助于其合理规划职业生涯。良好的外部环境（如学校支持等）助力师范生职业顺利发展，而个人内部因素可以通过专业知识、专业素养、职业价值观、个人性格特征等影响师范生的个人职场发展。

### （一）专业素养

师范生专业能力是其职业能力的核心。在教学实践中，专业知识与专业能力的融合相辅相成：专业知识为专业能力奠定基础，而专业能力的提升又能深化对专业知识的理解和应用。能力是决定一个人能否胜任某项工作、在职业生涯中顺利成长和取得成功的关键因素。在进行职业生涯规划时，了解自己的能力类型，选择与自身能力相匹配的工作，才能取得事业上的成功。

师范生职业的特殊性在于其教学对象是活生生的个体。即使知识渊博的教师，也可能因为拙劣的表达能力、沉闷的课堂氛围而导致教学失败。因此，高效的教学要求师范生运用自身的能力创造一个良好的沟通环境，并通过积极的互动将知识传授给学生。这需要师范生在教学实践中具备语言表达、组织管理及教育智慧等多方面的能力。

### （二）性格特征

师范生除了需要具备学历和管理能力，还需要在劳动中培养良好的性格特征。那么，师范生应该具备怎样的性格特征呢？

#### 1. 独立自主

师范生首先需要有独立的性格，能够独立开展教育教学工作。作为未来的教育工作者，师范生必须培养出坚忍独立的品格，这不仅是个人成长的需要，更是未来从事教师职业的要求。在教育实践中，师范生要学会独立设计和实施教学计划，针对学生的不同需求进行个性化指导，并在遇到挑战时能够独立分析问题、做出判断并采取合理的应对措施。无论是在与学生的互动中，还是在与同事和家长的沟通中，师范生都应坚守自己的教育理念，不因外界的压力或诱惑而有所动摇。尤其在面对可能影响教育公正性的各种权势时，师范生更应该表现出坚定的立场和不屈不挠的精神。

#### 2. 热情开朗

教育以人为对象，最重要的是要有一颗热忱待人的心。对师范生而言，保持热情开朗的心态尤为重要。师范生正处在学习和成长的关键时期，需要通过与人的积极互动来提升自己的社交能力，同时需要展现出积极向上的精神面貌，以此赢得学生的信任和亲近。一个朝气蓬勃、善于与人沟通的教师，能够像春风一样给予学生温暖的关怀，让学生在轻松愉快的氛围中学习和成长。相反，如果养成了悲观抑郁的性格，不仅会降低自身的教学效果，还可能导致学生对教师产生疏远感，影响师生关系的建立和发展。因此，师范生应该努力培养热情开朗的性格，这有助于个人的职业发展，更对培养下一代具有积极的影响。

#### 3. 耐心细致，沉着冷静

塑造人的灵魂是一项艰苦细致的工作，具备耐心细致、沉着冷静性格的师范生才能担当此任。具备这些品质的师范生能够诲人不倦，即使面对个性执拗的学生，也能用坚韧不拔的毅力进行反复细致的辅导，不断寻找最佳的教育方法。未来作为人民教师，师范生要通过自身的言传身教，逐渐感化和教育学生，助力学生形成正面的、积极的价值观和人生观。此外，耐心和细致也是建立良好师生关系的关键。当学生感受到教师的耐心指导和细致关怀时，更容易敞开心扉，接受教育与引导。沉着冷静的教师更能在紧张或发生冲突的情况中保持理智，及时有效地解决问题，维护课堂秩序，保证教学质量。

**4. 诚实正直，温和宽厚**

完善人格的重要前提是"诚"，师范生应有豁达的心胸，以宽容敦厚对待学生。诚实不仅是道德修养的体现，也是教师赢得学生和家长信任的关键。正直则是教师具有正义感和坚持公平原则的基础，它使教师在教育实践中能够坚守真理，以身作则，为学生树立榜样。同时，温和宽厚的性格让师范生能够以豁达的心胸包容学生的不足，用宽容的态度对待每一次教育尝试。这种敦厚的性情不仅能够营造温馨和谐的学习环境，也有助于培养学生积极向上的人格。正如印度古语所言："播种行为，收获习惯；播种习惯，收获性格；播种性格，收获命运。"良好的性格特征如同种子，最终将结出丰硕的果实，促使师范生的职业生涯取得成功。

### （三）职业价值观

师范生职业价值观反映教师的需要，直接影响其工作态度。积极的职业价值观会促使师范生职业生涯取得成功。

首先，师范生应在劳动中培养职业信念。坚定的职业信念是教师献身教育工作的根基，可以激励师范生自觉从事教育活动。具备坚定职业信念的师范生全身心投入工作，发挥主动性、积极性和创造性，摆脱纯粹物质功利的诱惑，热爱教育事业，使平凡工作得以升华，促进自身职业生涯发展。

其次，师范生应在劳动中培养职业幸福感。个体在从事某一职业时基于需求得到满足、潜能得到发挥、力量得以增长所获得的持续快乐体验被称为职业幸福感。孔子作为中国历史上第一个把教育作为自己专门职业的圣贤，懂得教师职业的特有价值，因此诲人不倦，"饭疏食，饮水，曲肱而枕之，乐亦在其中矣"，这就是孔子为师的幸福感。

## 三、师范生职业生涯规划过程

师范生职业生涯规划，首先要学会对自己进行全面评价，确定合适的职业发展目标，然后付诸行动。师范生职业生涯规划过程包括以下步骤。

### （一）自我评价

自我评价是对自己进行深入分析，正确认识和了解自己，准确定位。通过对自己性格、兴趣、能力等方面的深入剖析，准确评价自身的特点和优劣之处，并依此确定与自身特点相匹配的发展方向。

### （二）确定职业目标

确定职业目标，是规划职业生涯的基石。它揭示了一个人的理想追求、品格特质和价值观，并且是行动的指南针。没有目标指引的教师犹如无头苍蝇，盲目前行。

首先，师范生需要为教育生涯设定长远目标。成为高级教师或模范教师是师范生劳动实践的最终目标，但这些只是外在的标志。师范生的长远目标应该是提升教育水平，深化教育理念，拓宽教育影响。每所学校都有优秀的教师，有的擅长教学，有的精于科研，还有的管理出色。师范生可以根据自己的知识结构、职业素养和思维方式来选择自己的发展路径。

其次，师范生需要规划三个层次的目标，每个层次的要求都有所不同。长远目标只需要大致的构想，中期目标需要清晰的阶段性目标和明确的工作重点，而近期目标需要具体、明确、灵活的计划。

### （三）自我与环境的评估

自我评估主要涉及内部环境对师范生职业生涯规划的影响，而环境评估则主要关注外部环境对师范生职业生涯规划的影响。组织环境、晋升机会、政治环境、社会环境、经济环境等都是师范生在规划职业生涯时需要考虑的因素。师范生需要考虑自己在环境中的地位，了解环境利弊，以便更好地利用环境提供的活动空间、发展条件和成功机遇。这样才能在环境中找到自己的位置，实现自我价值。

### （四）选择职业发展之路

职业发展之路是师范生实现职业目标的指南针，决定其教育教学或管理方向。教育教学方向包括教学创新、教材编制、课程发展等；而教育管理涵盖行政主管、班主任、年级组长等职务。不同方向道路各异，对师范生职业发展的期待也不同。师范生在规划职业生涯时，必须做出方向选择，以确保学习、工作及各项行动能够按照预定路线或方向前进。

选择哪条道路，主要取决于个人的理想和价值观。适合哪条道路，需要考虑经验、学历、家庭等因素。可能选择哪条道路，需要考虑经济环境、社会环境和组织环境等。哪条道路能够带来发展，需要综合考虑其他因素，以确定决策是否能够持续。不同的道路对个人素质的要求不同，未来的发展空间也不同。若教师不具备从政能力，却被错误地提拔为领导，可能错误规划职业生涯，甚至影响他人，最终损害自身。错误的路线选择会导致职业生涯规划失败，一个人若处于错误的位置，就可能成为无用之物。

### （五）职业定位

职业定位是自我与社会的交融，一个人只有深入了解自我和职业，才能准确定位。每个群体都需要定位，目标是保证其持续发展。然而，不同群体的定位侧重点各异，关键在于明确自身优势。在实践过程中，不应高估或低估自己，过于依赖自己的学历或成绩，也不能忽视自身的潜力。因此，师范生需要深入分析自我，了解社会需求，以求精准定位。

### （六）实施策略

职业生涯规划的实施策略是为实现职业发展目标制定和实施各种措施。千里之行，始于足下。师范生在确定职业发展目标后，关键在于将目标付诸行动。这里的行动指落实目标的具体措施。例如，为了达到工作目标，计划采取哪些措施提高效率；在业务素质、人际关系、潜能开发、业务知识技能等方面采取什么措施来实现目标。这些实施策略要具体、明确，具有可操作性。

### （七）评估与反馈

在实现职业发展目标的过程中，评估与反馈是必不可少的环节。这包括根据实践效果进行评估，总结经验教训，修正自我认知，调整职业生涯策略，以便更好地实现职业生涯规划的目标。为了使自己的职业生涯规划更具有实效性，需要不断审视内外环境，并对职业生涯规划进行调整，以适应环境的变化，同时为下一个职业发展目标提供参考依据。

大学生职业规划大赛

**知识链接：**

作为师范生，如何做好职业生涯规划？

8-1-1

## 典型案例

### "211"免费师范生，农村女孩，毕业后应该如何规划逆袭路线[①]

以下是一位即将毕业的师范生向她的班主任讲的话：

"我今年本科毕业，22岁，女生，是教育部直属'211'师范大学的免费师范生。我的家乡是南方的一个很小的县城，我需要回家乡从事教育工作6年。我成绩很一般，大学四年没得过什么奖励和奖学金，也没参加过社团，没有任职过干部，只是老老实实完成学业，简历并不突出，是一个非常普通的人。

"我算是一个'小镇做题家'，靠刷题上的'211'大学，但我各方面的能力都很差，在认知上与身边的同学差距非常大，就连应试能力也比不过其他人。我感到很自卑，大学四年

---

① 引自百度百家号，作者为爱思考的魏老师，有改动。

什么都不敢做，就这么荒废了。

"我的先天性格其实很外向，但很自卑，不太会说话，语言组织能力很差，情商较低，不会处理人际关系，朋友少，人脉狭窄。父母都是普通打工人。我还有个正在上高中的妹妹，她成绩很不好。我工作后要考虑照顾父母。个人长期职业理想是当一名优秀教师，能有一定的学术成果，评上职称。我喜欢看书、写字、看电影，特长是钢笔字。我可能会被安排到某个乡镇的学校服务六年，六年后可以离开学校或者从事其他行业。我对未来感到很迷茫，不知道要怎么走，毕业之后有个铁饭碗，但这并不是我想要的生活。我想去城市生活，可是以我的家境和目前的个人能力很难做到，但我愿意吃苦，愿意付出努力去提升自己。现在，我很迷茫，目前的现状难以满足我对物质和精神的追求，只想要一个真正属于我的家。"

班主任借回复这位师范生的机会，讲出了自己的一些观点和思路，供其他处境类似的同学参考。

### 1. 学习这件事，没必要赢在起跑线，人生中后期的努力更加重要

免费师范生找工作有天然优势，比其他人进体制内工作起码容易了很多。其实，这是好事，你应该暗自高兴才对。对你的想法，我十分理解，你的职业理想和目标也是好的。个人综合能力差，这个不要紧，这并不是你的问题，是原生家庭出身的原因。我这样说，并不是引导你埋怨父母，而是教你客观、理性地看待这件事。后面的路还长，不会的可以慢慢学，一切都来得及。你也没必要自卑，能力是可以后天慢慢培养和学习的，不要灰心，也不要那么悲观。人的一生，真正有意义、有价值的学习，其实都是在离开学校、走入社会才开始的。在实践中一边反思一边学习，才是最高效的。在学校的成绩只能算是一个人生阶段性的小成果，一个被社会快速认识你的某项技术参数。当前和未来社会，一个人有持续学习的精神更加重要，终身学习理念也被越来越多的人认可。几份成绩、一纸文凭的有效期其实是非常短的，在大多数人的职业发展中后期几乎没有多少用处。所以，只要你肯吃苦，有毅力，一切都有办法，不要灰心丧气。

### 2. 根据你的个人情况，给你以下建议

先不用找别的工作，也不用考研，安心等待分配，到分配的学校去工作。

有了第一份体制内的工作，先稳定下来，别胡吃海喝，也别为了面子乱花钱，节约一点。前几年，先把学校交代的工作认真做好，一定要态度端正，用心去做。只有认真做一件事，才可能有能力上的提高。

这里要特别强调的是，刚工作的年轻人万万不可一开始就朝三暮四，这山看着那山高。很多年轻人为了多赚钱，改善自身经济状况，急于寻找副业。我说过很多次，副业比大多数主业难度更高。如果自己眼高手低，连主业都不认真做，那么副业大概率也做不好。

把教学工作当成读研究生一样，认真地去钻研。不要过早地贪图物质回报，勤勤恳恳地做，至少坚持五年。在做的过程中，必须不断反思、总结、改进、调整方向。切记，一定要认真，一定要长期坚持，要比读大学、读研究生还要认真才可以。要以淡泊明志的心态，让自己宁静致远。处在爬坡期、重要成长期的你，面对事业发展不从心的情况时，更要思考：如

何突破事业发展的瓶颈？如何让自己步入积极的工作状态？要知道，兢兢业业，甘于奉献，成就了学生，也成就了你自己。

---

**学习探究与思考**

1. 作为一名师范生，你认为应该如何将劳动技能培养融入自己的职业生涯规划中？
2. 写一份职业生涯规划书，并在小组内分享，在听取小组成员的意见后将其修改完善。

---

## 第二节　师范生创新创业大赛

视频：师范生创新创业大赛

　　创新乃国家民族之魂。创新是国家和民族发展的核心，以经济建设为中心，坚定不移地推进科教兴国战略是我国在21世纪的重要任务。当今世界，科技飞速发展，知识经济崛起，国家间的竞争日益激烈。知识创新和人才培养对经济社会发展具有举足轻重的作用，受到全党全社会的高度关注，科教兴国已成为全民族的共识和行动。作为未来的人民教师，师范生肩负着重要的历史使命，需要具备劳动精神、工匠精神、劳模精神和创新素质，只有这样才能在未来的职业竞赛中劈波斩浪。

　　党的二十大报告提出："加快建设国家战略人才力量，努力造就更多大师、战略科学家、一流科技领军人才和创新团队、青年科技人才、卓越工程师、大国工匠、高技能人才。"大学生创新创业大赛激发了大学生的创新热情，提升了大学生的实践能力，营造了积极向上的创业氛围。根据竞赛主办单位、知名度和影响力等因素，结合行业背景和高校参与情况，可以将各类竞赛分为一级、二级、三级三个等级，每个等级又细分为甲、乙、丙三个等次。

　　本节主要介绍一级甲等三个比赛，分别是中国国际"互联网+"大学生创新创业大赛、"挑战杯"全国大学生课外学术科技作品竞赛和"创青春"全国大学生创业大赛。以上三项赛事是目前影响力大、认可度高、获奖难的大学生综合性竞赛。

### 一、中国国际"互联网+"大学生创新创业大赛

　　中国"互联网+"大学生创新创业大赛是在2015年，由教育部会同国家发展改革委、工业和信息化部、人力资源和社会保障部、共青团中央等中央部委和地方省级人民政府共同主办的重大创新创业赛事。2020年，大赛更名为中国国际"互联网+"大学生创新创业大赛。举办大赛的目的是为深入贯彻落实全国教育大会精神，全面落实习近平总书记给第三届中国"互联网+"大学生创新创业大赛"青年红色筑梦之旅"的大学生的回信精神，按照《国务院办公厅关于深化高等学校创新创业教育改革的实施意见》等文件要求，加快培养创新创业人才，持续激发大学生的创新创业热情，展示创新创业教育成果，搭建大学生创新创业项目与社会资源对接平台。中国国际"互联网+"大学生创新创业大赛每年举办一次，每届大赛有特定的主题、目的任务、组织机构、项目要求、参赛对象、比赛赛制、赛程安排、评审规则、大赛奖励、宣传发动、大赛优化等内容。

　　2022年4月，第八届中国国际"互联网+"大学生创新创业大赛正式启动，本届大赛由

教育部等12个部委会同重庆市政府主办，重庆大学承办，共有来自国内外111个国家和地区、4554所院校的340万个项目、1450万名学生报名参赛，参赛人数首次突破千万人。2023年4月9日，冠军争夺赛在重庆大学举行，冠军争夺赛以线上与线下相结合的方式进行，国际项目全程线上参赛。经过路演、嘉宾点评、评委打分等环节，最终南京理工大学"光影流转"团队斩获冠军，北京航空航天大学"微纳动力科技"团队获得亚军，北京大学"深势科技"团队、浙江大学"谓尔"团队、卡内基梅隆大学"临床级直肠癌诊疗评估一体化AI系统"团队、苏黎世联邦理工学院"智子科技"团队获得季军。

**文件链接：**

《教育部关于举办第九届中国国际"互联网+"大学生创新创业大赛的通知》

8-2-1

**视频链接：**

第八届中国国际"互联网+"大学生创新创业大赛冠军争夺赛

8-2-2

第九届中国国际"互联网+"大学生创新创业大赛海报

## 二、"挑战杯"全国大学生课外学术科技作品竞赛

"挑战杯"是"挑战杯"全国大学生系列科技学术竞赛的简称，是由共青团中央、中国科学技术协会、教育部和中华全国学生联合会共同主办的全国性大学生课外学术实践竞赛。"挑战杯"竞赛在国内共有两个并列项目，一个是"挑战杯"中国大学生创业计划竞赛，另一个是"挑战杯"全国大学生课外学术科技作品竞赛。这两个项目的全国竞赛交叉轮流开展，每个项目每两年举办一届。

"挑战杯"全国大学生课外学术科技作品竞赛（以下简称"'挑战杯'竞赛"）是由共青团中央、中国科学技术协会、教育部、中华全国学生联合会和地方政府共同主办，国内著名大学、新闻媒体联合发起的一项具有导向性、示范性和群众性的全国竞赛活动。自1989年首届竞赛举办以来，"挑战杯"竞赛始终坚持"崇尚科学、追求真知、勤奋学习、锐意创新、迎接挑战"的宗旨，在促进青年创新人才成长、深化高校素质教育、推动经济社会发展等方面发挥了积极作用，在广大高校乃至社会上产生了广泛而良好的影响，被誉为当代大学生科技创新的"奥林匹克"盛会。该竞赛得到党和国家领导同志的亲切关怀，江泽民同志为"挑战杯"竞赛题写了杯名，李鹏、李岚清等党和国家领导同志题词勉励。

"挑战杯"全国大学生课外学术科技作品竞赛标志

**文件链接：**

《"挑战杯"全国大学生课外学术科技作品竞赛章程（试行）》（经第十八届"挑战杯"竞赛组委会第一次全体会议通过）

8-2-3

**文件链接：**

《"挑战杯"全国大学生课外学术科技作品竞赛评审规则》（经第十八届"挑战杯"竞赛组委会第一次全体会议通过）

8-2-4

**文件链接：**

《"挑战杯"全国大学生课外学术科技作品竞赛评审规则》（经第十八届"挑战杯"竞赛组委会第一次全体会议通过）

8-2-5

## 三、"创青春"全国大学生创业大赛

"创青春"是"创青春"全国大学生创业大赛的简称，为"挑战杯"中国大学生创业计划竞赛的改革和提升。2013年11月8日，习近平总书记向2013年全球创业周中国站活动组委会专门致贺信，特别强调了青年学生在创新创业中的重要作用，并指出全社会都应当重视和支持青年创新创业。党的十八届三中全会对"健全促进就业创业体制机制"做出了专门部署，指出了明确方向。为贯彻落实习近平总书记系列重要讲话和党中央有关指示精神，适应大学生创业发展的形势需要，共青团中央、教育部、人力资源和社会保障部、中

"创青春"全国大学生创业大赛标志

国科学技术协会、中华全国学生联合会决定，在原有"挑战杯"中国大学生创业计划竞赛的基础上，自2014年起共同组织开展"创青春"全国大学生创业大赛，每两年举办一次。

简单来说，"挑战杯"中国大学生创业计划竞赛（简称"小挑"）与"挑战杯"全国大学生课外学术科技作品竞赛（简称"大挑"），两者的比赛侧重点不同。"大挑"注重学术科技发明创作带来的实际意义与特点，而"小挑"更注重市场与技术服务的完美结合，商业性更强。"小挑"奖项设置为金奖、银奖、铜奖，而"大挑"奖项设置为特等奖、一等奖、二等奖、三等奖。"大挑"发起高校可报6件作品，其中3件为高校直推作品，另外3件要与省赛组织方协商推荐，而"小挑"只能推荐3件作品进国赛。"大挑"有学历限制，而"小挑"没有。"大挑"分为专本科组、硕士组、博士组，分开评审。"大挑"国赛最多可以报8人，而"小挑"最多可以报10人。"大挑"比赛证书盖共青团中央、中国科学技术协会、教育部、中华全国学生联合会、举办地人民政府的章，而"小挑"比赛证书只盖共青团中央、中国科学技术协会、教育部、中华全国学生联合会的章。

**视频链接：**

中国青年创业就业讲堂直播——第七届"创青春"中国青年创新创业大赛云讲堂第一讲：为什么要"创青春"

8-2-6

**文件链接：**

《关于举办2023年中国青年创新创业交流营暨第十届"创青春"中国青年创新创业大赛的通知》

8-2-7

### 典型案例

#### 北京师范大学第十二届"挑战杯"竞赛获奖作品

**作品名称：** 快乐学习，健康成长——基于四省七市十二所中小学715位中小学生学习方式现状调查

**大类：** 哲学社会科学类社会调查报告和学术论文

**小类：** 能源化工

**简介：**

学生学习方式的完善是基础教育课程改革成功与否的重要标志。本研究旨在探究十年课程改革后，中小学生的学习方式现状。本研究调查了北京、江苏、河南和安徽四省七市共十二所学校，发放问卷八百余份，对学习方式进行方差分析、回归和匹配。针对结果，本研究从提高对学生学习方式重要性的认识、着重培养学生自主探究能力、重点支持薄弱环节、提高家长的意识、提高教师能力、重建课程架构，以及完善免费师范生培养方面给出了相关建议。

**详细介绍：**

学生学习方式的完善是基础教育课程改革成功与否的重要标志。在课程改革前，学生学习方式单一、学习效率低。历经十年课程改革后，中小学生的学习方式现状如何？是否达到了课程改革的目标？出现了怎样的问题？又该如何应对？本研究正是基于上述问题，展开了

对中小学生学习方式的现状调查，期望能够对课程改革的进一步发展尽绵薄之力。

首先，本研究选取安徽省两所学校作为前测试点；其次，在河南省内分别选取市县乡三种类型的中小学为省内样本，从市县乡的角度分析不同层次学校学生的学习方式现状；最后，选取北京市、江苏省和河南省同等程度的中小学为省间样本，从地域的角度进行分析。

本研究共收集有效问卷715份，先进行整体分析，并探究地域、城乡之间学生学习方式的差异；通过对五种学习方式的多因素方差分析，得到学习方式的显著影响因素；并通过逐步回归，构建数学模型，以帮助对五种学习方式进行预测；最后，将教师的教学方式与学生的学习方式相匹配，探讨教师教学方式对学生学习方式的影响。

本研究发现，学生学习方式的完善有助于提高教育质量，促进课程改革的进一步发展；研究型学习和合作型研究性学习的开展并不理想，尚未达到课程改革的目标；改革重点应放在经济条件较差的学校和初中学生身上；应以提高家长理念为教育改革的重要突破口；增强教师素质仍是重中之重。

针对分析结果，本研究从提高对学生学习方式重要性的认识、着重培养学生自主探究能力、重点支持薄弱环节、提高家长的意识、提高教师能力、重建课程架构，以及完善免费师范生培养方面给出了相关建议。

> **学习探究与思考**
>
> 1. 请结合互联网的特点谈一谈互联网创业和传统创业的区别。
> 2. 收集至少5个师范生创新创业大赛案例，进行小组讨论。结合所学专业，谈一谈自己拟参加的一项创新创业大赛的方向及创新点。

## 第三节　师范生专利设计与申请

师范生专利设计与申请在劳动教育中处于重要位置。专利设计与申请的过程需要师范生独立思考，寻找创新点并进行设计，撰写专利申请书，以及跟进审查过程，这一系列活动不仅能够提升师范生解决问题和协作的能力，还能够提高其责任感和自信心，有助于塑造师范生诚实劳动的优良品德，使其养成勤于劳动的自觉习惯，涵养劳动创造的青春气魄。

### 一、专利概述

专利（patent）一词来源于拉丁语"litterae patentes"，意为公开的信件或公共文献，是中世纪的君主用来颁布某种特权的证明。对"专利"这一概念，目前尚无统一的定义，其中较为人们接受并被我国专利教科书普遍采用的一种说法是："专利是专利权的简称。它是由专利机构依据发明申请颁发的一种文件。这种文件叙述发明的内容，并且产生一种法律状态，即该获得专利的发明在一般情况下只有得到专利所有人的许可才能利用（包括制造、使用、销售和进口等）。"专利的保护有时间和地域的限制。

## 二、专利类型

《中华人民共和国专利法》（简称《专利法》）将专利分为三种，即发明专利、实用新型专利和外观设计专利。

### （一）发明专利

《专利法》所称发明是指对产品、方法或者其改进提出的新的技术方案。首先，发明是一项新的技术方案，是利用自然规律解决生产、科研、实验中各种问题的技术解决方案，一般由若干技术特征组成。其次，按照性质划分，发明权利要求有两种基本类型，分为产品权利要求和方法权利要求。产品权利要求包括利用人类技术生产的物（产品、设备），方法权利要求包括有时间过程要素的活动，又可以分成方法和用途两种类型。《专利法》保护的发明也可以是对现有产品或方法的改进。

世界知识产权日宣传海报

### （二）实用新型专利

《专利法》所称实用新型是指对产品形状、构造或者其结合提出的适合实用的新的技术方案。实用新型与发明的不同之处在于以下两点。

第一，实用新型只保护产品，所述产品应当是使用产业方法制造的，有确定形状、构造且占据一定空间的实体，不能是一种方法；第二，对实用新型的创造性要求比发明低。

产品形状是指产品具有的、可以从外部观察到的确定的空间形状。对产品形状提出的技术方案可以是对产品的三维形态的空间外形提出的技术方案，如对凸轮形状、刀具形状做出的改进；也可以是对产品的二维形态提出的技术方案，如对型材的断面形状的改进。产品构造是指产品各个组成部分的安排、组织和相互关系。产品构造可以是机械构造，也可以是线路构造。机械构造是指产品零部件的相对位置关系、连接关系和必要的机械配合关系等，线路构造是指产品元器件之间确定的连接关系。

复合层可以认为是产品构造，产品的渗碳层、氧化层等属于复合层结构。

### （三）外观设计专利

外观设计是指产品外观的设计方案。《专利法》第二条规定："外观设计，是指对产品的整体或者局部的形状、图案或者其结合以及色彩与形状、图案的结合所做出的富有美感并适于工业应用的新设计。"

外观设计专利应当符合以下要求：形状、图案或者其结合，以及色彩与形状、图案结合的设计；必须是对产品的整体或局部所做的设计；必须富有美感；必须是适合工业应用的；必须是新设计。

**法律链接：**

《中华人民共和国专利法》

8-3-1

## 三、专利审批流程

依据《专利法》，发明专利申请的审批程序包括受理、初审、公布、实审与授权五个阶段。实用新型或者外观设计专利申请在审批中不进行早期公布和实质审查，只有受理、初审和授权三个阶段。发明、实用新型和外观设计专利的申请、审查流程如下图所示。

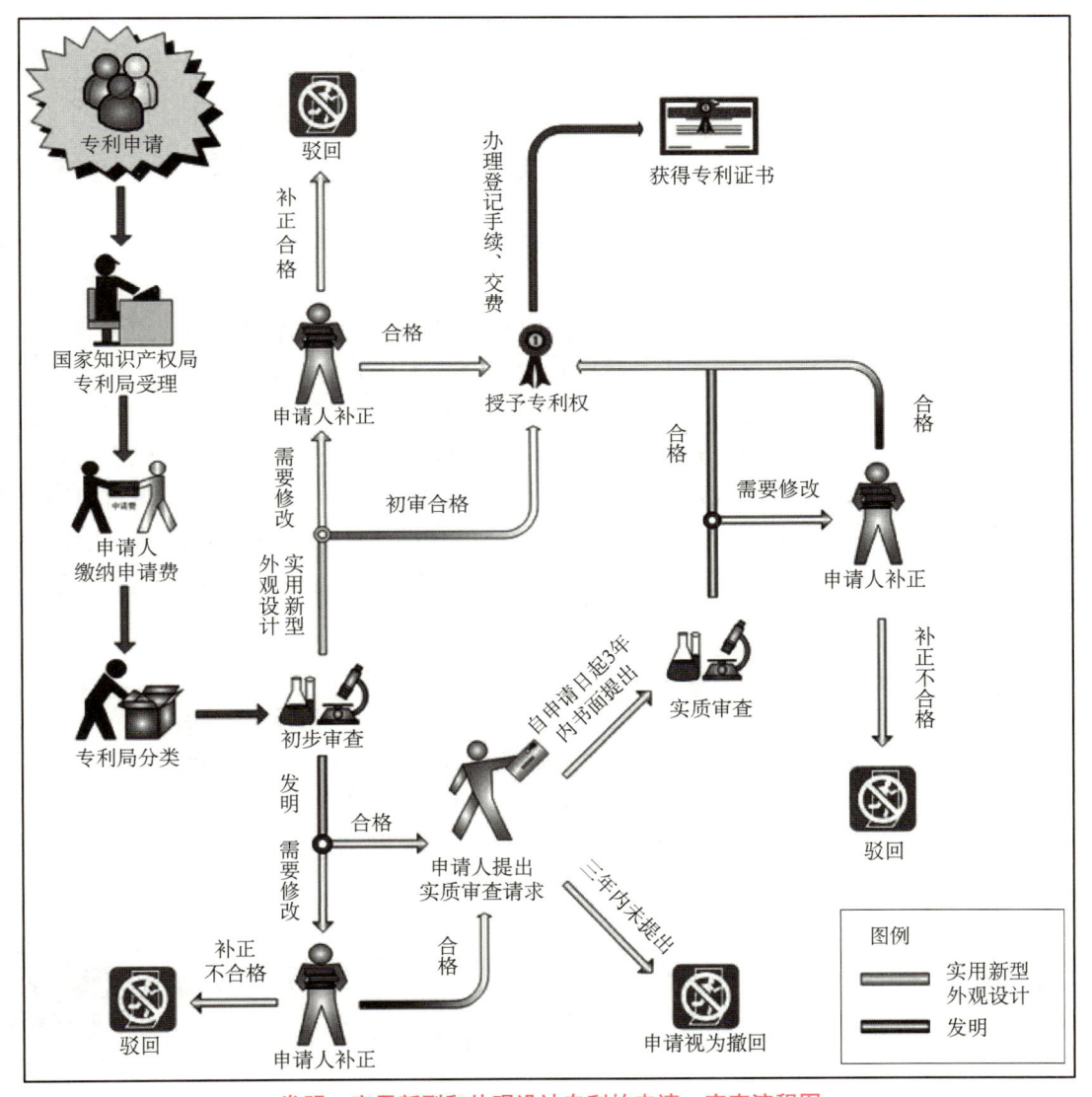

**发明、实用新型和外观设计专利的申请、审查流程图**

## 四、专利申请注意事项

### （一）专利申请的提交形式

申请人应当以电子形式或者书面形式提交专利申请。

（1）申请人以电子文件形式申请专利的，应当事先办理电子申请用户注册手续，通过专利局专利电子申请系统向专利局提交申请文件及其他文件。

（2）申请人以书面形式申请专利的，可以将申请文件及其他文件当面交到专利局的受理窗口或寄交至"国家知识产权局专利局受理处"（简称"专利局受理处"），也可以当面交到设在地方的国家知识产权局专利局代办处的受理窗口或寄交至"国家知识产权局专利局×××代办处"。目前，专利局在国内主要城市均设立了代办处，可从国家知识产权局网站查询专利局代办处的信息。国防知识产权局专门受理国防专利申请。

### （二）申请专利应当提交哪些申请文件

（1）申请发明专利的，申请文件应当包括发明专利请求书、说明书摘要（必要时应当提交摘要附图）、权利要求书、说明书（必要时应当提交说明书附图）。

（2）申请实用新型专利的，申请文件应当包括实用新型专利请求书、说明书摘要及其摘要附图、权利要求书、说明书、说明书附图。

（3）申请外观设计专利的，申请文件应当包括外观设计专利请求书、图片或者照片（要求保护色彩的，应当提交彩色图片或者照片），以及对该外观设计的简要说明。

申请文件应当使用专利局统一制定的表格。这些表格可以从国家知识产权局网站下载，或者在专利局受理大厅的咨询处索取，也可以向各地的专利局代办处索取。一张表格只能用于一件专利申请。申请文件的纸张质量应当相当于复印机用纸的质量。纸面不得有无用的文字、记号、框、线等。各种文件一律采用A4尺寸（210毫米×297毫米）的纸张。申请文件的纸张应当单面、纵向使用。文字应当自左向右排列，纸张左边和上边应当各留25毫米空白，右边和下边应当各留15毫米空白。

### （三）提交申请时如何排列申请文件

发明或者实用新型专利申请文件应当按照下列顺序排列：请求书、说明书摘要、摘要附图、权利要求书、说明书（含氨基酸或核苷酸序列表）、说明书附图。

外观设计专利申请文件应当按照下列顺序排列：请求书、图片或照片、简要说明。

申请文件各部分都应当分别用阿拉伯数字顺序编写页码。

**知识链接：**

4项专利，保研北师大，这位川师学子在追梦中蜕变成长

8-3-2

> **典型案例**

### 实用新型专利：一种地理动态演示教学用具

**设计人**：尚海龙、郭贞

**发明背景**：地理教学用具的使用可以提升学生的学习兴趣，丰富其感性认识，帮助其形成地理核心素养，培养其发现问题、分析问题和解决问题的能力。目前，市场上的三球仪和晨昏仪演示教学用具，功能与结构较为单一、动态指示效果欠佳，对于培养学生地理意识具有一定的制约作用，已不能满足核心素养教学的需要。因此，发明一种地理动态演示教学用具，可以解决已有相关教学用具专利技术中出现的问题。

**发明摘要**：该实用新型专利公开了一种地理动态演示教学用具，包括底座、固定弧架和移动圈道。使用时，地球球体通过移动块滑动连接在移动导轨上，移动导轨以太阳球体为中心，模拟地球公转轨道的形状，使学生直观感知地球、太阳和公转导轨三者的联系。套筒和连接杆帮助学生理解地球公转引起的四季变化、近日点、远日点及极昼、极夜等自然现象。球体转动连接在地球轴上，通过外界之光照射地球球体，使球体产生明暗面。同时，球体的表面上设有环形凸起物，能够展现球体表面的地理物象，转动球体可以为学生演示昼夜交替现象，以及帮助他们理解地球时区划分知识。

**教学效果**：该教学用具适用于大学和中学多种地理教学演示教学场合，也是一种天文教学和天文知识普及仪器。学生通过实践，能够获取所需的地球自转、公转、时区等综合信息，具有智能、快捷与人性化的特点。使用时，不仅可以演示日食和月食、月球的盈亏、地球的自转和公转、昼夜和四季交替等现象，还可以根据经线将球体进行经度分割，使每个经度区域的关键时空信息均通过移动块内置的介绍手册直观反映。该实用新型专利与课程实践内容融合，可视化效果逼真，能够加深学生对时区划分原理、地理空间数据的综合理解。教学用具操作方便快捷，辅助教学效果良好，有助于提升教学与创新教育效果。

> **学习探究与思考**
>
> 1. 什么是专利权？获取专利权应提交什么材料？具体流程是怎样的？
> 2. 专利的类型分几种？它们有何联系与区别？
> 3. 结合所学专业，谈一谈自己拟申请的一项专利的设计思路、受众及创新点。
> 4. 有人说："工匠精神是以改革创新为核心的时代精神的生动体现。"也有人说："把一件看似简单的事做到极致，工匠精神背后是长期坚持不懈的努力。"结合你的体会，谈一谈科技创新、发明创造与工匠精神之间的关系。

## 第四节　师范生就业创业指导

　　师范生就业创业与劳动教育之间存在密切的关系。首先，劳动教育是培养师范生全面发展的重要途径之一。通过参与各种劳动实践活动，师范生能够增强自身的动手能力、实践能力和创新能力，提高解决问题的能力和应对挑战的能力。这些能力对于师范生未来的就业和创业都具有重要的意义。其次，劳动教育也是师范生职业素养的重要组成部分。在劳动实践

视频：师范生就业创业指导

中，师范生能够学习到职业道德和职业规范，培养责任感、团队合作精神和服务意识。这些素养对于师范生未来从事教育工作具有重要的指导作用，能够帮助他们更好地履行教师的职责，为学生的成长和发展做出积极的贡献。

## 一、师范生就业

### （一）就业信息获取

#### 1. 师范生就业信息种类

（1）政策法规类，包括有关大学毕业生就业的国家法律法规，教育行政部门和各省区市人事部门制定的办法、规定，以及部分行业的从业规则。具体来说，有《中华人民共和国劳动合同法》《教育部、公安部、人事部、劳动保障部关于切实做好普通高等学校毕业生就业工作的通知》和《国务院办公厅关于加强普通高校毕业生就业工作的通知》等，还有各省区市毕业生就业主管部门的文件、规定，各高校关于毕业生就业工作的文件，各大中城市接收外地毕业生的具体要求等。

（2）用人单位需求及基本情况类信息，指各用人单位对大学毕业生的学历层次、所学专业能力要求、人数及准备安置岗位的信息。需求类信息是就业信息中的主体，在就业信息中占据重要地位，它直接影响高校毕业生能否找到自己满意的工作岗位。

（3）消息类信息，主要指各省区市人才中心、各高校部分行业系统举办的招聘会的时间、地点、参会单位的信息。这类信息主要针对大学毕业生，因此针对性很强，往往能够在很短的时间内为大学毕业生提供较多的签约机会，所以大学毕业生应该高度重视。

#### 2. 就业信息的搜集渠道

（1）学校主管部门。对于应届毕业的师范生来说，学校就业指导机构是获取就业信息的主要途径。学校就业指导机构会通过各种信息渠道，如校内就业网站、职业网络教育系统、就业指导刊物等，及时发布国家、省、市关于就业政策与形势、就业法规信息、行业信息、用人信息、招聘活动信息、就业讲座等一系列最新动态。此外，各系（专业）学生工作办公室为了提高就业率，通常会积极利用各种社会关系资源，主动为本系（专业）毕业生提供对口的就业信息。

（2）网络。互联网是传播信息最快捷的方式。互联网是信息传播最快捷的方式，其中网站主要分为四类。第一类是专业的求职网站，如BOSS招聘、58同城、智联招聘等。这些网站提供广泛的招聘信息，求职者可以通过职位搜索引擎或订阅免费招聘信息来制作个人简历并向用人单位投递。第二类是门户网站的招聘专区，如搜狐、新浪的招聘频道。第三类是用人单位在网页上发布的招聘通告，中小学求职者可以多浏览地方教育局、人事局或中小学自办的网站。部分微信公众号也会收集发布此类信息。第四类是教师类求职QQ群、MSN等聊天软件和论坛。网络求职具有开放、快捷、全面、节约等优点，但存在虚假信息和过时垃圾信息的问题，要求求职者具备较好的分辨能力。

（3）人才招聘会。人才招聘会是师范生获取就业信息和进入面试的较好机会，除各高校组织的人才招聘会外，还有许多形式各异、规模不一的招聘会。这些招聘会具有时间集中、地点相对固定、信息量大、双方面对面接触等特点，为师范生提供了直接获取就业信息的机会。

（4）社会关系。利用各种社会关系获取就业信息是一种有效的途径，师范生可以通过身边的家庭成员、亲友、师长、校友等社会关系建立一个广泛的就业信息关系网络。

（5）社会实践和教育实习。对在校师范生而言，参加用人单位的社会实践和教育实习活动可以拓宽视野、实践所学知识，了解用人单位的文化、工作情况和要求，更重要的是可以获取用人单位的用人需求信息，这种信息具有全面性和准确性。

（6）大众传媒。报纸、广播、电视、杂志等传统媒体是获取就业信息的主要途径，它们定期或不定期发布招聘信息，师范生可以通过这些媒介掌握大量信息，对信息进行分析、判断和处理，并根据自己的就业定位选择合适的信息，果断出击，以提高求职择业的效率和准确度。

### （二）求职材料准备

在师范生求职的过程中，大部分用人单位主要通过阅读反映求职者情况的相关书面资料来考察和评估其是否适合工作、能否与该单位长期共同发展。这些书面资料包括求职者的简历和自荐信等，虽然不能决定终身，但它们是师范生需要精心准备的文本，是敲开用人单位大门的重要工具。

**招聘会现场**

#### 1. 毕业生推荐表

对应届毕业生而言，毕业生推荐表是重要的履历说明。它是由学校发放给毕业生填写的，并附有学校书面意见的推荐表，以组织负责的形式向用人单位推荐求职者，具有较大的权威性和可靠性。一直以来，用人单位都将该表作为接收毕业生的主要依据。一般来说，该表包括个人基本资料、学历、获奖情况、担任社会工作情况、个人兴趣特长及自我评价等部分。

#### 2. 求职简历

求职简历是师范生自行设计的最重要的材料，主要针对应聘岗位，简要陈述自身相关经验、业绩、能力、性格等，以达到推荐自己、获得工作机会的目的。与推荐表不同，师范生自行设计的求职简历可复印多份。求职简历应具备简洁、有序、突出个性、不失重点等特色。求职简历并无固定格式，下面是其主要内容及具体要求。

（1）基本资料，主要指姓名、性别、出生年月等，一般列在求职简历最前面。另外，基本资料也可以加上政治面貌、民族、身高等，最好在旁边附上美观得体的近期证件照。切记，基本资料一定要附上联系方式，如本人手机号码、电子邮箱、通信地址、邮政编码等。

（2）教育经历。用人单位主要通过学历情况来了解求职者的能力和专业水平。如果社会工作经验较少，就要突出教育经历，将其写在求职简历的靠前部分。如果在读期间有学术文章发表，也是能力的体现，在将文章列入的时候注明文章名、刊物名和发表时间。

（3）实践经历。社会实践活动和课外活动是求职简历中的一个相当重要的内容。相关内容可以包括职务、职责及业绩。如果有勤工俭学的经历，那么一定要写上。打工赚学费可以显示求职者的心态和意志，并给人留下刻苦、努力、自强、积极的好印象。

（4）实习经历。教育实习是师范生理论联系实际、增加阅历、积累工作经验的重要渠道。

（5）技能特长，指求职者拥有的技能，如中文、外语、计算机方面的能力等。如果在某些技能方面通过了国家等级考试，那么应该一一罗列出来。

（6）兴趣爱好。为了表现自己的个性，可以加上这一部分内容，但最好写一些自己有所研究并具有个性的爱好。

### 3. 自荐信

自荐信是有目的的书面自我介绍，针对不同的用人单位。其书写格式通常类似普通书信。在信的开头进行自我介绍。接下来，主要内容包括谈论自己对该工作的兴趣、愿意到该单位工作的意向，以及自己具备的资格。最后，提出希望能够获得面试机会，并附上自己的联系方式。

## （三）教师招聘的笔试与面试

### 1. 笔试

笔试是教师招聘常用的一种考核方式。它以书面形式评估师范生的教育教学基本知识、综合知识、文化素质、心理素质，以及分析与解决问题的能力。通过笔试，用人单位可以了解并核实师范生在相关专业知识和文字表达能力方面的情况。此外，对于相同问题的解答是否正确以及优劣的评估，也能够在一定程度上反映师范生是否真正具备才华和学识。

**教师招聘笔试现场**

（1）教师招聘笔试种类。

教师招聘常见的笔试种类主要有以下四种。

① 专业知识考试，主要检查师范生是否达到教师职务要求的文化底蕴和相关实际能力。其题目专业性很强，内容通常包括教育学、心理学、教育法律法规和学科专业知识。例如，招聘高中教师一般会考核该专业的高考模拟题。

② 综合能力测试，旨在考查师范生的文字、口头表达能力，分析、解决问题和逻辑思维能力，创新能力和悟性。这是对师范生各方面综合素质的全方位测试。考试的题目以话题为主，如要求师范生运用所学知识解决和处理学生的实际问题。

③ 心理测试，使用事先编制好的标准化量表或问卷，要求应试者在一段时间内完成，根据完成的数量和质量来判断其心理水平或个性差异。教育系统招聘教师通常以此来测试师范生的态度、兴趣、动机、智力和个性等心理素质是否符合人民教师的要求。

④ 模拟国家公务员考试，一般测试应试者的行政能力、公文写作能力和专业知识水平。部分用人单位在招聘教师的笔试中采取模拟国家公务员考试的形式。考试由县市区人事局和教育局统一组织，内容类似国家机关公务员考试，综合性较强。

（2）教师招聘笔试的准备。

① 要形成完整的知识结构。复习时应该创建新的知识结构，来帮助自己理解和巩固知识点。这包括将知识点连成线，进一步连线成网，写出章节或单元的知识提纲，然后认真思考并填写各层次的知识点，进行一定范围的联系和比较，最后看书核对、总结或者选几个典

型实例，让自己充分展开思维，最后收拢知识点。

② 复习时突出重点、难点。对于在学习中没有完全攻克或隐含的难点，随着复习时相关信息量的增加，重点、难点会暴露得更为突出。在考前复习中如果不着力解决这些重点、难点，就会给未来的考试留下隐患。对于重点、难点，不能只是精读细列，而应将其具体化、简明化、实用化。

③ 对难点拓展深化。随着考前复习的深入，接触的练习题多了，遇到从不同角度描述同一难点的问题也多了，在复习中如何消除这些难点就显得很重要。对于难点的消除，一是要拓宽知识面，消除知识间的"隔阂"，二是要深化知识点，澄清知识间的"是非"。难点出自学习者对知识的一知半解，若对相关知识的了解进一步深化，则难点自破。

④ 要分析历年考点。在考前复习中可以通过分析提纲的考查点，总结出考查知识的形式、角度、能力层次和与其他知识点的联系等方面的规律，并且总结出解决考查点问题的规律性的方法。应当指出的是，分析考查点不是消极地应付考试，而应以知识点原理和知识点间的内在联系为依据，形成思路，掌握解题技巧，千万不能死记硬背。

⑤ 要围绕热点变换题型，"举一反三"。在复习时，要深入理解和掌握所学知识的适用范围和条件，特别是要注意将所学知识运用到新情境中解决问题。为了强化热点，适应考题变化，复习时应认真分析热点题的演变，将现有习题"改头换面"，一题多变，进行定点练习；可以围绕热点，进行试题变形练习，扩大知识面，提高应变能力，培养和发展思维能力。

### 2. 面试

面试是师范生在求职过程中必不可少的重要环节。面试是在特定场景下，经过精心设计，主考官与师范生面对面地观察、交谈，对师范生的素质特征、语言表达、应变能力及求职动机等进行考核的一种方式。

师范生求职面试常见类型有以下几种。

（1）结构化面试。

在这种情况下，负责招聘的人员会先对求职者投递的大量简历进行分类筛选，确定候选人，然后由文科或理科小组进行面试，最后由招聘领导小组集中面试。随着互联网技术的不断发展和完善，有时结构化问答面试可以采取远程视频的方式进行。

---

**视频链接：**

教师招聘结构化思路及真题分析

8-4-1

---

（2）无领导小组讨论。

这种方式就是采用情景模拟的方式对求职者进行集体面试。它通过一组求职者的讨论，来检测求职者的组织协调能力、口头表达能力、辩论能力、说服能力、情绪稳定性、处理人际关系的技巧和非语言沟通能力（如面部表情、身体姿势、语调、语速和手势等）等各个方面的能力和素质是否达到教师岗位的要求。同时，招聘单位可能刻意施压，问一些刁难性的问题，或者刻意设计几个人同时发问，测试求职者的反应能力，以此综合评价求职者。

**视频链接：**

无领导小组讨论简介

（3）试讲面试。

试讲面试是要求师范生在规定的时间内进行一次教学演示。通常来说，求职者需要根据指定的教学内容和教学目标，设计并展示一节课程。在试讲过程中，面试官会观察师范生的教学技巧、语言表达能力、互动能力、组织能力等方面的表现，并根据这些表现来评估求职者是否适合担任教师。试讲面试的目的是通过实际的教学演示来考察师范生的教学能力和素质是否符合岗位要求。试讲面试也是一种机会，师范生可以展示自己的教学理念和方法，以及与学生互动的能力。师范生对试讲面试要充分准备，包括熟悉教学内容、设计教学方案、练习教学技巧等。

在试讲时，需要注意以下几个方面。

① 明确教学目标，设计完整的教学环节和要素。重点突出，条理清晰，不要面面俱到。

② 教态自然大方，善于与学生进行眼神、表情交流，善于启发学生。给学生足够的话语权，让他们发表自己的看法和认识。

③ 讲课要有激情，语言流畅、精练、准确，抑扬顿挫，声音洪亮，普通话标准，语速适中。

④ 必须有板书。板书内容是教学大纲，要认真仔细、清晰漂亮、布局美观。

⑤ 条件允许，最好采用多媒体方式教学，充分体现新课程教学理念。如果不能以多媒体方式呈现教学内容，就可以用自己的语言复述出来。

**视频链接：**

教师招聘面试试讲高分示范——幼儿故事（小松鼠的大尾巴）

（4）说课面试。

说课面试是教师招聘的一种重要形式，主要考察师范生对教学课题的理解和教学设计能力。在说课面试中，师范生需要对自己的教学设计进行阐述，包括如何上课。说课的主要环节包括说教材、说教法、说学法、说教学过程和说板书设计。这些环节要求师范生具备清晰的教学逻辑，能够有效地组织教学内容，并展示自己的教学策略和方法。同时，说课还需要求职者展现出良好的语言表达能力和互动能力。

① 说教材。分析教材，说出对教材的整体把握，明确本课在整个学段和年级的教材系统中所处的位置和作用。在教学中重视前后知识的内在联系，把握教学目标、重点和难点。

② 说教法。重点阐述教学方法的依据——教学目标、教学内容、学生状况、自身状况和教学条件等。

③ 说学法。重点解说如何实施学法指导，要在对所教学段学生的心理特征、知识水平都有较为准确把握的基础上去谈。

④ 说教学过程。说明教学过程设计的基本思路，着重阐述各个教学步骤之间的逻辑性，并合理分配教学时间。

⑤ 说板书设计。说明板书的主要内容和设计思路，板书要与教学重点和难点呼应起来。

**视频链接：**

《琵琶行》模拟说课

8-4-4

**实践技巧：**

准备面试时，可以从以下问题入手，做好充分准备。

（1）请简单描述你的基本情况。

（2）你有什么工作经验？在工作中有何体验和收获？

（3）你认为应聘这个工作岗位应当具备哪些素质？

（4）你如何描述自己的个性？你觉得自己性格上最大的优点和缺点分别是什么？

（5）你为什么认为自己适合这份工作？

## 二、师范生创业

现代社会要求高校在培养学生时，不仅要传授理论知识，还要培养学生的劳动精神和创业技能。大学毕业生应该是合格的求职者，更应该成为新岗位的创造者。但是，由于受传统师范教育观念的束缚，部分师范院校对师范生的劳动精神和创业技能的培养不足，毕业生的就业领域和发展方式受到约束。如何鼓励和调动师范生的劳动精神，激发他们的创业积极性，促使他们勇于涉入创业大潮，成为众多师范院校迫切需要解决的问题。

### （一）创业基础

长期以来，"就业、考研、出国"被视为高校毕业生的三大选择。然而，在当今多元化的社会背景下，一种新兴的选择正在逐渐兴起，那就是创业。创业就是在个人兴趣爱好驱动下，不断寻找和抓住机遇，从而创造出新的产品、服务和岗位，并依法实现其价值的过程。据不完全统计，我国师范生的就业分布主要集中在教育、公务员、事业单位和社会团体等公共领域，而在公司、企业、工厂等经济领域的就业比例相对较低，成为企业家的人数非常有限。在市场经济背景下，社会要求一名合格的师范院校毕业生不仅要具备理论知识，还要具备创新精神和实践技能。因此，未来的师范院校毕业生不仅应该是合格的工作者，还应该是工作岗位的创造者。

### （二）师范生创业项目

在今天这个社会发展速度飞快的时代，激烈的竞争迫使各行各业、各个阶段的人都需要不断学习，这为教育培训行业提供了发展机会。与此同时，站在创业起跑线上的师范生由于特殊的教育成长背景，相比其他学科的毕业生拥有更多的优势。其中教育培训就是师范生创业的主要项目之一。教育培训机构具有各种培训内容，规模大小不一，办学形式多样，小到上门家教，大到开班授课。投资教育培训行业的创业者，只有选择信息畅通、资源丰富的领域，才能使创业之路更加顺畅。

### 1. 大学生培训

对大学生来说，无论是备战大学的四六级英语考试，还是想在雅思、托福等英语考试中取得优异成绩，抑或想在考研大军中脱颖而出，参加培训班都被认为是最快捷、最有效的学习途径。以考研培训市场为例，校园里各种培训机构的招贴广告和传单随处可见。每年都有大量大学生通过培训机构获得了进一步发展的"通行证"，培训机构也在方便大学生的同时获得了可观的收益。

乐器培训

### 2. 职场人培训

职场人培训主要集中在英语口语、职业技能和水平提高方面。职场人进入外企需要具备流利的英语表达能力，能够无障碍地使用英语进行沟通，这是升职加薪的重要筹码。事业单位或国企在评职称时，参评人员需要通过职业资格考试和英语考试。互联网等行业技术更新迅速，从业人员需要不断补充新知识。在职人员提高学历需要参加成人教育类课程，如专科升本科、硕士和博士学位班等。以在职白领英语口语培训为例，许多培训机构已经形成一定的品牌效应，在市场中享有良好的口碑。

### 3. 儿童特长培训

常规的儿童特长培训主要包括乐器、舞蹈、美术等科目。近年来还出现了婴儿早期教育、相声、快板、武术、魔术等特色课程。对短期培训班来说，每年的暑假和寒假都是招生旺季；对长期培训班来说，每个周末都有学生前来上课。

## （三）师范生创业对策

### 1. 摒弃旧观念束缚

目前，仍然有部分师范生对创业教育的认识模糊。有人认为创业只是针对企业家而言的，与校园无关；还有人认为只有综合性大学、理工科院校和高职院校的学生才适合创业。师范生应该尽早摆脱这些传统观念的束缚，转变思想，正确了解社会发展的趋势，充分认识自主创业的重要性和紧迫性，并主动利用校内外的有利资源积极参与各类创业活动，树立起"自主创业、自我发展"的观念，从根本上增强自我创业的意识。实际上，作为一个年轻的群体，师范生接受新事物的能力很强，面对日益严峻的就业压力，进行自主创业是一种明智的选择。在了解创业所需的基本能力和素质之后，师范生可以在校园期间注重培养和提升这些能力，并将其付诸实践，这样既能提升个人能力，解决自身就业问题，又能为社会提供更多的就业岗位。

## 2. 以兴趣为方向

许多充满热情的师范生投身创业浪潮，往往受到自己所学专业的影响。师范生应该根据自己的专业特长进行创业，使学习成果得到应用。创业的关键在于个人的兴趣。只有对创业充满兴趣，才能保持持续的激情和热情。对兴趣与专业相符的师范生来说，他们很容易确定个人的创业方向。而对那些兴趣与专业存在偏差的师范生来说，在学好本专业的同时，应该立足于个人兴趣，尽可能挖掘出专业和兴趣之间的共同点，建立二者之间的桥梁，以便正确定位自己的创业方向。

## 3. 提升整体竞争力

创业是一个复杂的过程，它要求创业者在企业定位、战略策划、产权关系、市场营销、生产组织、团队组建和财务体系等多个领域有一定的知识储备。因此，除日常学习之外，师范生必须有意识地通过学习和实践来丰富自己的阅历，掌握更多的专业知识和经验，培养自己的综合能力，多进行创业思考并参加创业实践。与此相反，仅凭好的想法和创意就匆忙踏上创业之路，很可能因为准备不充分或没有思考对策和设计好退出机制，缺乏解决困难的能力而导致失败。师范生只有努力提升整体的竞争力，才能提高创业的成功率。

## 4. 培养团队精神

团队精神，简单来说，就是具备大局意识、协作精神和服务精神。刚毕业的师范生社会经验相对较少，正处于充满激情的阶段，个性化和自信心较强，可能缺乏服务精神，在团队组建、分工和规则制度等体现"人与人合作"的工作中容易出现问题。在实际工作中，师范生应努力克服以自我为中心、固执己见等不利于合作创业的缺点，将团队放在首位，充分发挥个人在团队中的积极作用，最大化团队的优势。

## 5. 勇于面对失败

部分师范生由于专业发展的限制，缺乏自信心，虽然希望尝试新的职业，但害怕失败，耐挫力和承受力较弱。针对这些心理问题，可以采取以下应对措施：首先，自觉加强对心理健康知识的学习，掌握解决心理问题的技巧和方法。其次，向榜样学习，请教创业成功人士，了解他们的创业经历、经验和教训，以激发自己的创业热情和敢作敢为的精神。最后，应该善于在犯错误后进行分析和总结，从失败中找到自己的弱点和不足，并加以改正。

## 6. 坚持就是胜利

一个人无论进行多么充分的创业准备，都难以做到完美；再周密的创业计划书也难免有遗漏之处；再团结的创业伙伴也会发生摩擦；再厚实的资金也有周转不灵的时候。在瞬息万变的创业环境中，存在许多不确定因素。没有人能够保证在下一个路口选择正确的方向，在创业过程中遇到挫折和失败是非常正常的事情。因此，只有树立起坚持就是胜利的信心，才能在创业之路上走得更远、更久。

## 7. 寻求个性化职业指导

师范生应该尽早制定自己的职业设计和职业发展规划，从进入大学校园的那一刻起就要确立职业规划和发展目标。师范生应该努力寻求适合自己的个性化设计，并不断调整这种设计，以便在大学期间指导自己的学习、生活和工作。

### 8. 投身创业实战

创业水平与能力的高低，是决定一个人创业成功与否的最重要的因素。只有在实践中进入创业角色，将所学知识运用到实操过程，才能体验到创业的艰辛与快乐，才能对创业的真正意义有正确的认识。有志于创业的师范生有必要在创业前通过模拟创业或实习为创业积累相应的经验；有必要利用相关优惠政策，多方寻找风险投资与融通资金；有必要组建具有相应能力与水平的创业团队，以克服创业过程中的问题。师范生要积极参加各种专业性的竞赛、创业研究、创业大赛等活动，要定期到企业、政府机关、非营利机构去实践，还要积极加入大学生科技社团，积极参与科技创新、科技创业活动。这些活动都能为师范生自主创业提供实践机会。学校也会组织创业体验活动，如建立自主管理、自主经营的科技服务公司，建立学生超市、书亭、家教中心等实体，师范生在教师的指导下，可以用直接参与者的身份体验创业的全过程。

## 典型案例

### 新东方创始人——俞敏洪[①]

有人说俞敏洪是企业家当中最具有学者文化精神的人，是文化人中最具有企业家精神的人。他的经历是一部充满神奇色彩、跌宕起伏的精彩人生大戏。他的身上贴满了众多的标签（典型的"斜杠"中年）：新东方创始人/青年导师/赢在中国导师/中国合伙人原型/留学教父/洪泰基金创始人/中国企业家俱乐部成员。

**俞敏洪**

#### 1. 起点：三次高考

俞敏洪出生在江苏省江阴市的一个普通家庭，与明代地理学家徐霞客是老乡。他在考上北京大学之前已经经历过两次失利的高考。事实上，第三次高考他也不知道自己能否考进北京大学。关于他的高考故事，《中国合伙人》和《朗读者》都有阐述。按照俞敏洪的说法，他的母亲起到了非常大的作用。

在第二次高考失利以后，他的母亲还是决定再给他一次高考的机会（俞敏洪也不甘心）。俞敏洪前两次高考的英语成绩都比较差，第一次是33分（满分100分），第二次是55分（满分100分），这跟后来俞敏洪成为英语教父反差有点大。俞敏洪母亲知道县里开办了一个补习班后就让俞敏洪去上课。其中有个细节比较令人感动，俞敏洪母亲去县城找补习班老师给俞敏洪上课，回来的时候赶上大雨，在泥坑中跌倒四五次，到家已经是个泥人了。这给俞敏洪很大的决心和动力，从此便拼命学习。

第三次高考是1980年，事实上北京大学并不是他的目标。按照他的说法，他原先只是想考一所师范类学校，没想到分数超过了北京大学录取线，英语还考了98分（满分100

---

[①] 引自福建技术师范学院学生工作部微信公众号，2023年10月13日。

分）。家里杀了几头猪，全村人吃了几天流水席，欢送俞敏洪去北京上大学。

俞敏洪的命运是曲折的，但他迈出了坚实的一步。按照俞敏洪的说法，有一个同学前两年跟他一起参加高考，最后一年退学了，没参加高考。多年后，他再次回到家乡，同学已经是地地道道的农民了。

### 2. 梦的开始：北京大学

北京大学对俞敏洪而言无疑是至关重要的，俞敏洪在2008年回北京大学时所做的演讲内容就印证了这一点。北京大学可以说是他梦的开始，虽然这个梦还不成形。

俞敏洪说："北京大学是改变我一生的地方，是提升我自己的地方，使我从一个农村孩子走向世界。毫不夸张地说，没有北京大学，肯定就没有我的今天。北京大学给我留下了一连串美好的回忆，当然也留下了一连串的痛苦。正是在美好和痛苦中间，在挫折、挣扎和进步中间，我最后找到了自我，开始为自己、为家庭、为社会做一点事情。"

归结起来，大学给俞敏洪美好记忆的地方有以下几点。

（1）读了几百本书。读书成了他的习惯，为他打下了坚固的知识基础。

（2）与同学相处不错。他遇见了后来一起打拼的王强和徐小平，他给同学留下一个较好的印象。

（3）有了区别于以往的思维认知。在《中国合伙人》里面，他被描绘成一个很土的形象，而实际上他在大学受到很多新思想的冲击。他在大学积累了很大的英语词汇量，这为后期开办托福培训班起到了很好的作用。

北京大学对俞敏洪而言是一个非常重要的起点，这里让他认识了以前没有认识的世界，有美好，有挫折，也是他脱离禁锢，走向梦想的第一站。

### 3. 初出茅庐：创业维艰

俞敏洪在北京大学任教的时候，工资很低，所以他同时在外面给学生补习英语。这在一定程度上抢了北京大学的业务，而俞敏洪当时是不具备开办托福培训班资格的。北京大学领导找他谈话，说他不能跟北京大学抢生意。后来，他跟学校发生了冲突，被给予行政记过处分。受到处分后，他在北京大学的工作和生活就比较艰难了。

1990年，俞敏洪正式向北京大学提交辞职报告，然后用一辆三轮车从北京大学宿舍拉上所有家当离开，正式开启了创业的征程。离开北京大学后，俞敏洪从出国考试入手，决定开始办起英语培训班。

就这样，俞敏洪开启了新东方的创业历程。没有学生，他就亲自骑自行车往电线杆上贴招生广告；老师不够，他就亲自承担所有课程的教学；没有办学牌照，他就租用别的公司的牌照；教室不够，他就自己动手改造环境，也摸索了从小班到大班的学习模式。

---

**学习探究与思考**

1. 请结合劳动教育课程录制一段10分钟以内的说课视频，并在小组内分享，小组成员指出每个视频的优点和缺点并给出修改意见，将修改后的说课视频上交给任课老师。

2. 请结合本节所学的知识，谈一谈自己拟创业的方向、区域、受众、创新点及可行性。

# 劳动教育主题实践

### 实践活动一

作为未来的"灵魂工程师",师范生肩负着重要的历史使命,必须具备创新素质。请你选择一个自己感兴趣的研究方向,和小组同学组建团队,在老师的指导下,将劳动精神、工匠精神、劳模精神运用到创新创业大赛中,从中国国际"互联网+"大学生创新创业大赛、"挑战杯"全国大学生课外学术科技作品竞赛和"创青春"全国大学生创业大赛等创新创业比赛中选择一项参加比赛。

### 实践活动二

参加学校组织的教育培训创业大赛。

（1）参赛目的：充分发挥自身的专业能力,引导自我发现商机。

（2）参赛要求：参赛选手可以用单人或者小组团队的形式报名,以创业计划书的形式呈现创新创业想法,也可以应用新媒体等多种媒介进行展示。

（3）参赛流程：首先,由任课教师打分。其次,选出部分优秀选手在课堂上进行第二轮现场演示。最后,由班级同学评比出一等奖、二等奖、三等奖。对于操作性强的运作模式,可以由学校推广并进行实践。

请根据表 8-1 的评价项目,对劳动实践活动进行自评,并提出自我反思及改进建议。

表 8-1　第八章劳动实践活动自评表

| 评价项目 | 具体内容 | 表现程度 |
| --- | --- | --- |
| 项目创意 | 创新性：项目的新颖程度、独特性和颠覆性 | ☆☆☆☆☆ |
| | 市场潜力：项目在市场上的需求和发展空间 | ☆☆☆☆☆ |
| | 可行性：项目的实施难度和技术实现可能性 | ☆☆☆☆☆ |
| 团队实力 | 团队成员背景：成员的专业能力、经验和技能 | ☆☆☆☆☆ |
| | 分工合作：团队成员之间的协作和互补性 | ☆☆☆☆☆ |
| | 领导力：团队负责人的领导能力和决策力 | ☆☆☆☆☆ |
| 商业模式 | 盈利模式：项目如何创造价值并实现盈利 | ☆☆☆☆☆ |
| | 营销策略：项目的市场推广和销售策略 | ☆☆☆☆☆ |
| | 成本控制：项目的成本管理和优化 | ☆☆☆☆☆ |
| 技术创新 | 技术难度：项目所涉及的技术难度和创新程度 | ☆☆☆☆☆ |
| | 知识产权：项目的技术成果和专利保护 | ☆☆☆☆☆ |
| | 技术优势：项目相对于竞争对手的技术优势 | ☆☆☆☆☆ |
| 市场分析 | 市场规模：目标市场的规模和增长潜力 | ☆☆☆☆☆ |
| | 竞争态势：市场上的竞争对手和市场份额 | ☆☆☆☆☆ |

续表

| 评价项目 | 具体内容 | 表现程度 |
|---|---|---|
| 市场分析 | 目标客户：项目的目标客户群体和需求特点 | ☆☆☆☆☆ |
| 财务预测 | 收入预测：项目的收入来源和增长预期 | ☆☆☆☆☆ |
|  | 成本预测：项目的成本结构和预期支出 | ☆☆☆☆☆ |
|  | 利润预测：项目的盈利能力和回报率 | ☆☆☆☆☆ |
| 自我反思及改进建议 |  |  |
| 自评 | 优秀（　　）　　良好（　　）　　合格（　　）　　不合格（　　） | |

# 参考文献

[1]恩德勒,霍曼,昂纳克,等.经济伦理学大辞典[M].李兆雄,陈泽环,译.上海:上海人民出版社,2001.

[2]恩格斯.劳动在从猿到人转变过程中的作用[M].北京,人民出版社,1971.

[3]赵鑫全,张勇.新时代大学生劳动教育[M].北京:机械工业出版社,2021.

[4]黄炎培.怎样办职业教育[M]//周汉民.敬业乐群:黄炎培职业教育思想读本:教师篇.上海:上海科学技术文献出版社,2014.

[5]张元,李立文.劳动教育和职业素养[M].机械工业出版社,2021.

[6]中共中央马克思恩格斯列宁斯大林著作编译局.马克思恩格斯选集:第5卷[M].北京:人民出版社,2009.

[7]中共中央马克思恩格斯列宁斯大林著作编译局.马克思恩格斯选集:第3卷[M].北京:人民出版社,2012.

[8]邱同保.大学生劳动教育[M].北京:机械工业出版社,2021.

[9]邓小平.邓小平文选:第2卷[M].北京:人民出版社,1994.

[10]习近平.摆脱贫困[M].福州:福建人民出版社,2014.

[11]池溢,张振明.国家勋章和国家荣誉称号获得者风采录[M].人民出版社,2020.

[12]胡颖蔓,欧彦麟.师范生劳动教育[M].长沙:中南大学出版社,2020.

[13]张德,吴剑平.校园文化与人才培养[M].北京:清华大学出版社,2001.

[14]劳承万.审美的文化选择[M].上海:上海文艺出版社,1999.

[15]徐碧美.追求卓越——教师专业发展案例研究[M].北京:人民教育出版社,2003.

[16]王小云,王辉.大学生社会实践概论[M].北京:中国经济出版社,2005.

[17]高鸿源,赵树贤,魏曼华.师范生教育实习指南[M].北京:北京师范大学出版社,2013.

[18]高峰强.教师职业生涯规划与发展[M].上海:华东师范大学出版社,2015.

[19]葛玉辉.职业生涯规划管理实务[M].北京:清华大学出版社,2011.

[20]毕洪东.师范生职业生涯规划与就业指导[M].杭州:浙江工商大学出版社,2019.

[21]熊苹.职业生涯规划[M].长沙:中南大学出版社,2006.

[22]刘淑玲.师范生职业发展与就业指导[M].北京:高等教育出版社,2010.

[23]金怀菊.习近平劳动思想研究[D].武汉:华中师范大学,2020.

[24]蔡桂珍.新时期高校校园文化建设研究[D].福州:福建师范大学,2013.

[25]唐恒钧.顶岗实习中师范生专业素质发展研究[D].重庆:西南大学,2011.

[26]祝永良.大学生勤工助学育人功能的实现研究[D].南昌:南昌航空大学,2017.

[27]宋洪胜.精准扶贫背景下高职院校勤工助学模式探析[D].福州:福建师范大学,2020.

[28]江晨."双创"背景下大学生勤工助学模式创新研究[D].成都：四川师范大学，2022.

[29]刘严泽.高职院校学生勤工助学现状、问题及改革途径研究[D].苏州：苏州大学，2013.

[30]周甜甜.勤工助学中高校学生职业素质养成的过程研究[D].中国青年政治学院，2020.

[31]袁德政.大学生村官促进农村精神文明建设的路径探究[D].沈阳：沈阳建筑大学，2020.

[32]王少飞.大学生村官制度可持续发展探究[D].秦皇岛：燕山大学，2012.

[33]苏映宇.建国以来中国共产党人对马克思主义劳动观的丰富和发展[J].福建师范大学学报（哲学社会科学版），2017（1）：14.

[34]李珂.新时代劳模精神的崭新意蕴与当代价值[J].红旗文稿，2020（8）.

[35]乔东.劳模精神、劳动精神和工匠精神探析[J].中国劳动关系学院学报.2019，33（5）：35-42.

[36]新讯.《教育法》的立法宗旨、法律地位及主要特点[J].中国民族教育，1995（5）：13.

[37]杨柳青，王建新.从"德智体"到"德智体美劳"——"人的全面发展"理论的历史变迁[J].现代教学，2020（10）：23-25.

[38]薄存旭.教师形象塑造的价值及其方法探讨[J].教育研究与实验.教师教育与管理，2006（4）：61-63.

[39]江华.寝室文化建设与师范生素质培养[J].高等教育研究，1999（4）：77-79.

[40]孙云寿，沈广元.高校学生宿舍文化建设探析[J].扬州大学学报（高教研究版），2002（4）：49-51.

[41]宋传东.创建具有高等师范院校特色的校园文化[J].陕西师范大学学报（哲学社会科学版），2005（S1）：148-151.

[42]魏有兴，刘三妮，杨孝旭.我国助学的历史演变、现实困境与未来突破[J].湖南农业大学学报（社会科学版），2020，21（1）：86-92.

[43]楼锡锦.试论新时期大学生劳动教育的意义、内容及实施途径[J].高等农业教育，2000（1）：57-59.

[44]王俊杰.略论高校大学生信息素养教育[J].图书馆论坛，2004（4）：194-196.

[45]魏非.师范生信息素养评价指标初探[J].高等教育研究，2005（3）：39-40.

[46]生奇志，展成.大学生媒介素养现状调查及媒介素养教育策略[J].东北大学学报（社会科学版），2009，11（1）：66-70.

[47]姜勇，刘静，戴乃恩."文化存在论教育学"视野下的教师成长[J].教育发展研究，2017，37（6）：35-41.

[48]王馨蔓，宋燕.以艺术素养为目标的高校公共艺术课程建设[J].山西高等学校社会科学学报，2020，32（1）：77-81.

[49]程腊梅.高职学前教育专业在校生艺术素养研究[J].教育观察，2021，10（44）：110-113.

[50]范丽恒.国外教师期望研究综述[J].心理科学，2006，29（3）：646-648.

[51]裴春蕾,潘星锦."双减"政策下大学生志愿服务现状及实践路径探析[J].科学咨询,2023(14):1.

[52]王嘉琳."双减"背景下师范类毕业生就业形势分析及对策探讨:以化学专业为例[J].山西青年,2022(22):79-81.

[53]张进,万芳坤.社会主义核心价值观视域下的高校志愿文化培育研究[J].学校党建与思想教育,2020(5):68.

[54]范雪峰,鲁玥辰.OBE理念下师范专业大学生志愿活动创新探究[J].学生工作,2021(26):2.

[55]李亚文.试论教师职业道德情感的培养[J].辽宁师专学报(社会科学版),2012(4):1.

[56]朱翠贞,张卫平.社区教育与大学生公益实践融合发展研究[J].职教论坛,2021,37(11):129-133.

[57]张诗雨.大学生公益创业对社区建设的实际意义与探索[J],辽宁师专学报(社会科学版),2019(4):1.

[58]斯钦.大学生思想政治教育校区+社区模式的探索与实践[J].太原理工大学学报(社会科学版),2019,37(5):36-39,83.

[59]陆玭.大学城学生志愿者服务社区思路探析:以南京仙林大学城为例[J].现代教育科学,2013(5):138-141.

[60]陈珊珊.订单式社区文化精准服务模式探析:以深圳市龙岗区坂田街道公益艺术培训为例[J].大众文艺,2020(14):5-6.

[61]田文婷,黄海.大学生暑期"三下乡"社会实践工作机制创新研究:以湖南大学2017年暑期"三下乡"社会实践工作为例[J].科技资讯,2017,(34):1.

[62]王继夏,魏宗媛,黑立扬.新农村建设视域下大学生村官存在的问题与对策[J].安徽农业科学,2017(1):151-152.

[63]段小力.大学生村官与新农村建设:公共选择视角[J].江西农业学报,2018(10):140-142.

[64]李德龙.浅谈高师教育见习的几个问题[J].教育理论与实践,1992(5):48-49.

[65]张铭凯,王潇晨.师范生劳动教育:价值诉求、核心内容与基本方略[J].黑龙江高教研究,2020(12):18-21.

[66]李飞祥.高校师范生见习质量保障的研究与实践[J].安阳师范学院学报,2018(5):130-131.

[67]闫楷汶,刘兰兰.师范生教育见习实效性的提升策略[J].高等教育,2019(7):189.

[68]陈时见,刘凤妮.师范生教育实习的目标定位与实践路径[J].教师教育研究,2022(2):15-21.

[69]王菠,周淑红,李彦萍.师范生教育实习困扰与纾解:基于H校10名小学教育专业师范生的访谈[J].广东第二师范学院学报,2023(3):15-24.

[70]毛萍钰.论高等师范院校教育实习基地的建设[J].长春教育学院学报,2012(10):68-71.

[71]杨必武,尚继武,朱凯.师范生教育研习的问题与改进策略[J].湖北工程学院学

报，2018，38（1）：82-85.

[72]尚海龙，郭贞. 基于科技创新教育的地理学专利案例教学研究[J]. 凯里学院学报，2020，38（3）：94-97.

[73]刘维涛. 全国劳动模范和先进工作者表彰大会在京隆重举行[N]. 人民日报，2010-04-28（1）.

[74]张烁. 习近平主持召开学校思想政治理论课教师座谈会　强调用新时代中国特色社会主义思想铸魂育人　贯彻党的教育方针　落实立德树人根本任务[N]. 人民日报，2019-03-19（1）.

[75]习近平. 在北京大学师生座谈会上的讲话（2018年5月2日）[N]. 光明日报，2018-05-03（2）.

[76]杜羽，方莉. 劳动成就梦想：劳动精神述评[N]. 光明日报，2021-09-28（05）.

[77]新华社. 习近平在乌鲁木齐接见劳动模范和先进工作者、先进人物代表　向全国广大劳动者致以"五一"节问候[N]. 人民日报，2014-05-01（1）.

[78]邓泽球，陈美丽. 弘扬劳动精神的意蕴[N]. 光明日报，2022-07-21（6）.

[79]张智. 深刻把握劳动精神的科学内涵和时代价值[N]. 中国青年报，2021-09-23（3）.

[80]刘丽波，付雪松. 做盲孩子的引路人[N]. 京华时报，2013-09-06.

[81]晋浩天. 职业教育这十年：建设技能型社会　培养更多大国工匠[N]. 光明日报，2022-04-27（5）.

[82]张烁，吴月. 在全社会弘扬工匠精神[N]. 人民日报，2021-10-11（5）.

[83]鲁明川. 实干兴邦　匠心铸就辉煌[N]. 光明日报，2021-02-10（8）.

[84]孟庆元. 工匠精神的基本内涵和时代价值探析[N]. 中国质量报，2021-12-03（4）.

[85]新华社. 中办国办印发《意见》　进一步减轻义务教育阶段学生作业负担和校外培训负担[N]. 人民日报，2021-07-25（1）.

[86]中共中央　国务院关于全面加强新时代大中小学劳动教育的意见[N]. 人民日报，2020-03-27（1）.

[87]中共中央　国务院关于全面深化新时代教师队伍建设改革的意见[N]. 人民日报，2018-02-01（1）.

[88]BRUNO F，VERCELLESI L. Science Information in the Media：An Academic Approach to Improve Its Intrinsic Quality [J]. Pharmacological Research，2002，45（1）：51-54.

[89]TRAYLOR T D.The PrePRINT Network：A New Dynamic in Information Access from the U.S. Department of Energy[J].Journal of Government Information，2001，28：249-266.

# 反侵权盗版声明

电子工业出版社依法对本作品享有专有出版权。任何未经权利人书面许可，复制、销售或通过信息网络传播本作品的行为，歪曲、篡改、剽窃本作品的行为，均违反《中华人民共和国著作权法》，其行为人应承担相应的民事责任和行政责任，构成犯罪的，将被依法追究刑事责任。

为了维护市场秩序，保护权利人的合法权益，我社将依法查处和打击侵权盗版的单位和个人。欢迎社会各界人士积极举报侵权盗版行为，本社将奖励举报有功人员，并保证举报人的信息不被泄露。

举报电话：（010）88254396；（010）88258888
传　　真：（010）88254397
E-mail：　dbqq@phei.com.cn
通信地址：北京市海淀区万寿路173信箱
　　　　　电子工业出版社总编办公室
邮　　编：100036